Salentyn / Andres • Sozialvorschriften im Straßenverkehr

Sozialvorschriften im Straßenverkehr

Leitfaden
für Ausbildung, Fortbildung und Praxis
mit den wichtigsten Gesetzen
und Verordnungen

Begründet von
Hans-Jörg Nitze †
Polizeihauptkommissar
fortgeführt von
Detlef Salentyn
Polizeihauptkommissar a. D.
und
Thomas Andres
Polizeihauptkommissar

VERLAG DEUTSCHE POLIZEILITERATUR GMBH
Buchvertrieb

Bibliographische Information der Deutschen Bibliothek

Die Deutsche Bibilothek verzeichnet diese Publikation in der Deutschen Nationalbibliographie; detaillierte bibliographische Daten sind im Internet über **http:/dnb.ddb.de** abrufbar.

8. Auflage 2012

Satz: VDP GMBH Buchvertrieb, Hilden
Druck und Bindung: Griebsch & Rocholl, Hamm
Printed in Germany
ISBN 978-3-8011-0677-5

Vorwort

Seit 2007 sind die neuen Lenk- und Ruhezeiten der VO(EG) 561/2006 in Kraft. Inzwischen sind seit Einführung des digitalen Kontrollgerätes im Mai 2006 schon sechs Jahre vergangen. Im November 2011 haben die angepassten Vorschriften des AETR an die VO(EG) Nr. 561/2006 Gültigkeit erlangt. Auch das Fahrpersonalgesetz und die Fahrpersonalverordnung in Deutschland wurden seit der 7. Auflage geringfügig geändert.

Inzwischen ist der Anteil der Fahrzeuge im Straßenverkehr mit digitalem Kontrollgerät höher, als der mit Analogem. Die Fahrer, Unternehmer und Kontrollbehörden haben in den zurückliegenden sechs Jahren ihre Erfahrungen mit dem digitalen Tacho machen dürfen. Jeder Beteiligte hat mittlerweile feststellen können, dass das digitale Kontrollgerät wesentlich komplexer ist als das analoge mit Schaublättern.

Trotz der umfangreicheren und sicheren Technik zeigten die letzten Jahre, dass auch am digitalen Tachographen Manipulationen nicht ausgeschlossen sind. Aus diesem Grund wurde ein bundesweiter Erfahrungsaustausch ins Leben gerufen, hierbei treffen sich Kontrolleure, Hersteller, Werkstätten und andere Beteiligte regelmäßig, auch um Anregungen für den Gesetzgeber zu entwickeln, damit das digitale Kontrollgerät noch sicherer wird.

Aus den vorgenannten Gründen wurde die 8. Auflage noch einmal vollständig überarbeitet und der Themenbereich „digitales Kontrollgerät" wesentlich erweitert und aktualisiert.

Detlef Salentyn — Essen, im Juli 2012

Thomas Andres — Merzig, im Juli 2012

Einführung

Sozialvorschriften für den Straßenverkehr sind Verkehrsvorschriften mit arbeitsrechtlichem Bezug. Sie sind Teil der Verkehrsvorschriften für den Berufskraftfahrer. Die Überwachung der Einhaltung von Verkehrsvorschriften ist traditionelle Aufgabe der Polizei. Will sie dieser Aufgabe in diesem speziellen Bereich gerecht werden, muss sie in besonderem Maße Fachwissen beherrschen.

Insbesondere muss sie fähig sein, die zunächst kompliziert erscheinende Materie auf eine Ebene zu transportieren, die eine sinnvolle Umsetzung und praktische Anwendung ermöglicht. Deshalb kam es bei dem vorliegenden Leitfaden nicht darauf an, in Form eines umfangreichen Kommentars in jedem Fall den Nachweis zu erbringen, warum Begriffe, Definitionen, Interpretationen, Zusammenhänge und Anwendungen so sind.

Soweit gesicherte Rechtsprechung vorliegt, ist sie berücksichtigt worden. Dort, wo unterschiedliche Auffassungen bestehen und die herrschende Meinung nicht einheitlich ist, werden Kurzkommentare angeboten. Im Anhang enthält das Buch eine Zusammenstellung der wichtigsten Gesetze und Verordnungen, sodass vor allem der kontrollierende Polizeibeamte vor Ort jederzeit ein Nachschlagewerk mit den wesentlichen Bestimmungen der Sozialvorschriften zur Hand hat.

In erster Linie orientiert sich der Leitfaden an verkehrsgerechter Anwendung der Vorschriften aus dem Gedanken heraus, dass es nicht nur um den arbeitsrechtlich besonders erfassten nationalen Verkehr mit bundesdeutschen Fahrern geht, sondern in zunehmenden Maße um den internationalen Straßenverkehr, der auf unseren Straßen rollt. Es wird dabei davon ausgegangen, dass die Vorschriften über die Lenkzeitbegrenzungen, wie sie seit dem 29.9.1986 im EWG-Bereich gelten, in der Regel den höchstzulässigen Rahmen abstecken, innerhalb dessen sich der Fahrer bewegen und die betriebliche Disposition erfolgen kann.

Vom Aufbau her soll der Leitfaden sowohl dem Themeneinsteiger als auch dem Vertrauten die Rechtsbereiche, Verkehrsformen und zu beachtenden Zeiten näherbringen.

Für den Bereich der Aus- und Fortbildung findet der Fachlehrer und Ausbilder Grafiken, Kataloge, Übersichten und Beispiele, die Entscheidungshilfen für eine didaktisch-methodische Gestaltung des Unterrichts anbieten.

Kurzübersichten erleichtern den Einstieg in die Materie oder frischen vorhandenes Wissen auf.

Der Fortgeschrittene und Praktiker kann über Begriffsbeschreibungen und Kurzkommentare zu einer umsetzungsfähigen Meinung finden und erhält praktische Hilfen für seine Arbeit bei Verkehrskontrollen.

Dabei wurde dem Thema Manipulationen an den Aufzeichnungsgeräten und deren Erkennung auf den Schaublättern und anhand der digitalen Daten besondere Aufmerksamkeit geschenkt.

Inhaltsverzeichnis

Abkürzungen

ABl. (EG)	=	Amtsblatt (der Europäischen Gemeinschaft)
Abs.	=	Absatz
ADR	=	Accord european relatif en transport international des machaudis Dangereux par Route = Europäisches Übereinkommen über die internationale Beförderung gefährlicher Güter auf der Straße
AETR	=	Europäisches Übereinkommen über die Arbeit des im internationalen Straßenverkehr beschäftigten Fahrpersonals Anfangsbuchstaben der französischen Bezeichnung „Accord européen relatif au travail des équipages des vehicules effectuant des transports internationaux par route“
ArbZG	=	Arbeitszeitgesetz
ArbZRG	=	Arbeitszeitrechtsgesetz
Art.	=	Artikel
AusnVO	=	Ausnahmeverordnung
AV	=	Ausführungsverordnung
AW	=	Allgemeine Verwaltungsvorschrift
BAG	=	Bundesamt für Güterverkehr
BayObLG	=	Bayerisches Oberstes Landesgericht
Beschl.	=	Beschluss
BGBl.	=	Bundesgesetzblatt
BGH	=	Bundesgerichtshof
BMI	=	Bundesministerium des Innern
Bkat	=	Bußgeldkatalog
BMVBS	=	Bundesministerium für Verkehr, Bau- und Stadtentwicklung
BT	=	Deutscher Bundestag
BVerfGE	=	Entscheidung des Bundesverfassungsgerichts
bzw.	=	beziehungsweise
DA	=	Durchführungsanweisung
d. h.	=	das heißt
EG/EWG	=	Europäische Gemeinschaft/Europäische Wirtschaftsgemeinschaft
Erl.	=	Erlass
EU	=	Europäische Union
EuGH	=	Gerichtshof der Europäischen Gemeinschaften
einschl.	=	einschließlich
evtl.	=	eventuell
EWR	=	Europäischer Wirtschaftsraum
FGP	=	Fahrgastplätze
FP	=	Fahrpersonal

FPersG	=	Gesetz über das Fahrpersonal von Kraftfahrzeugen und Straßenbahnen (Fahrpersonalgesetz)
FPersV	=	Verordnung zur Durchführung des FPersG (Fahrpersonalverordnung)
Fzg.	=	Fahrzeug
ggf.	=	gegebenenfalls
GVBl.	=	Gesetz- und Verordnungsblatt
GVG	=	Gerichtsverfassungsgesetz
GewO	=	Gewerbeordnung
h	=	Stunde
h. M.	=	herrschende (Rechts-)Meinung
i. d. F.	=	in der Fassung
i. S.	=	im Sinne
i. V./i. V. m.	=	in Verbindung mit
J	=	Joule, Energieeinheit
Kfz	=	Kraftfahrzeug
km/h	=	Kilometer pro Stunde
KOM	=	Kraftomnibus
LKW	=	Lastkraftwagen
lof	=	land- und forstwirtschaftlich(e)
LZ	=	Lenkzeit
LZU	=	Lenkzeitunterbrechung
max.	=	maximal
MFP	=	Mitglieder des Fahrpersonals
Min.	=	Minute
mind.	=	mindestens
Nr.	=	Nummer
o.g.	=	oben genannt
OVG	=	Oberverwaltungsgericht
OLG	=	Oberlandesgericht
OWiG	=	Gesetz über Ordnungswidrigkeiten
PBefG	=	Personenbeförderungsgesetz
PKW	=	Personenkraftwagen
pp.	=	und so weiter
RdErl.	=	Runderlass
RdNr	=	Rand-Nummer
RGSt	=	Entscheidung des Reichsgerichts in Strafsachen
Rili	=	Richtlinien
RZ	=	Ruhezeit
S.	=	Seite
s.	=	siehe

s.a.	=	siehe auch
s.S.	=	siehe Seite
sog	=	sogenannt
SAM	=	selbstfahrende Arbeitsmaschinen
StAfA	=	Staatliches Amt für Arbeitsschutz
Std.	=	Stunde
StGB	=	Strafgesetzbuch
StPO	=	Strafprozessordnung
StVO	=	Straßenverkehrsordnung
StVZO	=	Straßenverkehrszulassungsordnung
SZm	=	Sattelzugmaschine
t	=	Tonne
TLZ	=	Tageslenkzeit
TRZ	=	Tagesruhezeit
u.a.	=	unter andern/und anderen
UA	=	Unterabsatz
UnLZ	=	ununterbrochene Lenkzeit
usw.	=	und so weiter
UTC	=	universal time coordinated
u. U.	=	unter Umständen
VerkMitt	=	Verkehrsrechtliche Mitteilung
vgl.	=	vergleiche
VkBl.	=	Verkehrsblatt (Amtsblatt des BMVBS)
VO	=	Verordnung
VOInt	=	VO über internationalen Kfz-Verkehr
VRS	=	Verkehrsrechtssammlung
WRZ	=	Wochenruhezeit / wöchentliche Ruhezeit
z. B.	=	zum Beispiel
Ziff.	=	Ziffer
zGG	=	zulässiges Gesamtgewicht
zHM	=	zulässige Höchstmasse eines fahrbereiten Fahrzeugs einschl. Nutzlast
=	=	innerhalb einer Toleranzgrenze, jeweils angegeben
$<$	=	kleiner als
$\leq$	=	gleich oder kleiner
$>$	=	größer als
$\geq$	=	gleich oder größer
Ø	=	Durchmesser

Abschnitt 1

Grundlagen der Sozialvorschriften

1.1 Entwicklung und Zielsetzung

Sozialvorschriften im Straßenverkehr befassen sich mit dem „mobilen Arbeitsplatz“ Führerhaus. Sie regeln Beschäftigungszeiten und Bedingungen an diesem Arbeitsplatz und bestimmen, in welchem Umfang Arbeitszeitnachweise zu führen sind.
Zwangsläufig erfassen sie damit einen Personenkreis, zu dessen Aufgaben die **gewerbliche Güter- und Personenbeförderung** gehört.

Sie richten sich an den **Berufskraftfahrer** und dessen **Arbeitgeber.**

Die ersten Regelungen von Beschäftigungszeiten für Angehörige dieses Transportgewerbes gehen auf das Jahr 1938 zurück, in dem durch die Arbeitszeitordnung (AZO) generelle Arbeitszeitregelungen für Arbeitnehmer und für „Kraftfahrer“ besondere Regelungen in der Ausführungs-Verordnung zur AZO (AVAZO) geschaffen wurden, die heute durch das neue Arbeitszeitgesetz (ArbZG) vom 6.6.1994 abgelöst wurden.

Aus der damaligen Perspektive sollten nicht nur Arbeitsbelastungen für Kraftfahrer geregelt werden, sondern all derer, die als „Fahrpersonal“ beschäftigt wurden. Erinnern wir uns:

Busse und Straßenbahnen fuhren damals und auch noch weit nach dem 2. Weltkrieg mit Fahrern und Begleitern, den „Schaffnern“.

Doppeldeckerbusse (z. B. in Berlin) waren mit zwei Schaffnern besetzt, die jeweils das „Unter- und Oberdeck“ versorgten. Straßenbahnen und Stadt-(S)-Bahnen hatten Schaffnerdienste, wie sie heute regelmäßig nur noch bei der Bundesbahn anzutreffen sind, was zumindest für den Straßenverkehr gilt.

Der Güterverkehr durchlief eine ähnliche Entwicklung, auch hier aus Kostengründen. „Beifahrer“ oder „Ersatzfahrerfunktion“ sind fast gänzlich abgeschafft, oder nur noch dort anzutreffen, wo es im Einzelfall notwendig ist. Ansonsten sind zwei Fahrer sogar im Güterfernverkehr eher eine Ausnahme.

Parallel zu dieser personellen Entwicklung ging insbesondere beim Güterverkehr auf der Straße ein ständiger Zuwachs von „Beförderungseinheiten“ einher. Neuerdings spricht man auch schon von einer „Güterlagerhaltung“ auf der Straße.

Im Verbund mit der Internationalisierung des Transportgeschehens innerhalb der Europäischen Gemeinschaft und darüber hinaus zwang diese Entwicklung dazu, besondere Vorschriften für diesen Bereich zu schaffen.

Gerade die Internationalisierung forderte auch internationale Bestimmungen, weil die Regelungen der deutschen Arbeitszeitordnung auch nur auf den anwendbar waren und auch weiterhin sind, der hier im Inland zumindest seinen festen Arbeitsplatz hat. Für den „grenzüberschreitenden Verkehr“ fehlt die Anwendbarkeit des Arbeitsrechts auf Ausländer.

In den Jahren 1969 und 1970 wurden deshalb erstmals Bestimmungen erlassen, die einheitlich in der Europäischen Gemeinschaft galten, daneben wurden zwischen der Gemeinschaft und anderen Ländern Verträge abgeschlossen, die die „Arbeit des im internationalen Straßenverkehr beschäftigten Fahrpersonals" regelten.

Besondere nationale Belange fanden ihre Berücksichtigung dadurch, dass für den inländischen Verkehr der § 15a StVZO eingefügt wurde. 1985 erfolgte eine Neuauflage der Vorschriften für die Europäische Gemeinschaft durch die Verordnung (EWG) Nr. 3820/85 über die Harmonisierung bestimmter Sozialvorschriften im Straßenverkehr und die Verordnung (EWG) Nr. 3821/85 über das Kontrollgerät, die am 29.9.1986 in Kraft traten, und eine entsprechende Anpassung des § 15a StVZO am 9.12.1986. Der § 15a StVZO wurde durch die VO zur Änderung fahrpersonal- und straßenverkehrsrechtlicher Vorschriften vom 23.7.1990 aufgehoben. Die dort aufgeführten Fahrzeuge werden jetzt im Fahrpersonalgesetz und der dazu ergangenen Fahrpersonalverordnung berücksichtigt.

Die jetzt geltenden nationalen und internationalen Vorschriften für diesen besonderen Bereich des Straßenverkehrs sollen zum einen der speziellen Beschäftigungsart und -belastung der hier tätigen Menschen Rechnung tragen und sicherstellen, dass international anerkannte Arbeitszeiten auch international eingehalten werden, zum anderen aber auch zu einer Harmonisierung der wirtschaftlichen Belange führen, damit dieser Gewerbezweig zumindest in diesem Arbeitszeitbereich mit international gleichen Bedingungen kalkulieren kann.

Drittens sollen die Zeitregelungen ganz entscheidend dazu beitragen, dass die Sicherheit des Straßenverkehrs nicht durch übermüdete Fahrer bedroht wird.

Mit dem neuen Arbeitsgesetz (ArbZG) wird der öffentlich-rechtliche Arbeitsschutz (gesetzl. Höchstarbeitszeiten, Mindestruhepausen, Mindestruhezeiten, Nachtarbeitsbeschränkung) einschließlich des Verbots und der Zulässigkeit von Sonn- und Feiertagsarbeit der bisherigen Arbeitszeitordnung (AZO) und der bisherigen §§ 105b bis 105i der Gewerbeordnung (GewO) modernisiert, der gesellschaftlichen, sozialen und technischen Entwicklung angepasst und grundsätzlich auf alle Arbeitnehmer und alle Beschäftigungsbereiche ausgedehnt. Frauen und Männer werden dem Art. 3 GG entsprechend gleichbehandelt. Die unterschiedlichen Arbeitszeit-, Ruhezeit- und Pausen- Vorschriften werden durch entsprechend einheitliche Vorschriften ersetzt und durch die neue Regelung über die Nacht- und Schichtarbeit ergänzt. Die Beschäftigungsverbote für Frauen werden mit Ausnahme des Beschäftigungsverbots für Frauen im Bergbau unter Tage entsprechend den Entscheidungen des BVerfG aufgehoben.

Im Interesse eines praxisnahen und flexiblen Arbeitsschutzes wurden den Tarifvertragsparteien und den Betriebspartnern bei der Arbeitszeitgestaltung auch Befugnisse mit öffentlich-rechtlicher Wirkung übertragen, den Betriebspartnern jedoch nur auf Grund eines Tarifvertrages.

Merke:

Ziele der Sozialvorschriften

- Erhöhung der Verkehrssicherheit
  - Verhinderung von Übermüdung
  - Verhinderung von Rücksichtslosigkeit
  - indirekte Verhinderung von „Raserei"
- Harmonisierung der Wettbewerbsbedingungen
  - Chancengleichheit des gewerblichen Güter- und Personenbeförderungsverkehrs durch gleiche soziale/arbeitsrechtliche Bedingungen
- Arbeitsschutz
  - soziale Arbeitsbedingungen
  - Minderung von Abhängigkeitsverhältnissen
  - Verhinderung von Akkordarbeit im Straßenverkehr

1.2 Die Bedeutung der Sozialvorschriften als Verkehrsvorschriften und ihre Anwendungsmöglichkeiten

Durch die Konstellation der Zielsetzungen und durch den unmittelbaren Zusammenhang zum Arbeitsrecht nehmen diese Vorschriften eine Sonderstellung innerhalb des Verkehrsrechts ein.
Der arbeitsrechtliche Bezug prägte dabei auch den Begriff „Sozialvorschriften". Im Gegensatz zu den allgemeinen Verkehrsvorschriften gelten sie nicht für jeden Verkehrsteilnehmer und auch nicht für jede Art der Beteiligung am Straßenverkehr.

Die Anwendbarkeit ist vielmehr abhängig von bestimmten

- personalen Funktionen, z. B. Berufskraftfahrer;
- Verkehrsmitteln, wie Lastkraftwagen und Kraftomnibussen;
- Beförderungsarten, wie Güterbeförderung oder Personenbeförderung;
- Beförderungsstrecken, wie Inlandsverkehr oder grenzüberschreitender Verkehr.

Einige der in diesem Zusammenhang stehenden Vorschriften sind **rein arbeitsrechtlicher Natur**, regeln also nur das Innenverhältnis zwischen Arbeitgebern und Arbeitnehmern und interessieren hier nur insoweit, als auch in diesem Bereich teilweise ordnungswidrige Tatbestände verwirklicht werden können.
Andere Vorschriften wiederum gewinnen zunehmend verkehrsrechtliche Bedeutung, weil ihre Einhaltung auch gegen eine mögliche oder erklärte abwehrende Willenshaltung von Arbeitgebern, aber auch Arbeitnehmern gefordert werden muss und unabdingbare Voraussetzung für die Aufrechterhaltung der Sicherheit im Straßenverkehr ist.

Während die Vorschriften mit rein **arbeitsrechtlichem Charakter** eine nationale Angelegenheit sind und damit auf Ausländer nur übertragen werden können, wenn sie in einem dem deutschen Arbeitsrecht unterliegenden inländischen Unternehmen beschäftigt sind, unterliegen Ausländer dem deutschen Verkehrsrecht jedoch grundsätzlich uneingeschränkt.

Abweichungen hiervon müssen in deutschen Gesetzen oder Vorschriften genannt werden oder zumindest Gegenstand bilateraler oder internationaler Vertragsgestaltung sein.

Nach Art. 11 VO (EG) Nr. 561/2006 kann jeder Mitgliedsstaat längere Mindestfahrtunterbrechungen und Ruhezeiten oder kürzere Höchstlenkzeiten als nach den Artikeln 6 bis 9 anwenden.

Merke:

- Für **Fahrer inländischer Fahrzeuge und ausländischer Fahrzeuge** gelten die internationalen und nationalen Bestimmungen.
- Deutsche Arbeitsschutzvorschriften gelten nur für den inländischen Arbeitnehmer und Arbeitgeber.

International

besteht zwischen den Mitgliedsstaaten der Europäischen Gemeinschaft und anderen Ländern außerhalb der Gemeinschaft das

- **Europäische Übereinkommen über die Arbeit des im internationalen Straßenverkehr beschäftigten Fahrpersonals (AETR) vom 1.7.1970 i. d. F. der Bekanntmachung vom 31.7.1985 (BGBl. II S. 890), geändert gem. Gesetz vom 2.11.2011 (BGB II S. 1095),**

das die Beschäftigungszeiten des Fahrpersonals im grenzüberschreitenden Straßenverkehr zwischen den Vertragsstaaten regelt.

AETR = Anfangsbuchstaben der französischen Bezeichnung „Accord européen relatif au travail des équipages des vehicules effectuant des transports internationaux par route".

Vertragsstaaten sind

Albanien, Andorra, Armenien, Aserbaidschan

Belarus (Weißrussland), Belgien, Bosnien und Herzegowina, Bulgarien

Deutschland, Dänemark

Estland

Finnland, Frankreich

Griechenland

Irland, Italien

Kasachstan, Kroatien

Lettland, Lichtenstein, Litauen, Luxemburg

Malta, Mazedonien, Moldawien, Monaco, Montenegro

Niederlande, Norwegen

Österreich

Polen, Portugal

Rumänien, Russland

Schweden, Schweiz, Serbien, Slowakische Republik, Slowenien, Spanien,

San Marino
Tschechische Republik, Turkmenistan, Türkei
Ukraine, Ungarn, Usbekistan
Vereinigtes Königreich
Zypern

Übernational

bestehen zwischen den Mitgliedsstaaten der Europäischen Union innergemeinschaftliche Regelungen über die

- **Verordnung zur Harmonisierung bestimmter Sozialvorschriften im Straßenverkehr** VO (EG) Nr. 561/2006 vom 15.3.2006, und die
- **Verordnung über das Kontrollgerät im Straßenverkehr** VO (EWG) Nr. 3821/85 vom 20.12.1985.

Die folgenden Länder sind Mitglieder der EU (Europäische Union)

Belgien,	Malta,
Bulgarien,	Niederlande,
Dänemark,	Österreich,
Deutschland,	Polen,
Estland,	Portugal,
Finnland,	Rumänien,
Frankreich,	Schweden,
Griechenland,	Slowakische Republik,
Großbritannien,	Slowenien,
Irland,	Spanien,
Italien,	Tschechische Republik,
Lettland,	Ungarn,
Litauen,	Zypern
Luxemburg,	

Alle Vertragsstaaten bzw. Mitgliedsstaaten haben durch Ratifizierung anerkannt, dass die Bestimmungen für den eigenen nationalen Verkehr unmittelbar geltendes Recht sind (EWG), oder dass ebensolche Bestimmungen, wie sie für den grenzüberschreitenden Verkehr gelten, auf den Verkehr im eigenen Hoheitsgebiet angewendet werden (AETR).

Sie haben darüber hinaus jedoch das Recht, ungeregelt gelassene Räume im Wege nationaler Gesetzgebung für ihren eigenen Verkehr auszufüllen oder höhere Mindestwerte oder niedrigere Höchstwerte als die in den internationalen Vorschriften vereinbarten festzusetzen.

Dies ist in der Bundesrepublik zum einen durch das überkommene, aber weiterhin rechtsverbindliche Arbeitszeitrecht, die im gleichen Zusammenhang stehenden Verordnungen und die besonderen Vorschriften in der FPersV gegeben.

Überlagert vom internationalen Recht greift damit das nationale Recht für **den eigenen Verkehr** immer dort ein, wo international nichts geregelt ist, Ausnahmen bestehen oder die dort festgeschriebenen Bedingungen nach nationaler Auffassung nicht ausreichen, soweit der nationale Gesetzgeber überhaupt einen Handlungs- und Regelungsbedarf erkannt hat.

Das nationale Recht greift damit **aushilfsweise** in die ungeregelten Räume der internationalen Bestimmungen ein.

Es steht zu den internationalen Bestimmungen in einem subsidiären Verhältnis. Im engeren Zusammenhang mit dem Thema stehende nationale Vorschriften sind

- die FPersV – Verordnung zur Durchführung des Fahrpersonalgesetzes
- Arbeitszeitgesetz
- §§ 57a und 57b StVZO.

Merke:

- Internationale Vorschriften sind in der Bundesrepublik unmittelbar geltendes Recht
- Nationale Bestimmungen über
  - Lenkzeiten,
  - Ruhezeiten der Fahrer,
  - Fahrzeugklassen,
  - Beförderungsarten

mit höheren **Mindestwerten** oder **niedrigeren Höchstwerten** als in den internationalen Vorschriften festgesetzten **finden auf den eigenen Verkehr Anwendung.**

§ 1 FPersV übernimmt für seinen Regelungsbereich die Lenkzeitbestimmungen, Lenkzeitunterbrechungen und Ruhezeiten nach Maßgabe der Artikel 4, 6 – 9 und 12 der VO (EG) Nr. 561/2006.

1.3 Abkommen über den Europäischen Wirtschaftsraum vom 2. Mai 1992 (EWR-Abkommen)

Beim EWR-Abkommen sind insbesondere die EG-Regelungen übernommen worden. Der Europäische Wirschaftsraum (EWR) erweitert den Binnenmarkt der Europäischen Gemeinschaft seit 1994 um die Mitgliedsstaaten der Europäischen Freihandelszone (EFTA) mit Ausnahme der Schweiz, also nur um Island, Liechtenstein und Norwegen.

EG/EWR/AETR

Wenn bei der Beförderung von oder nach einem EG-Staat ein AETR-Staat berührt wird, der nicht zugleich ein EG-Staat ist, sondern „Drittland" im Sinne von Artikel 2 (2) VO (EG) Nr. 561/2006, so ist das AETR anzuwenden. Bei den Staaten des EWR-Abkommens heißt das, dass sie nicht mehr „Drittländer" sind und damit nicht mehr dem AETR-Vorrang nach Artikel 2 (2) VO (EG) Nr. 561/2006 unterliegen.

Das AETR findet also Anwendung bei der Beförderung von Gütern und Personen im Straßenverkehr mit Fahrzeugen, die in einem Mitgliedstaat oder einem Staat, der Vertragspartei des AETR ist, zugelassen sind, und zwar für die gesamte Strecke von Fahrten zwischen der Gemeinschaft und einem Drittstaat (außer der Schweiz) und der Vertragsstaaten des Abkommens über den Europäischen Wirtschaftsraum (EWR) oder durch einen solchen Staat hindurch.

1.4 Verkehrsformen

Der Teil des Straßenverkehrs, der sich an den „Sozialvorschriften" zu orientieren hat, ist ein Mischverkehr. Es ist zumeist nicht auf den ersten Blick erkennbar, welcher Fahrzeugführer sich nach welchen Vorschriften zu richten hat.

Hier sind

- Fahrzeugart und -klasse,
- Beförderungsart und -zweck,
- Fahrtstrecke und
- Zulassungsland des benutzten Fahrzeugs

entscheidende Merkmale dafür, ob

- nationales Recht,
- EG-Recht oder
- AETR-Recht

Anwendung findet.

Bleiben die auf allen Rechtsgebieten zugelassenen Ausnahmen zunächst außer Acht, ergibt sich ein Grobraster als Einstieg für die Einordnung:

- Die Fahrer von Kraftomnibussen mit mehr als acht Fahrgastplätzen unterliegen alle in irgendeiner Form den Vorschriften.
- Die Fahrer von Lastkraftwagen mit mehr als 3,5 t zHM unterliegen in der Regel den internationalen Vorschriften.
- Die Fahrer von Lastkraftwagen mit mehr als 2,8 t zHM, aber nicht mehr als 3,5 t zHM, unterliegen ausschließlich dem nationalen Recht.
- Kraftfahrzeuge mit deutschem Kennzeichen können unter EG-Recht, AETR-Recht oder unter nationalem Recht gefahren werden.
- Kraftfahrzeuge mit einem ausländischen Kennzeichen eines EG-Mitgliedsstaates können nur unter EG-Recht oder AETR-Recht gefahren werden.
- Kraftfahrzeuge mit einem ausländischen Kennzeichen von außerhalb der Europäischen Gemeinschaft werden ausschließlich unter AETR-Recht gefahren.

Die Einordnung orientiert sich demnach an den
- Fahrzeugarten „Lastkraftwagen“ oder „Kraftomnibus“,
- Fahrzeugklassen bei LKW über 2,8 t zHM oder über 3,5 t zHM und bei KOM über acht Fahrgastplätzen,
- Beförderungszwecken „Güterbeförderung“ oder „Personenbeförderung“,
- Herkunftsländern und Beförderungsstrecken.

Insbesondere die Beförderungsstrecke (Bewegungsraum des Fahrzeugs) gibt Auskunft
über die
- räumliche Anwendbarkeit
- eines der drei Rechtsgebiete.

1.5 Geltungsbereich

Die VO (EG) Nr. 561/2006 und das AETR gelten nur für im öffentlichen Verkehrsraum durchgeführte Fahrten.

Dies bedeutet, dass z. B. beim ausschließlichen Einsatz von Baustellenfahrzeugen die Fahrzeit auf dem Baustellengelände nicht als Lenkzeit gilt (so Beschluss der Länderreferenten für Sozialrecht vom 25.4.1986).

Der Abs. 2 des Artikel 2 der VO (EG) Nr. 561/2006 erklärt die VO (EG) Nr. 561/2006 für Kfz aus allen Mitgliedsstaaten für die innerhalb der Gemeinschaft zurückgelegten Strecken für anwendbar.

Abs. 3 schränkt das jedoch ein und erklärt, in welchen Fällen nicht EG-Recht, sondern AETR gilt, und zwar ausgehend vom verwendeten Kfz.

Es wird unterschieden zwischen
1. Fahrzeugen, die in einem Mitgliedsstaat der EG zugelassen sind oder in einem AETR Vertragspartnerstaat zugelassen sind für die gesamte Fahrstrecke, sowie
2. Fahrzeugen, die in einem Drittstaat, der nicht Vertragspartei des AETR ist, zugelassen sind, nur für den Teil der Fahrstrecke, der im Gebiet der Gemeinschaft oder von Staaten liegt, die Vertragsparteien des AETR sind.

Wird bei einer Fahrt (von, nach oder durch einen AETR-Vertragspartnerstaat) von Fahrzeugen aus einem Mitgliedsstaat der EG/EU ein AETR-Vertragspartnerstaat berührt, so gilt auf der gesamten Fahrstrecke das AETR.

OLG Hamm vom 15.10.1982, 6 Ss Owi 1539/82, VRS 64, 67;
BayOblG vom 16.9.1983, 306 Owi 132/83, VRS 65,477.

1.6 Mindestalter des Fahrpersonals

Im gewerblichen Güter- und Personenverkehr ist ein Mindestalter für die eingesetzten Fahrer vorgeschrieben. Diese Regelung war bis zum 10.9.2009 für den Güterverkehr und bis zum 10.9.2008 für den Personenverkehr in Art. 5 VO (EWG) Nr. 3820/85 bzw. Art. 5 AETR geregelt. In Deutschland wurde die Regelung in § 2 Berufskraftfahrer-Qualifikations-Gesetz (BKrFQG) übernommen. Im AETR ist sie in Art. 5 geblieben.

Mindestalter im Güterverkehr:

FE-Klasse	**Ausbildung** – Berufskraftfahrer – Fachkraft im Fahrverkehr – vergleichbarer Ausbildungsberuf	**Grundqualifikation**	**Beschleunigte Grundqualifikation**
C, CE	18 Jahre	18 Jahre	21 Jahre
C 1 C 1E	18 Jahre	18 Jahre	18 Jahre

Mindestalter im Personenverkehr:

FE-Klasse	**Ausbildung** – Berufskraftfahrer – Fachkraft im Fahrverkehr – vergleichbarer Ausbildungsberuf		**Grundqualifikation**	**Beschleunigte Grundqualifikation**	
D, DE	18 Jahre (Linienverkehr bis 50 Kilometer)	20 Jahre	21 Jahre	21 Jahre (Linienverkehr bis 50 Kilometer)	23 Jahre
D1 D1E,	18 Jahre		–	21 Jahre	

Wird ein Fahrer eingesetzt, der das erforderliche Mindestalter nicht besitzt, ist für den Fahrer pro Arbeitsschicht ein Bußgeld von 50,- € (bei Fahrlässigkeit) und 200,- € für den Unternehmer (bei Fahrlässigkeit) vorgesehen. Bei vorsätzlicher Begehung verdoppeln sich die Beträge.

Nach Art. 5 (2) VO (EG) Nr. 561/2006 beträgt das Mindestalter für Schaffner und Beifahrer 18 Jahre. Bei Beförderungen in einem Umkreis von 50 km vom Standort des Fahrzeugs beträgt das Mindestalter der Beifahrer abweichend von Art. 5 (2) VO (EG) Nr. 561/2006 zu Zwecke der Berufsausbildung 16 Jahre [§ 18 (2) FPersV]. Zu beachten sind hier zusätzlich die Vorschriften des Jugendarbeitschutzgesetzes.

Beifahrer sind keine Fahrer, sondern Personen, die sich im Fahrzeug aufhalten, um den Fahrer zu unterstützen, z. B. beim Be- und Entladen. Im Einzelfall muss die Person nach ihrem Zweck im Fahrzeug befragt werden.

1.7 Arbeitsrhythmus und Nachweisführung

Alle drei Rechtsgebiete (VO EG, AETR, ArbZG) haben trotz kleinerer Unterschiede im begrifflichen (redaktionellen) Bereich und bei den Zeiten durchgängige Gemeinsamkeiten.

Sie wenden sich an gleiche Personenkreise in der gewerblichen Güter- und Personenbeförderung und regeln den „Arbeitsrhythmus" des Fahrpersonals. Dieser Arbeitsrhythmus setzt sich aus Beschäftigungszeiten, Pausen und Freizeiten zusammen, wobei Beschäftigungszeiten gerade in diesem Bereich sehr vielseitig sind und deshalb auch begrifflich aufgelöst werden müssen. Auch werden die Begriffe der Arbeitswelt, „Pause" und „Freizeit" in den Vorschriften teilweise anders definiert.

Es geht demnach auch in diesem Rechtsbereich nicht ohne eine besondere Fachsprache.

Beschäftigungszeiten sind dabei

- **Lenkzeiten,** auch **reiner Dienst am Lenkrad** genannt,
- **sonstige Arbeitszeiten,** wie Ladetätigkeiten, Fahrtvorbereitungen und Fahrzeugwartung pp.,
- **Bereitschaftszeiten,** auch sonstige Präsenzen am Arbeitsplatz genannt, worunter
  - **Wartezeiten,** in denen der Fahrer am Arbeitsplatz verbleiben muss und auf die Aufnahme oder Wiederaufnahme seines Lenkerdienstes oder sonstiger Arbeiten **wartet,**
  - Ersatz-(**Ablöse-**) **Fahrerzeiten** im fahrenden Fahrzeug neben dem **Fahrer** oder **in der Schlafkabine**

  zu verstehen sind.

Pausen und Freizeiten sind

- **Lenkzeitunterbrechungen** und
- **Ruhezeiten.**

Es interessiert in diesem Zusammenhang nicht, wenn das Arbeitsrecht zu einer anderen Pausendefinition kommt, weil eine „verkehrsrechtliche Pause" nur bei einer Lenkzeitunterbrechung vorliegt.

Die einzelnen Begriffe und ihre Bedeutungen werden später noch eingehend betrachtet (s. Abschnitt 2).

Die Eigenart des Transportgewerbes bestimmt den Arbeitsrhythmus eines Fahrers, der deshalb recht wechselhaft sein kann.

Da es (mit Ausnahme des Personen-Linienverkehrs) nicht möglich ist, feste „Fahrpläne" mit konsequent geregelten Lenkzeiten, Lenkzeitunterbrechungen und Ruhezeiten für jeden Fahrer und jede Fahrt unter allen nur denkbaren Umständen im Voraus zu planen, bedarf es eines individuellen Nachweises, ob und in welcher Weise der Fahrer die Vorschriften über seine

- Lenkzeiten,
- Lenkzeitunterbrechungen und
- Ruhezeiten

beachtet hat.

Der Begriff „Arbeitszeitnachweis" ist insoweit auch ein wenig irreführend, weil durch ihn nicht nur Arbeitszeiten, sondern auch Pausen und Freizeiten erfasst werden.

Zumindest im Fernverkehr ist das die Regel, weil dort der Fahrer keinesfalls täglich an seinen Betriebssitz oder Wohnort zurückkehrt und deshalb seine Freizeit als Ruhezeit irgendwo verbringt.

Dieser Nachweis ist **personenbezogen** und dient nicht nur dem Arbeitgeber zur Überprüfung von Arbeitszeiten (ähnlich einer „Stechuhr" in ortsfesten Betrieben), sondern vielmehr durch die Vielzahl von gesetzlich vorgeschriebenen **Auskunftsmerkmalen** den Kontrollbehörden als Unterlage für die Überwachung der Einhaltung dieser Vorschriften.

Ohne diesen „Arbeitszeitnachweis" wäre eine Überwachung kaum möglich.

Damit ist er auch ein ganz sensibler Überwachungsgegenstand, worauf später noch eingehend eingegangen wird (s. „Manipulationen" Abschnitt 4).

Entscheidend ist, dass Arbeitszeitnachweise **lückenlos** Auskünfte über Zeitabläufe innerhalb eines „Arbeitstages" und darüber hinaus erteilen und auch **mitgeführt** und **bei Kontrollen vorgelegt werden** müssen.

Für die Lückenlosigkeit ist der Fahrer verantwortlich.

Er muss deshalb persönlich Aufzeichnungen machen oder bei Inanspruchnahme von Technik diese entsprechend **bedienen** und „technische Aufzeichnungen" **ergänzen.**

Gesetzlich vorgeschrieben und zugelassen sind unter dem Oberbegriff Arbeitszeitnachweise je nach Verkehrsform und Anwendungsbereich

- Schaublattaufzeichnungen durch **EG-Kontrollgeräte, digitales Kontrollgerät**
- Schaublattaufzeichnungen durch **Fahrtenschreiber,**
- Nachweise durch **Aufzeichnungen.**

Im Bereich der Technik werden gelegentlich unterschiedliche Begriffe wie EC-Tachograf, Europa-Fahrtschreiber pp. verwendet.

Vom Sprachgebrauch her sollte eine Orientierung an den **gesetzlichen Funktionsbedingungen** (Bauartmerkmale) erfolgen.

Danach hat ein **EG-Kontrollgerät** nach Anhang I zur VO (EWG) Nr. 3821/85 Schreibeinrichtungen

- zur Aufzeichnung der zurückgelegten Wegstrecke („**Wegstreckenaufschrieb**"),
- zur Aufzeichnung der jeweiligen Geschwindigkeit („**Geschwindigkeitsaufschrieb**"),

- eine oder mehrere Einrichtungen zur Aufzeichnung der Zeit und **synchron** zu ihr zur Aufzeichnung der Tätigkeitsmerkmale
  - Lenkzeit,
  - sonstige Arbeitszeiten,
  - Bereitschaftszeiten,
  - Arbeits- (Lenkzeit-)Unterbrechungen und Ruhezeiten (**„Zeitgruppenaufschrieb“**).

Alle so ausgestatteten und funktionierenden Aufzeichnungsapparate sind als EG-Kontrollgeräte zu bezeichnen, mit denen alle Fahrzeuge ausgerüstet sein müssen, die den EG-Vorschriften unterliegen.

Fahrtschreiber unterscheiden sich von EG-Kontrollgeräten dadurch, dass sie **keine Tätigkeitsmerkmale** (Zeitgruppen) aufzeichnen, sondern der Zeit- und Geschwindigkeitsaufschrieb nur Auskunft darüber gibt, ob das Fahrzeug steht oder gefahren wird. Völlig offen bleibt dabei, ob der Fahrer in den Standzeiten des Fahrzeugs „Pause“ gemacht oder gearbeitet hat.

Da die entscheidenden Tätigkeitsmerkmale hier nicht aufgezeichnet werden, reichen die Aufzeichnungen auf dem Fahrtschreiber-Schaublatt nicht aus. Der Fahrer hat deshalb **handschriftliche Ergänzungen** vorzunehmen. Er hat die Schicht und die Pausen jeweils bei Beginn und am Ende zu vermerken.

Fahrtschreiber befinden sich gelegentlich noch in älteren nationalen Fahrzeugen.

Neben diesen beiden technisch unterstützten Arbeitszeitnachweisen können Fahrer von Fahrzeugen nach § 1 Abs. 1 FPersV, sofern diese Fahrzeuge nicht nach Absatz 2 ausgenommen sind, Aufzeichnungen über die Lenkzeiten, alle sonstigen Arbeitszeiten, die Lenkzeitunterbrechungen und die Ruhezeiten gemäß Abs. 6 führen. Die Aufzeichnungen müssen für jeden Tag getrennt erfolgen. Die Fahrer müssen jedes Blatt der Aufzeichnungen mit Vor- und Zuname, dem Datum und dem amtlichen Kennzeichen, den Ort des Fahrtbeginns und Fahrtendes sowie den Kilometerständen bei Fahrtbeginn und Fahrtende der benutzten Fahrzeuge versehen. Alle Eintragungen sind unverzüglich vorzunehmen. Die Fahrer haben die Aufzeichnungen des laufenden Tages und der vorausgegangenen 28 Kalendertage, an denen gefahren wurde, mitzuführen und den zuständigen Personen auf Verlangen zur Prüfung auszuhändigen. Nach Ablauf dieser Tage sind die Aufzeichnungen dem Unternehmer unverzüglich auszuhändigen und von diesem ein Jahr lang aufzubewahren und auf Verlangen vorzulegen. Der Unternehmer ist ferner verpflichtet, die Aufzeichnungen unverzüglich nach Aushändigung durch den Fahrer zu prüfen und unverzüglich Maßnahmen zu ergreifen, die notwendig sind, um die Beachtung der Sätze 1 bis 5 des Abs. 6 zu gewährleisten. Die Aufzeichnungspflichten sind erfüllt, wenn ein Muster der Anlage (s. S. 318) verwendet wird.

Von den technischen Aufzeichnungen unterscheiden sich diese Art von Aufzeichnungen ganz wesentlich dadurch, dass hier der Fahrer persönlich und handschriftlich Eintragungen in ein vorgeschriebenes Formblatt vorzunehmen hat, wobei auch alle Tätigkeitsmerkmale erfasst werden.

Wenn handschriftliche Aufzeichnungen „Mindeststandard" sind, ist ein Fahrtschreiber als technisches Hilfsmittel bereits besser und das EG-Kontrollgerät nach den derzeitigen technischen Möglichkeiten und rechtlichen Erfordernissen optimale Aufzeichnungsmöglichkeiten bietet, kann der Grundsatz gelten:

- Die jeweils **bessere Aufzeichnung** muss die **weniger Gute ersetzen.**

Ist ein Kfz unter 3,5 t zHM mit einem EG-Kontrollgerät ausgerüstet, muss es ordnungsgemäß betrieben werden.

Merke:

- Fahrzeuge, die den EG- oder AETR-Vorschriften unterliegen, sind mit **EG-Kontrollgeräten oder Kontrollgeräten nach dem AETR („AETR-Kontrollgerät") ausgerüstet.**
- Andere Fahrzeuge **können ausgerüstet sein.**
- Der ordnungsgemäße Betrieb eines EG-Kontrollgerätes ersetzt jede Form eines anderen Arbeitszeitnachweises durch den Fahrer.

Einen grundsätzlichen Überblick über Arbeitszeitnachweise in den jeweiligen Verkehrsformen soll die unten stehende Grafik verschaffen.

Die besonderen Bedingungen im Personen-Linienverkehr und die nationale Ausrüstungspflicht mit Fahrtschreibern nach § 57a StVZO werden später noch betrachtet.

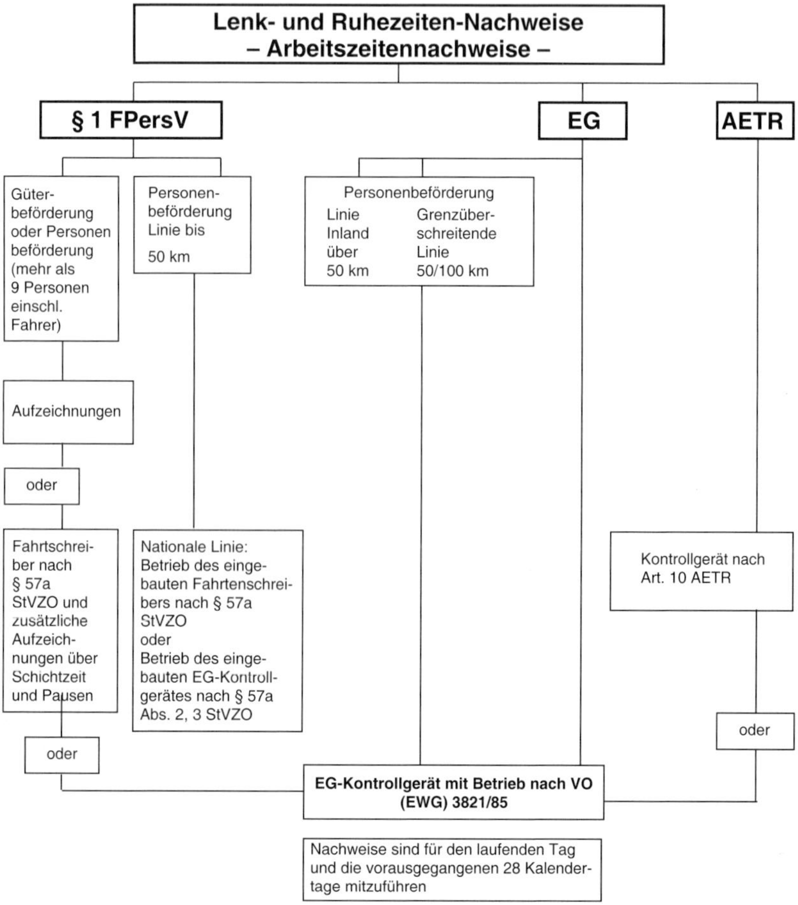

1.8 Zeitregularien; Lenkzeiten, Pausen, Ruhezeiten und ihre Bezüge zueinander

Der Arbeitsrhythmus der Fahrer in diesem Gewerbezweig würde sich ohne regelnde Vorschriften allein an freien Wettbewerbsregularien orientieren. Dabei kämen Sicherheitsaspekte und auch solche des Arbeitsschutzes zu kurz.

Die Vorschriften regeln deshalb,

- wie **lange** ein Fahrer sein Fahrzeug ununterbrochen lenken darf,
- nach **welcher Lenkzeit** eine **Fahrtpause** einzulegen ist,

- welche Zeiträume „täglich" oder innerhalb einer „Arbeitsschicht" mit Lenkerdienst verbraucht werden dürfen,
- welche Freizeiten **(Ruhezeiten)** dem Fahrer **innerhalb von 24 Stunden** zustehen und **„arbeitsfrei"** sein müssen,
- welche **Maximallenkzeiten innerhalb zweier Wochen** von einem Fahrer geleistet werden dürfen

und

- welche Zeiträume dem Fahrer als **arbeitsfreie Tage** durch „wöchentliche Ruhezeiten" zustehen.

Es ist deshalb nötig, diese festgelegten Zeiten und ihre Einbettung in „Bezugszeiträume" zu kennen. Um den Einstieg in diese Zeitregelungen zu finden, sollen auch hier zunächst Unterschiede in den einzelnen Rechtsgebieten unberücksichtigt bleiben, zumal es bei näherer Betrachtung keine gravierenden Abweichungen voneinander gibt.

Der größte Bezugszeitraum, in dem überprüfbare Zeiten eingebettet sein müssen, ist die „Doppelwoche" im Sinne zweier aufeinander folgender Wochen. Das ist in jedem Fall ein Zeitraum von **14 Kalendertagen,** die im EG-Recht und nach § 1 FPersV identisch mit zwei Kalenderwochen sind.

In diesem Zeitraum darf der Fahrer **höchstens 90 Stunden** (EG-Recht, § 1 FPersV und AETR) **fahren**, die auf die „Arbeitstage" verteilt werden müssen.

Hält der Fahrer eine Arbeitswoche mit sechs Arbeitstagen ein, entfallen auf jeden Arbeitstag 7,5 Stunden Lenkzeit, bei fünf Arbeitstagen wären es 9 Stunden.

Wollte der Gesetzgeber auch in diesem Bereich der Arbeitswelt eine Fünf-Tage-Woche anstreben, müsste er demnach bei der festgesetzten Maximallenkzeit von 90 Stunden in zwei Wochen auch eine tägliche Lenkzeit von 9 Stunden zulassen. Die VO (EG) Nr. 561/2006 und § 1 FPersV sehen auch eine solche tägliche Höchstlenkzeit von 9 Stunden vor und gestatten sogar zwei Mal in der Woche 10 Stunden.

Die Frage ist nun, in welchen Bezugszeiträumen diese täglichen Lenkzeiten geleistet werden dürfen und in welcher zeitlichen Abfolge sie zur Arbeitswoche stehen.

Hier besteht ein enger Zusammenhang zu arbeitsfreien Ruhezeiten, weil tägliche Lenkzeiten immer in zwei tägliche Ruhezeiten von 11 Stunden, im Minderungsfall von 9 Stunden, im Falle einer Aufteilung in zwei „Kernruhezeiten" von 3 Stunden und 9 Stunden eingebettet sind.

Mit diesen Bezügen kann jetzt beispielhaft eine Zeiteinteilung erfolgen:

11 h ·	9 h ·	11 h
Ruhezeit	Lenkzeit	Ruhezeit

Für die Ruhezeiten ist jedoch zwingend ein Bezugszeitraum von 24 Stunden vorgegeben.

Damit müssen die hier zu Grunde gelegten 11 Stunden Ruhezeit in **jedem Zeitraum** von 24 Stunden enthalten sein.

In Verbindung mit dem „Einbettungseffekt“ kann beispielhaft eine Zeiteinteilung von jeweils 24 Stunden in der Weise erfolgen, dass die freibleibenden Stunden für Arbeitszeiten **einschließlich** der täglichen Lenkzeit zur Verfügung stehen:

11 h	13 h	11 h	13 h
Ruhezeit	Arbeitszeit	Ruhezeit	Arbeitszeit
←	→	←	→

Nun ist es nicht erstrebenswert, ständig innerhalb eines 24-Stunden-Tages 13 Stunden oder sogar mehr zu arbeiten. Das nationale Arbeitsrecht geht auch von einer „Arbeitsschicht“ von höchstens 12 Stunden aus.

- Wird **weniger** gearbeitet, bedeutet das auch eine **längere** Ruhezeit.
- Wird länger gearbeitet, bedeutet das auch eine **kürzere** Ruhezeit.

Der Fahrer muss tägliche und wöchentliche Ruhezeiten einhalten. Innerhalb von 24 Stunden nach dem Ende der vorangegangenen täglichen oder wöchentlichen Ruhezeit muss der Fahrer eine neue tägliche Ruhezeit genommen haben. Beträgt der Teil der täglichen Ruhezeit, die in den 24-Stunden Zeitraum fällt, mindestens 9 Std., jedoch weniger als 11 Std., so ist diese Ruhezeit als reduzierte tägliche Ruhezeit anzusehen.

Die tägliche Ruhezeit kann verlängert werden, sodass sich eine **regelmäßige** wöchentliche Ruhezeit oder eine **reduzierte** wöchentliche Ruhezeit ergibt.

Der Fahrer darf zwischen zwei wöchentlichen Ruhezeiten höchstens **drei reduzierte** tägliche Ruhezeiten einlegen.

Abweichend von der Regelung, dass innerhalb von 24 Stunden nach dem Ende der vorangegangenen täglichen oder wöchentlichen Ruhezeit der Fahrer eine tägliche Ruhezeit genommen haben muss, muss ein im Mehrfahrerbetrieb eingesetzter Fahrer innerhalb von 30 Stunden nach dem Ende einer täglichen oder wöchentlichen Ruhezeit eine neue tägliche Ruhezeit von mindestens 9 Stunden genommen haben.

Das Führen von Kraftfahrzeugen zur Güter- oder Personenbeförderung der entsprechenden Größenordnungen ist harte Arbeit. Insbesondere im Hinblick auf die Verkehrsdichte auf unseren Straßen und die besonderen Bedingungen bei schlechten Witterungs- und Straßenverhältnissen ist der Fahrer enormen Belastungen ausgesetzt.

Diesen Belastungen kann niemand physisch und psychisch dauerhaft ausgesetzt sein, ohne irgendwann an seine Leistungsgrenzen zu stoßen. Es kann dabei nicht in der Entscheidungsfreiheit des Fahrers bleiben, selbst darüber zu befinden, wann für ihn persönlich diese Leistungsgrenzen erreicht sind, weil er aus den verschiedensten Gründen darüber nicht objektiv urteilt. Deshalb hat der Gesetzgeber nicht nur die Höchstgrenze der täglichen Lenkzeit zwischen zwei Ruhezeiten auf maximal 10 Stunden festgesetzt, sondern auch bestimmt, dass jeder Fahrer nach festen Zeiträumen reinen **Lenkerdienstes** eine **„Lenkzeitunterbrechung“** (Pause) einzulegen hat.

Nach arbeitsphysiologischen Erkenntnissen ist der Zeitraum eines zusammenhängenden (ununterbrochenen) reinen Lenkerdienstes **ohne ausreichende Pause** auf **maximal 4,5 Stunden** festgelegt.

Spätestens nach 4,5 Stunden Fahrt hat der Fahrer deshalb eine Lenkzeitunterbrechung (= Erholungspause) von **mindestens 45 Minuten** einzulegen.

Wenn es dem Fahrer beliebt, kann er auch mehrere kleinere Pausen in diesem Zeitrahmen einlegen, die jedoch nie **kürzer als 15 Minuten** sein dürfen, weil unterhalb dieser Zeit kein Erholungswert erreicht wird.

Auch kann der Fahrer sich in diesen Pausen nicht von seinem Lenkerdienst erholen, wenn er arbeitet, z. B. sein Fahrzeug be- oder entlädt.

Deswegen sind dem Fahrer **Tätigkeiten** innerhalb dieser lenkzeitunterbrechenden Pausen **untersagt.**

Der Bezugszeitraum „tägliche Lenkzeit" von 9 Stunden wird demnach mindestens einmal durch eine Lenkzeitunterbrechung von 45 Minuten geteilt, bei einer Lenkzeit von 10 Stunden sogar zwei Mal, nämlich jeweils nach 4,5 und 9 Stunden.

4,5 h	45'	4,5 h	
Lenkzeit	Pause	Lenkzeit	Ruhezeit →

← 9 h tägliche Lenkzeit →

1,5 h	15'	1,5 h	30'	1,5 h	15'	3,0 h	
LZ	P	LZ	P	LZ	P	LZ	Ruhezeit →

← 9 h tägliche Lenkzeit →

4,5 h	45'	1,5 h	15'	1,5 h	30'	1,5 h	
LZ	P	LZ	P	LZ	P	LZ	Ruhezeit →

← 9 h tägliche Lenkzeit →

3 h	20'	1,5 h	30'	1 h	15'	2 h	30'	1,5 h	
LZ	P	LZ	P	LZ	P	LZ	P	LZ	Ruhezeit →

← 9 h tägliche Lenkzeit →

2 h	15'	2,5 h	30'	1,5 h	20'	3 h	30'	1 h	
LZ	P	LZ	P	LZ	P	LZ	P	LZ	Ruhezeit →

← 10 h tägliche Lenkzeit →

4,5 h	45'	4,5 h	45'	1 h	
LZ	P	LZ	P	LZ	Ruhezeit →

← 10 h tägliche Lenkzeit →

Damit sind folgende beispielhafte Zeiteinteilungen möglich:

Merke:

- In zwei aufeinander folgenden Wochen darf der Fahrer höchsten 90 Stunden lenken.
- Innerhalb von 24 Stunden muss der Fahrer bestimmte Ruhezeiten einhalten.
- Zwischen zwei Ruhezeiten darf die Lenkzeit in keinem Fall 10 Stunden überschreiten.
- Spätestens nach 4,5 Stunden reiner Lenkzeit muss der Fahrer eine Pause von mindestens 45 Minuten einlegen.

Der „Arbeitstag" eines Fahrers kann innerhalb von 24 Stunden deshalb so eingeteilt sein:

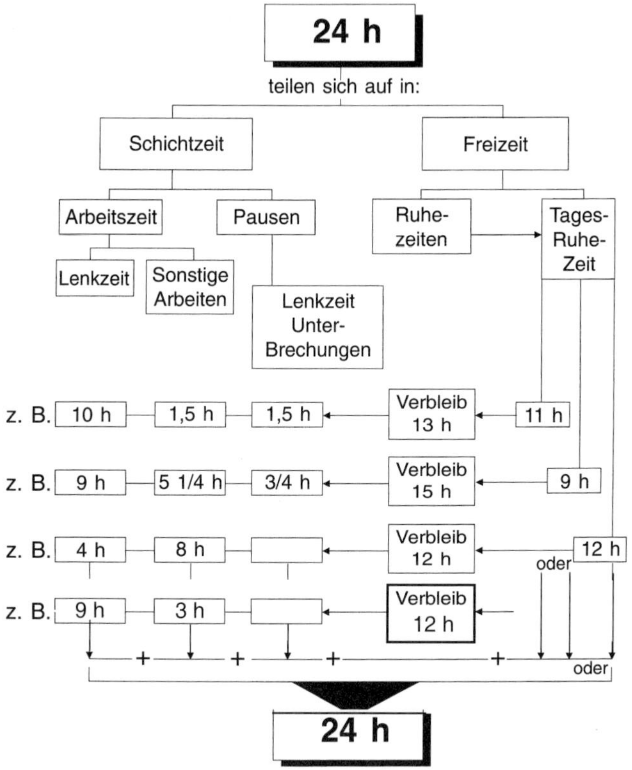

1.9 Besonderheiten bei Besetzung der Fahrzeuge mit mehreren Fahrern

Die EG-Verordnungen und das AETR fördern den Einsatz von mehreren Fahrern im Fernverkehr durch abweichende zeitliche Regelungen.

Dabei bleiben zwar die Lenkzeiten unverändert, wie bei einem Fahrer, sie können jedoch anders gestaltet werden. Zudem gelten **andere tägliche Ruhezeiten.**

Hier ist nämlich der **Bezugszeitraum 24 Stunden auf 30 Stunden ausgedehnt** und die tägliche (ununterbrochene) Ruhezeit in jedem Fall auf **9 Stunden** (VO (EG) Nr. 561/2006) festgesetzt worden.

Durch diese Besonderheiten unterscheidet sich der Arbeitsrhythmus dieser „Fahrer-Teams" von dem „Single-Fahrer" entscheidend:

21 h	9 h	21 h	9 h
Arbeitszeit	Ruhezeit	Arbeitszeit	Ruhezeit
← 30 h →		← 30 h →	

„Doppelfahrer" arbeiten und ruhen „synchron".

Dabei kann die höchstmögliche Arbeitsschicht 21 Stunden betragen. In dieser Zeit darf jeder Fahrer allerhöchstens 10 Stunden das Fahrzeug lenken.

Im Extremfall (der natürlich so nicht wünschenswert und nach deutschem Arbeitsrecht auch nicht zulässig ist, weil nach sechs Stunden Arbeit eine Pause von mindestens 30 Minuten vorgeschrieben ist) wäre dadurch das Fahrzeug innerhalb der 21 Stunden 20 Stunden in Bewegung. Das kann aber auch nur deshalb möglich sein, weil die auch von dem Team einzuhaltenden Lenkzeitunterbrechungen nach jeweils höchstens 4,5 Stunden Lenkerdienst auf dem Beifahrersitz im fahrenden Fahrzeug verbracht werden dürfen.

Der Arbeitstag eines Teams könnte rein rechnerisch deshalb so aussehen:

4,5 h Lenkzeit		4,5 h Lenkzeit		1h		1 h	9 h	Fahrer 1
	4,5 h Lenkzeit		4,5 h Lenkzeit		1h	AZ	9 h Ruhezeiten	Fahrer 2
← 30 Stunden Gesamtzeit →								

Die nachfolgende Übersicht stellt alle zu beachtenden Zeiten in den einzelnen Rechtsgebieten gegenüber:

1.10 Gegenüberstellung Zeiten

	AETR (früher) **VO (EWG) Nr. 3820/85** (früher)	**VO (EG) Nr. 561/2006** **+ AETR** (heute)
Lenkzeitunterbrechung	Nach 4,5 Std. Lenkzeit mind. 45 Min. Aufteilung in Abschnitten von 15 Min	s. links Aufteilung in 1 Abschnitt von 15 Min. gefolgt von 1 Abschnitt von 30 Min.
Tägliche Lenkzeit	Höchstens 9 Std. Erhöhung auf 10 Std. zweimal pro Woche	s. links
Wöchentliche Lenkzeit	56 Std. (zw. 2 wöchentlichen Ruhezeiten) In zwei aufeinanderfolgenden Wochen; höchstens 90 Std.	s. links s. links
Tägliche Ruhezeit	Mindestens 11 Std. Aufteilung in 2 oder 3 Abschnitte möglich. Dann sind aber mind. 12 Std. Ruhezeit einzuhalten. Außerdem muss ein Abschnitt mind. 8 Std. betragen Eine gekürzte tägliche Ruhezeit von 9 Std. ist 3 mal pro Woche zulässig, **aber ein Ausgleich bis zum Ende der folgenden Woche ist vorgeschrieben** Bei Mehrfahrerbetrieb mind. **8** Std. innerhalb von 30 Std.	s. links Aufteilung in 2 Abschnitte möglich. Dann sind aber mind. 12 Std. Ruhezeit einzuhalten. Zuerst müssen 3 dann 9 Std. genommen werden Eine gekürzte tägliche Ruhezeit ist 3 mal zw. 2 wöchentlichen Ruhezeiten zulässig. **Ein Ausgleich ist nicht mehr vorgeschrieben!** Bei Mehrfahrerbetrieb mind. 9 Std. innerhalb von 30 Std.
Wöchentliche Ruhezeit	Mindestens 45 Std. einschl. Tagesruhezeit Verkürzung auf 36 Std. am Standort des Fahrzeugs oder Heimatort des Fahrers und auf 24 Std. an anderen Orten möglich **Ausgleich innerhalb von 3 Wochen** Wöchentliche Ruhezeit ist nach 6 Tageszeiten einzulegen (Ausnahme für grenzüberschreitenden Personenverkehr)	s. links Verkürzung auf 24 Std. möglich, aber innerhalb von 2 Wochen muss mind. Folgendes eingehalten werden: 2 Ruhezeiten von 45 Std. **oder** 1 Ruhezeit von 45 Std. zzgl. 1 Ruhezeit von mind. 24 Std. (Ausgleich innerhalb von 3 Wochen) Wöchentliche Ruhezeit ist nach 6 24-Stunden-Zeiträumen einzulegen (Ausnahme für grenzüberschreitenden Personenverkehr)

Anmerkungen zum AETR

In bestimmten Fällen gilt anstatt der ab 11.4.2007 geltenden fahrpersonalrechtlichen Vorschrift der Verordnung (EG) Nr. 561/2006 weiterhin das AETR. Dies gilt für die gesamte Fahrstrecke bei Fahrten, die teilweise außerhalb der EU, des EWR oder der Schweiz erfolgen, sofern das Fahrzeug in der EU, dem EWR oder einem AETR-Staat zugelassen ist (so Art. 2 Abs. 3a der VO (EG) Nr. 561/2006). Ist das Fahrzeug außerhalb dieser Staaten zugelassen, gelten die Vorschriften des AETR nur für solche Streckenabschnitte, die innerhalb der EU, des EWR oder eines AETR-Staates liegen (so Art. 2 Abs. 3 der VO (EG) Nr. 561/2006. Die Vorschriften des AETR sind seit 2011 wieder größtenteils identisch mit den fahrpersonalrechtlichen Vorschriften der VO (EG) Nr. 561/2006.

1.11 Beförderungsraum, Fahrpersonal und Beförderungszweck

Die Vorschriften begrenzen die Zeiten

- der aktiven Teilnahme am Straßenverkehr
- für bestimmte Verkehrsteilnehmer
- mit besonderen Kraftfahrzeugen;

es ist deshalb

- **jede** Fortbewegung eines **beladenen** oder **leeren** Fahrzeugs
- zur **Güter- oder Personenbeförderung**
- im öffentlichen Straßenverkehr

zu erfassen.

Maßgebend sind somit auch

- die **Widmung** des Verkehrsraumes,
- die **Zweckbestimmung** des Fahrzeugs (Bauartbestimmung),
- die **tatsächliche Verwendung** des Fahrzeugs und
- die berufliche Einbindung des Fahrpersonals.

Öffentlicher Straßenverkehr

Grundsätzlich stehen zur Wertung nur die Fahrten an, die im öffentlichen Straßenverkehr durchgeführt werden. Was außerhalb des öffentlichen Verkehrsraums (also auf privatem Gelände) an Fahrten geleistet wird, geht die öffentlich-rechtliche Eingriffsverwaltung grundsätzlich nichts an, da es in diesem Fall vordergründig nur um Arbeitszeit geht und so nur das Innenverhältnis zwischen Arbeitgeber und Arbeitnehmer berührt wird.

Arbeitszeiten der Berufskraftfahrer haben jedoch unmittelbaren Einfluss auf die „Außenwelt", wenn sie ganz oder teilweise im öffentlichen Straßenverkehr geleistet werden. Sie können die Sicherheit des Straßenverkehrs beeinträchtigen: Der Kraftfahrer, der auf Privatgelände schon acht Stunden gefahren (und dementsprechend erschöpft) ist und danach in den öffentlichen Straßenverkehr überwechselt, kann nicht so behandelt werden, als fange seine Lenkzeit erst mit dem Überwechseln in den öffentlichen Verkehrsraum an.

Deshalb werden hier Teile des (zivilen) Arbeitsrechts vom öffentlichen Verkehrsrecht und vom öffentlichen Interesse an der Sicherheit des Straßenverkehrs überlagert. Bei der Teilnahme von Berufskraftfahrern am öffentlichen Straßenverkehr ist somit die gesamte Arbeitszeit einzubeziehen, werden Teile der Arbeitszeit außerhalb des öffentlichen Verkehrsraums verbraucht, so muss der Fahrer sich diese Zeiten anrechnen lassen, wenn er anschließend auf öffentlichen Straßen weiterfährt (z. B. Baustellenverkehr).

Fahrer

ist jede Person, die das Fahrzeug lenkt, sei es auch nur für kurze Zeit, oder die sich im Fahrzeug befindet, um es gegebenenfalls lenken zu können.

Durch die Beschränkung der funktionalen Bestimmung eines Fahrers i. S. Art. 4c) VO (EG) Nr. 561/2006 und § 1 FPersG, die auf **Beschäftigung** und **Tätigkeit** abstellt, ist nur der Personenkreis angesprochen, der **berufsmäßig** im Sinne einer (lohnabhängigen) Beschäftigung oder (lohnunabhängigen) Tätigkeit, die gewerbsmäßig und damit regelmäßig auf Gewinnerzielung ausgerichtet die Benutzung eines Kraftfahrzeugs erfordert, Kraftfahrzeuge im öffentlichen Straßenverkehr führt.

Innerhalb dieser funktionalen Bestimmung ist es dann unerheblich, ob dieser Kraftfahrzeugführer Arbeitnehmer, Beamter, Angestellter oder Unternehmer ist.

Überdies macht die unmittelbare Beziehung des § 1 FPersV zum Arbeitsrecht durch die Einbindung der Lenkzeit in eine Arbeitsschicht deutlich, dass hier eine funktionale Zuordnung der Fahrertätigkeit zum Arbeitsrecht besteht.

Reine Privatfahrten ohne jeden berufs- oder gewerbsmäßigen Bezug unterliegen aber in keiner Weise einer arbeitsrechtlichen Bindung, womit sie nicht nur über Art. 3 Buchst. h) VO (EG) Nr. 561 2006 und Art. 2 Nr. 2 j) AETR, sondern **auch aus dem nationalen Rechtsbereich des § 1 FPersV ausgenommen sind.**

Allerdings kann die Überschreitung der vorgeschriebenen Lenkzeiten bzw. die Unterschreitung der Ruhezeiten bei einem Schadensfall (Verkehrsunfall) im Rahmen der zivilrechtlichen Beurteilung zu einem Verschulden (Anscheinsbeweis) und wegen der versicherungsrechtlichen Gefahrenerhöhung zur Beeinträchtigung des Versicherungsschutzes führen.

Beifahrer

ist jede Person, die den Fahrer begleitet und diesen bei allen Tätigkeiten unterstützt, sich an den im Straßenverkehr gewöhnlich nötigen Verrichtungen beteiligt (z. B. Einweisen, Sicherung) und Ladetätigkeiten durchführt, ohne sich in irgendeiner Form am Lenkdienst zu beteiligen.

Beifahrer sind von der Führung von Arbeitszeitnachweisen befreit.

Beifahrer müssen volljährig sein. Ausnahme: § 18 (2) FPersV = 16 Jahre.

Da „Fahrer" begrifflich jede Person ist, die sich im Fahrzeug befindet, um es gegebenenfalls lenken zu können, kann eine **Beifahrerfunktion** nach der Rechtslage (EWG) nur noch dann vorliegen, wenn dieser Beifahrer rechtlich oder tatsächlich das Fahrzeug keinesfalls lenken kann.

Beifahrer mit der Qualifikation zur Führung des Fahrzeugs sind deshalb als Fahrer (Ersatzfahrer) anzusehen. Das muss insbesondere dann gelten, wenn dieser Fahrer lediglich an (irgend-)einem Vortag nicht gefahren ist, sich ansonsten jedoch an dem Fahrerdienst beteiligt hat.

Insoweit muss dieser Fahrer ohnehin für jeden seiner Fahrtage Nachweise führen. Das tatsächliche und rechtlich haltbare Unterlassen von Aufzeichnungen an Tagen, an denen dieser Fahrer nicht gefahren ist, muss bei einer Überprüfung vor Ort (Straßenkontrolle) im Ergebnis zunächst als Schutzbehauptung mit einer Folge gewertet werden, dass (eventuell umfangreiche) Ermittlungen in seinem Betrieb angestellt werden müssen, um den Wahrheitsgehalt der Behauptung zu finden.

Die Fahrer, die Schaublätter nach Artikel 15 Abs. 7 der Verordnung (EWG) Nr. 3821/85 des Rates vom 20. Dezember 1985 (Abl. EG Nr. L 370 S. 8) oder nach Art. 12 Nr. 7a AETR nicht vorlegen können, weil sie an bestimmten Tagen keine Fahrzeuge oder nur solche Fahrzeuge gelenkt haben, für deren Führen eine Nachweispflicht nicht besteht, haben darüber den zuständigen Kontrollbeamten auf Verlangen für diese Tage eine Bescheinigung des Unternehmers oder einen anderen geeigneten Nachweis vorzulegen. Der Unternehmer hat diesen Fahrern eine solche Bescheinigung unter Angabe der Gründe auszustellen und auszuhändigen. (siehe Leitlinie 5 im Anhang).

In den Fällen, in denen eine solche Bescheinigung nicht ausgestellt werden konnte, weil die arbeitsfreien Tage unterwegs angefallen sind, hat der Unternehmer auf Verlangen der Kontrollbehörde nachträglich eine Bescheinigung auszustellen und vorzulegen.

Ein Verstoß gegen § 20 FPersV ist nach § 21 FPersV bußgeldbewehrt.

Zweckbestimmung und tatsächliche Verwendung der Fahrzeuge

Bauart und Verwendung des Fahrzeugs bestimmen, ob es (vorwiegend) zur Beförderung von Gütern oder (ausschließlich) zur Beförderung von Personen benutzt wird.

Es erfolgt also eine grundsätzliche Einteilung in

- **Beförderungszweck Güterbeförderung und**
- **Beförderungszweck Personenbeförderung.**

Beförderungszweck Güterbeförderung

Die benutzten Fahrzeuge müssen der Güterbeförderung oder der Personenbeförderung „dienen" bzw. dazu bestimmt sein und auch entscheidend verwendet werden.

Im EG-Verkehr ergibt sich diese Bindung an den Beförderungszweck unmittelbar aus

- Art. 2 VO (EG) Nr. 561/2006, im AETR-Verkehr aus
- Art. 2 AETR.

Im nationalen Verkehr ergibt sich dieser Beförderungszweck aus

- § 1 Abs. 1 FPersV,

der Kraftfahrzeuge über 2,8 t zHM erfasst.

Solche (schweren) Fahrzeuge dienen in der Regel von ihrer Bauartbestimmung her der Güterbeförderung.

Wenn auch der Gesetzgeber den Beförderungszweck hierbei nicht ausdrücklich bestimmt hat, stützt sich dies aus der Einbindung des Fahrers eines solchen Fahrzeugs in eine **Arbeitsschicht**.

Damit ergibt die Benutzung eines solchen Fahrzeugs in diesem Zusammenhang nur dann einen Sinn, wenn es zu einem wirtschaftlichen Zweck eingesetzt wird, und das ist hier die Beförderung von Gütern, weil Fahrzeuge dieser Größenordnung mit **anderen Verwendungszwecken** von der Anwendung des § 1 FPersV ausgenommen sind (z. B. selbstfahrende Arbeitsmaschinen)[1].

Bei überwiegendem Transportzweck, wenn also die selbstfahrende Arbeitsmaschine auch zum Transport von Gütern bestimmt und geeignet ist, gilt sie als Transportfahrzeug mit eingebauter Arbeitsmaschine, nicht aber mehr als selbstfahrende Arbeitsmaschine.

Beispiel: Die Beförderung von Fertigbeton in einem Betonmischfahrzeug ist eine mit der Arbeitsleistung verbundene Güterbeförderung. Dabei ist es unerheblich, ob der Fertigbeton verladen oder erst während der Fahrt hergestellt wird.

Das lediglich Mitführen eines Anhängers ändert die Eigenschaft als Arbeitsmaschine nicht.

Beförderungszweck muss die **gewerbliche Güterbeförderung** sein, da private nichtgewerbliche Fahrten ausgenommen sind (vgl. EG-Verkehr: namentliche Ausnahme durch Art. 3 VO (EG) Nr. 561/2006 und § 1 FPersV).

In allen drei Bereichen ist demnach der Beförderungszweck „gewerbliche Güterbeförderung" für die Frage entscheidend, ob eine Fahrzeugbenutzung der Rechtsanwendung unterliegt.

Merke:

- Fehlt der Beförderungszweck, unterliegt die Fahrzeugbenutzung nicht den Vorschriften.

Anwendungsbeispiele

Prüfungs- und Probefahrten
dienen der technischen Überprüfung bzw. dem Veräußerungsinteresse des Handels. Die insoweit zweckausgerichteten Fahrten dienen nicht der Beförderung.

Fahrzeuge, mit denen zum Zweck der technischen Entwicklung oder im Rahmen von Reparatur- oder Wartungsarbeiten Probefahrten auf der Straße durchgeführt werden, sowie neue oder umgebaute Fahrzeuge, die noch nicht in Betrieb genommen worden sind, unterliegen nicht der VO (EG) Nr. 561/2006.

In der Praxis wird vereinzelt beobachtet, dass die Fahrt eines mit Gütern beladenen Fahrzeugs als Prüfungsfahrt deklariert wird, weil „das Fahrverhalten des Fahrzeugs unter Ausschöpfung seiner zulässigen Höchstmasse einer Überprüfung unterzogen werden soll".

---

1 § 1 (2) Nr. 5 FPersV.

In der Regel wird es sich dabei allerdings um eine bloße Schutzbehauptung handeln, die anhand der tatsächlichen Umstände (Art der Ladung, Fahrtziel, bisher zurückgelegte Fahrtstrecke) leicht widerlegt werden kann, so dass i. E. die Vorschriften anzuwenden sind.

Überführungsfahrten
dienen dem Zweck, das Fahrzeug vom Hersteller zum Auslieferer oder vom Auslieferer zum Abnehmer zu bringen. Die Bewegung des Fahrzeugs ist damit Selbstzweck und dient nicht der Beförderung.

Fahrschulfahrzeuge
wenn sie dem Fahrschulunterricht oder zur Fahrprüfung zwecks Erlangung der Fahrerlaubnis oder eines beruflichen Befähigungsnachweises dienen.

Wohnmobile
dienen nicht dem Beförderungszweck Güterbeförderung, da die Einrichtungsgegenstände Zubehör sind. Außerdem wird die Benutzung dieses „Sonderkraftfahrzeugs" regelmäßig eine private, nichtgewerbliche Fahrt und deshalb aus allen denkbaren Rechtsanwendungen ausgenommen sein, weil der Fahrer den Vorschriften nicht unterliegt. Bei Wohnmobilen ab 7,5 t zHM ist § 57a (1) Nr. 1 StVZO zu beachten.

Nur eine scheinbare Ausnahme von der Regelung über den Beförderungszweck ist die **Leerfahrt.**

Bei einer Leerfahrt fehlt der Beförderungszweck dann nicht, wenn die Fahrt zum Zwecke der **Beladung**, nach einer **Entladung** oder aus Gründen, die unmittelbar mit der beruflichen Tätigkeit des Fahrers im Zusammenhang stehen (z. B. Fahrt zum Wohnsitz, um dort Ruhezeiten einzulegen) durchgeführt wird.

Deshalb kann auch **nur** die **private, nichtgewerbliche** Leerfahrt von der Rechtsanwendung **ausgenommen** werden, jedoch nur bis zu einer zHM von 7,5 t.

PKW-Kombi
bedürfen einer besonderen Betrachtung, weil hier der Beförderungszweck in Verbindung mit dem Überschreiten einer bestimmten Gewichtsgrenze entscheidend ist.

Drei Möglichkeiten sind hier denkbar

- Die zulässige Höchstmasse eines einzelnen PKW-Kombi ohne Anhänger übersteigt 2,8 t, aber nicht 3,5 t. Hier könnte nur ein Anwendungsfall nach § 1 FPersV vorliegen. Die Zulassungsbestimmung „Personenkraftwagen" führt jedoch (zunächst) zur Ausnahme, sofern das Fahrzeug zweckentsprechend genutzt wird. Steht bei der Nutzung des Fahrzeugs jedoch die gewerbsmäßige (dauernd auf Gewinn gerichtete) Beförderung von Gütern im Vordergrund, weil das Fahrzeug z. B. entsprechend umgerüstet wurde, liegt die Ausnahme nicht mehr vor.

- Die zulässige Höchstmasse eines PKW-Kombi und eines mitgeführten Anhängers (Beförderungseinheit) zusammen übersteigt 3,5 t. Sofern diese „Beförderungseinheit“ der Güterbeförderung dient, findet das EG-Recht Anwendung. Deshalb muss das ziehende Fahrzeug (bei diesen Beförderungsfahrten) mit einem EG-Kontrollgerät ausgerüstet und dieses vom Fahrer in Betrieb genommen sein.
- Die zulässige Höchstmasse eines PKW-Kombi ohne Anhänger übersteigt 3,5 t. Werden mit diesem Fahrzeug Güter transportiert, dient es der Güterbeförderung und unterliegt dem EG-Recht.

Da in allen drei Fällen die tatsächliche Beförderung von Gütern Grundvoraussetzung für die Anwendung der Vorschriften ist, muss jeder Einzelfall entsprechend geprüft werden.

Beförderungszweck Personenbeförderung
Von den nationalen Bestimmungen

- § 1 FPersV
- § 57a StVZO

und den über- und internationalen Bestimmungen

- VO (EG) Nr. 561/2006 und VO (EWG) Nr. 3821/85
- AETR

werden alle Fahrzeuge erfasst, die dazu bestimmt sind, mehr als acht Fahrgäste zu befördern bzw. bauseits mit mehr als neun Sitzplätzen (einschließlich Fahrersitz) ausgestattet sind.

In Hinsicht auf Leer-, Fahrschul- und Überführungs-/Prüfungs-/Probefahrten gilt analog das, was zur Güterbeförderung gesagt wurde, weil die Vorschriften allgemein nicht zwischen Güter- und Personenbeförderung differenzieren. Jede private Personenbeförderung mit Fahrzeugen unter dieser Größenordnung kann sich völlig frei gestalten. Die gewerbliche Personenbeförderung unterhalb dieser Größenordnung (z. B. Taxen-, Mietwagenbetrieb) hat sich zwar auch an arbeitszeitrechtliche Bestimmungen zu halten, unterliegt jedoch nicht den hier behandelten Lenk- und Ruhezeitbestimmungen.

Bei der Beförderung von Personen mit Fahrzeugen mit mehr als acht Fahrgastplätzen ist zwischen dem „Gelegenheitsverkehr“ (Ausflugsfahrten und Ferienzielreisen) und dem Linienverkehr zu unterscheiden. Der Gelegenheitsverkehr unterliegt in jedem Fall den EG-Bestimmungen bzw. dem AETR im Einzelfall.

Personenlinienverkehr
ist die regelmäßige Beförderung von Personen in einer bestimmten Verkehrsverbindung mit festgelegten Haltestellen.

Sonderformen sind der „Schulbusverkehr“ und u. a. die „regelmäßige Beförderung von Arbeitnehmern zu ihrer Arbeitsstelle und zurück zu ihrer Wohnung“ (vgl. §§ 42, 43 PBefG).

Bei dem Linienverkehr muss unterschieden werden zwischen

1. der innerstaatlichen (nationalen) Linie bis 50 km Linienlänge,
2. der innerstaatlichen (nationalen) Linie über 50 km Linienlänge,
3. der grenzüberschreitenden (nationalen oder bei uns verkehrenden ausländischen) Linie bis 100 km (Gesamt-)Linienlänge, deren Endpunkte jedoch höchstens 50 km (Luftlinie) von der Grenze entfernt sind.

Innerstaatliche Linie bis 50 km
Dieser Linienverkehr **ist von den Vorschriften der EG-Verordnungen ausgenommen** (vgl. Art. 3 Buchst. a) VO (EG) Nr. 561/2006 und VO (EG) Nr. 3821/85, Art. 3 Abs. 1) und auch von den Bestimmungen des AETR, weil in dieser Verkehrsform das Fahrpersonal nur auf einem Hoheitsgebiet beschäftigt wird, was im Übrigen für **jede innerstaatliche Linie** gilt. Hier greifen deshalb nationale Bestimmungen ein.

Zum einen muss das so eingesetzte Fahrzeug in jedem Fall mindestens mit einem Fahrtschreiber ausgerüstet sein, und der Fahrer hat diesen von Beginn bis Ende der Fahrt in Betrieb zu nehmen (vgl. § 57a Abs. 1 Nr. 3 und Abs. 2 StVZO), zum anderen muss der Fahrer die Lenk- und Ruhezeitbestimmungen gem. Art. 4, 6 bis 9 und 12 VO (EG) Nr. 561/2006 einhalten (s. § 1 Abs. 1 FPersV) und die (von den übrigen Verkehrsformen abweichenden) Lenkzeitunterbrechungen gem. § 1 Abs. 3 FPersV beachten.

Hinweis: § 57a (1) StVZO tritt am 1.1.2013 für erstmals in den Verkehr kommende Fahrzeuge außer Kraft [§ 72 (2) Nr. 6a) StVZO].

Bei Kraftomnibussen, die nur gelegentlich im Linienverkehr eingesetzt werden („Auftragsverkehr"; z. B. Schulbuslinie), sind regelmäßig EG-Kontrollgeräte eingebaut, weil es für jeden anderen Einsatz dieses Fahrzeugs zwingend vorgeschrieben wäre.

Der Betrieb dieser EG-Kontrollgeräte ist beim Linieneinsatz **zumindest** in der Art und Weise vorzunehmen, wie es bei einem Fahrtschreiber **technisch möglich wäre** (Aufzeichnung von Fahrtbeginn und -ende, Haltezeiten).

Anstelle des Namens des Fahrers ist die Eintragung des amtlichen Kennzeichens oder der Betriebsnummer im Innenfeld des benutzten Schaublattes ausreichend.

Innerstaatliche Linie über 50 km und grenzüberschreitende Linie bis 50/100 km mit inländischem Standort
Innerstaatliche Personenbeförderungslinien über 50 km Linienlänge und inländische Linien, die einen grenznahen Bereich im Ausland bedienen, unterliegen den Lenk- und Ruhezeitbestimmungen der VO (EG) Nr. 561/2006, sie sind **von den Ausrüstungsvorschriften der VO (EWG) Nr. 3821/85 seit 31.12.2007 nicht mehr befreit.**

Die hier eingesetzten Fahrzeuge müssen deshalb mit einem EG-Kontrollgerät ausgerüstet sein.

Zusätzlich besteht bei dieser Verkehrsform nicht mehr die Verpflichtung des Fahrers aus Art. 16 VO (EG) Nr. 561/2006, einen Auszug aus dem (persönlichen) Arbeitszeitplan und eine Ausfertigung des Linienfahrplans mitzuführen.

Ein eingebautes EG-Kontrollgerät ist in der Weise zu betreiben, **wie es die VO (EWG) Nr. 3821/85 vorschreibt.**

Die gleichen Voraussetzungen müssen auch von der grenzüberschreitenden Linie bis 50/100 km mit **inländischem Standort** erfüllt werden.

1.12 Unternehmerverantwortlichkeit

Beschäftigung von Fahrpersonal bedeutet dem Wortsinn nach die „Tätigkeit von (Betriebs) Belegschaft" oder auch „Tätigkeit der Angestelltenschaft eines Betriebes". Auch die Zusammenhänge der Rechtsthematik deuten darauf hin, dass die Fahrertätigkeit intensiv in einem arbeitsrechtlichen Abhängigkeitsverhältnis steht.

Damit steht der Fahrer häufig in einer Pflichten- und Interessenkollision. Einerseits ist er eigenverantwortlich verpflichtet, die Vorschriften zu beachten, andererseits verlangt das Abhängigkeitsverhältnis von ihm Loyalität gegenüber seinem Arbeitgeber. Konfliktlösungen dürfen dabei nicht ausschließlich zum Nachteil des sozial schwächeren Fahrers ausfallen. Deshalb hat der Gesetzgeber den Unternehmer wesentlich in die Pflicht genommen:

Nach § 1 FPersV darf der Halter eines Fahrzeugs (i. S. von Arbeitgeber, Unternehmer)

- Überschreitungen der Lenkzeiten,
- Verkürzungen der Lenkzeitunterbrechungen oder Ruhezeiten

nicht

- anordnen oder
- zulassen.

Nach **Art. 10 VO (EG) Nr. 561/2006** hat der Unternehmer

- die Arbeit der Fahrer so zu planen, dass die Lenk- und Ruhezeiten eingehalten

werden können,

- die Einhaltung regelmäßig zu überprüfen,
- erforderliche Maßnahmen bei Zuwiderhandlungen zu treffen,
- den Fahrbetrieb so einzurichten, dass die Mitglieder des Fahrpersonals die Lenk- und Ruhezeitenbestimmungen einhalten können,
- die Einhaltung regelmäßig zu überwachen,
- festgestellte Verstöße unverzüglich (s. § 121 BGB) abzustellen und durch geeignete Maßnahmen Wiederholungen auszuschließen.

In allen Verkehrsformen obliegt dem Unternehmer damit nicht nur eine sorgfältige Dispositionspflicht im Rahmen der Bestimmungen, sondern auch eine regelmäßige und intensive Überprüfungspflicht, deren Unterlassen zur Vorwerfbarkeit führt.

Unternehmen, Verlader, Spediteure, Reiseveranstalter, Hauptauftragsnehmer, Unterauftragnehmer und Fahrvermittlungsagenturen müssen sicherstellen, dass die vertraglich vereinbarten Beförderungszeitpläne nicht gegen die VO (EG) Nr. 561/2006 verstoßen.

Die Rechtsprechung hat in einer Reihe von grundsätzlichen Entscheidungen die Unternehmerpflichten genauer definiert:

Bei der Disposition hat der Unternehmer:

- durch organisatorische Maßnahmen sicherzustellen, dass die Einhaltung der Bestimmungen möglich ist (OLG Köln, VRS 64, 313),
- im Rahmen seiner Sorgfaltspflicht Fahreraufträge mit seinen Fahrern zu besprechen und Lenk- und Ruhezeiten festzulegen (OLG Hamm, VRS 62, 82),
- ausreichende Transportzeiten einzuräumen (BayObLG, VRS 63, 82),
- die Übereinstimmung seiner kaufmännischen Disposition mit den Bestimmungen über die Lenk- und Ruhezeiten herzustellen, weil beide Dispositionen nicht trennbar sind und die Einhaltung der gesetzlichen Bestimmungen den kaufmännischen Interessen vorgeht (OLG Köln, VRS 59, 68),
- die Verantwortung für die tatsächliche Nichteinhaltung von Lenk- und Ruhezeiten, wenn er eine Fahrt anordnet, die bei Einhaltung der zulässigen Höchstgeschwindigkeiten von vornherein nicht bewältigt werden kann (OLG Düsseldorf, VRS 67, 169).

Faktoren, die den Fahrauftrag bestimmen:

Personal:

- Ein-Fahrer-/Zwei-Fahrer-Besatzung, Beifahrer,
- zuverlässig, erfahren, streckenkundig

Ladung:

- Zahl der eingeplanten Leerfahrten,
- Terminladegut als Teilladung/als Voll-Last,
- Zahl der anzufahrenden Firmen,
- Be- und Entladezeiten,
- Be- und Entladehilfspersonal,
- Art der Ladung

Fahrzeug:

- Motorisierungsgrad/zHM
- Anhänger/Sattelkfz.
- Verladezeiten (Straße-Schiene-Straße/Straße/Schiff/Straße)

Route:
- Länge, Streckenführung,
- BAB, Land-, Kreis-, Bundesstraßen,
- Zahl der Ortsdurchfahrten,
- Tageszeit, Verkehrsbelastung, bekannte Verkehrsdichte, Mischverkehre,
- Anzahl der Steigungen, Gefällstrecken,
- Streckenbegrenzungen Geschwindigkeit/Überholverbote,
- Baustellen/Grenzübergänge,
- Fahrweg bekannt oder nicht,
- vorhersehbare Wetterlage, Nebel, Regen, Schnee- und Eisglätte.

Eckdaten:

Fahrbeginn	}	Gesamtfahrzeit für den Auftrag
Fahrende		und mögl. Anschlussaufträge

Fahrtzeit:
Geschwindigkeit – zul. Tageslenkzeit plus Lenkzeitunterbrechungen – Ruhezeiten/tägliche/wöchentliche – Sicherheitszuschläge

Bei der regelmäßigen Überprüfung/Überwachung hat der Unternehmer
- eine wöchentliche Überprüfung der Schaublätter vorzunehmen und Verstöße gegen Sozialvorschriften sofort abzustellen (BayObLG, VRS 63, 82),
- sich nicht nur auf stichprobenartige Kontrollen der Schaublätter und bloße Belehrung der Fahrer zu beschränken (BayObLG, VRS 62, 390),
- einen organisatorischen Mangel zugelassen, wenn Fahrer die Schaublätter nur einmal im Monat im Betrieb abzuliefern haben (OLG Hamm, VRS 62, 207),
- über einen längeren Zeitraum festgestellte Lenkzeitenverstöße nicht nur durch sog. „Fahrernotizen" zu beanstanden, sondern gegebenenfalls den (die) Fahrer nicht wieder einzusetzen oder den Fahrauftrag genauer zu disponieren (OLG Köln, VRS 67, 389),
- durch geeignete Aufsichtsmaßnahmen gegenüber einem von ihm Beauftragten (§ 9 Abs. 2 OWiG) die Verletzung betriebsbezogener Pflichten zu verhindern (OLG Düsseldorf, VRS 63, 82).

Mitglieder des Fahrpersonals dürfen als Arbeitnehmer zudem auch nicht nach
- zurückgelegter Fahrtstrecke oder
- Menge der beförderten Güter

entlohnt werden und auch nicht Prämien oder Zuschläge für die Fahrtstrecke oder Gütermenge erhalten.

Das gilt für den deutschen Fahrer nach § 3 Fahrpersonalgesetz nicht nur für Fahrten, die dem EG-Recht unterliegen, sondern auch für solche nach dem AETR oder nach § 1 FPersV.

Nach § 4 Abs. 3 FPersG hat der Unternehmer (und die Mitglieder des Fahrpersonals) den Überwachungsbehörden

- wahrheitsgemäße und vollständige Auskünfte zu erteilen,
- Unterlagen zur Prüfung auszuhändigen oder einzusenden.

§ 4 Abs. 4 FPersG beschränkt das Auskunftsverweigerungsrecht auf die Fragen, deren Beantwortung selbstbelastend wäre oder einen der in § 383 Abs. 1 Nr. 1 bis 3 der Zivilprozessordnung bezeichneten Angehörigen der Gefahr strafrechtlicher Verfolgung oder eines Verfahrens nach dem Gesetz über Ordnungswidrigkeiten aussetzen würde. Deshalb greift das Zeugnisverweigerungsrecht (§§ 52 ff. StPO) auch nur in diesem Umfang.

Die Verpflichtung zur Vorlage oder Einsendung von Unterlagen unterliegt diesem Vorbehalt nicht. Insoweit muss die Mitwirkung des Unternehmers (und des Fahrpersonals) gefordert werden, weil sie regelmäßig umfangreiche und umfassende Überprüfungen des Betriebes vermeidet, die gerade bei einer Weigerung durch die sich daraus ergebende Vermutung von Unregelmäßigkeiten nötig wären. Damit wäre aber die zuständige Verwaltung funktional und personell überfordert, könnte deshalb ihrem allgemeinen Überwachungsauftrag nicht in dem gebotenen Umfang nachkommen und müsste auf die Erfüllung anderer, ebenso wichtiger Aufgaben verzichten. Deshalb muss in diesem Zusammenhang das persönliche Interesse des Betroffenen hinter dem Interesse der Allgemeinheit zurückstehen (vgl. BVerfGE, NJW 1972, 2214).

Abschnitt 2

Begriffe und Anwendung mit Beispielen

2.1 Teillenkzeit (ununterbrochene Lenkzeit) – UnLZ – Lenkzeitunterbrechung – LZU –

Rechtsquellen:

Art. 7 VO (EG) Nr. 561/2006

§ 1 FPersV

Art. 7 AETR

- Teillenkzeiten sind **Zeiträume von jeweils höchstens 4,5 Stunden** (270 Minuten) innerhalb der Tageslenkzeit, die der Fahrer mit der **Führung seines Fahrzeugs** verbracht hat und nach denen er eine Unterbrechung (Pause) einzulegen hat, sofern er keine Ruhezeit nimmt.
- **Führung** des Fahrzeugs ist die **reine Lenkzeit,** wie sie von einem technischen Aufzeichnungsgerät aufgezeichnet wird und alle damit in unmittelbarem Zusammenhang stehenden Tätigkeiten oder sonstige Aufzeichnungen über die Lenkzeiten, alle sonstigen Arbeitszeiten, die Lenkzeitunterbrechungen und die Ruhezeiten.
- **Unterbrechung** ist der **Zeitraum von mindestens 45 Minuten,** die der Fahrer im Fahrzeug oder außerhalb des Fahrzeugs verbringen kann, **ohne andere Arbeiten auszuführen.**
- Wartezeiten und **Nicht-Lenkzeiten im fahrenden Fahrzeug,** auf einer **Fähre** oder in einem **Zug** gelten nicht als andere Arbeiten.
- Ruhepause ist jeder ununterbrochene Zeitraum, in dem ein Fahrer frei über seine Zeit verfügen kann.
- **Standzeiten** des Fahrzeugs **von weniger als 15 Minuten** sind nach der VO (EG) Nr. 561/2006 keine vorgeschriebene LZU i. S. einer „Pause", und zwar der Aufteilung einer „Mindestpause" von 15 Min, sondern lediglich eine LZU. Werden in diesen kurzen Standzeiten (z. B. verkehrsbedingte Standzeiten) Fahrertätigkeiten ausgeübt, **dauert die Tageslenkzeit an,** in allen anderen Fällen wird der Gesamtzeitraum von 4,5 Stunden **um die Summe dieser Standzeiten verlängert.**
- Hält der Fahrer eine Lenkzeit, Fahrtunterbrechung oder Ruhezeit im Ausland nicht ein, kann diese Tat auch im Inland verfolgt werden (Art. 19 (2) VO(EG) 561/2006 i.V.m. § 8a (5) (FPersG)). Dies gilt auch für den Unternehmer, wenn er nicht dafür sorgt, dass der Fahrer die Sozialvorschriften einhält.

  Wenn die Erteilung des Fahrauftrages und die Disposition im Inland erfolgt, ist ein im inländischen Betrieb veranlasster Verstoß des Unternehmens auch dann im Inland begangen, wenn das Fahrzeug im Ausland vorschriftswidrig geführt wird.
- Nach einer Lenkzeitunterbrechung von mind. 45 Min. (Art. 7 VO (EG) Nr. 561/2006, Art. 7 AETR) beginnt eine neue Lenkzeit.

- Schließt sich an den ausgeschöpften 4,5-Stunden-Zeitraum unmittelbar eine andere Tätigkeit an, so darf sie ohne dazwischenliegende Unterbrechung aufgenommen werden. Erst vor Wiederaufnahme der Fahrertätigkeit ist die Unterbrechung (insgesamt oder die noch fehlenden Teile) einzulegen.
- Gemäß Art. 7 AETR und Art. 7 VO (EG) Nr. 561/2006 darf die ununterbrochene Lenkzeit 4,5 Stunden nicht überschreiten. Ausgenommen sind Fälle, in denen der Fahrer keinen geeigneten Abstellplatz finden kann „Notstandsklausel“. (siehe Leitlinie 1 im Anhang).
- Beachte bei innerstaatlichem Personenlinienverkehr bis 50 km andere Unterbrechungszeiten (§ 1 FPersV).
- **Wartezeit / Bereitschaftszeit** ist gem. Art. 15 Abs. 3 Buchstab c) 1. Spiegelstrich VO (EWG) Nr. 3821/85 die Zeit, in der die Fahrer an ihrem Arbeitsplatz verbleiben müssen, um der etwaigen Aufforderung nachzukommen, die Fahrertätigkeit aufzunehmen bzw. wieder aufzunehmen oder andere Arbeiten zu verrichten.

  Wartezeit kann deshalb niemals Ruhezeit sein, weil der Fahrer sich in „Arbeitsbereitschaft“ halten muss und nicht frei über seine Zeit verfügen kann.

  Wartezeit unterbricht die Lenkzeit immer, wenn sie auf einer Fähre oder in einem Zug verbracht wird (Huckepackverkehr) oder als Nicht-Lenkzeit in der „Ersatzfahrerfunktion“ im fahrenden Fahrzeug. Andere Wartezeiten als „sonstige Präsenz am Arbeitsplatz“ können dann die Lenkzeit unterbrechen, wenn sie **nicht am Lenkrad verbracht werden,** d. h., wenn der Fahrer losgelöst von seinem „reinen Dienst am Steuer“ auf die Wiederaufnahme einer Tätigkeit außerhalb seines Fahrzeugs warten kann oder der abschätzbare Wartezeitraum eine relative Entspannung des Fahrers gestattet.

  Kurzfristige Wartezeiten, die sich von der Zeit her nicht von denen verkehrsbedingter Standzeiten unterscheiden, erfüllen diese Bedingungen nicht und müssen daher dem „Lenkdienst“ zugeordnet werden (vgl. dazu auch Ziff. 2.2, Lenkzeit als „reiner Dienst am Steuer“).
- **Beachte:** Werden bei **Stehzeiten** des Fahrzeugs **unwiderlegbar Pausen** behauptet, so müssen auch diese Zeiten von der Lenkzeit abgezogen werden.

2.2 Tageslenkzeit (tägliche Lenkzeit) – TLZ –

Rechtsquellen:

Art. 6 VO (EG) Nr. 561/2006

§ 1 FPersV

Art. 6 AETR

- Lenkzeit ist die Dauer der Lenktätigkeit, aufgezeichnet durch voll- oder halbautomatische Kontrollgeräte i. S. der Anhänge I und IB der VO (EWG) Nr. 3821/85, oder von Hand gem. Art 16 der VO (EWG) Nr. 3821/85.
- **Tageslenkzeit** ist die **Summe der tatsächlichen Lenkzeiten** (Fahrzeugbewegungen), so wie sie von einem technischen Aufzeichnungsgerät aufgezeichnet werden.

- Tageslenkzeit ist die summierte Gesamtlenkzeit zwischen dem Ende einer täglichen Ruhezeit und dem Beginn der darauf folgenden täglichen Ruhezeit oder zwischen einer täglichen und einer wöchentlichen Ruhezeit.
- Die Tageslenkzeit darf **9 Stunden nicht überschreiten; zweimal wöchentlich** darf sie auf **10 Stunden** verlängert werden.
- Die Tageslenkzeit von 9 Stunden besteht aus mindestens zwei Teillenkzeiten, wobei nach der ersten Teillenkzeit von höchstens 4,5 Stunden die vorgeschriebene Lenkzeitunterbrechung von 45 Minuten eingehalten oder bei Aufteilung der Unterbrechungszeit vollendet werden muss.

  Die Ausnahmelenkzeit von 10 Stunden muss aus mindestens drei Teillenkzeiten bestehen, weil hier auch nach der zweiten Teillenkzeit von höchstens 4,5 Stunden eine weitere Lenkzeitunterbrechung von 45 Minuten eingehalten oder vollendet werden muss.
- Die Arbeitszeit darf 48 Std. wöchentlich nicht überschreiten. Sie kann bis auf 60 Std. verlängert werden, wenn innerhalb von vier Kalendermonaten oder 16 Wochen im Durchschnitt 48 Std. wöchentlich nicht überschritten werden (§ 21a Abs. 4 ArbZG).

  Bei einer wöchentlichen maximalen Ausnutzung der Lenkzeit könnte der Kraftfahrer noch 4 Std. andere Arbeiten durchführen.
- Nach § 3 ArbZG darf die werktägliche Arbeitszeit 8 Std. nicht überschreiten. Diese kann bis auf 10 Std. verlängert werden ohne tarifliche Vereinbarung. Es stellt sich die Frage, ob § 3 ArbZG bezüglich der Lenkzeit eine strengere Regelung i.S. von Art. 11 VO (EWG) Nr. 561/2006 darstellt, mit der Folge, dass die EG-Regelung weiterhin nur über Tarifverträge zur Anwendung käme.

  In der amtlichen Begründung hierzu heißt es jedoch: „Die Arbeitszeitregelung des § 3 ArbZG ist keine strengere Regelung i.S. von Art. 11 VO (EG) Nr. 561/2006, so dass die Lenkzeitregelung im Art. 6 VO (EG) Nr. 561/2006 unmittelbare Geltung hat." (So auch der Ausschuss für Arbeit und Soziales des Deutschen Bundestages).

  Somit enthält § 3 ArbZG keine „niedrigeren Höchstwerte" für die nach der EG-Regelung zulässigen Tageslenkzeiten von 9 bzw. 10 Std. Das gilt auch für die Lenkzeitregelung des AETR und des § 1 FPersV.

Lenkzeiten in diesem Sinne sind auch Standzeiten des Fahrzeugs, die „nach natürlicher Anschauung noch zum Beförderungsvorgang gehören", wozu (zumindest) auch das (kurzfristige) verkehrsbedingte Anhalten gehört (BayObLG, VRS 67, 229).

Es sind dem Grund nach also auch die mit dem „reinen Dienst am Steuer" zusammen hängenden Stehzeiten des Fahrzeugs Lenkzeiten.

In der Praxis stößt der Beweis jedoch regelmäßig auf Schwierigkeiten. Hat der Fahrer nämlich bei solchen Standzeiten das Gerät auf „Ruhe" geschaltet, wobei die Dauer völlig unerheblich ist (z. B. 10 Minuten, die im Sinne einer Lenkzeitunterbrechung nicht angerechnet werden), oder behauptet er auf entsprechenden Vorhalt, er hätte „Pause" gemacht und nur die entsprechende

Schaltung des Geräts unterlassen, können ihm diese Zeiten nicht als Lenkzeit angerechnet werden, da seine Einwendung kaum zu widerlegen ist.

Im Ergebnis müssen damit praktisch **alle Standzeiten** des Fahrzeugs auch als Nicht-Lenkzeit von der Tageslenkzeit abgezogen werden, sofern ein Gegenbeweis nicht möglich ist.

Durch Wegfall des Legalbegriffs „ununterbrochene Lenkzeit" steht der Begriff „Lenkzeit" nicht nur in Beziehung zur Tageslenkzeit, sondern auch zur Teillenkzeit (4,5 Stunden), nach der der Fahrer zu unterbrechen hat.

Insoweit führt das zu einer gleichen Rechtsanwendung und Begriffsauslegung in **allen Fällen von Lenkzeiten.**

2.3 „Tägliche Arbeitszeit" – Der Begriff „Tag"

Die „tägliche Arbeitszeit" im Sinne des Artikels 15 Absatz 2 der VO (EWG) Nr. 3821/85 des Rates vom 20. Dez. 1985 über das Kontrollgerät im Straßenverkehr umfasst die Lenkzeit, alle sonstigen Arbeitszeiten, die Bereitschaftszeit, die Arbeitsunterbrechungen sowie die tägliche Ruhezeit, sofern diese eine Stunde nicht überschreitet, falls der Fahrer sie in zwei Abschnitten nimmt. Die tägliche Arbeitszeit beginnt in dem Moment, in dem der Fahrer nach einer wöchentlichen oder täglichen Ruhezeit den Fahrtenschreiber bzw. das EG-Kontrollgerät in Gang setzt.

Der Begriff „Tag" im Sinne der VO (EG) Nr. 561/2006 des Rates vom 15. März 2006 über die Harmonisierung bestimmter Sozialvorschriften im Straßenverkehr und (EWG) Nr. 3821/85 ist als gleichwertig mit dem Begriff „Zeitraum von 24 Stunden" zu verstehen, der sich auf jede Zeitspanne dieser Dauer bezieht, die in dem Moment beginnt, in dem der Fahrer nach einer wöchentlichen oder täglichen Ruhezeit den Fahrtenschreiber in Gang setzt (Urteil des Gerichtshofes – sechste Kammer – vom 9. Juni 1994; 94/ C 188/09).

2.4 Tagesruhezeit – TRZ – / Ruhezeiten – RZ –

Rechtsquellen:

Art. 8 VO (EG) Nr. 561/2006

§ 1 FPersV

Art. 8 AETR

- **Tagesruhezeiten** sind **ununterbrochene** Ruhezeiten von **mindestens 11 Stunden innerhalb** eines jeden Zeitraumes von **24 Stunden; drei Mal** wöchentlich darf sie ununterbrochene **9 Stunden** betragen (Minderung). (siehe Leitlinie 3 im Anhang).
- Der Ausdruck „innerhalb jedes Zeitraums von 24 Stunden" in Art. 8 Abs. 2 der VO (EG) Nr. 561/2006 ist so zu verstehen, dass er sich auf jede Zeitspanne dieser Dauer bezieht, die in dem Moment beginnt, in dem der Fahrer nach einer wöchentlichen oder täglichen Ruhezeit den Fahrtschreiber/Kontrollgerät in Gang setzt.

- **Ersatzweise** darf die Tagesruhezeit in **zwei** Teilruhezeiten aufgeteilt werden, dabei muss der erste Teil 3 Std. und der zweite Teil mindestens 9 Std. umfassen.
- Führen zwei Fahrer das Fahrzeug, so beträgt in jedem Fall die Tagesruhezeit mindestens **ununterbrochene 9 Stunden** innerhalb eines jeden Zeitraumes von **30 Stunden.**
- **Ruhezeiten können nicht in einem fahrenden Fahrzeug verbracht werden,** auch dann nicht, wenn eine Schlafkabine zur Verfügung steht.

  In diesen Fällen dauert die Tageslenkzeit bis zum nächsten ununterbrochenen Ruhezeitraum von mindestens 9 Stunden an oder bis zu dem Ruhezeitraum, der bei gleicher Auslegung als Tagesruhezeit (u. U. verkürzte) anerkannt wird.
- Zur Berechnung der Tageslenkzeit sind alle Lenkzeiten zu addieren, die nicht durch tägliche Ruhezeiten i. S. des Art. 8 VO (EG) Nr. 561/2006 unterbrochen worden sind (so für das AETR auch Bay ObLG St 1988, 89 = VerkMitt 1988 Nr. 86 = Bay.JMBl. 1988, 280 = VRS 75, 374 = OLG St FPersG § 7a Nr. 6 = NZV 1988,193; OLG Köln, Beschl. v. 19.9.1989 Ss 403/89 (8).
- Legt ein Fahrer, der ein Fahrzeug führt, das auf einem Fährschiff oder mit der Eisenbahn befördert wird, eine regelmäßige tägliche Ruhezeit ein, so kann diese Ruhezeit abweichend von Artikel 8 VO (EG) Nr. 561/2006 **höchstens zweimal** durch andere Tätigkeiten unterbrochen werden. Die Dauer dieser Unterbrechung darf aber insgesamt **eine Stunde** nicht überschreiten.

  Während dieser regelmäßigen täglichen Ruhezeit muss dem Fahrer eine Schlafkabine oder ein Liegeplatz zur Verfügung stehen. (siehe Leitline 6 im Anhang).

  Die von einem Fahrer verbrachte Zeit, um zu einem in den Geltungsbereich dieser Verordnung fallenden Fahrzeug, das sich nicht am Wohnsitz des Fahrers oder der Betriebsstätte des Arbeitgebers, dem der Fahrer normalerweise zugeordnet ist, befindet, **anzureisen** oder von diesem **zurückzureisen,** ist nur dann als Ruhepause oder Fahrtunterbrechung anzusehen, wenn sich der Fahrer in einem Zug oder auf einem Fährschiff befindet und Zugang zu einer Koje oder einem Liegewagen hat. (siehe Leitline 2 im Anhang).

2.5 Zwölf-Tage-Regelung in der Personenbeförderung

Durch die VO (EG) Nr. 1073/2009 wurde wieder die 12-Tage Regelung in veränderter Form eingeführt. In Art. 8 der VO (EG) Nr. 561/2006 wurde der Absatz 6a eingefügt. Danach darf ab dem 4.6.2010 ein Fahrer, der

- für einen einzelnen Gelegenheitsdienst im grenzüberschreitenden Personenverkehr eingesetzt ist,
- die wöchentliche Ruhezeit auf bis zu 12 aufeinander folgende 24-Stunden-Zeiträume
- nach einer vorhergehenden regelmäßigen wöchentliche Ruhezeit (45 Stunden)

unter folgenden Voraussetzungen verschieben:

a) der Dienst dauert mindestens 24 aufeinander folgende Stunden in einem anderen Staat als demjenigen, in dem der Dienst begonnen wurde;
b) nach der Inanspruchnahme der Ausnahmeregelung nimmt der Fahrer
   - entweder zwei regelmäßige wöchentliche Ruhezeiten oder
   - eine regelmäßige wöchentliche Ruhezeit und eine reduzierte wöchentliche Ruhezeit von mindestens 24 Stunden. Dabei wird jedoch die Reduzierung durch eine gleichwertige Ruhepause ausgeglichen, die ohne Unterbrechung vor dem Ende der dritten Woche nach dem Ende des Ausnahmezeitraums genommen werden muss;
c) ab dem 1.1.2014 ist das Fahrzeug mit einem digitalen Kontrollgerät ausgestattet und
d) ab dem 1.1.2014, sofern das Fahrzeug bei Fahrten während des Zeitraums von 22:00 Uhr bis 06:00 Uhr mit mehreren Fahrern besetzt ist oder die Lenkdauer nach Art. 7 auf drei Stunden vermindert wird.

Diese Regelung ist identisch auch in Art. 8 Abs. 6b) AETR enthalten.

Nach § 1 (4) FPersV sind Fahrer im Linienverkehr bis 50 Kilometer nicht zur Einlegung einer wöchentlichen Ruhezeit nach höchstens sechs 24-Stunden-Zeiträumen verpflichtet. Sie können die wöchentlich einzuhaltenden Ruhezeiten auf einen Zweiwochenzeitraum verteilen.

2.6 Wöchentliche Lenkzeiten – WLZ –, Doppelwoche

Rechtsquellen:

Art. 6 VO (EG) Nr. 561/2006

§ 1 FPersV

Art. 6 AETR

- Wöchentliche Lenkzeit ist die **Summe der Tageslenkzeiten in einer Woche.**
- Woche ist gem. Art. 4 VO (EG) Nr. 561/2006 der Zeitraum von **Montag 00.00 Uhr bis Sonntag 24.00 Uhr.**
- Bei Ausschöpfung der Höchstgrenzen der Tageslenkzeiten darf in einer Woche bis zu 56 Stunden gelenkt werden. Dann dürfen die **Gesamtlenkzeiten in der Woche davor und** in **der Woche danach** jedoch **34 Stunden nicht überschreiten.**

  Das ergibt sich aus der Bestimmung, dass nach höchstens 6 Tageslenkzeiten eine Wochenruhezeit einzulegen ist, **wenn die Höchstdauer erreicht ist.** Damit ist die **wöchentliche Lenkzeit auf den Zeitraum begrenzt,** der maximal bei Ausschöpfung der höchstzulässigen täglichen Lenkzeiten nach 6 Tageslenkzeiten erreicht werden kann.

Da wöchentlich zweimal 10 Stunden, ansonsten 9 Stunden gelenkt werden darf, ergeben sich rechnerisch 56 Stunden. Aufeinander folgend heißt das, dass jeweils die Lenkzeiten der Wochen 1 und 2, 2 und 3, 3 und 4, 4 und 5 usw. in der Addition nie 90 Stunden überschreiten dürfen.

- Im grenzüberschreitenden Personenbeförderungsverkehr darf die Lenkzeit in einer Kalenderwoche nicht über 56 h hinausgehen, auch wenn hier an allen sieben Tagen gefahren werden darf, und der Eintritt in die WRZ erst nach 12 TLZ bzw. 12 Tagen zwingend vorgeschrieben ist.

Berechnung der Lenkzeiten in zwei aufeinander folgenden Wochen (Doppelwoche):

Wenn der Unternehmer die Wahl der beliebigen Zusammenfügung zweier aufeinander folgender Wochen hätte, würde dies im Ergebnis zulassen, dass z. B. zweimal 56 h Lenkzeit in zwei aufeinander folgenden Wochen verbraucht werden, weil jeweils in der Woche davor und danach nur 34 h Lenkzeit erreicht werden:

34 56 56 34

Das könnte jedoch dann dem Unternehmer die Möglichkeit eröffnen, zu jeder Zeit behaupten zu können, erst in der nächsten Woche die Reduzierung einhalten zu wollen.

Leitsatz zu Lenkzeiten in zwei aufeinander folgenden Wochen

Die Festlegung des Zeitraums von zwei aufeinander folgenden Wochen, in denen 90 Stunden Lenkzeit nicht überschritten werden dürfen, ist nicht in die Willkür des Fahrers oder Unternehmers gelegt, wann er nun und in welcher Beziehung zueinander er die beiden Wochen festlegt. Vielmehr muss er jede Woche mit Lenkertätigkeiten mit der davor liegenden und der nachfolgenden bewerten.

Beispiel für die Zusammenführung zweier Wochen

Lenkzeit Woche	1	40 h		
Lenkzeit Woche	2	50 h	„Doppelwoche“	90 h
Lenkzeit Woche	3	34 h	„Doppelwoche“	84 h
Lenkzeit Woche	4	56 h	„Doppelwoche“	90 h
Lenkzeit Woche	5	30 h	„Doppelwoche“	86 h
Lenkzeit Woche	6	45 h	„Doppelwoche“	75 h
Lenkzeit Woche	7	45 h	„Doppelwoche“	90 h
Lenkzeit Woche	8	40 h	„Doppelwoche“	85 h
Lenkzeit Woche	9	56 h	„Doppelwoche“	96 h Überschreitung
Lenkzeit Woche	10	34 h	„Doppelwoche“	90 h

2.7 Wöchentliche Ruhezeit – WRZ –

Rechtsquellen:

Art. 8 VO (EG) Nr. 561/2006

§ 1 FPersV

Art. 8 AETR

- Woche ist der Zeitraum von Montag 00.00 Uhr bis Sonntag 24.00 Uhr.
- Wöchentliche Ruhezeit = wöchentlicher Zeitraum, in dem ein Fahrer frei über seine Zeit verfügen kann und der eine „regelmäßige wöchentliche Ruhezeit" und eine „reduzierte wöchentliche Ruhezeit" umfasst.
- Regelmäßige wöchentliche Ruhezeit = Ruhepause von mindestens 45 Stunden.
- Reduzierte wöchentliche Ruhezeit = Ruhezeit von weniger als 45 Stunden, die vorbehaltlich des Art. 8 Abs. 6 auf eine Mindestzeit von 24 Stunden reduziert werden kann.
- Verkürzung auf 24 Stunden möglich, aber innerhalb von zwei Wochen muss mindestens Folgendes eingehalten werden:
  - 2 Ruhezeiten von 45 Stunden

    oder
  - 1 Ruhezeit von 45 Stunden + 1 Ruhezeit von mindestens 24 Stunden (Ausgleich innerhalb von drei Wochen).
- Wochenruhezeit, die in einer Woche beginnt und in die nachfolgende hineinreicht, kann einer der beiden Wochen zugerechnet werden.

In zwei aufeinander folgenden Wochen hat der Fahrer mindestens folgende Ruhezeiten einzuhalten:

- zwei regelmäßig wöchentliche Ruhezeiten

  oder
- eine regelmäßige wöchentliche Ruhezeit und eine reduzierte wöchentliche Ruhezeit von mindestens 24 Stunden. Dabei wird jedoch die Reduzierung durch eine gleichwertige Ruhepause ausgeglichen, die ohne Unterbrechung vor dem Ende der dritten Woche nach der betreffenden Woche genommen werden muss.
- Eine wöchentliche Ruhezeit beginnt spätestens am Ende von sechs 24-Stunden-Zeiträumen nach dem Ende der vorangegangenen wöchentlichen Arbeitszeit.

Abschnitt 3

Führung und Überprüfung von Lenk- und Ruhezeitennachweisen
(Arbeitszeitnachweise)

3.1 Allgemeines

Arbeitszeitnachweise sind technische oder handschriftliche Aufzeichnungen über

- tägliche Arbeitszeiten und Schichtzeiten,
- Lenkzeiten, Unterbrechungen und Pausen,
- tägliche und wöchentliche Ruhezeiten.

Die vorgeschriebenen Arten der Nachweise sind je nach Verkehrsform unterschiedlich. Dabei bestehen für den Fahrer Auswahlmöglichkeiten innerhalb des gesetzlichen Rahmens. Prinzipiell ist entscheidend, dass Aufzeichnungen in deutlicher Form

- Anfang und Ende der jeweiligen Arbeits-Schichtzeiten,
- Anfang und Ende von Lenkzeiten,
- Anfang und Ende von Unterbrechungen und Pausen

markieren und damit über die Gesamtbelastung des Fahrers Auskunft geben.

Zur Führung von Arbeitszeitnachweisen sind alle Fahrer von Kraftfahrzeugen der Verkehrsformen nach

- § 1 FPersV,
- Art. 15 VO (EWG) Nr. 3821/85 und
- Art. 12 Abs. 2 Anhang zum AETR

verpflichtet, soweit sie nicht einer Ausnahmeregelung unterliegen.

Außerhalb dieser Verkehrsformen bestehen auf **nationaler** Ebene auch Verpflichtungen aus dem Arbeitszeitgesetz.

Urteil des Europäischen Gerichtshofes v. 18.1.2001

Artikel 15 der Verordnung (EWG) Nr. 3821/85 des Rates vom 20. Dezember 1985 über das Kontrollgerät im Straßenverkehr ist dahin auszulegen, dass die Verpflichtung eines Fahrers, alle sonstigen Arbeitszeiten in das Fahrtenschreiberschaublatt einzutragen, auch gilt für

- die Zeiten, die er auf dem Weg zur Übernahme eines Fahrzeugs verbringt, bei dem ein Kontrollgerät eingebaut und benutzt werden muss und das sich an einem anderen Ort als dem Wohnsitz des Fahrers oder der Hauptbetriebsstätte des Arbeitgebers befindet, und zwar unabhängig davon, ob dieser Weisungen hierzu erteilt hat oder ob der Fahrer wählen konnte, wann und wie er diesen Weg zurücklegt;
- die Zeiten, während deren er vor der Übernahme eines Fahrzeugs, für das diese Verordnung gilt, im Rahmen eines nicht in deren Geltungsbereich fallenden Beförderungsdienstes ein Fahrzeug gelenkt hat.

3.2 Die Entwicklung des Fahrtschreibers

Es gibt ihn schon seit über 100 Jahren, und er hat als „untrüglicher Zeuge" erheblich zur Verkehrssicherheit beigetragen. Der Fahrtschreiber ist aus dem Fahrzeugbau nicht mehr wegzudenken.

Der Wunsch nach Geschwindigkeitsaufzeichnung während des Fahrens entstammt nahezu der gleichen Zeit wie der Wille nach Geschwindigkeitsmessung überhaupt. Anfänglich diente sie der Überwachung des Zugpersonals, aber seit dem Aufkommen des Automobils ergab sich durch den immer dichter werdenden Straßenverkehr und die damit verbundenen Unfälle, vor allem durch den Schwerlastverkehr, die zwingende Notwendigkeit der Geschwindigkeitsbegrenzung und -überwachung. Schon kurz nach der ersten Verbreitung der Automobile kamen mit den Geschwindigkeitsmessern auch solche mit Registriervorrichtung auf. Ein Beispiel dazu: Die Geräte der Firma Junghans & Haller in Schramberg sowie der Firma Bruhne in Berlin.

Bereits kurze Zeit nach Einführung des Fahrtschreibers für den Schwerlast- und Omnibusverkehr in den dreißiger Jahren sank die Zahl der Verkehrsunfälle um 50 %. Bei der Entwicklung von Geschwindigkeits-Messsystemen bediente man sich verschiedener physikalischer Methoden. Man entwickelte den Weg in Zeiteinheit, verglich eine konstante Geschwindigkeit mit der zu messenden (Reibradgetriebe) oder nahm Kräfte zu Hilfe, die sich mit der Geschwindigkeit änderten (Fliehpendel-, Luft-, Wasser-, Wirbelstromsysteme). Bei Geräten mit Geschwindigkeitsaufzeichung kam noch die Fortschaltung des Registriermittels hinzu, die teils vom Uhrwerk – sogenannter Zeitantrieb –, teils vom Fahrzeug her – sogenannter Wegantrieb – bewerkstelligt wurde.

Am Anfang benutzte man zum Registrieren rechtwinklige Koordinaten, aber schon bald kamen auch Polardiagramme zum Einsatz. Als System für Geschwindigkeitsmesser mit Schreibvorrichtung setzte sich in den Anfängen das Fliehpendel durch, das bis in den fünfziger Jahren nahezu als einziges Messsystem die hierzu erforderliche Kraft abgab. Die Betriebssicherheit dieser

Geräte war weitestgehend von der Verwendung eines geeigneten Registriermittels abhängig, welches nach dem ersten Weltkrieg in brauchbarer Form auf den Markt kam. Damals wurde auch der von Herbert Kienzle (Begründer der Fa. Kienzle Apparate GmbH, Villingen/Schwarzwald) erstmals gefasste Entschluss zur Schaffung eines eigenen Geräts, das außer der Registrierung der Geschwindigkeit auch die Fahr- und Haltezeiten und die zurückgelegte Strecke aufzeichnet, von ihm und seinen Mitarbeitern verwirklicht und damit der Begriff „Fahrtschreiber" geschaffen. Um eine gute Aufzeichnng zu erzielen, ist die Art der verwendeten Registriermittel von größter Bedeutung. Das immer noch zulässige Registriermittel bei den Tachographen ist die Scheibe, auch Schaublatt genannt. Die meisten Fahrtschreiber arbeiten mit Wachspapier, und zwar mit Diagrammscheiben, auf denen mit Stahl oder Saphirstiften registriert wird. Erst dieses genaue und saubere Schreibverfahren, das von Kienzle eingeführt wurde, ermöglichte, dass sich der Fahrtschreiber überhaupt durchsetzen konnte. Auf farbigem Grundpapier wird eine poröse Wachsschicht so stark aufgetragen, dass diese weiß erscheint. Gleitet nun bei der Registrierung der abgerundete Schreibstift über das Registrierpapier, so wird die Wachsschicht zusammengedrückt, wobei sich die Poren schließen. Dadurch wird das Wachs wieder durchsichtig und an den beschriebenen Stellen wird der farbige Untergrund sichtbar.

Die Diagrammscheiben sind die „Skala des Gerätes" und müssen daher im Zusammenhang mit dem Fahrtschreiber entsprechend den Eichbestimmungen zugelassen sein. Sie erhalten dann die von der Physikalisch-Technischen Bundesanstalt erteilten amtlichen Prüfzeichen übereinstimmend mit den Gerätetypen, in denen sie eingelegt werden dürfen. Im Laufe der Weiterentwicklung wurde der Fahrtschreiber mit Sondereinrichtungen ausgestattet. Zu erwähnen wäre das 7-Tage-Gerät mit seinem aus mehreren Schaublättern zusammengesetzten Scheibenbündel, die Registrierung des Fahrerwechsels, mit der die Arbeitszeit der einzelnen Fahrer festgehalten wird oder die Drehzahlregistrierung (Motordrehzahl).

Ständig wird der Fahrtschreiber, international EG-Kontrollgerät genannt, weiterentwickelt, um ihn fälschungs- und manipulationssicher zu machen.

Heute sind modulare und digitale Tachographen nach der Verordnung (EG) Nr. 561/2006, die Fahrdaten wie Geschwindigkeit, Wegstrecke sowie fahrerbezogene Lenk-, Arbeits- und Ruhezeiten aufzeichnen, in Gebrauch.

3.3 Fahrtschreiber

Rechtsquellen:

§ 1 Abs. 7 FPersV

§§ 57a, b und 22a StVZO

Ausrüstungs- und Betriebspflicht:

- Alle in der Bundesrepublik Deutschland zugelassenen
  - Kraftfahrzeuge mit einem zHM von 7,5 t und darüber,

- Zugmaschinen mit einer Motorleistung von 40 Kw (55 PS) und darüber (ohne lof Zugmaschinen),
- Personenbeförderungskraftfahrzeuge mit mehr als acht Fahrgastplätzen

Dies gilt nicht für

1. Kraftfahrzeuge mit einer durch die Bauart bestimmten Höchstgeschwindigkeit von nicht mehr als 40 km/h,
2. Kraftfahrzeuge der Bundeswehr, es sei denn, dass es sich um Kraftfahrzeuge der Bundeswehrverwaltung oder um Kraftomnibusse handelt,
3. Kraftfahrzeuge der Feuerwehren und der anderen Einheiten und Einrichtungen des Katastrophenschutzes,
4. Fahrzeuge, die in § 18 Abs. 1 der Fahrpersonalverordnung vom 27. Juni 2005 (BGBl. I S. 1882), die zuletzt durch Artikel 1 der Zweiten Verordnung zur Änderung fahrpersonalrechtlicher Vorschriften vom 22. Januar 2008 (BGBl. I S. 54) geändert worden ist, genannt sind.
5. Fahrzeuge, die in Artikel 3 Buchstabe d bis g und i der Verordnung (EG) Nr. 561/2006 des Europäischen Parlaments und des Rates vom 15. März 2006 (ABl. EU Nr. L 102 S. 1) genannt sind.

Art und Umfang des Nachweises:

1. Der Fahrtschreiber ist ein technisches Aufzeichnungsgerät, das in der Regel lediglich Fahrtbewegungen und Wegstrecken auf einem Schaublatt registriert. Damit wird bei Standzeiten nicht unterschieden, ob der Fahrer in dieser Zeit arbeitet oder Pause macht.
2. Der Fahrtschreiber ersetzt die sog. Aufzeichnungen nur teilweise. Soll durch den Fahrtschreiber die Aufzeichnungen ersetzt werden, müssen folgende Voraussetzungen erfüllt sein:

   Das Gerät muss während der gesamten Dauer der Schicht in Betrieb sein und die Dauer der Lenkzeit aufzeichnen

   und

   die Schicht und die Pausen müssen jeweils bei Beginn und Ende auf dem Schaublatt besonders vermerkt werden (**A**/**E**).
3. Auf dem Schaublatt sind vor Antritt der Fahrt einzutragen:

- Name des Fahrers (gemeint ist der Vorname und der Familienname),
- Ausgangspunkt,
- Datum,
- Kilometerstand

und nach Ende der Fahrt oder Entnahme des Schaublattes erneut der aktuelle

- Kilometerstand.

Die Differenz zw. Kilometerstand (Anfang) u. Kilometerstand (Ende) muss nicht ausgerechnet werden.

Im innerstaatlichen Personenlinienverkehr bis 50 km kann an Stelle der Namen der Fahrer das amtliche Kennzeichen oder die Betriebsnummer des Fahrzeugs eingetragen werden.

Mitführungspflicht im nationalen Verkehr
Nachweise dieser Art sind für den laufenden und die vorausgegangenen 28 Kalendertage mitzuführen und zu Überprüfungen vorzulegen.

Aufbewahrungspflicht
Schaublätter und ggf. ergänzende Unterlagen sind von dem Unternehmen ein Jahr lang gut geordnet aufzubewahren.

3.4 Linienfahrplan und Arbeitszeitplan

Rechtsquelle:

Art. 16 VO (EG) Nr. 561/2006

Hinweis: Diese Regelung kommt seit dem 31.12.2007 nicht mehr zur Anwendung.

Mitführungspflicht:

- Innerstaatlicher Personenlinienverkehr über 50 km Linienlänge (s. auch Art. 4 Buchstabe n) VO (EG) Nr. 561/2006.
- Grenzüberschreitender Personenlinienverkehr, dessen Endpunkte in der Luftlinie **höchstens 50 km** von der Grenze entfernt sind und dessen Gesamtlänge 100 km nicht überschreitet.

Art und Umfang des Nachweises:

1. Bei innerstaatlichen KOM bleibt Ausrüstungs- und Betriebspflicht für einen Fahrtschreiber nach § 57a StVZO bestehen.
2. Fahrpläne und Arbeitszeitpläne sind vom Unternehmer zu erstellen.
   Der Arbeitszeitplan muss für jeden Fahrer enthalten
   - Name,
   - Standort,
   - der im Voraus festgelegte Zeitplan für die verschiedenen Zeiträume der Lenktätigkeit, der anderen Arbeiten, der Fahrtunterbrechungen und die Bereitschaftszeiten.
3. Von den Fahrern mitzuführen sind:
   - Ausfertigung Linienfahrplan,
   - Auszug Arbeitszeitplan.
   - Der Arbeitszeitplan muss

   alle in Absatz 2 des Art. 16 VO (EG) Nr. 561/2006 aufgeführten Angaben mindestens für den Zeitraum der vorangegangenen 28 Tage enthalten; diese Angaben sind in regelmäßigen Abständen von höchstens einem Monat zu aktualisieren,
   - die Unterschrift des Leiters des Verkehrsunternehmens oder seines Beauftragten tragen.

     Das Verkehrsunternehmen händigt den betreffenden Fahrern auf Verlangen einen Auszug aus dem Arbeitszeitplan aus.

Aufbewahrungspflicht
Arbeitszeitpläne sind von dem Unternehmen nach Ablauf des Geltungszeitraumes ein Jahr lang aufzubewahren.

1. Fahrplan

H Haltestellen	*So* Sonn- und Feiertag																	
Hauptbahnhof D1 ab	**5 55**	**6 35**	**7 15**	**7 55**	**8 15**	**8 35**	**8 55**	**9 15**	**9 35**		**12 15**	**12 40**		**19 20**	**19 45**	**20 15**	**20 45**	**21 15**
Ludgeriplatz (Schorlemerstr.)	5 57	6 37	7 17	7 57	8 17	8 37	8 57	9 17	9 37		12 17	12 42		19 22	19 47	20 17	20 47	21 17
Antoniuskirche	**5 59**	**6 39**	**7 19**	**7 59**	**8 19**	**8 39**	**8 59**	**9 19**	**9 39**	alle	**12 19**	**12 44**	alle	**19 24**	**19 49**	**20 19**	**20 49**	**21 19**
Goldene Brücke	6 01	6 41	7 21	8 01	8 21	8 41	9 01	9 21	9 41	20	12 21	12 46	20	19 26	19 51	20 21	20 51	21 21
Zentralfriedhof	6 02	6 42	7 22	8 02	8 22	8 42	9 02	9 22	9 42	Min	12 22	12 47	Min	19 27	19 52	20 22	20 52	21 22
Hüfferstiftung	**6 04**	**6 44**	**7 24**	**8 04**	**8 24**	**8 44**	**9 04**	**9 24**	**9 44**		**12 24**	**12 49**		**19 29**	**19 53**	**20 23**	**20 53**	**21 23**
Jungeblodtplatz	6 05	6 45	7 25	8 05	8 25	8 45	9 05	9 25	9 45		12 25	12 50		19 30	19 54	20 24	20 54	21 24
Domagkstraße	6 06	6 46	7 26	8 06	8 26	8 46	9 06	9 26	9 46		12 26	12 51		19 31	19 55	20 25	20 55	21 25
Coesfelder Kreuz (Mensa II)	**6 07**	**6 47**	**7 27**	**8 07**	**8 27**	**8 47**	**9 07**	**9 27**	**9 47**	alle	**12 27**	**12 52**	alle	**19 32**				**21 26**
Lukaskirche	6 08	6 48	7 28	8 08	8 28	8 48	9 08	9 28	9 48	20	12 28	12 53	20	19 33				21 26
Zentralklinikum	**6 09**	**6 49**	**7 29**	**8 09**	**8 29**	**8 49**	**9 09**	**9 29**	**9 49**	Min	**12 29**	**12 54**	Min	**19 34**				**21 28**
Schmeddingstraße an	6 10	6 50	7 30	8 10	8 30	8 50	9 10	9 30	9 50		12 30	12 55		19 35				21 28
Schmeddingstraße ab	6 13	6 53	7 33	8 13	8 33	8 53	9 13	9 33	9 53	alle	12 33	12 58	alle	19 38				
Zentralklinikum	**6 13**	**6 53**	**7 33**	**8 13**	**8 33**	**8 52**	**9 13**	**9 33**	**9 53**	20	**12 33**	**12 58**	20	**19 38**				
Lukaskirche	6 14	6 54	7 34	8 14	8 34	8 54	9 14	9 34	9 54	Min	12 34	12 59	Min	19 39				
Coesfelder Kreuz (Einsteinstr)	**6 15**	**6 55**	**7 35**	**8 15**	**8 35**	**8 58**	**9 15**	**9 35**	**9 55**		**12 35**	**13 00**		**19 40**	**19 56**	**20 26**	**20 56**	
Försterstraße	6 16	6 56	7 36	8 16	8 36	8 55	9 16	9 36	9 56		12 36	13 01		19 41	19 57	20 27	20 57	
Wilhelmstraße	6 17	6 57	7 37	8 17	8 37	8 57	9 17	9 37	9 57		12 37	13 02		19 42	19 58	20 28	20 58	
Steinfurter Straße	**6 19**	**6 59**	**7 39**	**8 19**	**8 39**	**8 59**	**9 19**	**9 39**	**9 59**		**12 39**	**13 04**		**19 44**	**19 59**	**20 29**	**20 59**	
Kanonierplatz	6 21	7 01	7 41	8 21	8 41	9 01	9 21	9 41	10 01		12 41	13 06		19 46	20 01	20 31	21 01	
Görresstraße	6 22	7 02	7 42	8 22	8 42	9 02	9 22	9 42	10 02	alle	12 42	13 07	alle	19 47	20 02	20 32	21 02	
Nordplatz	**6 24**	**7 04**	**7 44**	**8 24**	**8 44**	**9 04**	**9 24**	**9 44**	**10 04**	20	**12 44**	**13 09**	20	**19 49**	**20 04**	**20 34**	**21 04**	
Kettelerstraße	6 25	7 05	7 45	8 25	8 45	9 05	9 25	9 45	10 05	Min	12 45	13 10	Min	19 50	20 05	20 35	2105	
Kanalstraße	**6 26**	**7 06**	**7 46**	**8 26**	**8 46**	**9 06**	**9 26**	**9 46**	**10 06**		**12 46**	**13 11**		**19 51**	**20 06**	**20 36**	**21 06**	
Kolpingstraße	6 27	7 07	7 47	8 27	8 47	9 07	9 27	9 47	10 07		12 47	13 12		19 52	20 07	20 37	21 07	
Hörstertor	**6 29**	**7 09**	**7 49**	**8 29**	**8 49**	**9 05**	**9 29**	**9 49**	**10 09**		**12 49**	**13 14**		**19 54**	**20 09**	**20 39**	**21 09**	
Eisenbahnstraße	6 31	7 11	7 51	8 31	8 51	9 11	9 31	9 51	10 11		12 51	13 16		19 56	20 11	20 41	21 11	
Hauptbahnhof D1 an	**6 33**	**7 13**	**7 53**	**8 33**	**8 53**	**9 13**	**9 33**	**9 53**	**10 13**		**12 53**	**13 18**		**19 58**	**20 13**	**20 43**	**21 13**	

2. Arbeitszeitplan

SONN.-U. FEIERTAG	FAHRPLANKARTE	Dienst-Nr: 0013
Dienstantritt: 6.01	Abl. d. D.: 0014	Dienstende: 13.29
Pause: 10.21-11.01	Abl. d. D.: 0023	gültig ab : 02.06.91
Ausfahrt: 6.16	Einsatzhaltestelle: Hauptbahnhof	

003

	H B F	Kolpig str.	Nord Platz	Kanon. Platz	Cosfk. Mensa	Schmeddingstr. an/ab	Schmeddingstr. ab/an	Cosfk. Zionr.	Hueff. Stift.	Ludger platz	H B F A 3
0301	6.25	6.31	6.36	6.38	6.44	6.47	6.48	6.50	6.53	6.59	7.01
0301	7.45	7.51	7.56	7.58	8.04	8.07	8.08	8.10	8.13	8.19	8.21
0301	8.25	8.31	8.36	8.38	8.44	8.47	8.48	8.50	8.53	8.59	9.01
0301	9.05	9.11	9.16	9.18	9.24	9.27	9.28	9.30	9.33	9.39	9.41
0301	9.45	9.51	9.56	9.58	10.04	10.07	10.08	10.10	10.13	10.19	10.21
0301	10.25	10.31	10.36	10.38	10.44	10.47	10.48	10.50	10.53	10.59	11.01
0301	11.05	11.11	11.16	11.18	11.24	11.27	11.28	11.30	11.33	11.39	11.41
0301	11.45	11.51	11.56	11.58	12.05	12.08	12.11	12.13	12.16	12.22	12.24
0301	12.30	12.36	12.41	12.43	12.50	12.53	12.56	12.58	13.01	13.07	13.09

Lenkzeit	=	326
Wendez. ü. 10'	=	
" " ü. 10'	=	47
Pause	=	40
Reserve	=	
Auf. u. Abr.	=	35
Gesamtzeit	=	448
Pausenregelung	=	

3. Personenlinienverkehr

Rechtsquellen:

Art. 4 VO (EG) Nr. 561/2006

Art. 3 VO (EG) Nr. 3821/85

VO (EG) Nr. 1073/2009

Seit 31.12.2007 ist auch für den:

- innerstaatlichen Personenlinienverkehr und
- grenzüberschreitenden Personenlinienverkehr

↓

mit einer Linienlänge von **mehr als 50 Kilometer**

die Benutzung eines EG-Kontrollgerätes zwingend vorgeschrieben. Fahrzeuge, die ab 1.5.2006 erstmalig zugelassen sind, müssen ein digitales Kontrollgerät haben. Eine Umrüstung bei Fahrzeugen zur Personenbeförderung mit mehr als acht Sitzplätzen außer dem Fahrersitz und einer zulässigen Gesamtmasse von mehr als 10 t, ist jedoch nur erforderlich, wenn bei erstmaliger Zulassung nach dem 1. Januar 1996 und vor dem 1. Mai 2006 ein analoges Kontrollgerät defekt ist. Defekt bedeutet hier, dass das gesamte System bestehend aus Registriereinheit und Geschwindigkeitsgeber getauscht werden muss. Funktioniert z. B. ein Zeitgruppenschalter oder die Geräteuhr nicht mehr, ist dies kein Grund zum Austausch gegen ein digitales Kontrollgerät.

Linienverkehr ist die regelmäßige Beförderung von Fahrgästen auf einer bestimmten Verkehrsverbindung, wobei Fahrgäste an vorher festgelegten Haltestellen aufgenommen oder abgesetzt werden können.

Linienverkehr ist ungeachtet einer etwaigen Verpflichtung zur Buchung für jedermann zugänglich.

3.5 Linienbusse bis 50 km Linienlänge

Linienbusse bis 50 km Linienlänge haben nach § 1 FPersV vorgeschriebene höchstzulässige Lenkzeiten, Mindestdauer von Unterbrechungen und Ruhezeiten, und zwar „nach Maßgabe der Art. 4, 6 bis 9 und 12 der VO (EG) Nr. 561/2006“ einzuhalten.

Auf den Schaublättern und Ausdrucken kann an Stelle des Namens der Führer das amtliche Kennzeichen oder die Betriebsnummer des Kfz eingetragen werden.

Der Unternehmer hat sicherzustellen, dass alle Daten aus dem Massenspeicher des Kontrollgerätes spätestens drei Monate nach Beginn der Aufzeichnung oder dem letzten Kopieren zur Speicherung im Betrieb kopiert werden. Der Unternehmer hat sicherzustellen, dass die Daten der Fahrerkarten spätestens alle 28 Kalendertage, beginnend mit dem ersten Tag der Aufzeichnung, zur Speicherung im Betrieb kopiert werden. Der Fahrer hat hierzu dem Unternehmen die Fahrerkarte und die Ausdrucke nach Absatz 3 des § 2 FPersV zur Verfügung zu stellen. Der Unternehmer hat alle sowohl von den Kontrollgeräten als auch von den Fahrerkarten kopierten Daten der zuständigen Behörde oder Stelle auf Verlangen entweder unmittelbar oder durch Datenfernübertragung oder auf einem durch die Behörde oder Stelle zu bestimmenden Datenträger zur Verfügung zu stellen. Der Unternehmer hat von allen kopierten Daten unverzüglich Sicherheitskopien zu erstellen, die auf einem gesonderten Datenträger zu speichern sind.

3.6 Linienverkehr/Gelegenheitsverkehr/Werkverkehr

Linienverkehr

Linienverkehr ist die regelmäßige Beförderung auf einer bestimmten Verkehrsverbindung, wobei Fahrgäste an vorher festgelegten Haltestellen aufgenommen oder abgesetzt werden.

Als Linienverkehr gilt unabhängig davon, wer Veranstalter der Fahrt ist. Auch die regelmäßige Beförderung bestimmter Gruppen von Fahrgästen unter Ausschluss anderer Fahrgäste, soweit solche Verkehrsdienste entsprechend den oben beschriebenen Linienverkehr durchgeführt wird, ist „Linienverkehr in einer Sonderform".

Zu den **Sonderformen des Linienverkehrs** zählen insbesondere

- die Beförderung von Arbeitnehmern zwischen Wohnort und Arbeitsstätte
- die Beförderung von Schülern und Studenten zwischen Wohnort und Lehranstalt
- die Beförderung von Angehörigen der Streitkräfte und ihren Familien zwischen Herkunftsland und Stationierungsort.

Gelegenheitsverkehr

Gelegenheitsverkehr ist der Verkehrsdienst, der nicht der Begriffsbestimmung des Linienverkehrs (einschließlich der Sonderformen des Linienverkehrs) entspricht und für den insbesondere kennzeichnend ist, dass auf Initiative eines Auftraggebers oder des Verkehrsunternehmers selbst vorab gebildete Fahrgastgruppen befördert werden.

Die Fahrten verlieren die Eigenschaft des Gelegenheitsverkehrs auch dann nicht, wenn sie mit einer gewissen Häufigkeit ausgeführt werden.

Gelegenheitsverkehr kann von einer Gruppe von Beförderungsunternehmen betrieben werden, die für Rechnung desselben Auftraggebers tätig sind. Die Fahrgäste können bei einem anderen Beförderungsunternehmen derselben Gruppe eine Anschlussverbindung auf der Strecke im Hoheitsgebiet eines Mitgliedstaats nehmen.

Werkverkehr
Werkverkehr ist der nichtkommerzielle Verkehrsdienst ohne Erwerbszweck, den eine natürliche oder juristische Person unter folgenden Bedingungen durchführt:

- bei der Beförderungstätigkeit handelt es sich lediglich um eine Nebentätigkeit der natürlichen oder juristischen Person,
- die eingesetzten Fahrzeuge sind Eigentum der natürlichen oder juristischen Person oder wurden von ihr im Rahmen eines Abzahlungsgeschäftes gekauft oder sind Gegenstand eines Langzeitleasing-Vertrags und werden von einem Angehörigen des Personals der natürlichen oder juristischen Person oder von der natürlichen Person selbst geführt.

3.7 „Wechselnde Verkehrsart“

Die sog. „wechselnde Verkehrsart“ liegt vor, wenn z. B. ein Busfahrer aktuell im Gelegenheitsverkehr angehalten wird und einen Tag davor Linienverkehr bis 50 km Linienlänge durchgeführt hat. Welche Arbeitszeitnachweise muss er vorlegen?

Nach Art. 3 a) VO (EG) Nr. 561/2006 gelten die Lenk- und Ruhezeiten nicht für Fahrzeuge, die zur Personenbeförderung im Linienverkehr verwendet werden, wenn die Linienstrecke nicht mehr als 50 km beträgt.

Gemäß § 1 (1) FPersV haben Fahrer von Fahrzeugen zur Personenbeförderung mit mehr als neun Personen einschließlich Fahrer im Linienverkehr bis 50 km Länge, Lenkzeiten, Fahrtunterbrechungen und Ruhezeiten nach Maßgabe der Art. 4, 6 bis 9 und 12 der VO (EG) Nr. 561/2006 einzuhalten. Eine Abweichung der Fahrtunterbrechungen ist in § 1 (3) FPersV beinhaltet.

Beim Wechsel des Fahrzeugeinsatzes gilt, dass die jeweils vorliegenden Beförderungsmerkmale zu Grunde zulegen sind. Da bei der Kontrolle Gelegenheitsverkehr durchgeführt wurde, muss der Fahrer für diesen Tag auf jeden Fall ein Schaublatt oder die Fahrerkarte benutzen und die Fahreraktivitäten der letzten 28 Kalendertage nachweisen.

Weiterhin ist zu beachten, dass die von den Vorschriften der VO (EG) Nr. 561/2006 nicht ausgenommene Fahrzeuge gemäß Art 3 (1) der VO (EWG) Nr. 3821/85 seit 31.12.2007 über ein Kontrollgerät verfügen müssen. Dieses ist dann nach den Vorschriften der VO (EWG) Nr. 3821/85 zu betreiben.

Da der Fahrer am Vortag einen Linienbus bis 50 km Linienlänge gelenkt hat, war er von der Benutzung eines EG-Kontrollgerätes befreit (Art. 3 (1) VO (EWG) Nr. 3821/85). Der Bus muss jedoch gemäß § 57a (1) Nr. 3 StVZO mit einem Fahrtschreiber ausgerüstet sein und betrieben werden. Aus diesem Grund muss der Fahrer auch für den Vortag ein Schaublatt mitführen und aushändigen.

Kann der Fahrer für den Linienverkehr keine persönlichen Schaublätter vorlegen (z. B. Sieben-Tage-Gerät, digitales Kontrollgerät, keine persönlichen Schaublätter), muss er eine Bescheinigung gemäß § 20 FPersV mitführen und aushändigen, da er ein Fahrzeug gelenkt hat, für dessen Führen eine Nachweispflicht nach der VO (EWG) Nr. 3821/85 nicht bestand.

3.8 EG-Kontrollgerät

Rechtsquellen:

VO (EWG) Nr. 3821/85

Art. 10 AETR

§ 1 FPersV

Ausrüstungs- und Betriebspflicht:
Alle in der **Bundesrepublik Deutschland** oder in einem **Mitgliedsstaat der Gemeinschaft** zugelassenen Kraftfahrzeuge,

- die der Güterbeförderung dienen und deren zHM allein oder mit Anhänger 3,5 t übersteigt, soweit sie nicht durch Art. 3 VO (EG) Nr. 561/2006 ausgenommen sind;
- die der Personenbeförderung dienen und dazu bestimmt sind, mehr als 8 Fahrgäste zu befördern, soweit es sich nicht um einen innerstaatlichen Linienverkehr bis 50 km handelt.

Ausrüstungs- und Betriebsrecht:

- Alle inländischen und ausländischen Fahrzeuge, die der Güter- und Personenbeförderung dienen und deren Fahrer nach
  - nationalem (§ 1 FPersV),
  - internationalem (AETR),
  - übernationalem (EG)

  Recht zur Einhaltung von Sozialvorschriften im Straßenverkehr verpflichtet sind.
- Besteht für diese Fahrzeuge **keine Ausrüstungspflicht,** dann besteht auch **keine Betriebs-(Benutzungs-)pflicht.**
- Sollen die mit (freiwillig) eingebauten Geräten gewonnenen Aufzeichnungen als Ersatz für ansonsten geforderte Arbeitszeitnachweise gelten, müssen Betrieb und Bedienung nach den Bestimmungen der VO (EWG) Nr. 3821/85 erfolgen.
- Ab dem **1.5.2006** müssen alle neu zugelassenen Fahrzeuge, die zur Güterbeförderung dienen und deren zHM mehr als 3,5 t einschließlich Anhänger oder Sattelanhänger beträgt und Fzg., die zur Personenbeförderung dienen und nach ihrer Bauart und Ausstattung geeignet und dazu bestimmt sind, mehr als neun Personen – einschließlich des Fahrers – zu befördern, mit einem **digitalen Kontrollgerät** ausgerüstet sein.

Fzg. mit mehr als 12 t (einschließlich Anhänger), die ab dem 1.1.1996 zugelassen sind und zur Güterbeförderung dienen sowie Fzg., die zur Personenbeförderung und die nach ihrer Bauart und Ausstattung geeignet und dazu bestimmt sind, mehr als neun Personen – einschließlich des Fahrers – zu befördern und eine zHM von mehr als 10 t haben, müssen bei Auswechseln des Kontrollgerätes (z.B. Totalschaden) ebenfalls ab dem 1.5.2006 mit einem digitalen Kontrollgerät ausgerüstet werden.

Art und Umfang des Nachweises

1. Das EG-Kontrollgerät dient dem vollautomatischen oder halbautomatischen Anzeigen und Aufzeichnen von Angaben über die Fahrt des Fahrzeugs sowie über bestimmte Arbeitszeiten des Fahrers.
2. Das Gerät zeichnet auf dem Schaublatt automatisch

- Zeitablauf,
- Fahrzeiten (Lenkzeiten),
- Standzeiten,
- Geschwindigkeit,
- Wegstrecke

und durch manuelle Bedienung des Fahrers

- (sonstige) Arbeits- und die Bereitschaftszeiten,
- Arbeitsunterbrechungen und Ruhezeiten auf (Zeitgruppen).

3. Die ordnungsgemäße Benutzung und Bedienung eines EG-Kontrollgerätes ersetzt jede andere Form von Arbeitszeitnachweisen.
4. Jeder Fahrer benutzt für jeden Tag, an dem er lenkt, ab dem Zeitpunkt der Übernahme des Fahrzeugs ein Schaublatt und nimmt es grundsätzlich erst nach Ende der täglichen Arbeitszeit aus dem Gerät heraus. Die Benutzung des Schaublattes über den Zeitraum hinaus, für den es bestimmt ist (24 Stunden), ist unzulässig.
5. Sind mehrere Fahrer für ein Fahrzeug eingeteilt, müssen die Aufzeichnungen für jeden Fahrer getrennt erfolgen. Da das Schaublatt an eine Person gebunden ist und von dem Fahrer bei einem Fahrzeugwechsel weitergeführt werden muss, setzt das den Betrieb eines „Zwei-Fahrer-Gerätes" voraus.
6. Jeder Fahrer hat auf jedem von ihm benutzten Schaublatt folgende Angaben einzutragen:

Bei **Beginn** der Benutzung:

- Namen und Vornamen,
- Zeitpunkt und Ausgangspunkt,
- amtliches Kennzeichen des benutzten Fahrzeugs, bei Fahrzeugwechsel das neue Kennzeichen,
- Kilometerstand; bei Fahrzeugwechsel den aktuellen Kilometerstand des verlassenen und des neuen Fahrzeuges.

Bei Ende der Benutzung:

- Zeitpunkt und Ort,
- Kilometerstand des benutzten Fahrzeugs (die Kilometerdifferenz muss nicht ausgerechnet werden).

Bei Fahrzeugwechsel die Uhrzeit.

7. Während einer Betriebsstörung oder bei mangelhaftem Funktionieren hat der Fahrer (bei mehreren jeder) auf dem Schaublatt oder einem dem Schaublatt beizufügenden besonderen Blatt (z. B. Tageskontrollblatt) die Zeitgruppen zu vermerken, die das Gerät nicht mehr einwandfrei verzeichnet.

8. Ist dem Fahrer wegen Entfernung vom Fahrzeug die Bedienung des Geräts nicht möglich und erfolgt auch keine automatische Aufzeichnung, so hat er handschriftlich oder auf andere Weise lesbar und ohne Beschmutzung des Schaublatts einzutragen:
- Zeiträume sonstiger Arbeitszeiten,
- Zeiträume der Bereitschaftszeiten,
- Zeiträume von Arbeitsunterbrechungen und Ruhezeiten.

9. Fahrer haben ihr Schaublatt (ihre Schaublätter) für den laufenden Tag und die vorausgehenden 28 Kalendertage mitzuführen und zur Kontrolle vorzulegen. Lenkt der Fahrer ein Fahrzeug, das mit einem digitalen Kontrollgerät ausgerüstet ist, so muss er den Kontrollbeamten vorlegen:
- die Fahrerkarte, falls er der Inhaber einer solchen ist
- alle für den laufenden Tag und die vorausgehenden 28 Kalendertage erstellten handschriftlichen Aufzeichnungen und Ausdrucke
- die Schaublätter für den o. g. Zeitraum.

Kann der Fahrer dieser Forderung nicht nachkommen, weil sein Unternehmer die Schaublätter täglich einzieht, beteiligt sich der Unternehmer an dieser Ordnungswidrigkeit (Art. 15 Abs. 7 VO (EWG) Nr. 3821/85; § 8 Fahrpersonalgesetz; § 14 OWiG).

Während einer Betriebsstörung oder bei Fehlfunktion des Gerätes hat der Fahrer auf dem Schaublatt (den Schaublättern) oder auf einem besonderen, entweder dem Schaublatt oder der Fahrerkarte beizufügenden Blatt die vom Kontrollgerät nicht mehr einwandfrei aufgezeichneten oder ausgedruckten Angaben über die Zeitgruppen zu vermerken, zusammen mit Angaben zu seiner Person (Name und Nummer seines Führerscheins oder Name und Nummer seiner Fahrerkarte) und seiner Unterschrift.

3.8.1 Kontrollgeräte in Kfz aus einem Drittstaat

Auf Grund der Artikel 3 und Artikel 10 AETR vom 1.7.1970 (BGBl. 1974 II S. 1473) in der Fassung des Gesetzes zur Zweiten und Dritten Änderung des Europäischen Übereinkommens vom 1. Juli 1970 über die Arbeit des im internationalen Straßenverkehr beschäftigten Fahrpersonals (AETR) in Verbindung mit Artikel 2 Abs. 3 VO (EG) Nr. 561/2006 über die Harmonisierung bestimmter Sozialvorschriften im Straßenverkehr hat der Unternehmer in Fahrzeugen die dem AETR unterliegen und mit denen das Hoheitsgebiet der Bundesrepublik Deutschland befahren wird, vor Antritt derartiger Fahrten Kontrollgeräte einbauen zu lassen. Die Kontrollgeräte sind von dem Fahrer zu benutzen. Die Kontrollgeräte sind nach den Artikeln 10 und 11 des Anhangs zum AETR zu betreiben. Bauart, Einbau, Benutzung und Prüfung der Kontrollgeräte richten sich nach den Vorschriften des AETR einschließlich seines Anhangs und der Anlagen. Kontrollgeräte im Sinne der Verordnung (EWG) Nr. 3821/85 erfüllen die Anforderungen.

3.8.2 Anerkennung von EG-Kontrollgeräten

Kfz, die in einem EU- bzw. EWR-Staat zugelassen sind, müssen mit einem EG-Kontrollgerät ausgerüstet sein (Art. 3 Abs. 1 VO (EWG) Nr. 3821/85).

Diese Geräte gelten auch als Kontrollgeräte im Sinne der AETR-Vorschriften (s. Art. 10 AETR).

3.9 Kontrollgeräte im Linienbus (AETR)

Linienbusse unterliegen nach Art. 2 Buchst. b Nr. 3 AETR dem AETR, wenn die Linienlänge 50 km übersteigt. Das entspricht der EG-Regelung des Art. 16 VO (EG) Nr. 561/2006.

Die Ausnahmeregelung von Art. 16 VO (EG) Nr. 561/2006, nach der Linienbusse im grenzüberschreitenden Verkehr bis zu 50 km Entfernung zur Grenze kein Kontrollgerät benötigten (es reichten Auszüge aus dem Arbeitszeitplan und dem Linienfahrplan aus), ist im AETR nicht nachvollzogen worden.

Fahrzeuge, die in einem EU- bzw. EWR-Staat zugelassen sind, müssen mit einem EG-Kontrollgerät ausgerüstet sein (Art. 3 Abs. 1 VO (EWG) Nr. 3821/85). Dieses Gerät gilt dann auch als Kontrollgerät im Sinne des AETR (s. Art. 10 AETR).

3.10 Aufbewahrungspflicht/Schaublätter/Ausdruck

Das Unternehmen bewahrt die benutzten Schaublätter bzw. Ausdrucke in chronologischer Reihenfolge und in gut lesbarer Form mindestens ein Jahr lang auf.

Es händigt dem Fahrer auf Verlangen eine Kopie der Schaublätter bzw. einen Ausdruck der von der Fahrerkarte heruntergeladenen Daten aus.

Leitsatz zu „Schaublatt der Vorwoche"
Beginnt der Fahrer am Sonntag 22.00 Uhr seine Tätigkeit, die dann bis Montag andauert, gehört das hierbei beschriebene Schaublatt nicht zur Vorwoche. Das folgt aus der Fahrerverpflichtung, an jedem Tag, an dem er lenkt, ein Schaublatt zu benutzen und es auch erst nach Arbeitsende dem Gerät zu entnehmen.

Deshalb und weil wesentliche Tätigkeitszeiten in den Montag fallen, ist dieses Schaublatt dem Montag zuzuordnen. Der Fahrer hat demnach auch das Schaublatt des Tages der Vorwoche mitzuführen, an dem er das letzte Mal gefahren ist (so auch Verlautbarung BMV vom 12. Dez. 1999, S 35/23.63.28-70).

3.11 Fahrer- und Unternehmerpflichten beim Betrieb eines EG-Kontrollgerätes

– Auflistung –

	Fahrer	Unternehmer
Ordnungsgemäßes Funktionieren	X	X
Richtige Verwendung	X	X
Aushändigung einer ausreichenden Anzahl von Schaublättern an die Fahrer		X
Aufbewahrung benutzter Schaublätter für die Dauer von mindestens einem Jahr; Vorlage und Aushändigungspflicht	X	
Verbot der Benutzung angeschmutzter oder beschädigter Schaublätter	X	
Beifügung eines ersatzweise verwendeten Reserveschaublattes zu einem beschädigten Schaublatt	X	
Benutzung von Schaublättern für jeden Tag, an dem die Fahrer lenken, ab dem Zeitpunkt, ab dem das Fahrzeug übernommen wird	X	
Verbot der Entnahme des Schaublattes vor Ende der täglichen Arbeitszeit	X	
Verbot der Verwendung eines Schaublattes über den Zeitraum hinaus, für den es bestimmt ist	X	
Handschriftliche, automatische oder sonstige lesbare Eintragungen von Arbeits-, Bereitschafts-, Unterbrechungs- oder Ruhezeiten in die Schaublätter in den Fällen der Entfernung vom Fahrzeug, ohne dass die Schaublätter dabei beschmutzt werden	X	
Aufzeichnung von Wegstrecke, Geschwindigkeit und Lenkzeit immer auf dem Schaublatt des Fahrers, der bei mehreren Fahrern tatsächlich lenkt	X	
Übereinstimmung der gesetzlichen Landeszeit, in dem das Fahrzeug zugelassen ist, mit der Zeitmarkierung auf dem Schaublatt	X	
Unterscheidbare Aufzeichnung von Fahrertätigkeiten durch Betätigung der Schaltvorrichtung	X	

	Fahrer	Unternehmer
Eintragung in das Schaublatt: Name, Vorname, Kennzeichen des benutzten Fahrzeugs, Kilometerstand vor der ersten und nach der letzten aufgezeichneten Fahrt, Zeitpunkt und Ort bei Beginn und am Ende der Benutzung und bei Fahrzeugwechsel während des Arbeitstages	X	
Kilometerstände des vorherigen und des neuen Fahrzeugs bei Fahrzeugwechsel	X	
Vorlage des Schaublattes für den laufenden Tag und die vorausgegangenen 28 Kalendertage	X	
Unverzügliche Reparatur des Gerätes bei Betriebsstörungen oder mangelhaftem Funktionieren in einer zugelassenen Werkstatt		X
Reparatur unterwegs, wenn die Rückkehr des Fahrzeugs zum Sitz des Unternehmens erst nach mehr als einer Woche des Eintritts der Störung erfolgen kann	X	X
Zeitgruppenangaben auf den Schaublättern oder auf einem besonderen, den Schaublättern beizufügendem Blatt, für die Dauer der Störung, sofern sie vom Gerät nicht mehr einwandfrei verzeichnet werden	X	
Einbaupflicht		X
Benutzungspflicht	X	X
Verbot der Verwendung nicht genehmigter und mit Prüfzeichen versehener Kontrollgeräte oder Schaublätter	X	X

3.12 Die Schaublatt- und Geräteüberprüfung

Trotz einer reichen Gerätevielfalt am Markt haben alle Aufzeichnungsgeräte gleiche gesetzlich vorgeschriebene Bauartmerkmale und Funktionen, auf die bereits hingewiesen wurde.

Die unterschiedlichen technischen Funktionen und voneinander abweichenden Messbereiche der Geschwindigkeit führen jedoch zu unterschiedlichen Aufzeichnungen und bedingen auch die Verwendung von Schaublättern, die zu dem jeweiligen Gerät passen.

Daneben unterliegen die Geräte einer regelmäßigen technischen Überprüfung durch eine Fachwerkstatt. Das gilt nicht nur für den nationalen Bereich gem. § 57b StVZO. Auch die Geräte in ausländischen Fahrzeugen müssen ebenso wie die in inländischen mindestens alle zwei Jahre nach der Einbauprüfung einer Nachprüfung unterzogen werden. Insoweit gilt Anhang I Abschnitt VI der VO (EWG) Nr. 3821/85 für alle Fahrzeuge, die dem EG-Recht unterliegen und Anhang – Anlage 1 (Vorschriften über Bau, Ausführung, Einbau und Nachprüfung) für alle Fahrzeuge, die dem AETR-Recht unterliegen.

Auch hat der Fahrer nicht nur die richtigen Schaublätter zu verwenden, er hat auch die vorgeschriebenen Eintragungen handschriftlich vorzunehmen.

Befindet sich an Bord eines mit Kontrollgerät gem. Anhang I B der VO (EWG) Nr. 3821/85 ausgestatteten Fahrzeugs mehr als ein Fahrer, so stellt jeder Fahrer sicher, dass seine Fahrerkarte in den richtigen Schlitz des Kontrollgerätes eingeschoben wird.

Art und Umfang dieser Eintragung durch den Fahrer, Merkmale der richtigen Schaublattauswahl und Prüfungsumfang an den Geräten werden nachfolgend verdeutlicht.

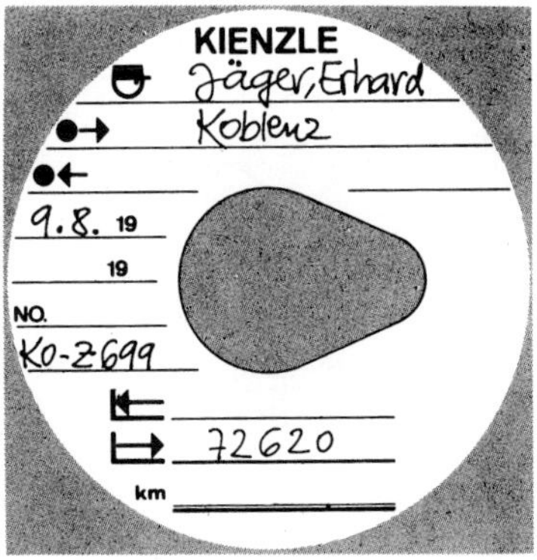

Bei Antritt der Fahrt müssen folgende Angaben im Innenfeld eingetragen sein:

Name des Fahrers

Ort, an dem das Schaublatt eingelegt wird

19 Datum obere Zeile: Arbeitsbeginn

NO. amtliches Kennzeichen des Fahrzeuges

Kilometerstand am Anfang der ersten Fahrt

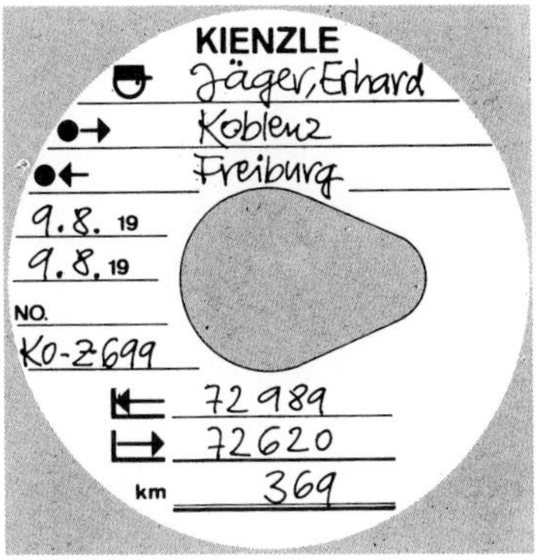

Am Ende der Schaublatt-Benutzung sind folgende Eintragungen zu ergänzen:

Ort, an dem das Schaublatt entnommen wird

19 Datum untere Zeile: Arbeitsende

Kilometerstand am Ende der Fahrt

km Der Eintrag der gefahrenen Kilometer ist nicht vorgeschrieben

Eintragungsmöglichkeiten auf der Rückseite:

- handschriftliche Zeitgruppen bei Störungen oder Verlassen des Fahrzeugs
- Fahrzeugwechsel

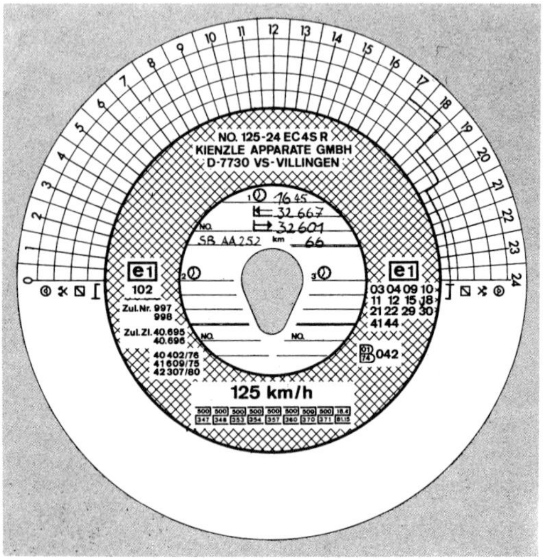

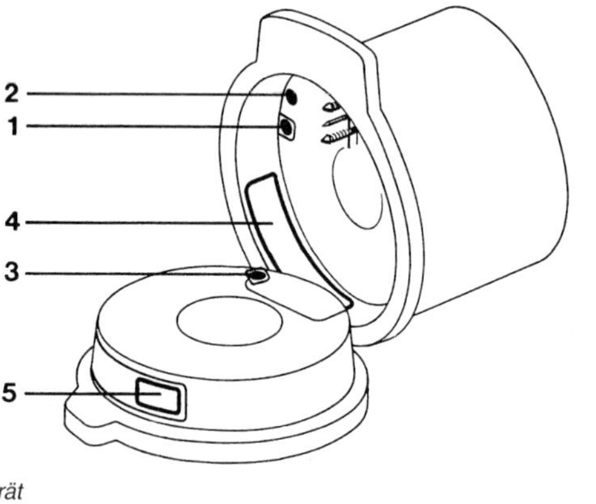

Plombierungen am Kontrollgerät

Bei Fahrzeugen, deren Fahrtschreiber oder Kontrollgerät der Prüfung nach § 57b StVZO unterliegt, ist festzustellen, ob das Einbauschild (4) vorhanden ist und das eingetragene Datum Gültigkeit hat.

Bei geöffnetem Gerätedeckel prüfen, ob die Abdeckplatte (Plombe 1) und der Wegstreckenzähler (Plombe 3) plombiert sind.

Bei Geräten mit elektronischer Angleichung überprüfen, ob die Einstellöffnung (Plombe 2) und die Eintragung der Gerätekonstanten (Plombierfolie 5) verplombt und die Plombe/Plombierfolie unversehrt sind.

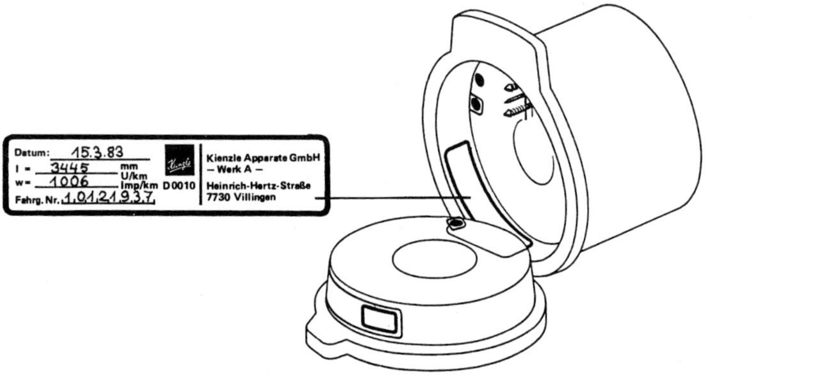

Einbauschild mit Plombierfolie

Messbereich vom Gerät und Schaublatt (z. B. 125 km/h) müssen übereinstimmen. Außerdem ist zu prüfen, ob das Prüfzeichen des Gerätes auf dem Schaublatt vorhanden ist.

Das Prüfzeichen des Gerätes steht auf dem Typenschild, z. B. B 122 beim Fahrtschreiber und e1 44 beim Kontrollgerät (s. auch „Prüfzeichen" im Anhang II zur VO [EWG] Nr. 3821/85).

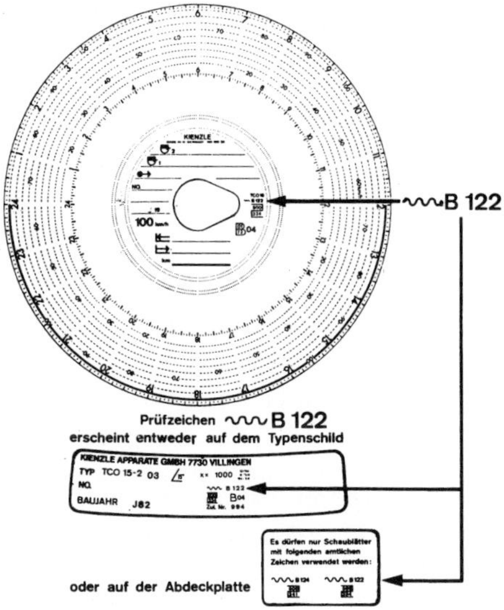

Das richtige Schaubild im Fahrtschreiber

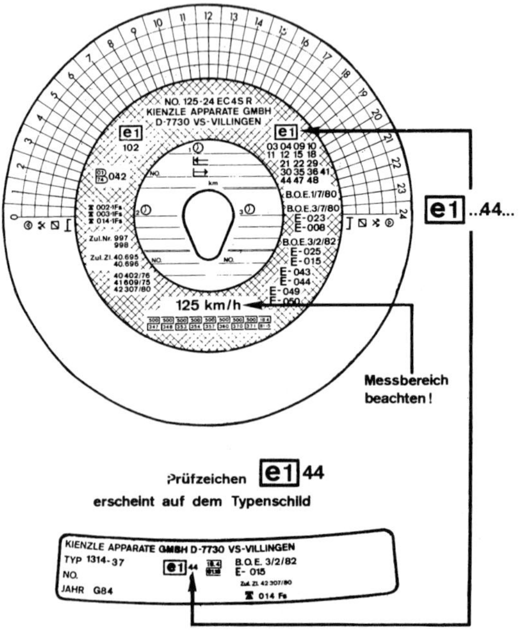

Das richtige Schaublatt im Kontrollgerät

Ob es sich bei den Geräten um
- wellenangetriebene,
- impulsgesteuerte,
- Ein-Fahrer

oder
- Zwei-Fahrer-Geräte

handelt, lässt sich nicht über Aufzeichnungen auf dem Schaublatt, sondern nur an den Geräten selbst erkennen.

Während Ein- und Zwei-Fahrer-Geräte optisch daran zu erkennen sind, dass sich entweder
- nur ein Bedienungselement für einen Fahrer
- oder zwei Bedienungselemente für den Fahrer und den Ersatz-(Ablöse-) Fahrer

zur Schaltung der „Zeitgruppen“ an dem Gerät befinden (s. Abbildungen), können Wellen- und Impulsgeräte zunächst nur über die Typenbezeichnung des Herstellers erkannt werden.

Es soll hier nicht näher darauf eingegangen werden, an welchen technischen Bauelementen der Unterschied sonst noch erkennbar ist, weil das nur im Zusammenhang mit möglichen Manipulationen interessant ist (s. Ziff. 4.6, „Überprüfung elektronischer Kontrollgeräte").

Bei der Fahrzeugausstattung mit Ein- oder Zwei-Fahrer-Geräten ist nur entscheidend, dass ein Einzelfahrer auch ein Zwei-Fahrer-Gerät benutzen darf, wobei er jedoch sein Schaublatt ausschließlich über die „Fahrer-1-Stellung" zeichnen lassen darf.

Umgekehrt ist es jedoch nicht zulässig, dass zwei Fahrer ihre Schaublätter (abwechselnd) durch ein Ein-Fahrer-Gerät zeichnen lassen (vgl. Anhang I Abschnitt III Buchstabe c) Ziff. 4.3 VO (EWG) Nr. 3821/85.

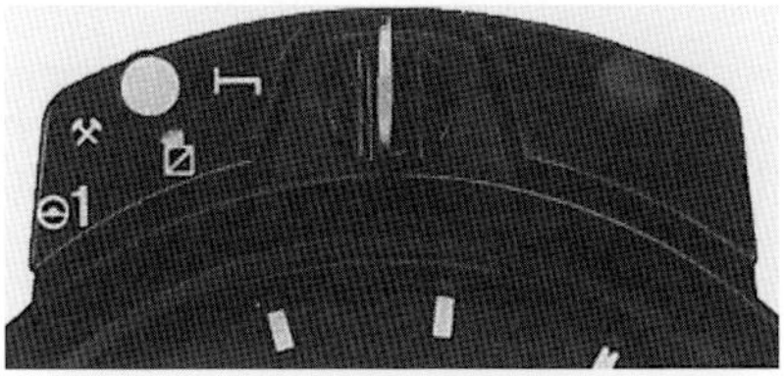

Das Ein-Fahrer-Gerät

für Fahrzeuge
mit Ein-Mann-Besatzung.

Hier wird nur eine Diagrammscheibe eingelegt

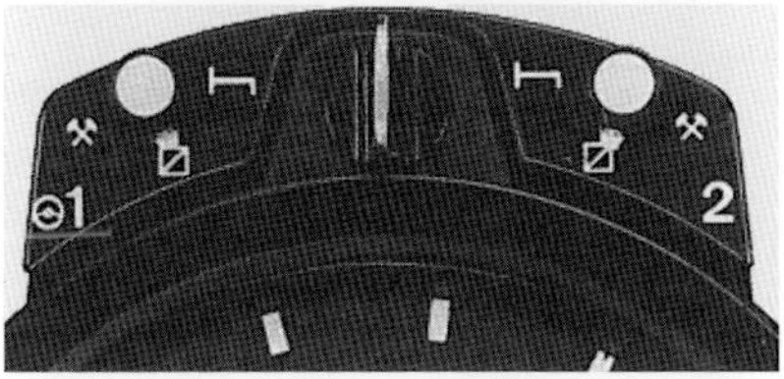

Das Zwei-Fahrer-Gerät

für Fahrzeuge
mit Zwei-Mann-Besatzung.

Die Schaublattaufzeichnung bei EG-Kontrollgeräten in der

- „Standard-Ausführung" und
- „Automatik-Ausführung"

unterscheiden sich voneinander.

Hier spricht man von dem

- Stufenaufschrieb bei Standardgeräten und vom
- Balkenaufschrieb bei Automatikgeräten,

mit denen die Zeitgruppen gezeichnet werden.

Die Unterschiede sind durch Signaturen auf den Schaublättern aufgedruckt. Automatikgeräte sind auch optisch daran zu erkennen, dass das Zeitgruppen-Bedienungselement für den Fahrer 1 keine Schalterstellung für Lenkzeit hat, weil bei diesem Gerät jede Fahrzeugbewegung automatisch als Lenkzeit registriert wird und bei Stillstand des Fahrzeugs die Zeitgruppe, die der Fahrer (irgendwann) geschaltet hat.

Automatikgeräte fördern deswegen auch ein wenig die „Schaltfaulheit“ der Fahrer, was Folgen haben kann, weil der Fahrer in jedem Fall die Zeitgruppen getrennt und unterscheidbar zu schalten und aufzuzeichnen hat.

Der Unterschied zwischen dem Balkenaufschrieb und dem Stufenaufschrieb wird bei nachfolgender Darstellung deutlich, wobei

- „B“ den Balkenaufschrieb
- „C“ den Stufenaufschrieb

kennzeichnet.

- „A“ steht für Zeitfolge und Geschwindigkeit
- „D“ für Wegstreckenaufschrieb, wobei jeder Zeichnungsweg von Spitze zu Spitze für fünf Kilometer, einmal herauf und einmal herunter also für zehn Kilometer steht.
- „E“ kennzeichnet den Messbereich dieses Schaublatts, das demnach nur in einem Gerät verwendet werden darf, welches ebenfalls diesen Messbereich erfasst. Auf dem Gerät steht dieser Messbereich vorne auf dem Ziffernblatt.

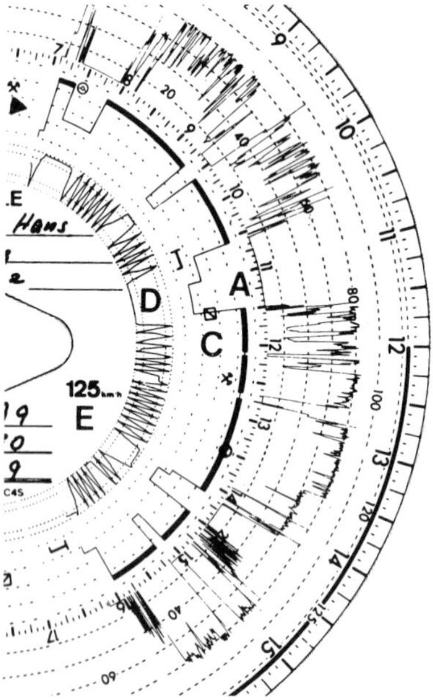

Schaublatt mit Stufenaufschrieb

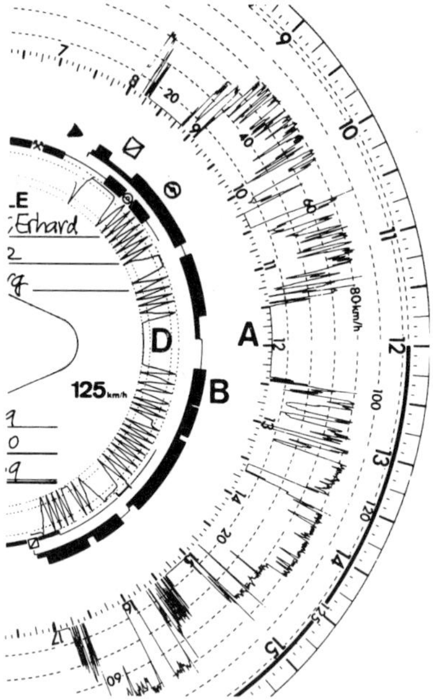

Schaublatt mit Balkenaufschrieb

EC-Flach-Tachograf

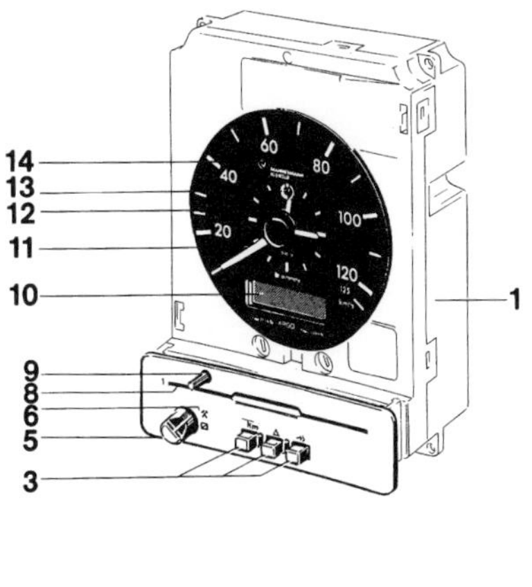

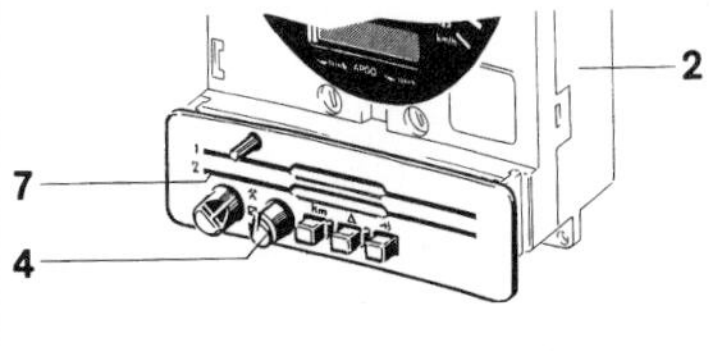

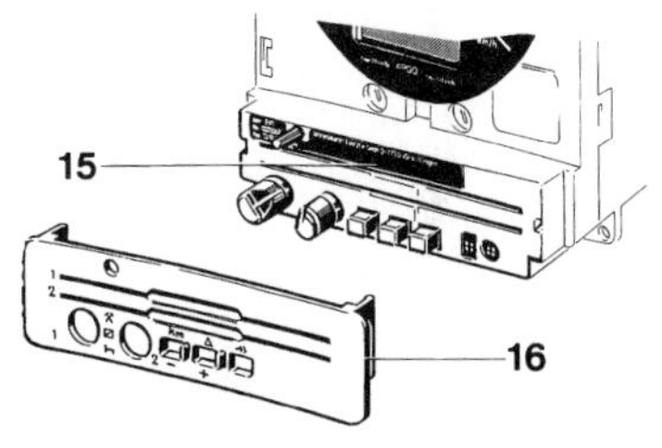

1 1-Fahrer-Gerät
2 1 + 2-Fahrer-Gerät
3 Funktionstasten T1, T2 und T3
4 Zeitgruppenschalter mit Auswurf-Taste (Beifahrer)
5 Zeitgruppenschalter mit Auswurf-Taste (Fahrer)
6 Arbeitszeitgruppen-Symbole
7 Einzugsschacht Beifahrer
8 Einzugsschacht Fahrer
9 Verstellknopf für Uhrzeit
10 Multifunktionsanzeige (LC-Display)
11 Geschwindigkeitsanzeige
12 Zeitanzeige
13 Zeitanzeige AM/PM
14 Lautanzeige des Uhrwerks
15 Typenschild
16 Blende

3.13 Prüfungshilfsmittel Schablone, Auswertscheibe, Selbstdiagnose, Zubehör

Die Prüfung und Auswertung von Schaublättern erfordert nicht nur Routine. Sie kann häufig auch nur mit Hilfsmitteln sachgerecht erfolgen.
Solche nötigen Hilfsmittel sind
- Prüfschablone und
- Auswertscheibe.

Die Prüfschablone dient zur Feststellung der tatsächlich gefahrenen Geschwindigkeit, wenn ein Schaublatt mit falschem Messbereich (z.B. 100 km/h statt 125 km/h) im Fahrtschreiber oder Kontrollgerät verwendet wurde oder wenn wegen eines Gerätefehlers oder eines gewaltsamen Eingriffs (z.B. Verbiegen des Geschwindigkeit-Schreibstifts) Abweichungen außerhalb der Toleranzen liegen.

Die Auswertscheibe ermöglicht eine exakte Feinauswertung errechenbarer Zeiten bis zu einer Genauigkeit von zwei Minuten.

Ein einfacher Bedienungsmechanismus erleichtert wesentlich die Ermittlung bzw. Addition bestimmter Zeitgruppen.

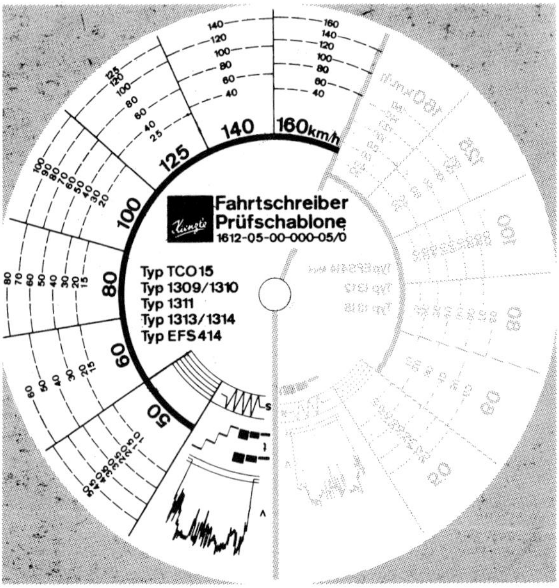

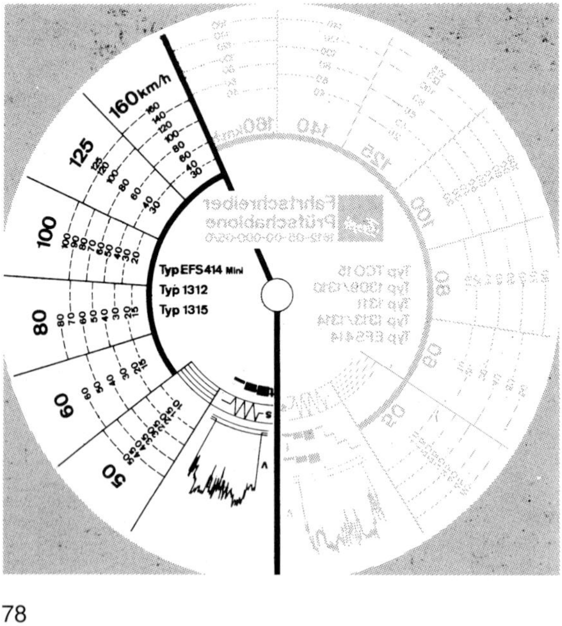

Prüfschablone

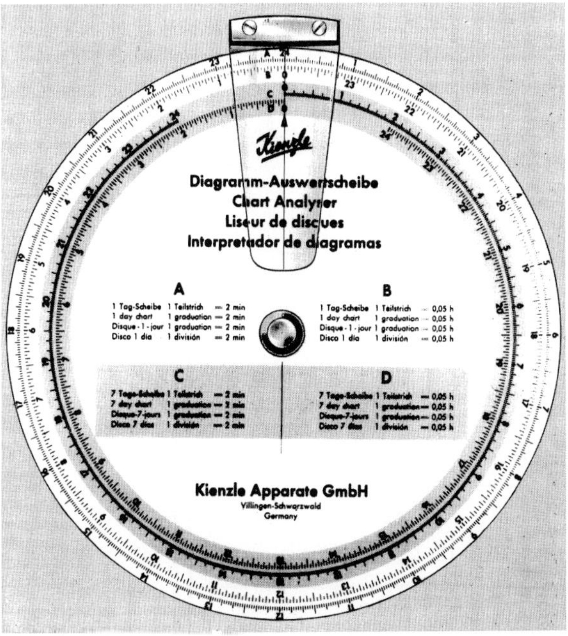

Auswertscheibe

Besonderheiten nach dem elektrischen Anschluss des 1318-Selbstdiagnose-Systems

Das System überprüft ständig, ob die Batteriespannung anliegt und der Impulsgeber einwandfrei funktioniert.

Bei folgenden Fehlern werden folgende Sondermarkierungen auf der Diagrammscheibe registriert:

Bei Spannungs-Unterbrechungs-Zuführung wird der Geschwindigkeitsschreiber bis zum Messbereichsendwert ausgelenkt (1). Der Schreiber kehrt nur in die Ausgangslage zurück, wenn die Funktions-Kontrolle (LED) nicht leuchtet, Deckel geschlossen, Diagrammscheibe(n) eingelegt, Kontrolleinrichtung ordnungsgemäß arbeitet.

Wenn beide Geberimpulsleitungen unterbrochen sind, erfolgt die Aufzeichnung (2).

Ist nur eine Geberimpulsleitung unterbrochen, ist bei Fahrt die normale Funktion gewährleistet. Bei Stillstand des Fahrzeuges wird je nach Stellung des Magneten ebenfalls die Aufzeichnung (2) registriert.

Zubehör für Diagrammscheiben

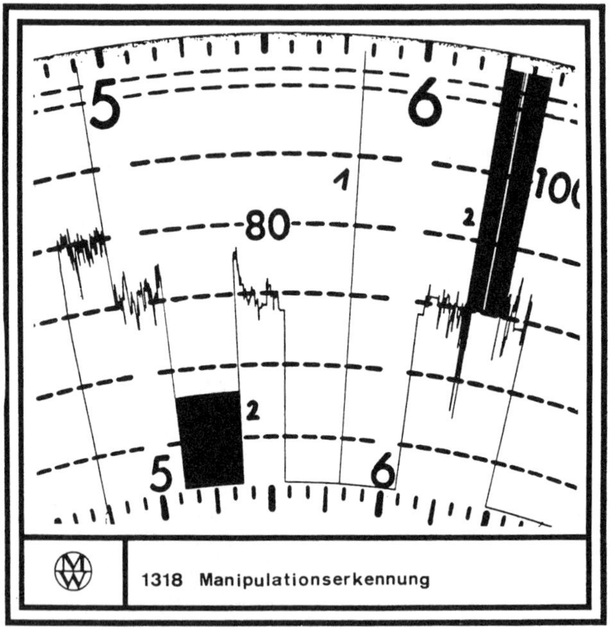

Viele Gründe sprechen für die Verwendung der Original Kienzle Diagrammscheibe. Die hervorragende Papierqualität trägt maßgeblich zur einwandfreien Funktion der Tachografen und Fahrtenschreiber bei. Alle Fahr- und Einsatzdaten werden gestochen scharf aufgezeichnet, so dass eine präzise Auswertung möglich ist. Für die Auswertung von Diagrammscheiben gibt es die unterschiedlichsten Hilfsmittel, abgestimmt auf die jeweils anfallende Menge von Scheiben.

1. Diagrammauswerter mit Auswertscheibe, Lupe und Beleuchtung
Im Unterschied zur Auswertscheibe als Handgerät wird durch die zweifache Vergrößerung der Lupe und durch die Beleuchtung das exakte Ablesen wesentlich erleichtert. Besonders bei regelmäßiger täglicher Auswertung trägt dieses Gerät zur Zeitersparnis und Arbeitserleichterung bei. Mögliche Zusatzgeräte: Spiegelauswerter und Mikroskopaufsatz.

2. Mikroskopaufsatz
Wenn für Ihre Auswertungen die zweifache Vergrößerung durch die Lupe des Diagrammauswerters nicht ausreicht, weil Sie kleinste Details im Aufschrieb erkennen müssen, stecken Sie einfach den Mikroskopaufsatz auf die Lupenhalterung und erzielen damit eine 10-fache Vergrößerung.

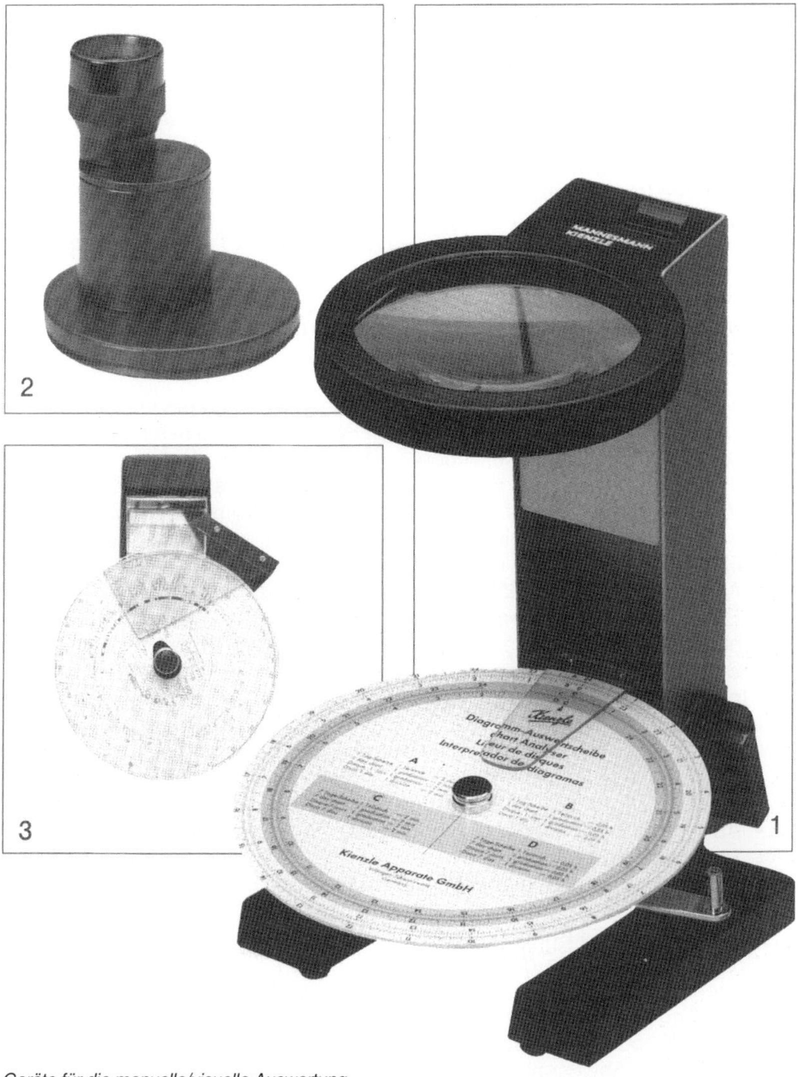

Geräte für die manuelle/visuelle Auswertung

3. Spiegelauswerter

Dieses Zusatzgerät zum Diagrammauswerter ist unentbehrlich für die Beurteilung der wirtschaftlichen Fahrweise, ermöglicht eine direkte exakte Zuordnung der gefahrenen Geschwindigkeit zur jeweiligen Motordrehzahl.

3.14 Kontrolle von Fahrtschreibern und EG-Kontrollgeräten

– Checkliste –

- **Fahrzeugklasse** und **Verkehrsform** feststellen.
- **Ausrüstungspflicht** mit Fahrtschreiber oder EG-Kontrollgerät festlegen.
- Bei freiwilliger Ausrüstung den Fahrer befragen, ob er das Gerät alternativ zu anderen Nachweisen betrieben hat.
- **Gerätetyp feststellen** (Fahrtschreiber, Wellengerät, Impulsgerät, Automatik- oder Standardgerät, Mehr-Fahrer-Gerät).
- **Geräteuhrzeit** mit tatsächlicher Uhrzeit vergleichen (Bei Ausländern auf Landesuhrzeit achten).
- **Messbereich** des Geräts feststellen (z. B. 100 km/h, 125 km/h).
- Gerätedeckel öffnen und **richtiges Einlegen** des Schaublatts prüfen (zeitlicher Versatz um 12 h u. U. möglich); Aufzeichnungsseite muss jetzt bei der Draufsicht sichtbar sein.
- Bei Zwei-Fahrer-Geräten muss das Schaublatt des Fahrers immer oben liegen, befindet sich ein zweiter Fahrer im Fahrzeug, muss dessen Schaublatt unter dem Zwischendeckel liegen.
- **Schaublatt entnehmen,** Einlegezeit (Markierung) feststellen, Zulassungs-(Prüf-)zeichen des Schaublatts mit dem des Geräts vergleichen, Messbereich des Schaublatts muss mit dem des Geräts übereinstimmen.
  - Fahrtschreiber haben das Prüfzeichen auf dem Typenschild oder der Abdeckplatte, Schaublätter auf der Vorderseite.
  - EG-Kontrollgeräte haben das Prüfzeichen auf dem Typenschild, Schaublätter auf der Rückseite (Regel); bei mehreren Prüfzeichen auf dem Schaublatt muss eines mit dem des Geräts übereinstimmen.
- **Eintragungen im Schaublattmittelfeld** auf Vollständigkeit überprüfen und Identität des Fahrers feststellen; Kilometerstände Schaublatt und Fahrzeug vergleichen; der aktuelle Kilometerstand des Fahrzeugs muss höher als der im Schaublatt eingetragene sein.
- **Aufzeichnungen auf Vollständigkeit** und **Auffälligkeiten** überprüfen.
  - Auf unterschiedliche Aufzeichnung der Zeitgruppen bei Automatik- und Standardgeräten achten.
  - Fahrtschreiberschaublätter müssen zusätzliche handschriftliche Aufzeichnungen in Form von Strichen und Buchstaben A, P, E zur Kennzeichnung von Beginn und Ende der Arbeitsschichten und Pausen aufweisen.
- **Grobe Berechnung** der Lenkzeiten, Unterbrechungen und Ruhezeiten vornehmen. Begründet sich dabei der Verdacht von Verstößen, **Feinausrechnung** mit Auswertscheibe vornehmen.
- Bei **unterbrochenen Aufzeichnungen** den Fahrer nach der Ursache befragen. Werden Abwesenheiten vom Fahrzeug mit Herausnahme der Scheibe oder technische Defekte behauptet, **handschriftliche Aufzeichnungen** verlangen und prüfen.
- Zeigen sich Auffälligkeiten bei den Aufzeichnungen, Gerätefunktionen überprüfen:
  - Freie Beweglichkeit der Schreibstifte; Verbiegungen?

  - Unbeschädigte Verplombungen; Werkzeugspuren?
  - Ggf. bei Impulsgeräten W.-K.-Test durchführen.
  - Abweichung der Geräte-Konstante?
  - Fremdkörper im Gerät? Feststellungen **beweissicher fotografieren!**
- Letzte Geräteprüfung (Einbauschild, Prüfschild) feststellen.
- Begründet sich der Verdacht auf Ordnungswidrigkeiten oder Straftaten?
  - Schaublatt (Schaublätter) sicherstellen oder beschlagnahmen (bei Unfällen immer!).
  - Weitere (notwendige) beweiserhebliche Aufzeichnungen erforschen und ggf. sicherstellen/beschlagnahmen (z. B. Auszug aus gewerblichem Fahrtenbuch, Unternehmeranweisungen, Fahrpläne u. ä.).
  - Bei Verfälschung technischer Aufzeichnungen (§ 268 StGB) durch/über das Gerät Sicherstellung/gutachterliche Überprüfung veranlassen.
  - Sicherstellungsbescheinigung ausstellen und aushändigen.
  - Bei Beschlagnahmen an richterliche Bestätigung denken.
- Sichergestellte Schaublätter im Umschlag asservieren.
  - Umschlag **vor dem Einlegen der Schaublätter beschriften.**
  - Entnahmeort genau beschreiben; Kilometerstand notieren.
  - **Datum** und **Entnahmezeit** genau vermerken.
  - Amtliches Kennzeichen des Fahrzeugs nicht vergessen.

▶ **Bei Unfällen zusätzlich:**
- Unfallort und Unfallzeit vermerken.
- Länge vorhandener Brems-/Blockierspuren angeben.
- Auf (mögliche) Eingriffe des Fahrers auf das Gerät nach dem Unfall hinweisen.

▶ Kontrollbescheinigung ausstellen und Fahrer aushändigen.
- In der Kontrollbescheinigung möglichst aufnehmen:
- Datum, Zeit, Ort der Kontrolle.
- Kilometerstand des Fahrzeugs.
- Verbrauchte Lenkzeiten (TLZ) bis zum Zeitpunkt der Kontrolle; Zeitraum und Umfang der letzten TRZ
- Bei Kontrolle mit einem W.-K.-Tester dies auf der Kontrollbescheinigung vermerken, da auf dem Schaublatt bei dem Wegstreckenaufschrieb eine Lücke zwischen Entnahme und wieder Einlegen des Schaublattes entsteht.

▶ Ist die Tageslenkzeit verbraucht und ergeben sich keine Ausnahmegründe aus Art. 12 VO (EG) Nr. 561/2006, Art. 9 AETR:

Untersagung der Weiterfahrt!

3.15 Einführung des digitalen Fahrtschreibers in der EU, EWR und AETR (Kurzübersicht)

Stand 28.6.2012

Land		**Eingeführt?**
EWR	Fürstentum Liechtenstein	Ja
EWR	Island	Ja
EWR	Norwegen	Ja
EU	Bulgarien	Ja
EU	Rumänien	Ja
EU	Belgien	Ja
EU	Dänemark	Ja
EU	Deutschland	Ja
EU	Estland	Ja
EU	Finnland	Ja
EU	Frankreich	Ja
EU	Großbritannien	Ja
EU	Irland	Ja
EU	Italien	Ja
EU	Lettland	Ja
EU	Litauen	Ja
EU	Luxemburg	Ja
EU	Malta	Ja
EU	Niederlande	Ja
EU	Österreich	Ja
EU	Polen	Ja
EU	Portugal	Ja
EU	Schweden	Ja
EU	Slowakei	Ja
EU	Slowenien	Ja
EU	Spanien	Ja
EU	Tschechische Republik	Ja
EU	Ungarn	Ja

Land		**Eingeführt?**
EU	Griechenland	Ja
EU	Zypern	Ja
AETR	Albanien	Ja
AETR	Andorra	Ja
AETR	Armenien	Ja
AETR	Aserbaidschan	Ja
AETR	Belarus (Weißrussland)	Ja
AETR	Bosnien und Herzegowina	Ja
AETR	Georgien	Nein
AETR	Kasachstan	Ja
AETR	Kroatien	Ja
AETR	Mazedonien	Ja
AETR	Moldawien	Ja
AETR	Russland	Ja
AETR	San Marino	Nein
AETR	Serbien und Montenegro	Ja
AETR	Türkei	Ja
AETR	Turkmenistan	Nein
AETR	Ukraine	Ja
AETR	Usbekistan	Nein
EU	Schweiz	Ja

3.16 Rechtliche Grundlagen des digitalen Kontrollgerätes

3.16.1 Europäische Ebene

- VO (EG) Nr. 2135/98
- VO (EG) Nr. 561/2006
- VO (EWG) Nr. 3821/85
- VO (EG) Nr. 1360/2002 (Anhang I B)
- VO (EG) Nr. 1266/2009
- VO (EG) Nr. 68/2009
- VO (EU) Nr. 581/2010

3.16.2 Internationale Ebene

- AETR

3.16.3 Nationale Ebene

- Fahrpersonalgesetz (FPersG)
- Fahrpersonalverordnung (FPersV)
- Empfehlungen für die Durchführung der Bestimmungen des Fahrpersonalgesetzes und der Fahrpersonalverordnung über die Ausgabe von Kontrollgerätkarten und die Führung des Zentralen Kontrollgerätkartenregisters beim Kraftfahrt-Bundesamt
- Sicherheitstechnische Anforderungen für eine Bauartgenehmigung der Kontrollgerätkarten
- § 57a StVZO
- § 57b StVZO

Durch die beiden Verordnungen 2135/98 und 1360/2002 wurden die rechtlichen Voraussetzungen für das digitale Kontrollgerät geschaffen. Dadurch wurden 3 Fristen in Gang gesetzt:

- nach 12 Monaten Bauartgenehmigung für ein Kontrollgerät einschließlich der Karten ⇨ August 2003
- nach 21 Monaten Ausgabe der Kontrollgerätkarten ⇨ Mai 2004
- nach 24 Monaten Ausrüstung von Neufahrzeugen ⇨ August 2004

Da die o. g. Fristen nicht eingehalten wurden, insbesondere die Bauartgenehmigung für ein Kontrollgerät, hatte sich die Einführung des digitalen Kontrollgerätes nach hinten verschoben. Erst mit der Verordnung 561/2006 [Artikel 27 Abs. 1] wurde bestimmt, dass ab dem 1.5.2006 die erstmalig zum Verkehr zugelassenen Fahrzeuge mit einem digitalen Kontrollgerät auszurüsten sind.

Eine generelle Nachrüstpflicht gibt es nicht. Jedoch unterliegen Fahrzeuge für die Personenbeförderung mit mehr als acht Sitzplätzen außer dem Fahrersitz und einer Höchstmasse von mehr als 10 t sowie Fahrzeuge für die Güterbeförderung mit einer Höchstmasse von mehr als 12 t, die ab dem 1. Januar 1996 erstmals zum Verkehr zugelassen sind, im Fall der Ersetzung des Kontrollgerätes den Bestimmungen des Anhangs I B, d. h. sie müssen mit einem digitalen Kontrollgerät ausgerüstet werden.

Ersetzung bedeutet aber, dass das gesamte System bestehend aus Registriereinheit und Geschwindigkeitsgeber getauscht werden muss [§ 57a (3) StVZO]. Es reicht also nicht aus, dass z. B. ein Schreibstift nicht mehr richtig funktioniert. Somit wird in der Praxis in den meisten Fällen, wo ein analoges Gerät defekt ist, wieder ein analoges Gerät eingebaut werden. Aus diesem Grund wird es noch mehrere Jahre Schaublätter und digitale Daten parallel geben.

Durch die VO (EG) Nr. 1266/2009 wurden die rechtliche Möglichkeit geschaffen, das digitale Kontrollgerät an den technischen Fortschritt anzupassen. Durch diese Verordnung wird auch der Anhang I B geändert, und zwar in zwei Schritten. Die ersten Änderungen treten ab 1.10.2011 in Kraft, die Anderen am 1.10.2012. Alle Änderungen sind in den nachfolgenden Kapiteln eingearbeitet.

Das AETR wurde erst mit Wirkung vom 15.6.2010 dahingehend geändert, dass auch bei diesen Verkehren das digitale Kontrollgerät in Neufahrzeuge verpflichtend eingebaut werden muss. Von Deutschland wurde das AETR im November 2011 ratifiziert.

3.17 Allgemeine Merkmale und Funktion[1]

Die Aufgabe des digitalen Kontrollgerätes ist das
- Aufzeichnen
- Speichern
- Anzeigen
- Ausdrucken
- Ausgeben

von tätigkeitsbezogenen Daten des Fahrers. Das Kontrollgerät besteht aus
- Verbindungskabel
- Weg- bzw. Geschwindigkeitsgeber
- Fahrzeugeinheit

Die Fahrzeugeinheit besteht aus einem
- Prozessor
- Massenspeicher
- Echtzeituhr
- Zwei Chipkartenschnittstellen
- Drucker
- Display
- Optischer Warneinrichtung
- Anschluss zum Kalibrieren/Herunterladen
- Eingabeeinrichtung

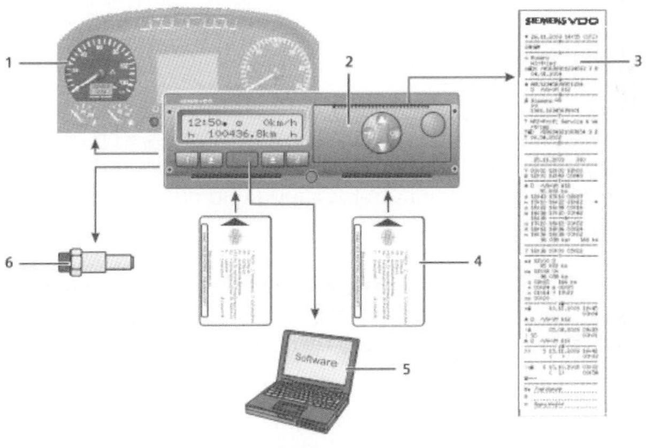

1 – Anzeigeinstrument[2] *4 – Kontrollgerätkarten*

2 – DTCO 1381 *5 – Hard- und Software*

3 – Ausdruck *6 – Sensor Kitas 2171*

---

1 Bilder sind vom digitalen Kontrollgerät der Fa. Siemens VDO, jetzt Fa. Continental sowie Fa. Stoneridge, da diese Geräte am meisten verbaut werden.

2 Digitaler Tachograph, Leitfaden für die Kontrollorgane, Siemens VDO

Mit dem Kontrollgerät müssen folgende **Funktionen** gewährleistet sein:

Überwachung Einstecken und Entnehmen von Karten	Geschwindigkeits- und Wegstreckenmessung	Zeitmessung
Überwachung von Fahrertätigkeiten	Überwachung des Status der Fahrzeugführung	Manuelle Eingabe durch den Fahrer
Unternehmenssperren	Überwachung von Kontrollen	Feststellung von Ereignissen/ Störungen
Integrierte Tests und Selbsttests	Auslesen von Daten aus dem Massenspeicher	Aufzeichnung/Speicherung von Daten im Massenspeicher
Auslesen von Daten aus Kontrollgerätkarten	Aufzeichnung/Speicherung von Daten auf Kontrollgerätkarten	Anzeige
Ausdrucken	Warnung	Herunterladen von Daten auf externe Geräte
Kalibrierung	Zeiteinstellung	

Das Kontrollgerät verfügt über vier **Betriebsarten**:

- Betrieb
- Kontrolle
- Kalibrierung
- Unternehmen

Das Kontrollgerät überwacht die Kartenschnittstellen und erkennt das Einstecken und Entnehmen einer Karte. Es erkennt auch, ob es sich um eine gültige Karte handelt und identifiziert die Kartenart. Das Entnehmen der Kontrollgerätkarten ist nur möglich bei stehendem Fahrzeug und nach der Speicherung der jeweiligen Daten auf die Karten.

3.17.1 Geschwindigkeits-, Wegstrecken- und Zeitmessung

Das Kontrollgerät misst kontinuierlich den Kilometerstand der vom Fahrzeug zurückgelegten Wegstrecke und auch die Geschwindigkeit. Die Geschwindigkeitsfunktion liefert auch Informationen darüber, ob das Fahrzeug fährt oder steht.

Das Fahrzeug gilt als fahrend, sobald die Funktion vom Geschwindigkeitsgeber mindestens 5 Sekunden lang mehr als 1 Imp/s erhält; ansonsten gilt das Fahrzeug als stehend.

Die zurückgelegte **Wegstrecke** kann gemessen werden als

- Kumulierung sowohl der Vorwärts- als auch Rückwärtsfahrt oder
- nur beim Vorwärtsfahren

Ob das Fahrzeug eine bestimmte Strecke vorwärts oder rückwärts gefahren ist, kann anhand der aufgezeichneten Daten nicht gesagt werden, da es bei der Aufzeichnung keinen Unterschied gibt. Dieser Umstand ist insbesondere bei der Unfallaufnahme von Bedeutung. Bei Wegstrecken darf die Fehlergrenze max. ± 4 % betragen.

Das Kontrollgerät misst die **Geschwindigkeit** von 0 bis 220 km/h (neue Geräte bis 255 km/h). Die Geschwindigkeitsmessung erfolgt auf mindestens 1 km/h genau. Trotzdem ist wie bei Schaublättern auch hier eine Messtoleranz von ± 6 km/h zu berücksichtigen.

Die **Zeitmessfunktion** läuft ständig und stellt Datum und Uhrzeit digital in UTC-Zeit bereit. Im Display wird die Ortszeit angezeigt. Die Zeitmessung erfolgt auf 1 Sekunde genau. Die Zeitabweichung darf am Tag ± 2 Sekunden betragen.

3.17.2 Überwachung der Fahrertätigkeit

Zu den Fahrertätigkeiten gehört LENKEN, ARBEIT, BEREITSCHAFT und UNTERBRECHUNG/RUHE. Bis auf LENKEN müssen die anderen Tätigkeiten manuell ausgewählt werden. Während der Fahrt wird für den ersten Fahrer automatisch LENKEN und den zweiten Fahrer BEREITSCHAFT ausgewählt.

Wenn das Fahrzeug steht, schaltet das Gerät automatisch auf ARBEIT um. Diese Funktion kann jedoch durch die Werkstatt geändert werden, so dass bei einem Halt das Gerät automatisch auf UNTERBRECHUNG/RUHE umschaltet (ab Version 1.2a bei Siemens VDO, mit der Unternehmenskarte ab Revision 7 bei Stoneridge möglich). Dies ist für den Fahrer von Vorteil bei der Auswertung. Wenn er vergisst, das Gerät von ARBEIT auf RUHE zu stellen, hat er bei der Auswertung der Daten keine ausreichende Pause.

Bei der ersten Tätigkeitsänderung innerhalb von 120 Sekunden nach dem automatischen Wechsel auf ARBEIT wird davon ausgegangen, dass sie bei Stillstand des Fahrzeugs eingetreten ist **(2-Minuten-Regel).**

Tritt zu irgendeinem Zeitpunkt innerhalb einer Kalenderminute die Tätigkeit LENKEN auf, gilt die gesamte Minute als LENK-Zeit **(1-Minuten-Regel).**

Tritt zu irgendeinem Zeitpunkt innerhalb der unmittelbar der Kalenderminute vorausgehenden und nachfolgenden Minute die Tätigkeit LENKEN auf, gilt die gesamte Minute als LENK-Zeit **(3-Minuten-Regel).**

Für eine Kalenderminute, die aufgrund der vorstehenden Anforderungen nicht als LENK-Zeit gilt, wird die Tätigkeit angesetzt, die als längste Tätigkeit innerhalb der Minute ausgeführt wurde oder bei gleichlangen Tätigkeiten diejenige, die zuletzt ausgeführt wurde.

In der Praxis bedeutet dies Folgendes: Wenn der Fahrer 15 Minuten fährt, anschließend 1,5 Minuten anhält und dann wieder 20 Minuten fährt, zeichnet das Kontrollgerät nicht 35 Minuten LENKEN auf, sondern 36,5 Minuten. Dies auf den Tag gerechnet, summiert sich die LENKZEIT entsprechend und der Fahrer mit digitalem Kontrollgerät wäre gegenüber dem mit analogen benachteiligt. Aus diesem Grund hat die EU die Leitlinie Nr. 4 erlassen, die sich genau auf diesen Sachverhalt bezieht.

Danach sollen die Kontrollorgane beim digitalen Kontrollgerät eine Toleranz von 15 Minuten für einen Zeitraum von 4,5 Stunden ununterbrochener Lenkzeit gelten lassen bei Fahrzeugen, die mit häufigen Stopps verbundene Fahrten durchführen.

Die 1-Minuten-Regel wurde durch die VO (EU) Nr. 1266/2009 zur Anpassung der VO (EWG) Nr. 3821/85 an den technischen Fortschritt geändert. Ab dem 1.10.2011 wird die Tätigkeit **(Lenken, Arbeit, Bereitschaft oder Ruhe**) angesetzt, die als längste Tätigkeit innerhalb der Minute ausgeführt wurde (bei gleichlangen Tätigkeiten diejenige, die zuletzt ausgeführt wurde). Steht der Fahrer z.B. auf einem Parkplatz um seine Ruhepause einzulegen und muss verkehrsbedingt sein Fahrzeug einige Meter weiter fahren, hat er hierfür 30 Sekunden Zeit, ohne dass anschließend hierfür Lenkzeit registriert wird. Im Stau wird es keinen Vorteil geben, da hier die 3-Minuten-Regel greift.

Vor dieser Regelung (alte Geräte von VDO bis Software 1.4 und Stoneridge Software bis Rev 7.2) wurde eine Minute Lenkzeit aufgezeichnet, auch wenn das Fahrzeug nur 5 Sekunden innerhalb der Minute gelenkt wurde und 55 Sekunden stand. Obwohl das Fahrzeug also nicht in Bewegung war, wurde trotzdem Lenkzeit aufgezeichnet. Dies war eine Benachteiligung gegenüber dem Fahrer, der ein analoges Kontrollgerät benutzt. Vor allem in Nahverkehr mit vielen „stop and go „ macht sich die neue Regelung positiv bemerkbar. Sie gilt jedoch nur für ab dem 1.10.2011 neu in Verkehr gebrachte Fahrzeuge. Eine Nachrüstpflicht für Altfahrzeuge besteht nicht.

Bei diesen neuen Geräten findet auch die Leitlinie 4 keine Anwendung mehr. Die Softwareversion ist bei den Kontrollgeräten unterschiedlich erkennbar. Bei Siemens VDO ist sie auf dem Typenschild, das sich in der Druckerschublade befindet. Die Schublade wird durch betätigen des Knopfes oben rechts geöffnet. Bei allen Geräten ist die Software-Version auf dem Ausdruck „technische Daten" abzulesen.

Typenschild

← Softwareversion 1.4, Siemens VDO

Bei Stoneridge befindet sich auf dem Ausdruck technische Daten unter der Herstelleradresse eine Teilenummer. Aus dieser Nummer ist die Version der Software zu erkennen, ebenso in der letzten Zeile des Blockbezeichners Fahrzeugeinheit.

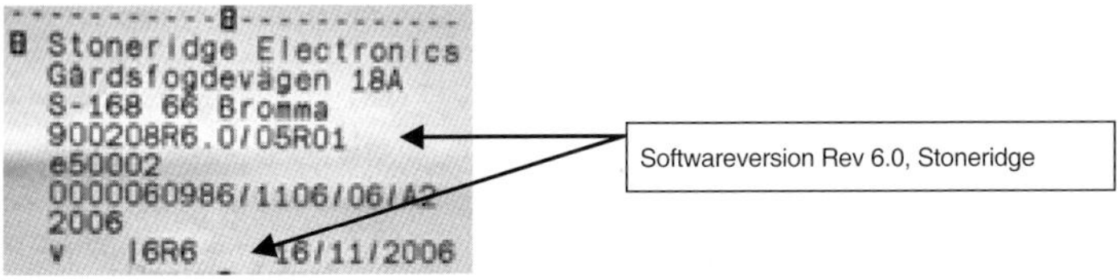

Ausschnitt Ausdruck techn. Daten

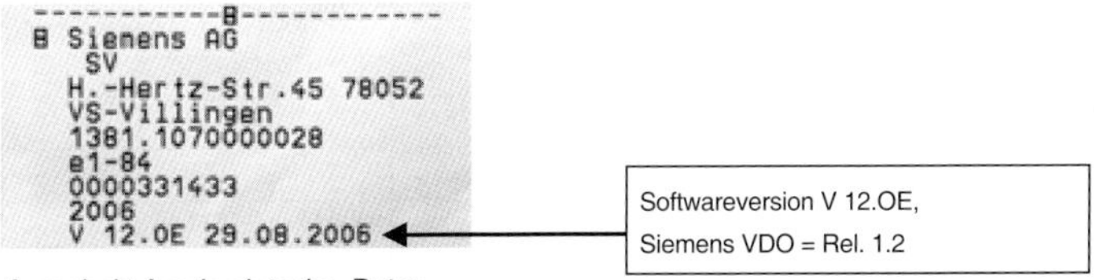

Ausschnitt Ausdruck techn. Daten

Folgende Software-Versionen gibt es bei Kontrollgeräten der Marke Siemens VDO:

Ausdruck technische Daten	**Release**	**Jahr**	**Bemerkungen**
V 10.17	1.0	August 2005	
V 10.19	1.0a	Dezember 2005	
V 12.OE	1.2	Juli 2006	
V 12.13	1.2a	September 2007	
V 12.14	1.2u	Dezember 2007	
V 13.42	1.3	Januar 2009	Neue Ausdrucke
V 13.43	1.3a	März 2009	
V 13.46	1.3u	August 2010	
V 14.20	1.4	Juli 2011	1-Minuten-Regel
ab Oktober 2012 Version 2.0			

Folgende Software-Versionen gibt es bei Kontrollgeräten der Marke Stoneridge:

Ausdruck technische Daten	Revision	Jahr	Bemerkungen
V I6R6	6.0	September 2006	
V I7R7	6.1	Oktober 2006	
V I8R8	6.2	August 2007	
V I9R9	6.3	Januar 2008	
V J1Q1	6.4	März 2009	
V P211	7.1	August 2009	Neues Gerät, neue Ausdrucke
V P222	7.1	Dezember 2009	
V P366	7.2	Juni 2010	
V P4HH	7.3	April 2011	1-Minuten-Regel
VP5HH	7.4	März 2012	„Duo“

3.17.2.1 Fahrertätigkeitsdaten

Bei jedem Wechsel der Tätigkeit des Fahrers, dem Status der Fahrzeugführung und Einstecken bzw. Entnahme einer Fahrerkarte/Werkstattkarte wird im Massenspeicher des Kontrollgerätes folgendes gespeichert:

- Status der Fahrzeugführung (TEAM, EINMANNBETRIEB)
- Steckplatz (FAHRER, ZWEITER FAHRER)
- Kartenstatus (EINGESTECKT, NICHT GESTECKT)
- Tätigkeit (LENKEN, BEREITSCHAFT, ARBEIT, UNTERBRECHUNG/ RUHE)
- Datum und Uhrzeit des Wechsels

Die vom Fahrer **manuell eingegeben Tätigkeitsdaten** werden im Massenspeicher nicht aufgezeichnet, sondern nur auf der Fahrerkarte. Die Speicherdauer der **Fahrertätigkeitsdaten im Massenspeicher** muss mindestens **365 Tage** betragen können.

3.17.3 Überwachung des Status der Fahrzeugführung

Wenn zwei gültige Fahrerkarten in das Gerät eingesteckt sind, wird automatisch der Status TEAM gewählt, in allen anderen Fällen der Status EINMANNBETRIEB.

3.17.4 Manuelle Eingaben durch die Fahrer

Der Fahrer muss den **Ort** eingeben, an dem der Arbeitstag beginnt und endet. In Spanien zusätzlich die Region. Bei Entnahme der Fahrerkarte wird der Fahrer aufgefordert, den Ort einzugeben. Die Ortsangaben können auch ohne Fahrerkarte gemacht werden, wenn die Karte z. B. defekt ist oder verloren wurde.

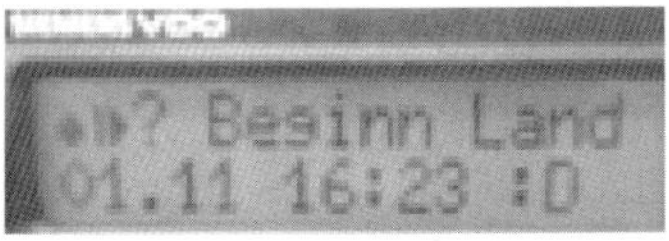

Der Fahrer muss auch den sog. **Nachtrag** durchführen. Wenn der Fahrer seine Karte einsteckt, zeigt das Gerät Datum und Uhrzeit der letzten Kartenentnahme an.

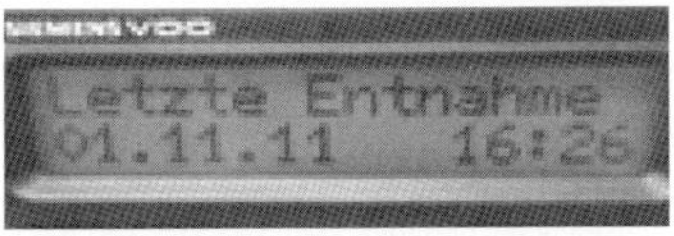

Anschließend wird der Fahrer aufgefordert, anzugeben, ob er einen Nachtrag für die Tätigkeiten ARBEIT, BEREITSCHAFT oder UNTERBRECHUNG/RUHE durchführen will.

Wenn eine der o. g. Tätigkeiten zutrifft, muss der Fahrer dies mit JA bestätigen. Anschließend kann er dann den fehlenden Zeitraum auf die Fahrerkarte nachtragen. Der Fahrer hat nach Stecken der Karte dafür 1 Minute Zeit.
Eine weitere Möglichkeit ist die Eingabe der spezifischen Bedingung **Kontrollgerät nicht erforderlich** (out of scope).

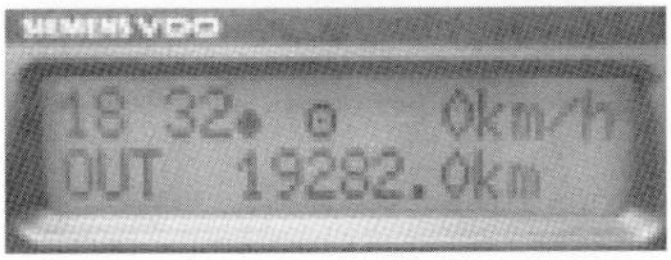

Dies trifft z. B. zu, wenn ausschließlich auf nicht öffentlichen Straßen gefahren wird oder die Fahrt unter eine Ausnahmeregel fällt. Sobald eine Karte gesteckt oder entnommen wird, wird diese spezifische Bedingung automatisch ausgeschaltet.
Die zweite spezifische Bedingung ist die **Fährüberfahrt/Zugfahrt**.

Sobald sich das Fahrzeug wieder in Bewegung setzt, wird diese Bedingung automatisch ausgeschaltet.

3.17.5 Unternehmenssperren

Eine weitere Funktion des Gerätes sind die **Unternehmenssperren**, die ein Unternehmen einsetzt, um den Datenzugang auf sich selbst zu beschränken. Dies geschieht durch stecken der Unternehmenskarte.

Das Entsperren ist nur möglich mit der gleichen Karte, die das Gerät gesperrt hat. Bei der ersten Generation von Geräten waren nur 20 Log-in und Log-out möglich, bei der neusten Generation sind es 255. Dies führte insbesondere bei Mietwagen zu Problemen, da diese häufig wechselnde Mieter haben und somit die Unternehmenssperren schnell verbraucht waren.

3.17.6 Feststellung von Ereignissen und Störungen

Gewisse Aktivitäten am Kontrollgerät werden als Ereignis auf der Fahrerkarte und im Massenspeicher hinterlegt. Folgende Ereignisse sind abspeicherbar:

Ereignis	**Grund**
Einstecken einer ungütigen Karte	– einstecken einer sonstigen Karte (keine Kontrollgerätkarte) – Ablauf der Gültigkeit einer Kontrollgerätkarte
Kartenkonflikt	– z. B. eine Fahrerkarte und eine Werkstattkarte sind eingesteckt
Zeitüberlappung	– Datum/Uhrzeit der letzten Entnahme sind der aktuellen Datum-/Uhrzeiteinstellung voraus
Lenken ohne geeignete Karte	– Fahrzeug wird ohne Fahrerkarte gelenkt
Einstecken der Karte während des Lenkens	– Karte wird während der Fahrt eingesteckt bzw. Karte ist noch nicht vollständig eingelesen
Letzter Vorgang nicht korrekt abgeschlossen	– Karte wurde entnommen, bevor alle relevanten Daten abgespeichert wurden (**Achtung**: kann ein Hinweis auf eine Manipulation sein)
Geschwindigkeitsüberschreitung	– Geschwindigkeit über der eingestellten Geschwindigkeit des Begrenzers (über 60 Sek.)
Unterbrechung der Stromversorgung	– Batterie abgeklemmt oder bei Spannungsschwankungen
Datenfehler Weg und Geschwindigkeit	– Unterbrechung des Datenflusses zwischen Weg- und/oder Geschwindigkeitsgeber und der Fahrzeugeinheit – Datenintegritäts- oder Datenauthentizitätsfehler während des Datenflusses

Ereignis	Grund
Datenkonflikt Fahrzeugbewegung	– Bewegungsdaten stehen im Widerspruch zu der gemessenen Geschwindigkeit
Versuch Sicherheitsverletzung	– Manipulationsversuch – Daten des Gebers nicht mehr zuverlässig – Gehäuse des Gerätes unberechtigt geöffnet

Weiterhin kann es auch zu Störungen kommen. Auch diese werden auf der Fahrerkarte und im Massenspeicher abgelegt:

Störung	Grund
Kartenfehlfunktion	– Fehlfunktion der Karte während der Fahrt
Kontrollgerät	– interne Störung Fahrzeugeinheit – Druckerstörung – Anzeigestörung – Störung Herunterladen – Sensorstörung

3.17.7 Anzeige

Die **Standardanzeige** sieht wie folgt aus:

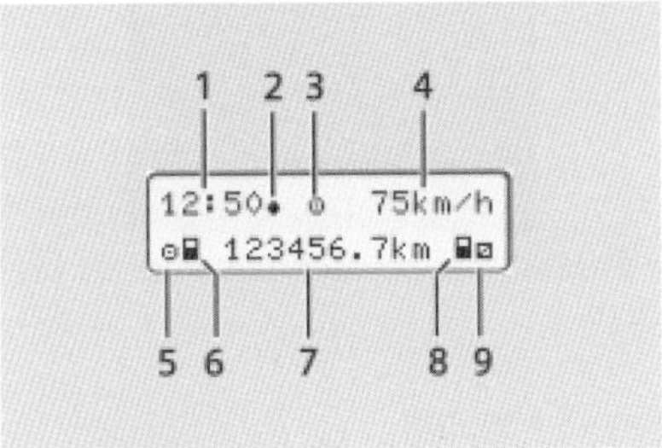

(1) Ortszeit

(2) Kennzeichen für Ortszeit

(3) Kennzeichen für Betriebsart, hier BETRIEB (Lenken)

(4) Geschwindigkeit

(5) Aktivität Fahrer 1 (hier LENKEN)

(6) Kartensymbol Fahrer 1 (Das Kartensymbol erscheint erst, wenn die eingesteckte Karte korrekt eingelesen wurde)

(7) Gesamtkilometerstand

(8) Kartensymbol Fahrer 2

(9) Aktivität Fahrer 2 (hier BEREITSCHAFT)

3.17.7.1 Datenanzeige während der Fahrt

Drückt der Fahrer während der Fahrt eine beliebige Menütaste, so erscheint bei gesteckter Fahrerkarte folgende Anzeige:

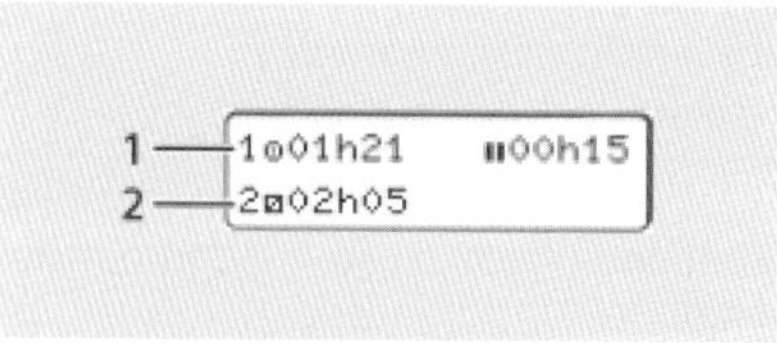

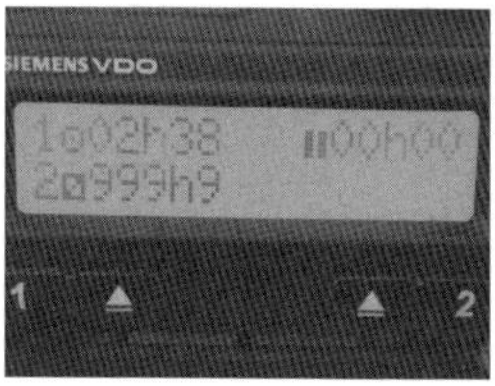

(1) "⊙" Zeiten von Fahrer 1 (Lenkzeit seit einer Unterbrechung von 45 Minuten)

"‖" gültige Unterbrechung (kumulative Pausenzeit, in Teilunterbrechungen von mindestens 15 Minuten)

(2) Zeit von Fahrer 2 (hier Bereitschaft)

Bei nochmaligem Drücken einer Menütaste oder nach 10 Sekunden erscheint wieder die Standardanzeige.

3.17.7.2 Datenanzeige bei stehendem Fahrzeug

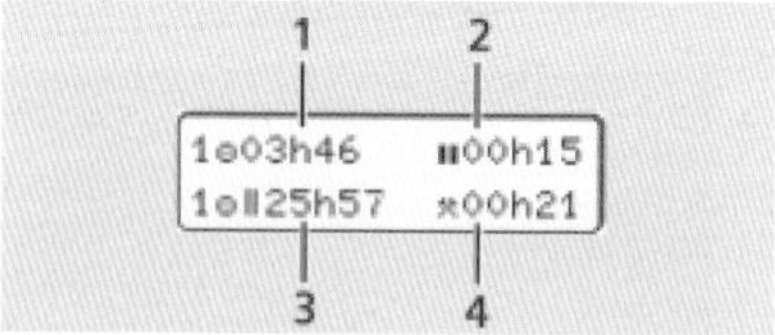

Bei stehendem Fahrzeug und gesteckter Fahrerkarte sowie drücken einer Menütaste, erscheint folgende Anzeige im Display:

(hier für Fahrer 1)

(1) Lenkzeit seit einer Unterbrechung von 45 Minuten

(2) Summe der gültigen Unterbrechungen in Teilen von mindestens 15 Minuten

(3) Lenkzeit der Doppelwoche

(4) Dauer der eingestellten Aktivität

Bei nochmaligem Drücken der Menütaste erscheinen die Daten von Fahrer 2.

Beispiel 1:

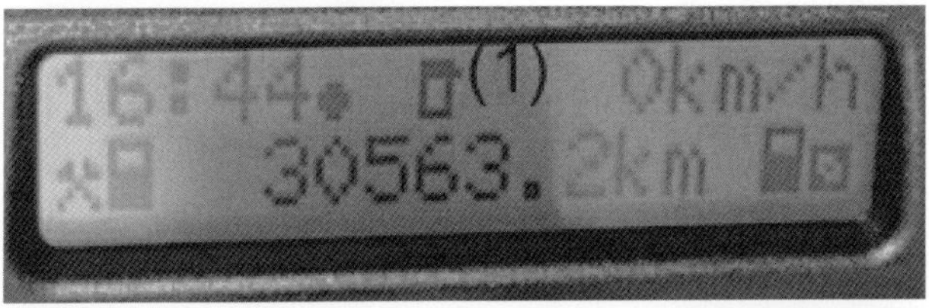

(1) Piktogramm für Kontrolle (in Kartenschacht 2 ist die Kontrollkarte gesteckt)

Bei Einstecken der Karte wird der Namen des Karteninhabers kurz angezeigt, z.B. der Name des Fahrers oder die Behörde bei der Kontrollkarte. Das Kontrollgerät zeigt Warninformationen vorrangig unter Verwendung von Piktogrammen an, die ggffls. durch zahlencodierte Informationen ergänzt werden. Es kann auch zusätzlich eine textliche Beschreibung der Warnung erfolgen.

Bei folgenden Anlässen gibt es im Display eine Warnmeldung:

⇨ einem Ereignis und/oder einer Störung

⇨ 15 Minuten vor dem Zeitpunkt sowie zum Zeitpunkt der Überschreitung von 4 Std. 30 Min. ununterbrochener Lenkzeit

! = Ereignis, x = Störung,  = Arbeitszeitwarnung, Bedienhinweis

Beispiel 2:

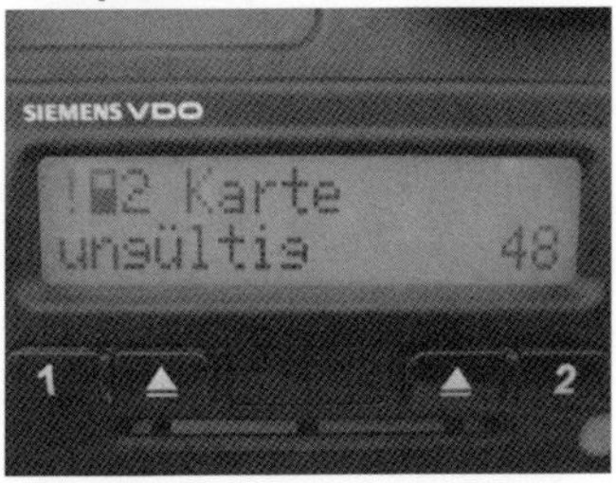

(Ereignis, Ziffer 48 bedeutet gesteckte Tachographenkarte ist abgelaufen oder ungültig)

Beispiel 3:

(Die programmierte Höchstgeschwindigkeit wurde länger als 60 Sekunden überschritten)

Beispiel 4:

(Erste Warnung der Lenkzeitüberschreitung erfolgt 15 Minuten vorher)

Beispiel 5:

(Warnung zum Zeitpunkt der Überschreitung der zulässigen ununterbrochenen Lenkzeit)

Beispiel 6:

(Lenkzeit bereits um 13 Minuten überschritten)

Es gibt bis zu 71 Fehlermeldungen mit Ziffern. Hinzu kommen noch 13 Meldungen ohne Ziffern, wie in Beispiel 4 und 5 aufgezeigt. Arbeitszeitwarnungen und Bedienhinweise werden nicht gespeichert.

Die Warnsignale haben eine Dauer von mindestens 30 Sekunden. Der Grund für die Warnung bleibt so lange sichtbar, bis der Benutzer ihn mit der OK-Taste bestätigt. Wird eine Meldung während der Fahrt nicht bestätigt, erfolgt alle 10 Sekunden ein Wechsel zwischen der Standardanzeige und der Meldung.

Zu den o. g. optischen Warnungen können auch akustische Signale abgegeben werden.

3.17.8 Drucken

Das Kontrollgerät muss aus dem Massenspeicher und von der Fahrerkarte folgende sechs Ausdrucke erzeugen können:

- täglicher Ausdruck Fahrertätigkeiten von der Karte
- täglicher Ausdruck Fahrertätigkeiten aus dem Massenspeicher
- Ereignisse und Störungen von der Karte
- Ereignisse und Störungen aus dem Massenspeicher
- Technische Daten
- Geschwindigkeitsüberschreitung

Vom Kontrollgerät dürfen auch zusätzliche Ausdrucke bereitgestellt werden. Bei den neusten Kontrollgeräten sind dies:

- 7 Tage Lenk- und Ruhezeitprofil als Balkendiagramm
- 24 Stunden Geschwindigkeitsprofil (optisch wie bei Schaublättern)
- 7 Tage D1/D2 Status (hier können zusätzliche Ereignisse gedruckt werden, z. B. Ladevorgang, Kehrmaschine aktiv, Blaulicht/Martinshorn)
- Geschwindigkeitsprofil in 16 definierten Geschwindigkeitsbereichen und Zeitraum

- Drehfrequenzprofile (Motor- und Drehfrequenzbereich wie bei Rückseite von Schaublättern möglich)
- Tagesausdruck Fahrerkarte in Ortszeit
- Tagesausdruck Fahrzeugeinheit in Ortszeit
- Bestätigung von manuellen Eingaben
- Vordruck für manuelle Eingaben

Auf dem vom Kontrollgerät verwendeten Papier sind das Prüfzeichen und die Typen des Kontrollgerätes anzugeben, mit denen es eingesetzt werden kann. Es darf nur zugelassenes Druckerpapier verwendet werden.

e1 84 = Continental VDO – DTCO 1381

e5 0002 = Stoneridge – SE 5000

e2 25 = ACTIA – Smartach STD

e2 29 = ACTIA – Smartach ADR

e2 30 = ACTIA – Smartach STD II

e1 200 = EFKON – EFAS 3

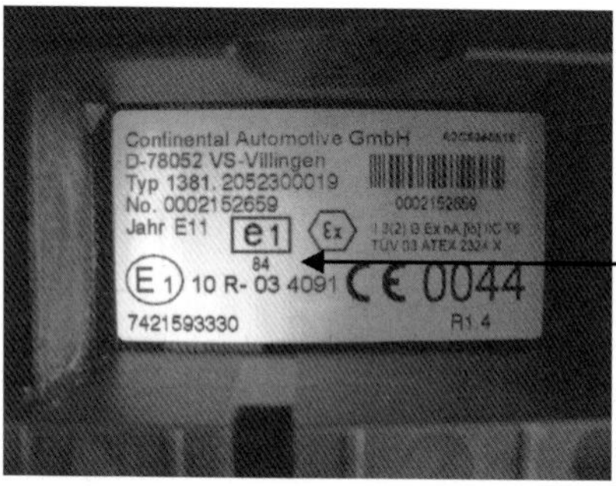

Prüfziffer e1 84
für das zulässige Papier

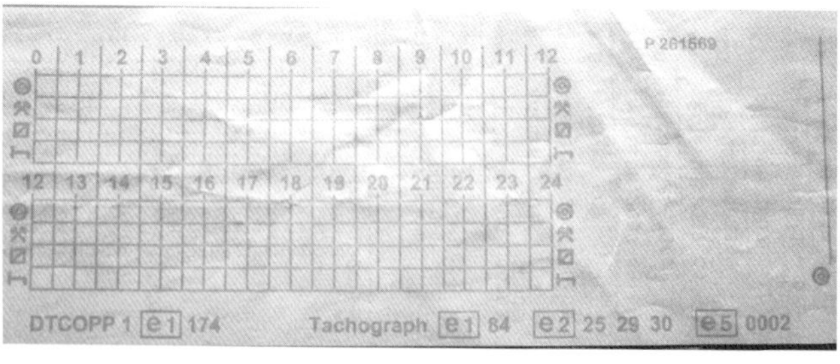

↑

Prüfziffer auf dem Druckerpapier

Das Papier reagiert auf Hitze und wird an den Stellen schwarz, an denen ein spezieller Druckkopf Wärme erzeugt.

Die Ausdrucke müssen unter normalen Aufbewahrungsbedingungen hinsichtlich Lichtintensität, Feuchtigkeit und Temperatur mindestens zwei Jahre deutlich lesbar und identifizierbar bleiben. Zusätzlich können auf den Ausdrucken manuelle Eintragungen wie die Unterschrift des Fahrers vorgenommen werden.

Tritt während des Druckens der Bedienhinweis „kein Papier" auf, setzt das Kontrollgerät innerhalb einer Stunde nach dem Nachladen des Papiers den Druckvorgang automatisch fort, wobei ein eindeutiger Hinweis auf den zuvor gedruckten Teil erfolgt.

Ein bevorstehendes Papierende ist durch eine rosafarbene Markierung auf der Rückseite des Ausdrucks erkennbar.

3.17.9 Herunterladen von Daten auf externe Datenträger

Das Kontrollgerät bietet die Möglichkeit, über das Download Interface Daten aus seinem Massenspeicher oder von der Fahrerkarte an externe Speichermedien, wie z. B. Laptop, PDA oder Downloadstick, herunterzuladen.

Unter Herunterladen versteht man das Kopieren eines Teils oder aller Datendateien im Massenspeicher oder der Fahrerkarte, für welche diese Daten zur Ermittlung der Einhaltung der Vorschriften der VO (EG) Nr. 561/2006, der FPersV oder des AETR notwendig sind, zusammen mit der digitalen Signatur. Unter digitaler Signatur versteht man die an einen Datenblock angehängte Datenmenge oder die verschlüsselte Umwandlung eines Datenblocks, die es dem Empfänger des Datenblocks ermöglicht, sich der Authentizität und Integrität des Datenblocks zu vergewissern.

Beim Herunterladen dürfen gespeicherte Daten weder verändert noch gelöscht werden. Die Datei mit detaillierten Geschwindigkeitsdaten kann für andere Zwecke, z. B. zur Ermittlung eines Unfallhergangs oder Geschwindigkeitsverstoßes verwendet werden.

Bei der ersten Gerätegeneration dauert ein kompletter Download der Daten unter Umständen bis zu 45 Minuten, da die Schnittstelle zu langsam ist. Dies wurde bei den neusten Geräten geändert. Hier erfolgt ein Herunterladen in wenigen Minuten.

3.17.10 Einbau, Einbauprüfungen, Kalibrierung, Nachprüfungen und Reparaturen des Kontrollgerätes

Neue Kontrollgeräte werden in nichtaktiven Zustand an Installateure oder Fahrzeughersteller geliefert. Einer der beiden aktiviert das Gerät spätestens bevor das Fahrzeug im Geltungsbereich der VO (EG) Nr. 561/2006, der FPersV oder des AETR betrieben wird. Unter Aktivierung versteht man die Phase, in der das Kontrollgerät seine volle Einsatzbereitschaft erlangt und alle Funktionen, einschließlich Sicherheitsfunktionen, erfüllt. Dies wird durch das einmalige Stecken einer Werkstattkarte unter Eingabe des PIN-Codes automatisch ausgelöst. Nach dem Einbau erfolgt eine Kalibrierung. Bei der Erstkalibrierung wird das amtl. Kennzeichen des Fahrzeugs, wenn es bekannt ist, von der Werkstatt eingegeben. Ansonsten kann der Unternehmer einmalig das amtl. Kennzeichen mit der Unternehmenskarte eingeben, bevor das Fahrzeug im Geltungsbereich der Verordnung betrieben wird.

Nach der Einbauprüfung des Kontrollgerätes bei dessen Ersteinbau wird ein **Einbauschild** meistens an der B-Säule des Fahrzeugs angebracht.

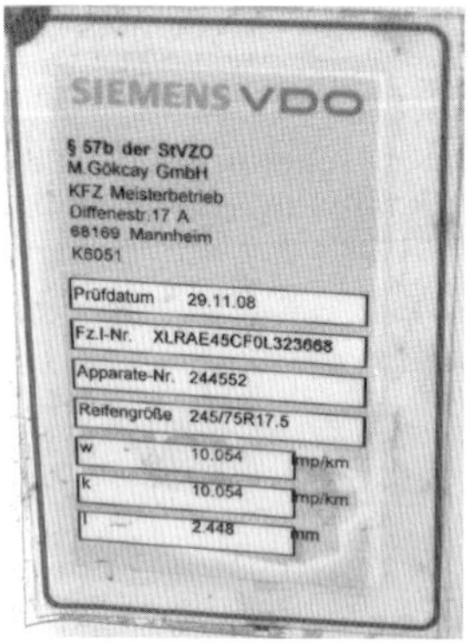

Unter **Kalibrierung** versteht man die Aktualisierung oder Bestätigung von Fahrzeugparametern, die im Massenspeicher zu speichern sind. Hierzu gehören die Fahrzeugkennung (FIN, amtl. Kennzeichen, zulassender Mitgliedsstaat) sowie Fahrzeugmerkmale (Wegdrehzahl, Kontrollgerätkonstante, tatsächlicher Reifenumfang, Reifengröße, Einstellung des Geschwindigkeitsbegrenzers, aktuelle UTC-Zeit und aktueller Kilometerstand).

Zum Kalibrieren eines Kontrollgerätes muss eine Werkstattkarte verwendet werden. Nach § 57b StVZO muss das Kontrollgerät spätestens nach zwei Jahren wieder kalibriert werden. Außerdem müssen die Prüfungen nach jedem Einbau, jeder Reparatur der Fahrtschreiber- oder Kontrollgeräteanlage, jeder Änderung der Wegdrehzahl oder Wegimpulszahl und nach jeder Änderung des wirksamen Reifenumfanges des Kraftfahrzeuges sowie bei Kontrollgeräten nach Anhang IB der Verordnung (EWG) Nr. 3821/85 auch dann, wenn die UTC-Zeit von der korrekten Zeit um mehr als 20 Minuten abweicht oder wenn sich das amtliche Kennzeichen des Kraftfahrzeuges geändert hat, durchgeführt werden. Die gilt gemäß Randnummer 256 des Anhangs IB der VO (EG) Nr. 561/2006 auch für alle anderen Mitgliedstaaten.

Die Werkstätten halten etwaige Erkenntnisse in Bezug auf aufgebrochene Plomben oder Manipulationsgeräte in ihren Inspektionsberichten fest. Sie bewahren diese Berichte mindestens zwei Jahre auf und stellen sie der zuständigen Behörde auf Wunsch zur Verfügung.

Die Werkstätten stellen den Transportunternehmen eine Bescheinigung aus, wenn das Herunterladen von Daten aufgrund eines Defekts des Kontrollgerätes auch nach einer Reparatur nicht möglich ist. Eine Kopie dieser Bescheinigung muss die Werkstatt mindestens ein Jahr aufbewahren.

3.18 Kontrollgerätkarten

Eine Kontrollgerätkarte ist eine Chipkarte zur Verwendung mit dem Kontrollgerät. Kontrollgerätkarten ermöglichen dem Kontrollgerät die Feststellung der Identität des Karteninhabers und gestatten die Übertragung und Speicherung von Daten. Es gibt folgende Arten von Kontrollgerätkarten:

- Fahrerkarte
- Kontrollkarte
- Werkstattkarte
- Unternehmenskarte

Jede Karte hat eine Kartennummer. Diese besteht aus 16 alphanumerischen Zeichen. Das 14. Zeichen (fortlaufender Kartenindex) dient der Unterscheidung der verschiedenen Unternehmenskarten, die für ein Unternehmen ausgestellt sind. Das 15. Zeichen (Kartenersatzindex), das sich um eine Stelle erhöht, wenn die Karte ersetzt wird, z. B. wegen Defekt. Das 16. Zeichen (Kartenerneuerungsindex) wird bei jeder Erneuerung, z. B. nach Ablauf, um eine Stelle erhöht. Beispiel für eine Kartennummer einer Fahrerkarte:

D	F	0	0	0	0	3	0	3	6	3	5	7	0	0	0
													14.	15.	16.

Hier handelt es sich um die erste Karte des Fahrers. Alle Kontrollgerätkarten werden mit dem Speicherchip nach oben in das Kontrollgerät eingelegt.

3.18.1 Fahrerkarte (§ 5 FPersV)

Vorderseite

Rückseite

Jeder Fahrer, der im Geltungsbereich der VO (EG) Nr. 561/2006 und § 1 FPersV ein Fahrzeug führt, das mit einem digitalen Kontrollgerät nach Anhang I B der VO (EWG) Nr. 3821/85 ausgerüstet ist, benötigt eine Fahrerkarte [§ 2 (1) FPersV]. Dies gilt seit Januar 2011 auch für Fahrten im Bereich des AETR.

Die Fahrerkarte enthält die Daten zur Identität des Fahrers und ermöglicht die Speicherung von Tätigkeitsdaten. Die Fahrerkarte muss die Fahrertätigkeitsdaten mindestens **28 Tage** lang gespeichert halten können. Die Gültigkeit der Karte beträgt gem. Art. 14 (4a) VO (EWG) Nr. 3821/85 und § 5 (5) FPersV max. 5 Jahre. Eine Rückgabe nach Ablauf der Gültigkeit besteht nicht. Die Fahrerkarte ist Eigentum des Fahrers, auch wenn sie z. B. vom Unternehmer bezahlt worden ist.

In Deutschland ist für die Beantragung der Fahrerkarte für inländische Antragsteller die Fahrerlaubnis nach Muster 1 der Anlage 8 der FeV (Plastikkarte) erforderlich [§ 5 (1) FPersV]. Jeder Fahrer darf nur **Inhaber einer einzigen gültigen** Fahrerkarte sein. Er darf nur seine eigene **persönliche Karte benutzen**, darf sie keinem Dritten zur Nutzung überlassen, z. B. im Fahrzeug nach der Arbeitsschicht liegen lassen, muss sie während der Fahrt mitführen und bei Kontrollen auf Verlangen aushändigen. Die Übereinstimmung der Führerscheinnummer auf der Fahrerkarte mit der Nummer auf dem Führerschein muss in Deutschland nicht ständig übereinstimmen. Wird der Führerschein vor Ablauf der Fahrerkarte erneuert, muss der Fahrer keine neue Fahrerkarte beantragen, weil die Führerscheinnummer nicht mehr übereinstimmt.

Nach Ablauf der Gültigkeit muss der Fahrer diese noch mindestens 28 Kalendertage mitführen [§ 6 FPersV]. Der Antrag auf Erneuerung ist spätestens 15 Werktage vor Ablauf der Gültigkeit zu stellen; er darf frühestens 6 Monate vorher gestellt werden [Art. 15 (1) VO (EWG) Nr. 3821/85, § 4 (3) FPersV].

Bei **Beschädigung, Fehlfunktion, Verlust oder Diebstahl** einer Fahrerkarte hat der Fahrer der ausstellenden Behörde/Stelle vorzulegen:

1. bei Verlust eine schriftliche Erklärung über den Verlust,
2. bei Diebstahl den Nachweis einer Anzeige (auch im Ausland),
3. bei Beschädigung oder Fehlfunktion die zu erneuernde Karte.

Eine wieder aufgefundene Karte ist unverzüglich zurückzugeben [§ 4 (4) FPersV].

Der Fahrer kann seine Fahrt ohne Karte höchstens 15 Kalendertage fortsetzen. Eine Überschreitung dieses Zeitraums ist nur zulässig, wenn es für die Rückkehr zum Standort des Unternehmens erforderlich ist. Allerdings muss der Fahrer dann nachweisen, dass es während des Zeitraums unmöglich war, die Karte vorzulegen oder zu benutzen [Art. 16 (3) VO (EWG) Nr. 3821/85].

Weiterhin muss der Fahrer am Ende der Fahrt die Angaben über die Zeitgruppen ausdrucken. Auf den Ausdrucken macht der Fahrer Angaben zu seiner Person (Name und Nummer seines Führerscheins oder Name und Nummer seiner Fahrerkarte) und unterschreibt ihn.

Ebenso muss der Fahrer binnen 7 Kalendertagen einen Antrag auf Ersetzung der Karte stellen. Er bekommt die Karte dann innerhalb von 5 Kalendertagen ausgestellt.

3.18.1.1 Sicherstellung/Beschlagnahme der Fahrerkarte

Gemäß Art. 14 (4) Buchst. c) VO (EWG) Nr. 3821/85 und § 5 (1) Satz 2 FPersG ist die Fahrerkarte persönlich und darf während ihrer Gültigkeitsdauer unter keinen Umständen entzogen oder ihre Gültigkeit ausgesetzt werden, es sei denn folgende Voraussetzungen liegen vor:

- die Karte ist gefälscht,
- der Fahrer ist nicht Inhaber der benutzten Karte,
- die Ausstellung der Karte wurde aufgrund falscher Erklärungen/gefälschter Dokumente erwirkt.

Bei einem Entzug der Fahrerlaubnis bleibt die Gültigkeit der Fahrerkarte unberührt. Da bei den o. g. Fällen i. d. R. Straftatbestände erfüllt sind, ist die Karte bei in- und ausländischen Fahrern einzuziehen (Sicherstellung, Beschlagnahme). Die Karte wird als Beweismittel zusammen mit der Strafanzeige zur Staatsanwaltschaft übersendet.

Nach der Einziehung ist zeitnah die ausstellende Behörde oder Stelle, die auf der Karte angegeben ist, hiervon in Kenntnis zu setzen. Dies ist erforderlich, damit sie die Meldung an das Kraftfahrt-Bundesamt (KBA) für den entsprechenden Eintrag im Kontrollgerätkartenregister vornehmen kann. Der Status der Karte wird dann geändert. Die Benachrichtigung erfolgt formlos. Es muss jedoch eine Kopie von beiden Seiten der Fahrerkarte beigefügt sein.

Handelt es sich um eine gebietsfremde Behörde oder Stelle, wird das Bundesamt für Güterverkehr, Referat 14, in Köln informiert.

3.18.1.2 Einsteck- und Entnahmedaten der Fahrerkarte

Bei jedem **Einsteck-/Entnahmevorgang** einer Fahrerkarte registriert und speichert das Kontrollgerät folgende Daten in seinem Massenspeicher:

- Name und Vorname(n) des Fahrers
- Kartennummer, ausstellender Staat, Ablauf der Gültigkeit

- Datum und Uhrzeit
- Kilometerstand bei Einstecken und Entnahme
- Steckplatz, in den die Karte eingesetzt wurde
- Informationen über das vom Fahrer zuvor benutzte Fahrzeug:
  - amtl. Kennzeichen und zulassender Staat
  - Datum, Uhrzeit der Kartenentnahme
- Merker zur Angabe, ob der Fahrer beim Einstecken Tätigkeiten manuell eingegeben hat

Die Speicherdauer dieser Daten im Massenspeicher beträgt mindestens 365 Tage. Ist die Speicherkapazität erschöpft, werden die ältesten Daten durch neue überschrieben.

Auf der Fahrerkarte selbst werden folgende Informationen gespeichert:
- Kartennummer
- ausstellender Staat, Name der Behörde, Ausstellungsdatum
- gültig ab, gültig bis
- Name und Vorname(n) des Inhabers
- Geburtsdatum
- Muttersprache
- ausstellender Staat und Behörde des Führerscheins
- Führerscheinnummer (am Ausstellungstag der Karte)
- Daten zu gefahrenen Fahrzeugen:
  - Datum/Uhrzeit des ersten Einsatzes des Fahrzeugs
  - Kilometerstand zu diesem Zeitpunkt
  - Amtl. Kennzeichen und zulassender Staat
- Fahrertätigkeitsdaten:
  - Datum
  - Tagesanwesenheitszähler (wird für jeden Kalendertag um eins erhöht)
  - die vom Fahrer an diesem Tag zurückgelegte Gesamtwegstrecke
  - den Fahrerstatus um 00:00 Uhr
  - den Status der Fahrzeugführung (EINMANNBETRIEB, TEAM)
  - den Steckplatz (FAHRER, 2. FAHRER)
  - den Kartenstatus (EINGESTECKT, NICHT EINGESTECKT)
  - die Tätigkeit (LENKEN, BEREITSCHAFT, ARBEIT, UNTERBRECHUNG/RUHE)
  - den Zeitpunkt der Veränderung

Der Speicher der **Fahrerkarte** muss die Fahrtätigkeitsdaten **mindestens 28 Tage** lang gespeichert halten können.
- Ort des Beginns/Ende:
  - Datum und Uhrzeit der Eingabe

  - Art der Eingabe (Beginn oder Ende)
  - Eingegebenes Land/Region (in Spanien müssen zusätzlich die Regionen eingegeben werden)
  - Kilometerstand
- Ereignisdaten:
  - Zeitüberlappung
  - Einstecken der Karte während des Lenkens
  - letzter Kartenvorgang nicht korrekt abgeschlossen
  - Unterbrechung der Stromversorgung
  - Datenfehler Weg und Geschwindigkeit
  - Versuch Sicherheitsverletzung
- Die Fahrerkarte speichert die folgenden Daten für diese Ereignisse:
  - Ereigniscode
  - Datum/Uhrzeit des Ereignisbeginns/-ende
  - amtl. Kenneichen und zulassender Staat, in dem das Ereignis eintrat
- Die Fahrerkarte speichert Daten für die 6 jüngsten Ereignisse jeder Art.
- Störungsdaten:
  - Kartenfehler
  - Störung Kontrollgerät
- Die Fahrerkarte speichert die folgenden Daten für diese Störungen:
  - Störungscode
  - Datum/Uhrzeit Störungsbeginn/-ende
  - amtl. Kenneichen und zulassender Staat, in dem die Störung eintrat
- Die Fahrerkarte speichert Daten für die 12 jüngsten Störungen jeder Art.
- Kontrollaktivitätsdaten:[3]
  - Datum/Uhrzeit der Kontrolle
  - Kontrollkartennummer und ausstellender Staat
  - Art der Kontrolle (Anzeige, Drucken, Herunterladen vom Massenspeicher/Karte)
  - Heruntergeladener Zeitraum
  - amtl. Kennzeichen und zulassender Staat des kontrollierten Fahrzeugs
  - Kartenvorgangsdaten:
  - Datum/Uhrzeit der Einleitung des Vorgangs (d. h. Einstecken der Karte)
  - amtl. Kennzeichen und zulassender Staat
- Daten zu spezifischen Bedingungen:
  - Datum/Uhrzeit der Eingabe
  - Art der spezifischen Bedingung

3 Gemäß Sicherheitsanforderungen wird ein Herunterladen von der Karte nur aufgezeichnet, wenn dies über ein Kontrollgerät erfolgt.

Das Auslesen der Fahrerkarte wird auf dieser gespeichert, jedoch nicht bei einem Remote Download, wenn die Fahrerkarte z. B. über GPS in der Firma ausgelesen wird.

Unter die **spezifischen Bedingungen** fallen:

a) Kontrollgerät nicht erforderlich (Dies trifft z. B. zu, wenn ausschließlich auf nicht öffentlichen Straßen gefahren wird oder die Fahrt unter eine Ausnahmeregel fällt)

b) Aufenthalt auf Fähre oder Zug

3.18.2 Kontrollkarte (§ 10 FPersV)

Vorderseite *Rückseite*

Die Kontrollkarten werden an die zuständigen Behörden und Stellen für die Kontrolle der Sozialvorschriften ausgegeben. Die Karte weist die Behörde aus und ermöglicht das Lesen, Ausdrucken und Herunterladen der Daten im Massenspeicher und der Fahrerkarte. Die Gültigkeitsdauer beträgt 5 Jahre. Bei den Kontrollbehörden muss jederzeit nachvollziehbar sein, von welcher Stelle/Person die Kontrollkarte verwendet wurde.

3.18.3 Einsteck- und Entnahmedaten der Kontrollkarte

Die Kontrollkarte speichert folgende Kartenkenndaten:

- Kartennummer
- ausstellender Staat, Behörde, Ausstellungsdatum
- gültig ab, gültig bis
- Kontrollaktivitätsdaten:
  - Datum/Uhrzeit der Kontrolle
  - Art der Kontrolle (Anzeige, Drucken, Herunterladen vom Massenspeicher/Karte)
  - Heruntergeladener Zeitraum
  - amtl. Kennzeichen und zulassender Staat des kontrollierten Fahrzeugs
  - Kartennummer und ausstellender Staat der kontrollierten Fahrerkarte

Fahrtätigkeiten können auf der Kontrollkarte nicht gespeichert werden. Die Kontrollkarte exportiert im Gegensatz zu den anderen Karten die Karteninhaberkenndaten nur an authentisierte Fahrzeugeinheiten, damit sich ein Kontrolleur durch Lesen seines Namens im Display des Kontrollgerätes bzw. auf dem Ausdruck vergewissern kann, dass es sich bei der Fahrzeugeinheit nicht um einen Nachbau handelt.

3.18.4 Werkstattkarte (§ 7 FPersV)

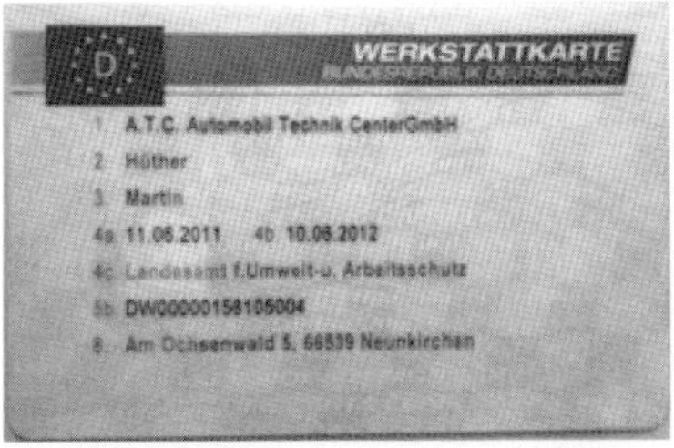

Vorderseite

Rückseite

Die Werkstattkarte weist den Karteninhaber aus und ermöglicht die Prüfung und Kalibrierung des Kontrollgerätes und ein Herunterladen der Daten des Kontrollgerätes. Die Gültigkeit beträgt ein Jahr. Zur Benutzung der Karte ist eine sechsstellige persönliche Identifikationsnummer (PIN) erforderlich. Die Werkstattkarte stellt durch Prüfung dieses PIN-Codes einen zusätzlichen Authentisierungsmechanismus bereit. Dieser Mechanismus soll es der Fahrzeugeinheit ermöglichen, die Identität des Karteninhabers zu prüfen; er dient nicht dem Schutz des Inhalts der Werkstattkarte. Den Code bekommt die verantwortliche Fachkraft an ihre Privatanschrift direkt zugestellt und ist auch innerhalb der Werkstatt geheim zu halten. Die Werkstattkarte selbst ist Eigentum des Arbeitgebers.

Antragsberechtigt zum Erwerb der Werkstattkarte sind die nach § 57b StVZO anerkannten und beauftragten Werkstätten, Hersteller von Kontrollgeräten sowie Fahrzeughersteller.

Die Werkstattkarte speichert folgende Kartenkenndaten:

- Kartennummer
- ausstellender Staat, Name der ausstellenden Behörde, Ausstellungsdatum
- gültig ab, gültig bis
- Name, Anschrift der Werkstatt
- Name, Vorname(n) des Inhabers
- Muttersprache
- Daten zu gefahrenen Fahrzeugen wie die Fahrerkarte (mindestens 4 Datensätze)
- Fahrertätigkeitsdaten, Daten zum Beginn/Ende des Arbeitstages, Ereignis-/Störungsdaten, Kontrollaktivitätsdaten und Daten zu spezifischen Bedingungen wie die Fahrerkarte

Die Werkstattkarte speichert folgende Datensätze zu Kalibrierungen und Zeiteinstellungen:

- Zweck der Kalibrierung (Ersteinbau, Einbau, regelmäßige Nachprüfung)
- Fahrzeugkennung
- aktualisierte oder bestätigte Parameter (Wegdrehzahl, Kontrollgerätkonstante, tatsächlicher Reifenumfang, Reifengröße, Einstellung des Geschwindigkeitsbegrenzers, Kilometerstand alt und neu, Datum/Uhrzeit alt und neu
- Kontrollgerätkennung (FE-Teilnummer, FE-Seriennummer, Seriennummer des Weg- und Geschwindigkeitsgebers

Die Werkstattkarte führt einen Zähler, der die Gesamtzahl der Kalibrierungen angibt.

3.18.5 Unternehmenskarte (§ 9 FPersV)

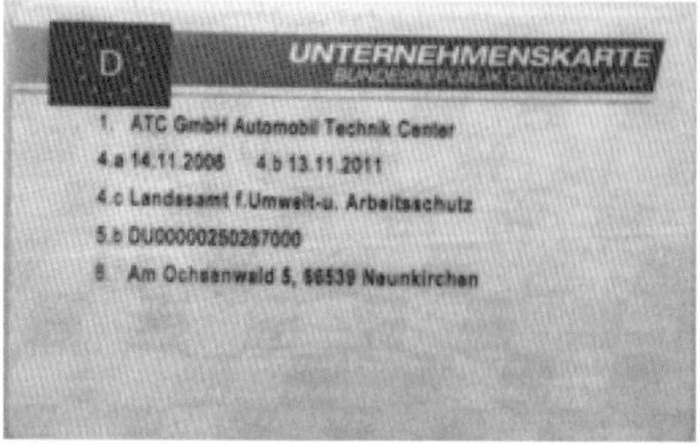

Vorderseite

Rückseite

Die Unternehmenskarte weist das Unternehmen aus und ermöglicht die Anzeige, das Herunterladen und den Ausdruck der Daten. Die Gültigkeit beträgt 5 Jahre. Antragsberechtigt sind Unternehmen, deren Fahrpersonal Beförderungen durchführt, die unter die VO (EG) Nr. 561/2006 oder unter § 1 FPersV bzw. das AETR fallen.

Es können mehrere Unternehmenskarten für ein Unternehmen ausgestellt werden, um beispielsweise verschiedene Betriebssitze abdecken zu können. Die Anzahl der auszugebenden Unternehmenskarten in einer Kartennummerserie ist auf max. 62 Karten begrenzt. Sollten noch mehr Karten erforderlich sein, wird die Zuteilung einer weiteren Kartenseriennummer erforderlich. Der Umtausch der Unternehmenskarte bei Verlegung des Betriebssitzes oder bei Umfirmierung ist nicht erforderlich.

Die Unternehmenskarte speichert folgende Kartenkenndaten:

- Kartennummer
- ausstellender Staat, Name der ausstellenden Behörde, Ausstellungsdatum
- gültig ab, gültig bis
- Name des Unternehmens
- Anschrift des Unternehmens

- Unternehmensaktivitätsdaten:
  - Datum und Uhrzeit der Aktivität
  - Art der Aktivität (Sperren/Entsperren der Fahrzeugeinheit, Herunterladen vom Massenspeicher und der Karte)
  - heruntergeladener Zeitraum
  - amtl. Kennzeichen und Zulassungsbehörde des Staates des Fahrzeugs
  - Kartennummer und ausstellender Staat (beim Herunterladen von der Karte)

Da die Unternehmenskarte keine Fahraufzeichnungen speichern kann, muss der selbstfahrende Unternehmer auch eine Fahrerkarte beantragen.

Die Gewährleistung für Kontrollgerätkarten beträgt 2 Jahre, d. h. die betroffene Karte wird kostenfrei ersetzt. Eine defekte Karte ist der antragsbearbeitenden Stelle zurückzugeben.

In der nachfolgenden Tabelle ist ersichtlich, in welchem Bundesland bei welcher Stelle die Karten beantragt werden.

Bundesland	**Fahrerkarte**	**Werkstattkarte Unternehmenskarte**
Bayern	TÜV/DEKRA	TÜV/DEKRA
Baden-Württemberg	TÜV/DEKRA	TÜV/DEKRA
Berlin	Landesamt für Bürger und Ordnungsangelegenheiten	Landesamt für Bürger und Ordnungsangelegenheiten
Brandenburg	Fahrerlaubnisbehörden	Fahrerlaubnisbehörden
Bremen	Fahrerlaubnisbehörden	Gewerbeaufsichtsamt
Hamburg	Fahrerlaubnisbehörden	Fahrerlaubnisbehörden
Hessen	Staatl. Technische Überwachung (TÜH)	Staatl. Technische Überwachung (TÜH)
Mecklenburg-Vorpommern	Fahrerlaubnisbehörden	Arbeitsschutzämter
Niedersachsen	Fahrerlaubnisbehörden	Gewerbeaufsichtsamt
Nordrhein-Westfalen	Fahrerlaubnisbehörden	Arbeitsschutzämter
Rheinland-Pfalz	Fahrerlaubnisbehörden	Kreis-/Stadtverwaltung
Saarland	Fahrerlaubnisbehörden	Landesamt für Umwelt- und Arbeitsschutz
Sachsen	TÜV/DEKRA	TÜV/DEKRA
Sachsen-Anhalt	TÜV/DEKRA	TÜV/DEKRA
Schleswig-Holstein	Fahrerlaubnisbehörden	Kreis-/Stadtverwaltung
Thüringen	Fahrerlaubnisbehörden	Arbeitsschutzämter

Quelle: KBA   Stand: April 2012

Folgekarten sind rechtzeitig vor Ablauf der Gültigkeit der alten Karten zu stellen. Die Tabelle gibt eine Übersicht der Fristen:

Karte	Gültig	Frühestens	Spätestens
Fahrerkarte	5 Jahre	6 Monate	15 Werktage vor Ablauf
Werkstattkarte	1 Jahr	1 Monat	Möglichst 15 Werktage vor Ablauf
Unternehmenskarte	5 Jahre	6 Monate	Möglichst 15 Werktage vor Ablauf
Kontrollkarte	5 Jahre	–	–

3.19 Piktogrammübersicht – Verordnung (EG) Nr. 1360/2002

Piktogramme sind Symbole, die im Display des Kontrollgerätes und auf den Ausdrucken sichtbar sind. Beim analogen Kontrollgerät gab es nur 4 solcher Piktogramme:

 Lenkzeit

 sonstige Arbeitszeiten

 Bereitschaftszeit

 Unterbrechungen und Tagesruhezeit

Diese Zeitgruppen sind auch beim digitalen Kontrollgerät noch vorhanden. Darüber hinaus gibt es eine Vielzahl von weiteren Piktogrammen, die in der Anlage 3 des Anhang IB aufgeführt sind. Hier wird unterschieden zwischen:

- Einzelpiktogramme und
- Piktogrammkombinationen

1. Einzelpiktogramme

Personen	**Maßnahmen**	**Betriebsarten**
Unternehmen		Unternehmen
Kontrolleur	Kontrolle	Kontrolle
Fahrer	Lenken	Betrieb
Werkstatt/Prüfstelle	Überprüfung/Kalibrierung	Kalibrierung
Hersteller		

Tätigkeiten	**Dauer**
Bereitschaft	Laufende Bereitschaftszeit
Lenken	Kontinuierliche Lenkzeit
Ruhe	Laufende Ruhezeit
Arbeit	Laufende Arbeitszeit
Unterbrechung	Kumulative Pausenzeit
Unbekannt	

Geräte	**Funktionen**
Steckplatz Fahrer	
Steckplatz 2. Fahrer	
Karte	
Uhr	
Anzeige	Anzeigen
Externe Speicherung	Herunterladen
Stromversorgung	
Drucker/Ausdruck	Drucken
Sensor	
Reifengröße	
Fahrzeug/Fahrzeugeinheit	

	Qualifikatoren
24h	täglich
|	wöchentlich
||	zwei Wochen
	von oder bis

Spezifische Bedingungen

OUT	Kontrollgerät nicht erforderlich
	Fährüberfahrt/Zugfahrt

Verschiedenes

Ereignisse	Störungen
Beginn des Arbeitstages	Ende des Arbeitstages
Ort	Manuelle Eingabe von Fahrertätigkeiten
Sicherheit	Geschwindigkeit
Zeit	Gesamt/Zusammenfassung

2. Piktogrammkombinationen

Verschiedenes

- Kontrollort
- Ort des Beginn des Arbeitstages
- Anfangszeit
- von Fahrzeug
- Kontrollgerät nicht erforderlich – Beginn

- Ort des Endes des Arbeitstages
- Endzeit
- Kontrollgerät nicht erforderlich – Ende

Karten

- Fahrerkarte
- Unternehmenskarte
- Kontrollkarte
- Werkstattkarte
- Keine Karte

Störungen

- Kartenfehlfunktion (Steckplatz Fahrer)
- Kartenfehlfunktion (Steckplatz 2. Fahrer)
- Anzeigestörung
- Herunterladestörung
- Druckerstörung
- Sensorstörung
- Interne FE-Störung

Lenken

- Team
- Lenkzeit für eine Woche
- Lenkzeit für zwei Wochen

Manueller Eingabevorgang

- Weiterhin derselbe Arbeitstag?
- Ende des vorherigen Arbeitstages?
- Bestätigung oder Eingabe Ort des Arbeitstagendes
- Eingabe Anfangszeit
- Eingabe Ort des Arbeitstagbeginns

Ausdrucke

- Täglicher Ausdruck Fahrertätigkeiten von der Karte
- Täglicher Ausdruck Fahrertätigkeiten von der FE
- Ausdruck Ereignisse und Störungen von der Karte
- Ausdruck Ereignisse und Störungen von der FE
- Ausdruck Technische Daten
- Ausdruck Geschwindigkeitsüberschreitung

Ereignisse

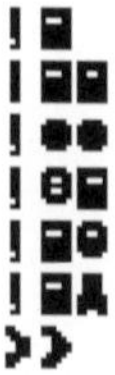

- Einstecken einer ungültigen Karte
- Kartenkonflikt
- Zeitüberlappung
- Lenken ohne geeignete Karte
- Einstecken der Karte während des Lenkens
- Letzter Kartenvorgang nicht korrekt abgeschlossen
- Gechwindigkeitsüberschreitung

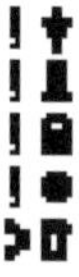

- Unterbrechung der Stromversorgung
- Datenfehler Weg und Geschwindigkeit
- Sicherheitsverletzung
- Zeiteinstellung (durch Werkstatt)
- Kontrolle Geschwindigkeitsüberschreitung

Anmerkung: Weitere Piktogrammkombinationen als Block- oder Datensatzbezeichner sind bei Ausdrucken festgelegt. Diese befinden sich in der Anlage 4 des Anhangs IB.

Es können auch zusätzliche Piktogramme oder Kombinationen gezeigt werden, sofern sie sich deutlich von den genannten unterscheiden. Diese Möglichkeit wurde von den Kontrollgeräteherstellern genutzt. Die zusätzlichen Piktogramme sind in den Bedienungsanleitungen der einzelnen Hersteller (Continental, Stoneridge, Actia, Efkon) enthalten.

Aufgrund der Änderung des Anhangs IB durch die VO (EG) Nr. 1266/2009 gibt es ab 1.10.2012 ein neues Piktogramm:

Datenkonflikt Fahrzeugbewegung

Wenn bei einer Kontrolle oder Verkehrsunfallaufnahme nur Ausdrucke aus dem Gerät gefertigt werden, ist es unumgänglich die Piktogramme vor Ort zu haben, um die Symbole auszuwerten.

3.20 Bedienung durch den Fahrer[4]

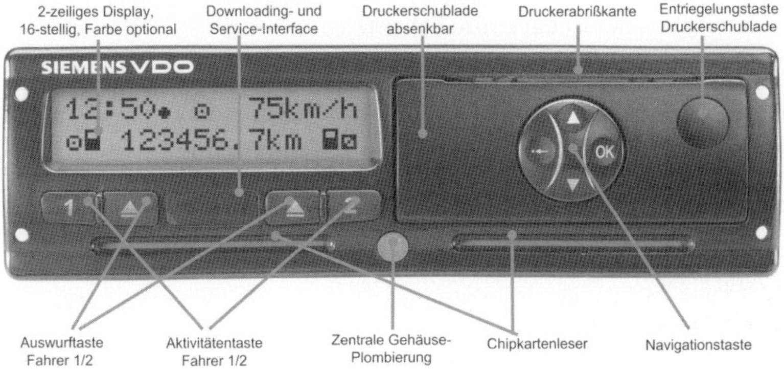

Kontrollgerät Siemens VDO

Gemäß Art. 13 VO (EWG) Nr. 3821/85 und Art. 10 Anhang AETR hat der Fahrer für das einwandfreie Funktionieren und die ordnungsgemäße Benutzung des Kontrollgerätes sowie der Fahrerkarte zu sorgen. Das bedeutet, dass der Fahrer spätestens vor Beginn der Fahrt seine Fahrerkarte in Kartenschacht 1 einlegt, ein zweiter Fahrer in Schacht 2. Er muss warten, bis das Gerät die Karte vollständig eingelesen hat (zu erkennen am vollständigen Kartensymbol im Display).

Nach § 2 (2) FPersV, Art. 15 (2) VO (EWG) Nr. 3821/85 und Art. 12 Anhang AETR müssen die in Art. 15 (3) VO (EWG) Nr. 3821/85 bzw. Art. 12 Abs. 3 Anhang AETR genannten Zeiträume (ARBEIT, BEREITSCHAFTSZEIT, PAU-

4 Grafik www.kienzle.de

SE/RUHEZEIT) bei Übernahme des Fahrzeugs auf der Fahrerkarte unter Benutzung der im Kontrollgerät vorgesehene manuellen Eingabemöglichkeiten nachgetragen werden, wenn der Fahrer vor Übernahme des Fahrzeugs solche Zeiten verbracht hat. Hierzu hat der Fahrer, wenn die Karte eingelesen ist, 60 Sekunden lang Zeit.

Der Fahrer gibt in das Kontrollgerät das Symbol des Landes, in dem er seinen Arbeitstag beginnt, und das Symbol des Landes, in dem er seinen Arbeitstag beendet, ein. In Spanien wird zusätzlich die Region eingegeben [Art. 15 (5a) VO (EWG) Nr. 3821/85, Art. 12 Abs. 5 Anhang AETR].

In Art. 14 (1) VO (EWG) Nr. 3821/85 und Art. 11 Abs. 1 Anhang AETR ist gefordert, dass der Fahrer dafür Sorge trägt, dass im Fall einer Kontrolle der Ausdruck unter Berücksichtigung der Dauer des Dienstes ordnungsgemäß erfolgen kann. Das beinhaltet, dass er ausreichend Papier zum Drucken mitführen muss. Nach Absatz 4 Ziffer a) der o. g. Verordnung darf der Fahrer weder eine defekte Fahrerkarte benutzen, noch eine, deren Gültigkeit abgelaufen ist [Art. 11 Abs. 4a) Anhang AETR].

Der Fahrer darf die Fahrerkarte keinem Dritten zur Nutzung überlassen [§ 5 (4) FPersV]. Das bedeutet, dass er nach seiner Arbeitszeit seine Karte nicht im Fahrzeug lassen darf bzw. im Kontrollgerät, es sei denn, kein anderer hat Zutritt zur Fahrerkabine (außer der zweite Fahrer).

Während einer Betriebsstörung oder Fehlfunktion des Kontrollgerätes hat der Fahrer auf einem beizufügenden Blatt zur Fahrerkarte die nicht mehr ordnungsgemäß aufgezeichneten oder ausgedruckten Angaben über die Zeitgruppen zu vermerken, zusammen mit Angaben zu seiner Person (Name und Nummer seines Führerscheins oder Fahrerkarte) und seiner Unterschrift [Art. 16 (2) VO (EWG) Nr. 3821/85, Art. 13 Abs. 2a) Anhang AETR]. Hier ist es sinnvoll, die Rückseite des Druckerpapiers zu benutzen, weil die erforderlichen Zeitgruppen schon aufgedruckt sind und der Fahrer nur noch die Zeiten und sonstige Daten einzutragen hat.

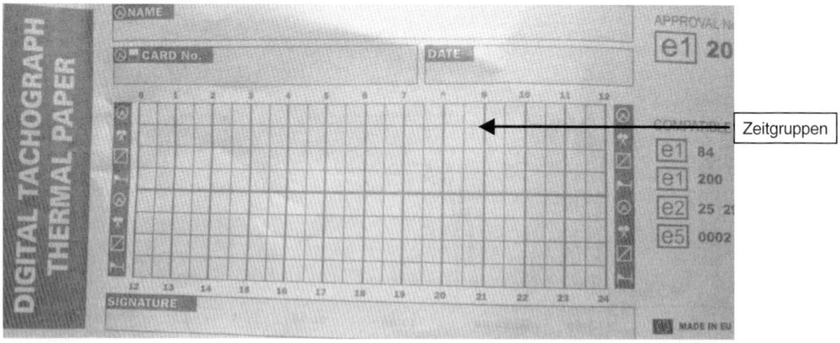

Rückseite Druckerpapier

Übersicht der Menüstruktur des DTCO 1381 von Siemens VDO

Ausdruck Fahrer 1	**Eingabe Fahrer 1**	**Anzeige Fahrer 1**
Tageswert	Beginn Land	Tageswert
Ereignis/ Störung	Ende Land	Ereignis/Störung
Aktivitäten		
Ausdruck Fahrer 2	**Eingabe Fahrer 2**	**Anzeige Fahrer 2**
Tageswert	Beginn Land	Tageswert
Ereignis/ Störung	Ende Land	Ereignis/Störung
Aktivitäten		
Ausdruck Fahrzeug	**Eingabe Fahrzeug**	**Anzeige Fahrzeug**
Tageswert	Out Beginn	Tageswert
Ereignis/ Störung	Out Ende	Ereignis/ Störung
Geschwindigkeit	Fähre/Zug	*Geschwindig- keit*
technische Daten	Ortszeit	*technische Daten*
v-Diagramm	UTC Korrektur	Unternehmen
Status D1/D2		
v-Profile		
n-Profile		

3.20.1 Bedienung durch den Kontrolleur (DTCO 1381)

Zuerst muss sichergestellt sein, dass das Fahrzeug steht und die Zündung eingeschaltet ist. Um einen Tagesausdruck von der Fahrerkarte zu erstellen, ist wie folgt vorzugehen:

1.		Die Kontrollkarte in Schacht 2 einführen und warten bis das Piktogramm im Display erscheint.	
2.	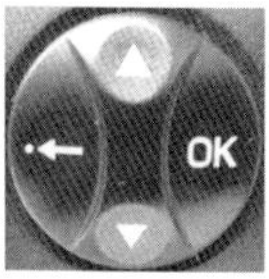	An der Navigationstaste auf OK drücken.	Das Gerät schaltet im Hauptmenü auf Ausdruck Fahrer 1.
3.		OK-Taste noch einmal drücken.	Im Display wird angezeigt: 24 h Tageswert mit aktuellem Datum.
4.		OK-Taste noch einmal drücken.	Der Ausdruck des aktuellen Tages wird gestartet.
5.		Mit den Auswahltasten einen Vortag auswählen. Auf OK drücken.	Der Ausdruck startet.
6.		Die drei Hauptmenüs enthalten verschiedene Untermenüs, die mit den Auswahltasten angewählt werden können Durch bestätigen mit der OK-Taste können die Ausdrucke erzeugt werden.	
7.		Mit der Abbruchtaste kann im Menü schrittweise zurückgegangen werden.	

3.20.2 Bedienung durch den Kontrolleur (Stoneridge SE 5000)

Zuerst muss sichergestellt sein, dass das Fahrzeug steht und die Zündung eingeschaltet ist. Um einen Tagesausdruck von der Fahrerkarte zu erstellen, ist wie folgt vorzugehen:

1.  Die Kontrollkarte in Schacht 2 einführen und warten bis das Piktogramm im Display erscheint.
2.  Dann die Entertaste drücken.
3. 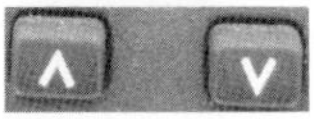 Die Aufwärts-/Abwärtstasten so oft drücken, bis die Anzeige „Menü Drucken“ erscheint.
4. Mit der Entertaste bestätigen.
   Im Display wird angezeigt: 24 h Tageswert.
5. Wieder mit der Entertaste bestätigen. Um das Datum festzulegen, sind die Ziffern, die verändert werden können, markiert. Mit den Aufwärts-/Abwärtstasten können diese verändert werden. Wurde das passende Datum ausgewählt, mit der Entertaste bestätigen.
6. Es kann nun zwischen „Drucken“ oder „Anzeigen“ gewählt werden. Option Drucken festlegen und Entertaste drücken.
   Der Ausdruck startet.
7. Im Menü „Drucken“ können durch die Aufwärts-/Abwärtstasten die anderen Untermenüs angesteuert werden.
8.  Mit der Abbruchtaste kann im Menü schrittweise zurückgegangen werden.
9.  Bei den neuen Geräten wurde die Enter-Taste durch eine OK-Taste und die Abbruchtaste „X“ durch die Taste „Löschen“ ersetzt.

In folgenden Fällen sind die Karteneinschübe blockiert:

- wenn das Fahrzeug fährt,
- während eine Fahrerkarte verarbeitet wird,
- wenn die Stromversorgung unterbrochen ist.

3.21 Bedienung durch den Unternehmer[5]

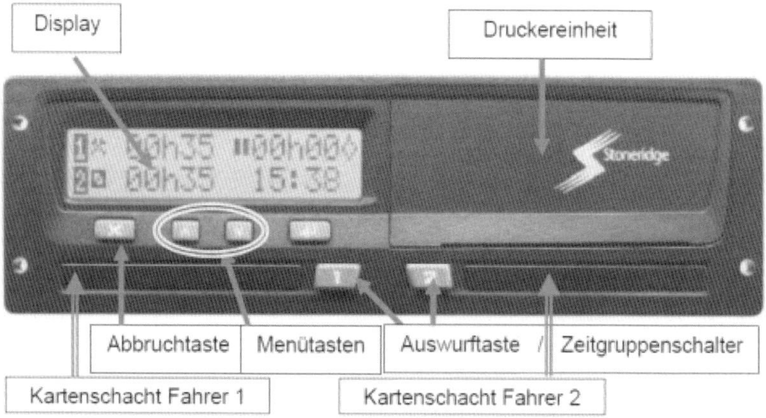

Kontrollgerät Stoneridge

Der Unternehmer hat dafür zu sorgen, dass zu Beginn und am Ende des Fahrzeugeinsatzes für das Unternehmen die Unternehmenskarte in das Kontrollgerät eingegeben wird, um den Einsatz des Fahrzeugs dem Unternehmen zuzuordnen [§ 9 (3) FPersV]. Damit sind die Zugriffsrechte auf die zum Unternehmen zugeordneten Daten gewährleistet und einem anderen Unternehmen wird der Zugriff verweigert. Wird das Fahrzeug veräußert, muss die Unternehmenssperre wieder aufgehoben werden durch Stecken der Unternehmenskarte und Anwendung der Menüführung.

Gemäß Art. 13 VO (EWG) Nr. 3821/85 Art. 10 Anhang AETR hat der Unternehmer für das einwandfreie Funktionieren und die ordnungsgemäße Benutzung des Kontrollgerätes sowie der Fahrerkarte zu sorgen. In Art. 14 (1) VO (EWG) Nr. 3821/85 und Art. 11 Abs. 1 Anhang AETR ist gefordert, dass der Unternehmer dafür Sorge trägt, dass im Fall einer Kontrolle der Ausdruck unter Berücksichtigung der Dauer des Dienstes ordnungsgemäß erfolgen kann. Das bedeutet, dass er dem Fahrer ausreichend Druckerpapier mitgeben muss.

Bei einer Betriebsstörung oder bei mangelhaftem Funktionieren des Gerätes muss der Unternehmer die Reparatur, sobald die Umstände dies gestatten, von einem zugelassenen Installateur oder einer zugelassenen Werkstatt durchführen lassen. Kann die Rückkehr zum Betriebssitz erst nach mehr als einer Woche nach dem Tag des Eintritts der Störung/Funktionsmangel erfolgen, so ist die Reparatur unterwegs vorzunehmen [Art. 16 (1) VO (EWG) Nr. 3821/85, Art. 13 Abs. 1 Anhang AETR].

5 Grafik E-Learning Anwendung Saarland/Baden-Württemberg.

Der Unternehmer muss die erforderlichen Ausdrucke aus dem Kontrollgerät, die der Fahrer ihm ausgehändigt hat, in chronologischer Reihenfolge und in lesbarer Form außerhalb des Fahrzeugs aufbewahren und den zuständigen Personen auf Verlangen aushändigen. Er hat weiterhin sicherzustellen, dass alle relevanten Daten aus dem Massenspeicher des Kontrollgerätes spätestens nach 90 Tagen und von der Fahrerkarte nach 28 Tagen heruntergeladen werden [Art. 1 (3) VO (EU) Nr. 581/2010, Art. 11 Abs. 2b), i) Anhang AETR].

Die gilt auch für den Einsatz von Mietfahrzeugen. Ist dies nicht möglich, ist zu Beginn und am Ende des Mietzeitraums ein Ausdruck wie bei Beschädigung oder Fehlfunktion der Karte zu fertigen.

„Relevante Daten" sind sämtliche vom digitalen Kontrollgerät aufgezeichneten Daten mit Ausnahme detaillierter Geschwindigkeitsdaten. Der Unternehmer hat alle sowohl von den Kontrollgeräten als auch von den Fahrerkarten kopierten Daten der zuständigen Behörde auf Verlangen entweder unmittelbar oder durch Datenfernübertragung oder auf einem durch die Behörde zu bestimmenden Datenträger zur Verfügung zu stellen. Er muss von allen kopierten Daten unverzüglich Sicherheitskopien erstellen, die auf einem gesonderten Datenträger zu speichern sind [§ 2 (5) FPersV].

Die Daten und Ausdrucke sind ein Jahr lang aufzubewahren. Nach Ablauf der Aufbewahrungspflicht sind die Unterlagen bis zum 31. März des folgenden Kalenderjahres zu vernichten, soweit sie nicht für andere Zwecke, z. B. Arbeitszeitgesetz, Abgabenordnung oder SGB IV benötigt werden.

Unternehmen, die Fahrzeuge vermieten, haben dem Mieter die Daten des Massenspeichers, auf die dieser nicht unmittelbar zugreifen kann,

- auf dessen Verlangen,
- spätestens 90 Tage nach Beginn des Mietverhältnisses oder der letzten Datenübermittlung,
- nach Beendigung des Mietverhältnisses

zur Verfügung zu stellen.

Das neuste **Kontrollgerät** von Stoneridge[6]

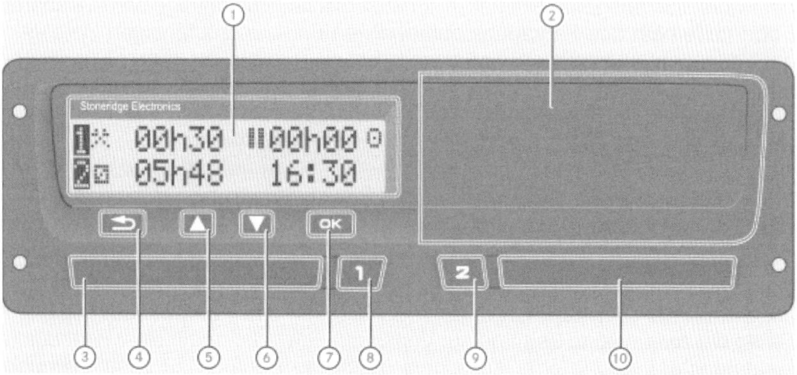

1 – Anzeige
2 – Drucker
3 – Karteneinschub Fahrer 1
4 – Zurücktaste
5 – Nach oben Taste
6 – Nach unten Taste
7 – OK Taste
8 – Fahrer 1 Karteneinschub öffnen, Zeitgruppen umstellen
9 – Fahrer 2 Karteneinschub öffnen, Zeitgruppen umstellen
10 – Karteneinschub Fahrer 2

Übersicht der **Menüstruktur** Stoneridge SE 5000 ab Revison 7.1[7]

6 Grafik Betriebsanleitung Stoneridge SE 5000.
7 Grafik Betriebsanleitung Stoneridge SE 5000 ab Revison 7.1.

Drucken/Anzeigen	Ortsangaben	Einstellung
24 h Karte	Start Ort	Sprache
24 h Fahrzeug	Ende Ort	Weltzeit (UTC)
Ereignis. Karte	Fähre/Bahn	Ortszeit
Ereignis. Fahrzeug	FE nicht erford.	Selbsttest
Techn. Daten		
Überschreitung		
BlattMan. Einträge		
Fzg. geschwindigkeit		
Motordrehzahl		
Status D1/D2		
24 h Karte Ortsz.		
24 h Fzg. Ortsz.		

3.22 Arten der Ausdrucke

Alle digitalen Kontrollgeräte müssen in der Lage sein, verschiedene Arten von Ausdrucken herzustellen. Jeder Ausdruck besteht aus einer Aneinanderreihung verschiedener Datenblöcke, die durch einen sog. **Blockbezeichner** (eine Art Überschrift) ausgewiesen werden. Ein Datenblock enthält einen oder mehrere Datensätze, die durch einen sog. **Datensatzbezeichner** ausgewiesen werden. Steht ein Blockbezeichner unmittelbar vor einem Datensatzbezeichner, wird dieser nicht gedruckt.

Ist eine Datenangabe unbekannt oder darf aus datenzugriffsrechtlichen Gründen nicht gedruckt werden, werden stattdessen Leerzeichen ausgedruckt.

Die **Blockbezeichner** werden als **Piktogramm** dargestellt.

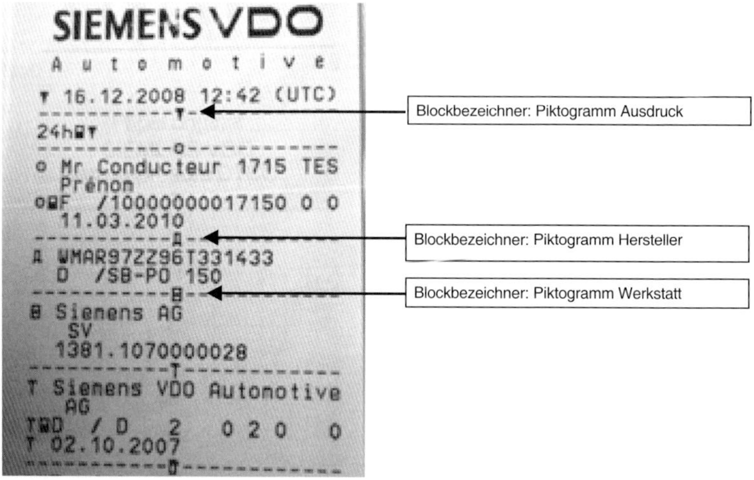

Die **Datensatzbezeichner** werden als **gestrichelte Linie** dargestellt.

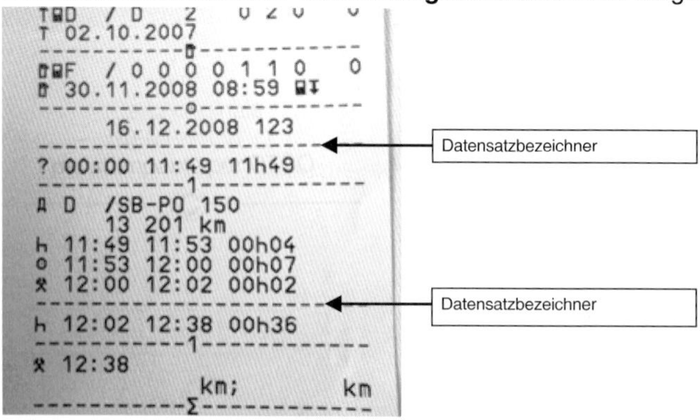

Folgende Ausdrucke sind möglich:

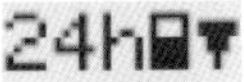	Fahrertätigkeiten (Tageswert) von der Karte
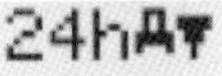	Fahrertätigkeiten (Tageswert) aus dem Massenspeicher
	Ereignisse/Störungen von der Fahrerkarte
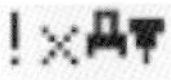	Ereignisse/Störungen vom Massenspeicher
	Geschwindigkeitsüberschreitungen
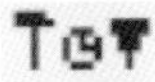	Technische Daten
	Geschwindigkeitsprofile
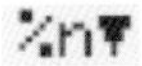	Drehfrequenzprofile

Diese Ausdrucke können bei allen Geräten angefordert werden. Bei Kontrollgeräten mit neuerer Software sind noch folgende Ausdrucke möglich:

	Aktivitäten des Fahrers (Continental VDO)
	v-Diagramm (Continental VDO)
	Status D1/D2 Diagramm (Continental VDO, Stoneridge, EFKON)
	Tagesausdruck Fahrerkarte in Ortszeit (Stoneridge)
	Tagesausdruck Fahrzeugeinheit in Ortszeit (Stoneridge)
	Bestätigung von manuellen Eingaben (Stoneridge)
	Vordruck für manuelle Eingaben (Stoneridge)

Nachfolgend werden die einzelnen Ausdrucke erläutert.

1. Fahrertätigkeiten (Tageswert) von der Karte

Der Ausdruck gibt einen detaillierten Überblick der einzelnen Tätigkeiten und eine Zusammenfassung aller Fahrertätigkeiten an einem Tag. Zusätzlich sind die letzten 5 Ereignisse und Störungen von der Fahrerkarte und vom Massenspeicher dargestellt.

2. Fahrertätigkeiten (Tageswert) aus dem Massenspeicher

Dieser Ausdruck enthält alle Fahrertätigkeiten eines Tages, die im Massenspeicher aufgezeichnet wurden. Die Zuordnung zu den einzelnen Fahrern erfolgt anhand der Kartennummer. Auch hier werden zusätzlich die letzten 5 Ereignisse und Störungen, die im Massenspeicher aufgetreten sind, angezeigt.

3. Ereignisse/Störungen von der Fahrerkarte

Der Ausdruck enthält alle auf der Karte aufgezeichneten Ereignisse und Störungen, die im aktuell verwendeten Fahrzeug oder in zuvor benutzten Fahrzeugen aufgetreten sind. Die Zuordnung zum Fahrzeug erfolgt über das amtliche Kennzeichen.

4. Ereignisse/Störungen vom Massenspeicher

Alle im Massenspeicher hinterlegten Ereignisse und Störungen werden auf diesem Ausdruck dargestellt. Zu jedem Eintrag ist die Kartennummer der Karte beigefügt, die zu Beginn und/oder am Ende im Kontrollgerät eingesteckt war.

5. Geschwindigkeitsüberschreitungen

In diesem Ausdruck werden alle Geschwindigkeitsüberschreitungen von mindestens 1 Minute Dauer aufgeführt, bezogen auf die im Kontrollgerät eingestellte Abregelgeschwindigkeit des Geschwindigkeitsbegrenzers (bei LKW 90 km/h, bei KOM 100 km/h).

6. Technische Daten

Dieser Ausdruck enthält die technischen Daten des Kontrollgerätes. Diese identifizieren den Geber (Sensor), das Kontrollgerät und das Fahrzeug. Weiterhin sind die von den Werkstätten durchgeführte Kalibrierungen und Zeiteinstellungen hinterlegt.

7. Geschwindigkeitsprofile

Die Darstellung des Geschwindigkeitsprofils erfolgt mit bis zu 16 Geschwindigkeitsbereichen. Die Bereiche können in der Werkstatt nach Wunsch programmiert werden. Zu jedem Bereich wird auch die zugehörige Dauer aufgezeichnet.

8. Drehfrequenzprofile

Das Drehzahlprofil besteht aus bis zu 16 Drehzahlbereichen. Die Bereiche können in der Werkstatt nach Wunsch programmiert werden. Zu jedem Bereich wird auch die zugehörige Motorbetriebszeit aufgezeichnet.

9. Aktivitäten des Fahrers

Darstellung der Lenk- und Ruhezeiten des Fahrers als Balkendiagramm für die letzten 7 Tage.

10. v-Diagramm

Hier wird die Geschwindigkeit als Kurvendiagramm dargestellt, wie man es von der Tachoscheibe kennt.

11. Status D1/D2 Diagramm

Auf diesem Ausdruck können die Statuseingänge D1 und D2 über 7 Tage angezeigt werden. Die Statuseingänge können z. B. benutzt werden um einen Ladevorgang, Kehrtätigkeiten einer Kehrmaschine oder Blaulicht und Einsatzhorn zu speichern.

12. Tagesausdruck Fahrerkarte in Ortszeit

Der Ausdruck enthält die gleichen Daten wie der Ausdruck in UTC-Zeit, hier wird lediglich die Zeitverschiebung berücksichtigt. Dies kann die Überprüfung der Aktivitäten erleichtern.

13. Tagesausdruck Fahrzeugeinheit in Ortszeit

Der Ausdruck enthält die gleichen Daten wie der Ausdruck in UTC-Zeit, hier wird lediglich die Zeitverschiebung berücksichtigt. Dies kann die Überprüfung der Aktivitäten erleichtern.

14. Bestätigung von manuellen Eingaben

Dieser Ausdruck enthält eine Übersicht der manuell in das Kontrollgerät eingegebenen Daten in Ortszeit. Es sind die Daten des sog. Nachtrags.

15. Ausdruck für manuelle Eingaben

Hierbei handelt es sich um einen Vordruck für handschriftliche Einträge, vergleichbar mit der Rückseite des Druckerpapiers.

Bei allen Ausdrucken gibt es einen:

a) Kopfteil

b) Mittelteil

c) Fußteil

1. Fahrertätigkeiten (Tageswert) von der Karte

a) Kopfteil

SIEMENS VDO
Automotive
29.05.2007 17:06 (UTC)
24h
Landespolizeidirektion
D /DK0000009005X0 0 0
16.02.2011
Paulke
Hartmunt
D /DF000007214680 0 0
20.04.2011
XLRAS47MS0E741976
D /F-XF 976
SiemensVDO Automotive AG
1381.1050100001
DAF Trucks Frankfurt GmbH
D /DW000000537030 0 0
09.01.2007
D /DK000000978200 0 0
17.10.2006 11:58

Datum und Uhrzeit des Ausdrucks in UTC-Zeit

Art des Ausdrucks, hier Fahrerkarte = Piktogramm Karte

Angaben zum Karteninhaber, hier Kontrolleur, Name der Kontrollbehörde und Kartennummer

Angaben zum Fahrer, Name, Vorname, Kartennummer, gültig bis

Fahrzeugkennung, FIN, zulassender Staat, amtl. Kennzeichen

Kennung des Kontrollgerätes, hier Siemens VDO, Teilenummer

Letzte Kalibrierung, Name der Werkstatt, Kartennummer, Datum der Kalibrierung

Letzte Kontrolle, Kartennummer, Datum/Uhrzeit, Art der Kontrolle, hier Drucken

= Piktogramm drucken

Wird der Ausdruck ohne Kontrollkarte erstellt, fehlt der zweite Blockbezeichner, der die Kontrollbehörde ausweist.

Im ersten Blockbezeichner steht das Piktogramm 24h. Dieses Piktogramm bedeutet „täglicher Ausdruck Fahrertätigkeiten von der Karte“. Der Ausdruck wird jedoch nur bis 00:00 Uhr des aktuellen Tages gedruckt und keine 24 Stunden rückwirkend. Hierzu muss ein weiterer Ausdruck vom Vortag angefordert werden, damit der 24-Stunden Bezugszeitraum ausgewertet werden kann.

b) Mittelteil

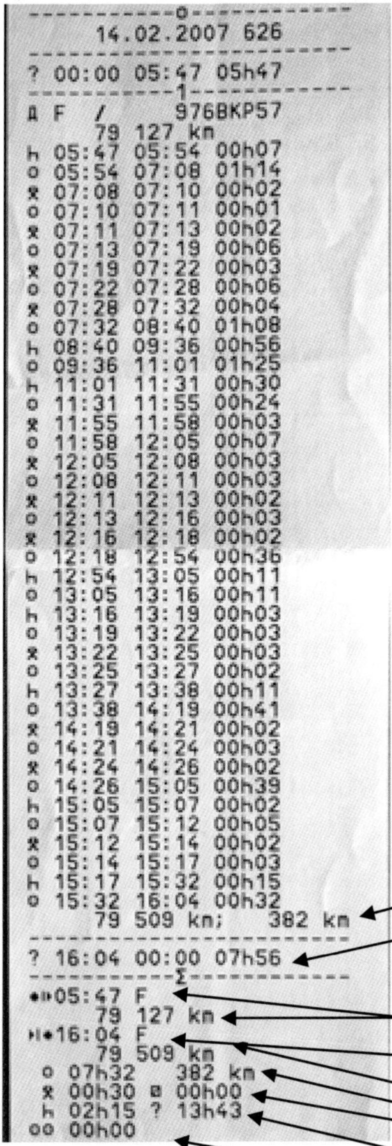
```
-----------0-----------
    14.02.2007 626
-----------------------
? 00:00 05:47 05h47
-----------1-----------
Д F /        976BKP57
      79 127 km
h 05:47 05:54 00h07
o 05:54 07:08 01h14
x 07:08 07:10 00h02
o 07:10 07:11 00h01
x 07:11 07:13 00h02
o 07:13 07:19 00h06
x 07:19 07:22 00h03
o 07:22 07:28 00h06
x 07:28 07:32 00h04
o 07:32 08:40 01h08
h 08:40 09:36 00h56
o 09:36 11:01 01h25
h 11:01 11:31 00h30
o 11:31 11:55 00h24
x 11:55 11:58 00h03
o 11:58 12:05 00h07
x 12:05 12:08 00h03
o 12:08 12:11 00h03
x 12:11 12:13 00h02
o 12:13 12:16 00h03
x 12:16 12:18 00h02
o 12:18 12:54 00h36
h 12:54 13:05 00h11
o 13:05 13:16 00h11
h 13:16 13:19 00h03
o 13:19 13:22 00h03
x 13:22 13:25 00h03
o 13:25 13:27 00h02
h 13:27 13:38 00h11
o 13:38 14:19 00h41
x 14:19 14:21 00h02
o 14:21 14:24 00h03
x 14:24 14:26 00h02
o 14:26 15:05 00h39
h 15:05 15:07 00h02
o 15:07 15:12 00h05
x 15:12 15:14 00h02
o 15:14 15:17 00h03
h 15:17 15:32 00h15
o 15:32 16:04 00h32
      79 509 km;    382 km
-----------------------
? 16:04 00:00 07h56
-----------Σ-----------
•▸05:47 F
      79 127 km
▸•16:04 F
      79 509 km
  o 07h32    382 km
  x 00h30 ▫ 00h00
  h 02h15 ? 13h43
 oo 00h00
```

Kalendertag des Ausdrucks, 626 = Tagesanwesenheitszähler

? = Zeitraum, für den keine Karte gesteckt war

1 = Einstecken der Fahrerkarte in Steckplatz, hier Kartenschacht 1

zulassender Staat, amtl. Kennzeichen, Kilometerstand bei Einstecken der Karte

von 05:47 Uhr bis 16:04 Uhr Aktivitäten des Fahrers, steht ein Stern hinter der Aktivität Ruhezeit/Pause, war diese mindestens von 1 Stunde Dauer

Kilometerstand und zurückgelegte Wegstrecke seit dem letzten Einstecken

? = Zeitraum, für den keine Karte gesteckt war

Σ = Tageszusammenfassung

Uhrzeit Schichtbeginn mit Staat (hier Frankreich) und Kilometerstand Beginn

Uhrzeit Schichtende mit Staat (hier Frankreich) und Kilometerstand Ende

Gesamte Lenkzeit und Wegstrecke

Gesamt Arbeits- und Bereitschaftszeit

Gesamte Ruhezeit und unbekannte Zeit

Gesamte Zeit der Teamtätigkeit

Die Lenkzeit betrug am 14.2. von 00:00 Uhr bis 16:04 Uhr 7 Stunden und 32 Minuten. In der Zeit von 00:00 Uhr bis 05:47 Uhr und von 16:04 Uhr bis 00:00 Uhr war die Fahrerkarte nicht gesteckt. Beim Einstecken der Karte fragt das Gerät, ob der Fahrer einen Nachtrag durchführen will. Hierzu ist der Fahrer vom Gesetz her verpflichtet, wenn Zeiten der entsprechenden Zeitgruppen RUHE, BEREITSCHAFT und ARBEIT angefallen sind. Wenn der Fahrer diesen Nachtrag nicht durchführt, erscheint auf dem Ausdruck ein Fragezeichen. Hierbei handelt es sich nicht um eine Manipulation.

Die Lenkzeitunterbrechungen werden in der Tageszusammenfassung nicht aufgeführt. Diese sind durch Berechnung der einzelnen Lenkzeiten und Pausen zu überprüfen. Hierbei ist zu berücksichtigen, dass nach einer Pause von mindestens 45 Minuten ein neuer Lenkzeitabschnitt beginnt. Für den Ausdruck oben sieht die Berechnung wie folgt aus:

Beginn	**Ende**	**Dauer**	**Aktivität**
05:54	07:08	1:14	Lenkzeit
07:10	07:11	0:01	Lenkzeit
07:13	07:19	0:06	Lenkzeit
07:22	07:28	0:06	Lenkzeit
07:32	08:40	1:08	Lenkzeit
	gesamte Lenkzeit	2:35	
08:40	09:36	**0:56**	**Pause**

Es beginnt einer neuer Lenkzeitabschnitt. Im ersten Abschnitt gibt es keinen Verstoß.

Beginn	Ende	Dauer	Aktivität
09:36	11:01	1:25	Lenkzeit
11:01	11:31	**0:30**	**Pause**
11:31	11:55	0:24	Lenkzeit
11:58	12:05	0:07	Lenkzeit
12:08	12:11	0:03	Lenkzeit
12:13	12:16	0:03	Lenkzeit
12:18	12:54	0:36	Lenkzeit
12:54	13:05	**0:11**	**Pause (gilt nicht)**
13:05	13:16	0:11	Lenkzeit
13:16	13:19	**0:03**	**Pause (gilt nicht)**
13:19	13:22	0:03	Lenkzeit
13:25	13:27	0:02	Lenkzeit
13:27	13:38	**0:11**	**Pause (gilt nicht)**
13:38	14:19	0:41	Lenkzeit
14:21	14:24	0:03	Lenkzeit
14:26	15:05	0:39	Lenkzeit
15:05	15:07	**0:02**	**Pause (gilt nicht)**
15:07	15:12	0:05	Lenkzeit
15:14	15:17	0:03	Lenkzeit
15:17	15:32	**0:15**	**Pause (reicht nicht)**
15:32	16:04	0:32	Lenkzeit
	gesamte Lenkzeit	**4:57**	

Im zweiten Abschnitt war die Lenkzeit um 27 Minuten überschritten. Die letzte Pause von 15 Minuten war zu kurz. Hier hätte der Fahrer mindestens 30 Minuten einlegen müssen.

b) Mittelteil eines Tagesausdrucks „Aktivitäten der Fahrerkarte“ im **Teambetrieb**

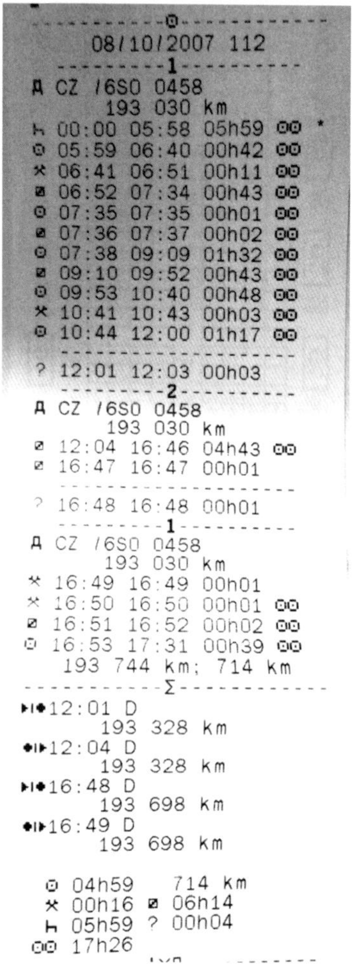

```
08/10/2007 112
----------1----------
CZ /6S0 0458
193 030 km
00:00 05:58 05h59 *
05:59 06:40 00h42
06:41 06:51 00h11
06:52 07:34 00h43
07:35 07:35 00h01
07:36 07:37 00h02
07:38 09:09 01h32
09:10 09:52 00h43
09:53 10:40 00h48
10:41 10:43 00h03
10:44 12:00 01h17
? 12:01 12:03 00h03
----------2----------
CZ /6S0 0458
193 030 km
12:04 16:46 04h43
16:47 16:47 00h01
? 16:48 16:48 00h01
----------1----------
CZ /6S0 0458
193 030 km
16:49 16:49 00h01
16:50 16:50 00h01
16:51 16:52 00h02
16:53 17:31 00h39
193 744 km; 714 km
-----------Σ-----------
12:01 D
193 328 km
12:04 D
193 328 km
16:48 D
193 698 km
16:49 D
193 698 km
04h59 714 km
00h16 06h14
05h59 ? 00h04
17h26
```

1 = Einstecken der Fahrerkarte in Steckplatz, hier Kartenschacht 1

= Piktogramm für Teambetrieb

Stern = Ruhezeit über eine Stunde

Uhrzeit Entnahme Karte Steckplatz 1 und Dauer

2 = Einstecken der Fahrerkarte in Steckplatz, hier Kartenschacht 2, Beginn, Dauer und Aktivität als Beifahrer

Uhrzeit Entnahme Karte Steckplatz 2 und Dauer

Wieder Einstecken der Karte in Steckplatz 1

Teambetrieb ab 08.10., 00:00 Uhr bis 17:31 Uhr insgesamt 17 Stunden und 26 Minuten

Damit die Regelung der Mehrfahrerbesatzung zur Anwendung kommt, müssen beide Fahrer insgesamt 29 Stunden zusammen auf dem Fahrzeug anwesend sein. Ein Ausdruck vom 07.10. muss noch gefertigt werden, damit dies überprüft werden kann.

c) Fußteil

```
----------!x▮-----------
x▮       09.05.2007 10:09
                    00h00
▮ D  /MZG-KF 507
--------------------
x▮       09.05.2007 10:09
                    00h00
▮ D  /MZG-KF 507
----------!x▮-----------
>>     4 19.06.2007 03:05
         (   1)     00h00
o▮D  /DF000038063300 0 0
--------------------
>>     4 15.06.2007 03:58
         (   1)     00h00
o▮D  /DF000038063300 0 0
--------------------
>>     4 12.06.2007 04:27
         (   1)     00h00
o▮D  /DF000038063300 0 0
--------------------
>>     4 09.06.2007 07:29
         (   1)     00h00
o▮D  /DF000038063300 0 0
--------------------
>>     4 06.06.2007 03:05
         (   1)     00h00
o▮D  /DF000038063300 0 0
------------------------

▮+   ..................

▮    ..................

o    ..................
```

Liste der letzten 5 gespeicherten Ereignisse/Störungen auf der Fahrerkarte

Piktogramm der Störung, hier x▮ interne Störung im Kontrollgerät, Datum und Beginn

Liste der letzten 5 gespeicherten oder noch aktiven Ereignisse /Störungen im Massenspeicher

Geschwindigkeitsüberschreitung >>, die Ziffer 4 vor dem Datum ist der sog. Datensatzzweck, die Zahl in Klammern unter dem Datum, hier (1), gibt die Anzahl ähnlicher Ereignisse an diesem Tag an

Handschriftliche Angaben:

- Ort der Kontrolle ▮+
- Unterschrift Kontrolleur ▮
- Unterschrift Fahrer ⊙

Bei jedem festgestellten Ereignis/Störung registriert und speichert das Kontrollgerät die Daten. Der **Datensatzzweck** kennzeichnet, warum das Ereignis oder die Störung aufgezeichnet wurde. Nachfolgend eine Übersicht über die Ereignisse:

Piktogramm	Ursache	Datensatzzweck
	Kartenkonflikt	0
	Fahrt ohne gültige Karte	1 / 2 / 7
	Einlegen während der Fahrt	3
	Karte nicht geschlossen	0
	Geschwindigkeit zu hoch	4 / 5 / 6
	Spannungsunterbrechung	1 / 2 / 7
	Geberstörung	1 / 2 / 7
	Sicherheitsverletzung	0
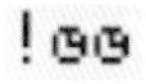	Zeitüberlappung[8]	–
	Karte ungültig[9]	–

8 Wird nur auf der Fahrerkarte gespeichert.
9 Speichert der Massenspeicher nicht.

Hier die Übersicht der Störungen:

Piktogramm	Ursache	Datensatzzweck
	Kartenstörung	0
	Gerätestörung	0 / 6
	Druckerstörung	0 / 6
	Anzeigestörung	0 / 6
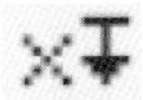	Störung beim Herunterladen	0 / 6
	Geberstörung	0 / 6

Nachfolgend die Übersicht der Datensatzzwecke:

0 = die 10 jüngsten Ereignisse oder Störungen

1 = das längste Ereignis,
von einem der letzten 10 Tage an dem ein Ereignis aufgetreten ist

2 = eines der 5 längsten Ereignisse in den letzten 365 Tagen

3 = das letzte Ereignis,
von einem der letzten 10 Tage an dem ein Ereignis aufgetreten ist

4 = das schwerwiegendste Ereignis,
von einem der letzten 10 Tage an dem ein Ereignis aufgetreten ist

5 = die 5 schwerwiegendsten Ereignisse in den letzten 365 Tagen

6 = das erste Ereignis oder die erste Störung nach der letzten Kalibrierung

7 = ein aktives Ereignis oder eine andauernde Störung

Bei dem Datensatzzweck 0, 1, 3 oder 4 erfolgt zusätzlich der Eintrag: „Anzahl ähnlicher Ereignisse an diesem Tag".

Ereignisse, die der Sicherheitsverletzung unterliegen (Piktogramm ), werden über eine zusätzliche Codierung aufgeschlüsselt. Folgende sicherheitsverletzende Versuche am Kontrollgerät werden codiert:

Ziffer	Entschlüsselung
16	Keine weiteren Angaben
17	Fehlgeschlagene Authentisierung des Gebers
18	Authentisierungsfehler der Fahrerkarte
19	Unbefugte Veränderung des Gebers
20	Integritätsfehler, die Echtheit der Daten auf der Fahrerkarte sind nicht gewährleistet
21	Integritätsfehler, die Echtheit der gespeicherten Benutzerdaten sind nicht gewährleistet
22	Interner Datenübertragungsfehler
23	Unberechtigtes Öffnen des Gehäuses
24	Manipulation der Hardware

Folgende sicherheitsverletzende Versuche am Impulsgeber KITAS 2171 werden codiert:

Ziffer	Entschlüsselung
32	Keine weiteren Angaben
33	Fehlgeschlagene Authentisierung
34	Integritätsfehler, die Echtheit der Speicherdaten sind nicht gewährleistet
35	Interner Datenübertragungsfehler
36	Unberechtigtes Öffnen des Gehäuses
37	Manipulation der Hardware

Auf diesem Ausschnitt des Ausdrucks ist eine sicherheitsverletzende Manipulation gespeichert (Ziffer 24 = Manipulation der Hardware). Diese wurde als Ereignis im Massenspeicher hinterlegt. Das Piktogramm ■-- bedeutet „keine Karte". Hier wurde verhindert, dass die Daten/Aktivitäten des Fahrers auf der Fahrerkarte gespeichert wurden. Aus diesem Grund ist auch einen Datensatz darüber das Piktogramm !■A „letzter Kartenvorgang nicht korrekt abgeschlossen" hinterlegt, mit der Nummer der Fahrerkarte und dem Ausstellerstaat.

2. Fahrertätigkeiten (Tageswert) aus dem Massenspeicher

Der Kopfteil ist identisch mit dem Ausdruck von der Fahrerkarte.
Im **Mittelteil** gibt es folgende **Unterschiede**:

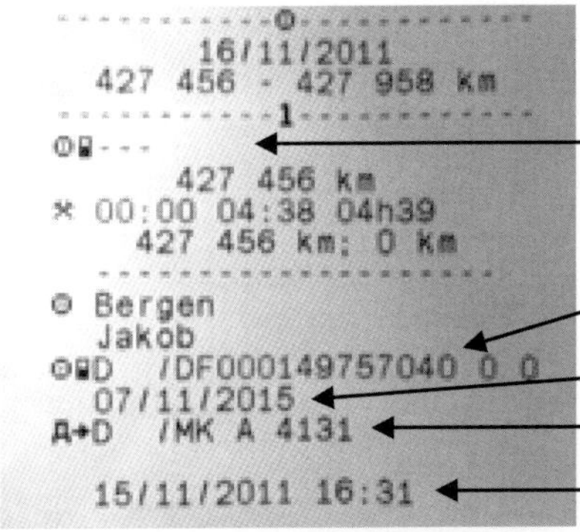

Beginn der Auflistungen aller Aktivitäten im Kontrollgerät, Kalendertag des Ausdrucks, Kilometerstand um 00:00 Uhr und 23:59 Uhr

Zeitraum, in dem keine Fahrerkarte in Schacht 1 gesteckt war, Kilometerstand zu Beginn des Zeitraums, eingestellte Aktivität in diesem Zeitraum, Kilometerstand am Ende des Zeitraums, gefahrene Kilometer

Einstecken der Fahrerkarte, Name und Vorname Kartennummer

gültig bis

zulassender Staat und amtl. Kennzeichen des vorherigen Fahrzeugs,

Datum und Uhrzeit der Kartenentnahme aus vorherigem Fahrzeug

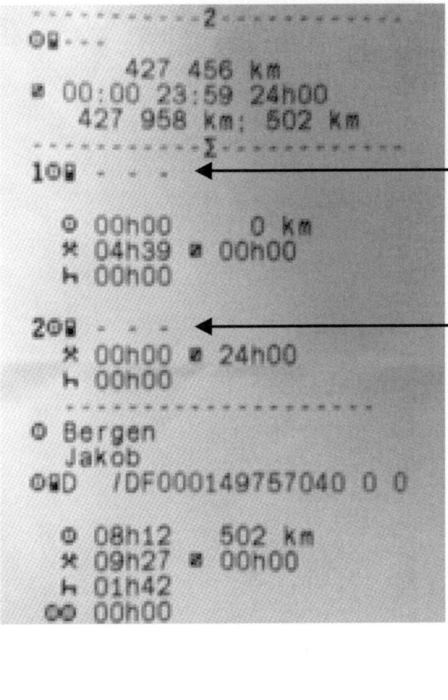

Aktivitäten von Kartenschacht 2; Zeitraum, in dem keine Fahrerkarte in Schacht 2 gesteckt war, Kilometerstand zu Beginn des Zeitraums, eingestellte Aktivität in diesem Zeitraum, Kilometerstand am Ende des Zeitraums, gefahrene Kilometer

Tageszusammenfassung;

Zusammenfassung keine Karte in Schacht 1, gesamte Aktivitäten von Kartenschacht 1

Zusammenfassung keine Karte in Schacht 2, gesamte Aktivitäten von Kartenschacht 2

Zusammenfassung der Aktivitäten, chronologisch nach Fahrer geordnet (je Fahrer kumulativ für beide Kartenschächte), Name und Vorname, Kartennummer, Beginn/Ende Land mit Uhrzeit (hier nicht eingegeben), Aktivitäten von diesem Fahrer, gesamt Lenkzeit, zurückgelegte Wegstrecke, gesamte Arbeits- und Bereitschaftszeit, gesamte Ruhezeit, gesamte Zeit der Teamtätigkeit

Im **Fußteil** des Ausdrucks Fahreraktivitäten aus dem Massenspeicher gibt es im Gegensatz zum Ausdruck von der Fahrerkarte nur die Liste der letzten 5 gespeicherten oder noch aktiven Ereignisse/Störungen des Massenspeichers.

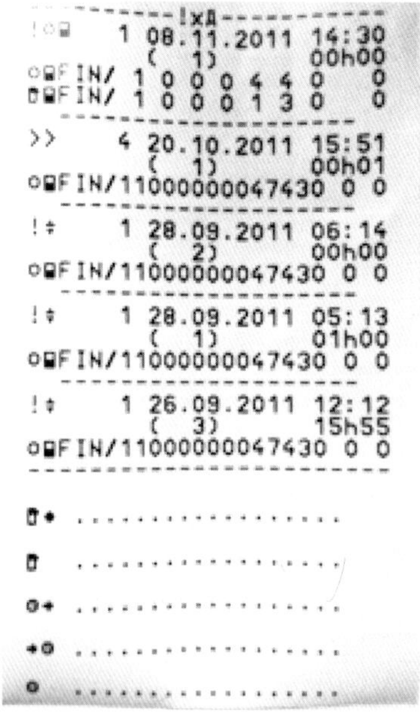

Die letzten 5 Ereignisse/Störungen

Ort der Kontrolle

Unterschrift Kontrolleur

Anfangszeit

Endzeit

Unterschrift Fahrer

3. Ereignisse/Störungen von der Fahrerkarte

Auf diesem Ausdruck sind alle gespeicherten Ereignisse und Störungen der Fahrerkarte, geordnet nach Fehlerart und Datum.

Ereignisse auf der Karte

Einstecken der Fahrerkarte während der Fahrt am 13.9.2011, um 07:22 Uhr, Dauer unter 1 Minute, amtl. Kennzeichen der Fahrzeugs

Unterbrechung der Stromversorgung am 19.6.2011, um 18.53 Uhr, Dauer unter 1 Minute, amtl. Kennzeichen des Fahrzeugs

Gleicher Fehler erneut aufgetreten

Gleicher Fehler auch am 17.7.2011

Gleicher Fehler auch am 18.7.2011

Gleicher Fehler erneut aufgetreten

Gleicher Fehler auch am 24.7.2011

Störungen auf der Karte, hier keine vorhanden, da nach dem Piktogramm sofort ein Datensatzbezeichner kommt

Mitteilteil eines Ausdrucks

Weil das Ereignis Unterbrechung der Stromversorgung auch bei einer Unterspannung gespeichert wird, kann dieses auch Auftreten, wenn das Fahrzeug gestartet wird. Da die Zeiträume immer unter einer Minute waren, kann dieser Fehler vernachlässigt werden. Wenn der Fahrer seine Karte in das Gerät einsteckt, dauert es eine bestimmt Zeit, bis die Kartendaten eingelesen wurden. Fährt er vorher los, kommt es zu dem Ereignis Einstecken der Karte während der Fahrt.

4. Ereignisse/Störungen vom Massenspeicher

Hier werden alle gespeicherten oder noch andauernden Ereignisse und Störungen der Fahrzeugeinheit auf dem Ausdruck visualisiert. Es werden die Fehler von allen Fahrern gespeichert, die das Fahrzeug benutzt haben. Auf dem Ausdruck können die Daten anhand der Kartennummern zugeordnet werden. Bei Anhaltspunkten für eine Manipulation sollten die beiden Ausdrucke Ereignisse/Störungen von der Fahrerkarte und vom Massenspeicher gedruckt werden, da hier alle Fehler aufgelistet sind, im Gegensatz zum Ausdruck Tageswert, da hier nur maximal 5 Ereignisse/Störungen von der Karte bzw. Massenspeicher eingetragen sind.

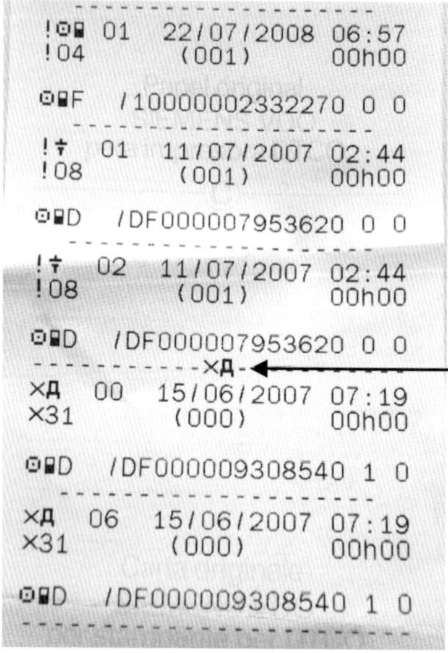

Ereignis Lenken ohne geeignete Fahrerkarte,

Datensatzzweck 01, am 22.7.2008, um 06:57 Uhr,

!04 = Warnungsreferenznummer, Anzahl ähnlicher Ereignisse an diesem Tag (001), Dauer unter 1 Minute Kartennummer der zu Beginn oder am Ende des Ereignisses eingesteckten Fahrerkarte (max. 4 Einträge möglich)

Störungen vom Massenspeicher

Piktogramm interne Störung im Kontrollgerät,

X 31 = die Fahrzeugeinheit hat während des Selbsttests einen internen Fehler festgestellt

Gleiche Störung, nur mit Datensatzzweck 06 = die erste Störung nach der letzten Kalibrierung

Auszug aus einem Mittelteil

Der Ausdruck kann sehr lang werden, je nachdem wie viele Daten gespeichert sind. Da der Fahrer aber verpflichtet ist, genügend Ersatzpapier mitzuführen, können die erforderlichen Ausdrucke i. d. R. erstellt werden. Auch wenn die Daten heruntergeladen wurden, sollte zusätzlich der notwendige Ausdruck gemacht werden.

5. Geschwindigkeitsüberschreitungen

Stoneridge Electronics
05/08/2008 04:40 (UTC)
>> 90,0 km/h
FELD
CHRISTOPHE ANDRE
F /10000002332270 0 0
05/02/2012
Landespolizeidirektion
D /DK000000899790 0 0
16/02/2011
XLER4X20005162105
D /VK-LL-56
>>
>
>> 19/12/2006 23:48 46
>>
>>19/12/2006 23:48 00h01
94 km/h 92 km/h (1)
D /DF0000090782X0 0 0
>>(365)
>>21/12/2007 21:00 00h01
106 km/h 96 km/h (1)
D /DF000009728210 0 0

Eingestellter Wert des Geschwindigkeitsbegrenzers

Datum/Uhrzeit der letzten Kontrolle, hier keine Kontrolle vorhanden

Datum/Uhrzeit der ersten Geschwindigkeitsüberschreitung seit der letzten Kontrolle sowie Anzahl der weiteren Überschreitungen, hier 46

Erste Geschwindigkeitsüberschreitung nach der letzen Kalibrierung

Die 5 gravierendsten Geschwindigkeitsüberschreitungen der letzten (365) Tage

Kopfteil des Ausdrucks

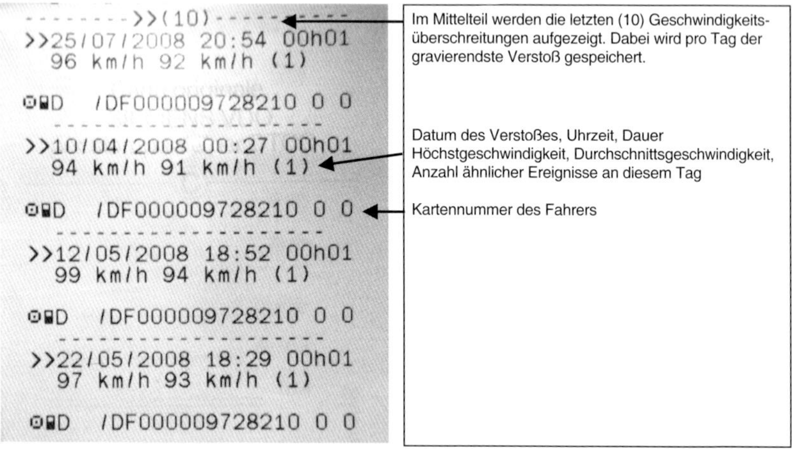

Auszug eines Mittelteils des Ausdrucks

Im Fußteil können handschriftlich der Ort der Kontrolle, Unterschrift Kontrolleur und Fahrer eingetragen werden.

6. Technische Daten

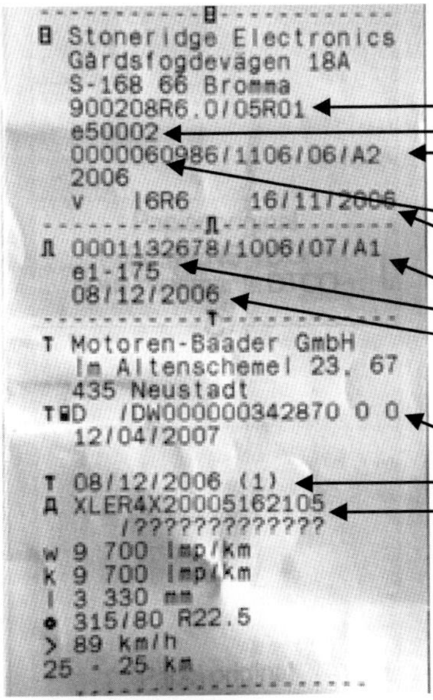

Stoneridge Electronics
Gårdsfogdevägen 18A
S-168 66 Bromma
900208R6.0/05R01
e50002
0000060986/1106/06/A2
2006
V 16R6 16/11/2006

0001132678/1006/07/A1
e1-175
08/12/2006

T Motoren-Baader GmbH
Im Altenschemel 23, 67
435 Neustadt
T D /DW000000342870 0 0
12/04/2007

T 08/12/2006 (1)
XLER4X20005162105
/?????????????
w 9 700 Imp/km
k 9 700 Imp/km
l 3 330 mm
315/80 R22.5
> 89 km/h
25 - 25 km

Auszug eines Kopfteils

Hersteller des Kontrollgerätes mit Anschrift

Teilenummer des Kontrollgerätes

Zulassungsnummer des Gerätes

Seriennummer, Herstellungsdatum, Gerätetyp, Herstellercode

Herstellungsjahr, hier 2006

Software-Version, Datum der Installation

Seriennummer des Sensors

Zulassungsnummer des Sensors (KITAS)

Datum des erstmaligen Einbaus des Sensors

Name/Adresse der Werkstatt, wo die Kalibrierung durchgeführt wurde

Nummer der Werkstattkarte und Ablaufdatum der Karte, hier 2007

Datum der Kalibrierung

FIN
Kennzeichen war noch nicht bekannt, deshalb die Fragezeichen
w = Wegdrehzahl des Fahrzeugs
k = Konstante des Fahrzeugs zur Geschwindigkeitsangleichung
l = Wirksamer Umfang der Räder
Reifengröße
Einstellung des Geschwindigkeitsbegrenzers, hier 89 km/h
alter und neuer Kilometerstand

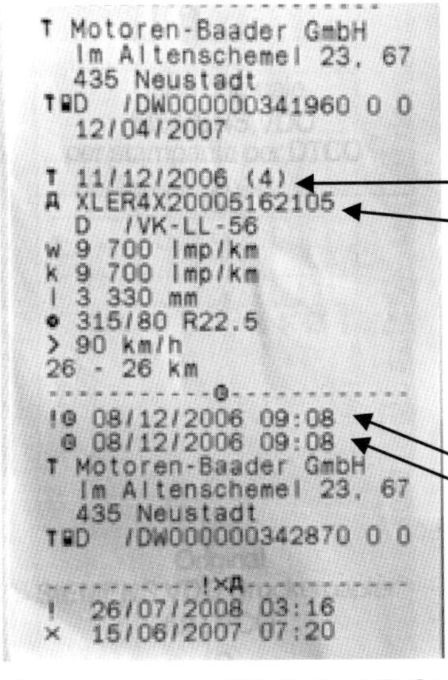

T Motoren-Baader GmbH
Im Altenschemel 23, 67
435 Neustadt
T D /DW000000341960 0 0
12/04/2007

T 11/12/2006 (4)
XLER4X20005162105
D /VK-LL-56
w 9 700 Imp/km
k 9 700 Imp/km
l 3 330 mm
315/80 R22.5
> 90 km/h
26 - 26 km

!⊙ 08/12/2006 09:08
⊙ 08/12/2006 09:08
T Motoren-Baader GmbH
Im Altenschemel 23, 67
435 Neustadt
T D /DW000000342870 0 0

! 26/07/2008 03:16
× 15/06/2007 07:20

Auszug aus dem Mittelteil mit Fußteil

Datum und Zweck der Kalibrierung,
(4) = regelmäßige Nachprüfung
FIN

Kalibrierungszwecke:

- (1) = Aktivierung
- (2) = Ersteinbau
- (3) = erste Kalibrierung oder Einbau nach Reparatur
- (4) = regelmäßige Nachprüfung
- (5) = Eingabe amtl. Kennzeichen durch den Unternehmer

Zeiteinstellungen
Datum/Uhrzeit alt
Datum/Uhrzeit geändert

Datum/Uhrzeit des jüngsten Ereignisses

Datum/Uhrzeit der jüngsten Störung

7. Geschwindigkeitsprofile

05/08/2008

FELD
CHRISTOPHE ANDRE
F /10000002332270 0 0
05/08/2008 00:00
05/08/2008 04:31
-------KM/H---------
0 <= v < 10 01h23
10 <= v < 20 00h00
20 <= v < 30 00h00
30 <= v < 40 00h01
40 <= v < 50 00h04
50 <= v < 60 00h06
60 <= v < 70 00h15
70 <= v < 75 00h09
75 <= v < 80 00h10
80 <= v < 85 00h13
85 <= v < 90 01h26
90 <= v < 100 00h38
100 <= v < 110 00h00
110 <= v < 120 00h00
120 <= v < 150 00h00
150 <= v < ... 00h00

Kalendertag, an dem die nachfolgenden Profile aufgezeichnet wurden

Beginn der Profilaufzeichnung mit Datum/Uhrzeit
Ende der Profilaufzeichnung mit Datum/Uhrzeit

Liste der definierten Geschwindigkeitsbereiche und Zeitraum in diesem Bereich

Neue Profile werden in folgenden Fällen erzeugt:

- durch Stecken/Entnehmen einer Fahrerkarte in Schacht 1
- durch einen Tageswechsel, also um 00:00 Uhr
- durch eine Korrektur der UTC-Zeit
- durch eine Spannungsunterbrechung

Geschwindigkeiten zwischen 80 – 85 km/h, 13 Minuten

Geschwindigkeiten zwischen 90 – 100 km/h, 38 Minuten

Auszug eines Mittelteils

8. Drehfrequenzprofile

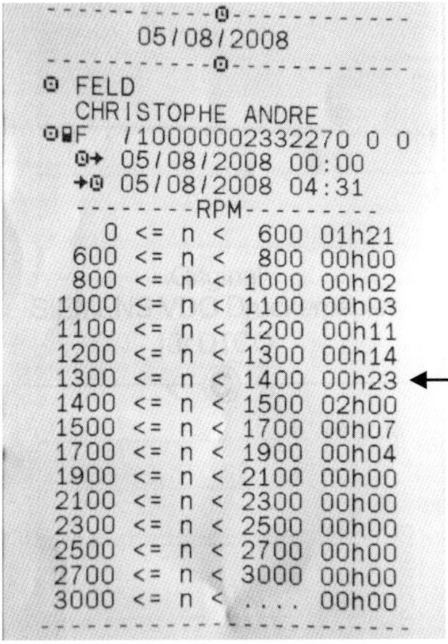

05/08/2008

FELD

CHRISTOPHE ANDRE

F /10000002332270 0 0

05/08/2008 00:00

05/08/2008 04:31

RPM

0	<=	n	<	600	01h21
600	<=	n	<	800	00h00
800	<=	n	<	1000	00h02
1000	<=	n	<	1100	00h03
1100	<=	n	<	1200	00h11
1200	<=	n	<	1300	00h14
1300	<=	n	<	1400	00h23
1400	<=	n	<	1500	02h00
1500	<=	n	<	1700	00h07
1700	<=	n	<	1900	00h04
1900	<=	n	<	2100	00h00
2100	<=	n	<	2300	00h00
2300	<=	n	<	2500	00h00
2500	<=	n	<	2700	00h00
2700	<=	n	<	3000	00h00
3000	<=	n	<	....	00h00

Kalendertag, an dem die nachfolgenden Profile aufgezeichnet wurden

Beginn der Profilaufzeichnung mit Datum/Uhrzeit
Ende der Profilaufzeichnung mit Datum/Uhrzeit

Liste der definierten Motor-Drehfrequenzbereiche und Zeitraum in diesem Bereich

Neue Profile werden unter den gleichen Voraussetzungen wie bei den Geschwindigkeitsprofilen erstellt

1300 – 1400 U/min, Dauer 23 Minuten

Anhand der Drehprofile kann man sehen, ob der Fahrer spritsparend fährt.

Auszug eines Mittelteils

Die Aufzeichnung der Motordrehzahlen erfolgt nur, wenn das Kontrollgerät dafür ausgelegt ist und die entsprechende Steckverbindung zum Gerät besteht. Die Dauer der gesamten Drehfrequenzen stimmt mit der Dauer der gesamten Geschwindigkeitsbereiche überein. Im oben gezeigten Beispiel sind dies 4 Stunden und 25 Minuten. Bei Manipulationen mit einem Magnet sind die Motordrehzahlen in verschiedenen Bereichen vorhanden (wenn Gerät dafür ausgelegt ist) und beim Ausdruck Geschwindigkeitsbereiche sind nur Daten in der ersten Zeile vorhanden (Stillstand bzw. Leerlauf).

9. Aktivitäten des Fahrers

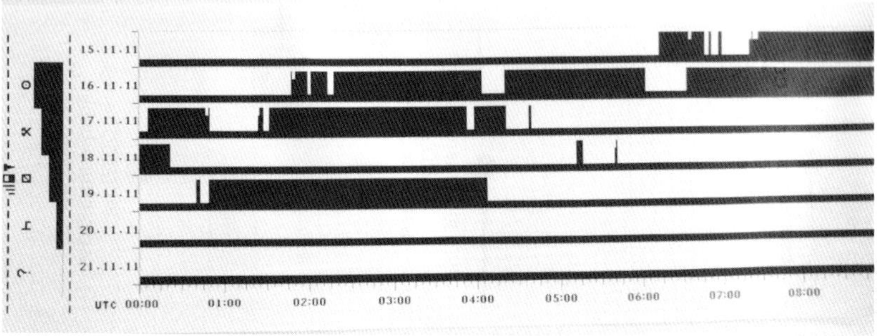

Auszug eines Mittelteils

Bei diesem Ausdruck werden über sieben Tage als Balkendiagramm die vier Zeitgruppen LENKEN, ARBEITEN, BEREITSCHAFT und UNTERBRECHUNG/ RUHE dargestellt. Hier kann man sich schneller als mit sieben einzelnen Tagesausdrucken von der Fahrerkarte einen Überblick über die Einhaltung der Lenk- und Ruhezeiten verschaffen.

10. v-Diagramm

27.10.2011 13:01 (UTC)
YV2AG20A2BB601878
RUS/0668XA39
Continental Automotive
GmbH
1381.1012000017
26.10.2011
10 177 - 10 989 km
km/h

Kopfteil des Ausdrucks

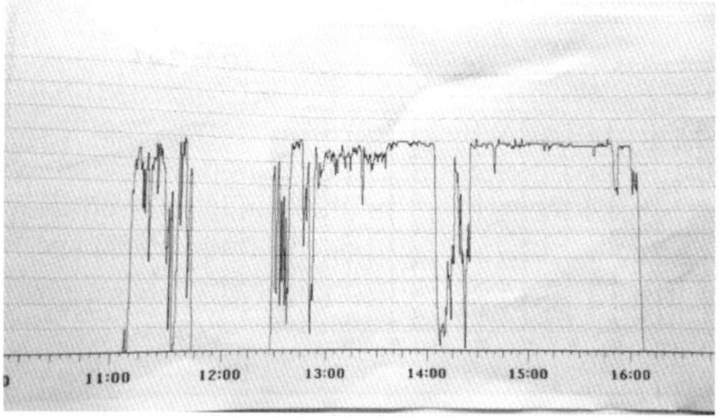

Auszug aus dem Mittelteil

Bei diesem Ausdruck handelt es sich nicht um digital signierte Daten. Er dient nur als Anhaltspunkt, ob eventuell eine Geschwindigkeitsüberschreitung vorliegt. Sollte dies der Fall sein, sind die Geschwindigkeitsdaten als Beweismittel herunterzuladen.

11. Status D1/D2 Diagramm[10]

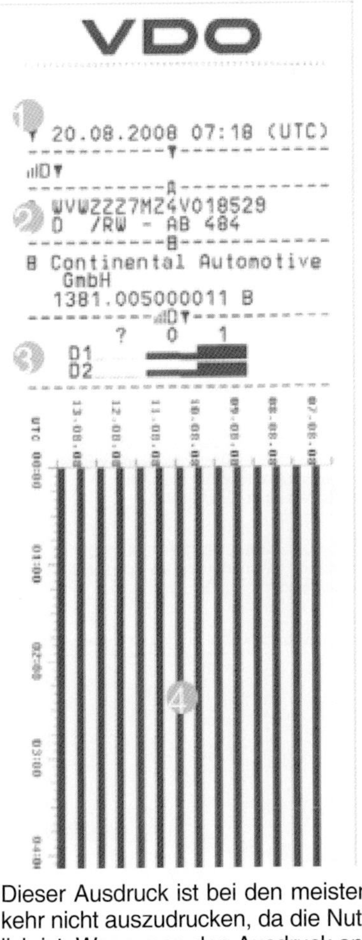

Auszug Kopf- und Mittelteil

Dieser Ausdruck ist bei den meisten Fahrzeugen im Güter- und Personenverkehr nicht auszudrucken, da die Nutzung der Signale D1 und D2 nicht erforderlich ist. Wenn man den Ausdruck anfordert und die Funktion ist nicht verfügbar, erscheint im Display die Anzeige „Keine Daten". Möglich wäre z. B. die Funktion bei einem Krankenwagen, ob Blaulicht und Einsatzhorn eingeschaltet sind, ob bei einer Kehrmaschine der Besen in Betrieb ist, die Ladebordwand eines Lkw geöffnet und geschlossen wird oder bei einem Betonmischer sich die Trommel in Bewegung befindet.

Bei Unfällen kann es möglicherweise von Bedeutung sein, auf diese Daten zurückzugreifen, falls sie gespeichert wurden.

10 www.kienzle.de

12. Tagesausdruck Fahrerkarte in Ortszeit

Der Ausdruck enthält die gleichen Daten wie der Tagesausdruck von der Fahrerkarte, lediglich die Zeitverschiebung ist berücksichtigt.

Der Ausdruck ist mit „OUT OF REGULATION" gekennzeichnet, da es sich um einen nicht behördlichen Ausdruck handelt.

Piktogramm für lokale Zeit Ausdruck Fahrerkarte.

Auszug Kopfteil

13. Tagesausdruck Fahrzeugeinheit in Ortszeit

Der Ausdruck enthält die gleichen Daten wie der Tagesausdruck von der Fahrzeugeinheit, lediglich die Zeitverschiebung ist berücksichtigt.

Der Ausdruck ist mit „OUT OF REGULATION" gekennzeichnet, da es sich um einen nicht behördlichen Ausdruck handelt.

Piktogramm für lokale Zeit Ausdruck Fahrzeugeinheit.

Auszug Kopfteil

14. Bestätigung von manuellen Eingaben

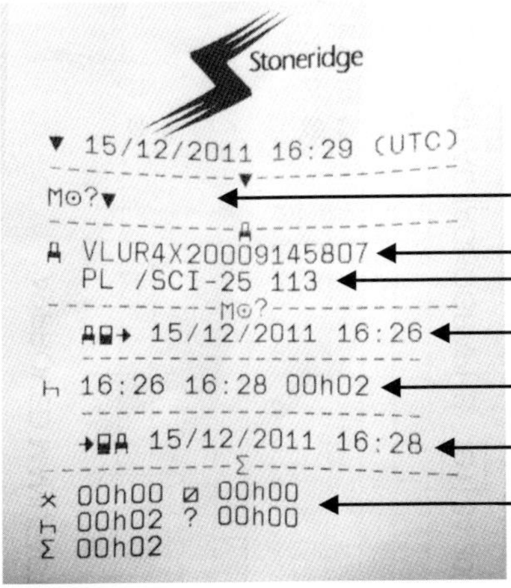

Piktogramm für manuellen Nachtrag

FIN

zulassender Staat, amtl. Kennzeichen

Tag und Uhrzeit der Kartenentnahme

Manuellen Nachtrag, Aktivität, Zeitraum und Dauer

Tag und Uhrzeit der Karteneinführung

Zusammenfassung der manuellen Nachträge

Gesamter Ausdruck

Dieser Ausdruck kann erstellt werden, wenn ein Nachtrag durchgeführt worden ist. Dadurch kann der Fahrer, bevor er die Daten auf die Fahrerkarte speichert, überprüfen, ob er die Eingaben in das Kontrollgerät richtig eingegeben hat. Sobald er die Angaben im Gerät bestätigt hat, ist eine Korrektur nicht mehr möglich.

15. Ausdruck für manuelle Eingaben

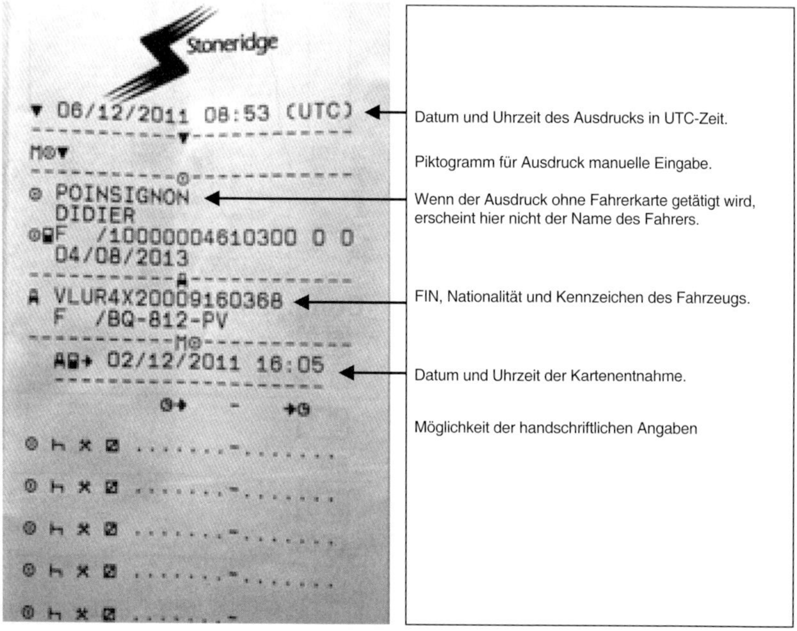

Kopfteil und Auszug Mittelteil

Bei diesem Ausdruck handelt es sich um einen Vordruck für handschriftliche Angaben über die vier Zeitgruppen. Wenn die Fahrerkarte z. B. defekt ist, kann der Fahrer diesen Ausdruck tätigen, die zutreffende Zeitgruppe markieren und den Beginn und das Ende von Hand eintragen.

3.22.1 Besonderheiten

3.22.1.1 Out of scope

Bei Fahrten, die nicht unter die VO (EG) Nr. 561/2006, die Fahrpersonalverordnung oder das AETR fallen, muss der Fahrer das Kontrollgerät auf „out" zu stellen. Dies erfolgt im Gerät über „Eingabe Fahrzeug", „out Beginn" (DTCO 1381). Auf dem Ausdruck ist dies zu erkennen. Diese Aufzeichnung kann über „out-Ende" wieder zurückgestellt werden oder durch Stecken oder Entnehmen einer Fahrerkarte.

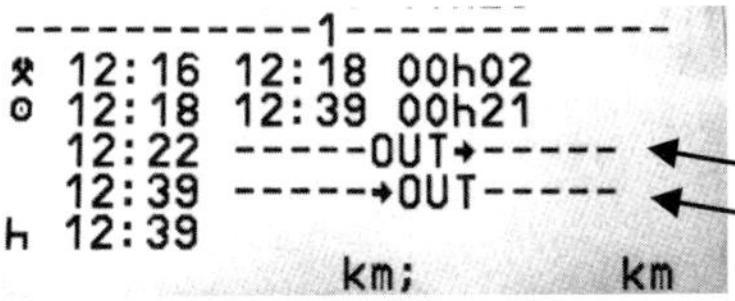

Hier wurde das Gerät von 12:22 Uhr bis 12:39 Uhr auf „out" geschaltet. Eine Fahrerkarte war trotzdem gesteckt.
Beginn „out"
Ende „out"
Ingesamt wurden 17 Minuten Lenkzeit im „out-Betrieb" geleistet. Zuvor wurde 4 Minuten im „Normalbetrieb" gelenkt.

Auszug Mittelteil Tagesausdruck Fahrerkarte

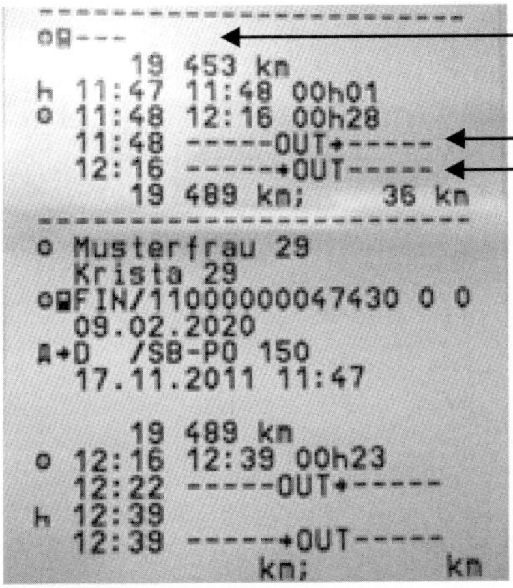

Piktogramm Fahren ohne Karte.

Hier wurde das Gerät auf „out" gestellt und das Fahrzeug ohne Fahrerkarte benutzt.

Beginn „out"
Ende „out"
Lenkzeit im „out-Betrieb" 28 Minuten, Fahrleistung 36 Kilometer

Im Massenspeicher ist die Fahrt mit der Karte im „out-Betrieb" dem entsprechenden Fahrer/Fahrerin zugeordnet.

Auch wenn das Gerät auf „out" gestellt wird und ohne Fahrerkarte gefahren wird, kann man die Lenkzeit und die Fahrleistung im Ausdruck erkennen.

Auszug Mittelteil Tagesausdruck Massenspeicher

3.22.1.2 Fähr- oder Zufahrt

Wenn der Fahrer mit seinem Fahrzeug eine Fähre oder einen Zug benutzt, muss er diesen Umstand im Kontrollgerät dokumentieren. Dies erfolgt über das Hauptmenü „Eingabe Fahrzeug", „Fähre/Zug" (DTCO 1381). Diese Aufzeichnung ist automatisch beendet, sobald das Fahrzeug wieder fährt. Hier sei noch einmal auf Art. 9 (1) VO (EG) Nr. 561/2006 und Art. 8 Abs. 1 AETR hingewiesen werden, wonach der Fahrer, der ein Fahrzeug begleitet, das auf einem Fährschiff oder mit der Eisenbahn befördert wird, eine regelmäßige tägliche Ruhezeit (11 Stunden) zweimal durch andere Tätigkeiten unterbrechen kann, deren Dauer insgesamt eine Stunde nicht überschreiten darf. Dem Fahrer muss eine Schlafkabine oder Liegeplatz zur Verfügung stehen (Reservierungs-/Buchungsbeleg vorzeigen lassen!).

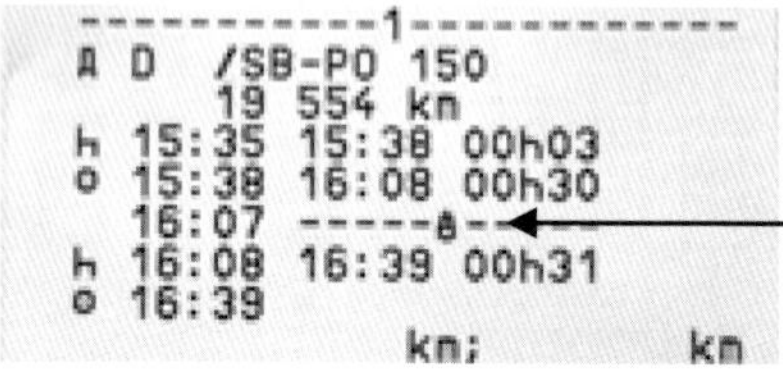

Piktogramm Fähr/Zugfahrt

Fährfahrt dauerte von 16:07 Uhr bis 16:39 Uhr, davon 31 Minuten Pause, ab 16:39 Uhr die Fähre verlassen

Auszug Mittelteil Tagesausdruck Fahrerkarte

3.22.1.3 Zeitüberlappung

Das Ereignis wird auf der Karte gespeichert, wenn beim Einstecken der Fahrerkarte das Datum oder die Uhrzeit der letzten Entnahme dem aktuellen Datum oder Uhrzeit voraus sind.

Piktogramm Zeitüberlappung

!03 = Warnungsreferenznummer für Zeitüberlappung, Unterschied 2 Minuten

Wenn die UTC-Zeit der Fahrzeugeinheit nicht korrekt ist, kann der Fahrer diese in der Woche um ± 1 Minute korrigieren. Weicht die UTC-Zeit mehr als 20 Minuten ab oder soll mehr als 1 Minute umgestellt werden, muss eine Werkstatt aufgesucht werden, um eine Korrektur vorzunehmen. Liegt eine Abweichung von mehr als 20 Minuten vor, muss eine Kalibrierung durchgeführt werden.

3.23 Datendownload

Bei einer Verkehrskontrolle oder Verkehrsunfall werden die digitalen Daten nicht nur ausgedruckt, sondern heruntergeladen. Hierzu muss man wissen wo sich die Schnittstelle am Kontrollgerät befindet. Diese ist bei den zur Zeit vier sich im Umlauf befindlichen Geräten an unterschiedlichen Stellen installiert.

Beim Siemens VDO Gerät ist die Schnittstelle zwischen den Auswurf-Tasten.

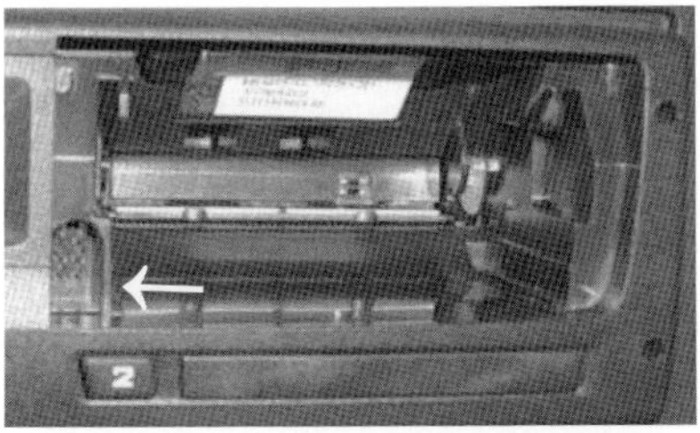

Beim Stoneridge Gerät ist die Schnittstelle hinter der Druckerschublade. Diese muss vorher ausgebaut werden.

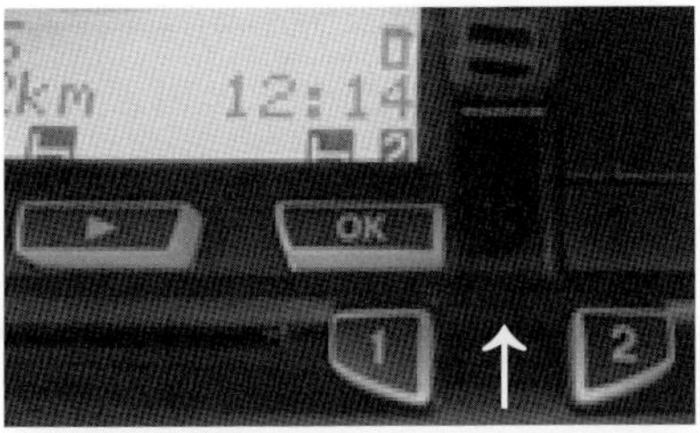

Beim ACTIA Smartach ist die Schnittstelle neben der OK-Taste

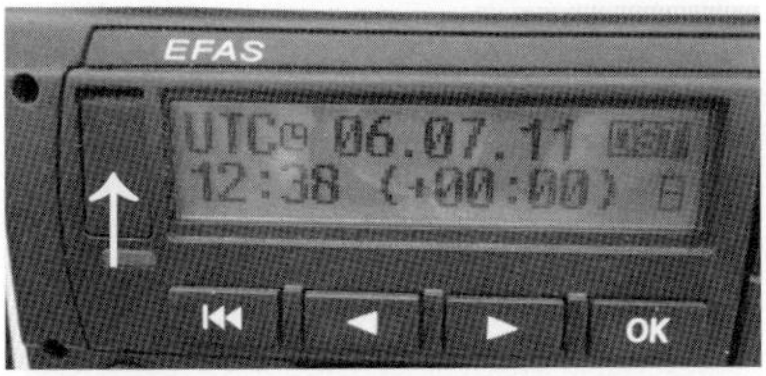

Beim EFKON EFAS 3 ist die Schnittstelle links neben dem Display (hier nicht geöffnet).

Bevor die Daten heruntergeladen werden können, muss zuvor eine gültige Kontrollkarte in den Kartenschacht 1 oder 2 eingeführt werden. Erst durch diese wird die Schnittstelle geöffnet. Bei der Schnittstelle handelt es sich um eine sechspolige Steckverbindung. Die einzelnen Kontakte der Schnittstelle sind wie folgt belegt:

Stift	Beschreibung	Anmerkung
1	Batterie minus	zum Minuspol der Fahrzeugbatterie
2	Datenkommunikation	K-Leitung
3	RxD – Herunterladen	Dateneingang Kontrollgerät
4	Eingabe-/ Ausgabesignal	Kalibrierung
5	Dauerausgangsleistung	Zur Berücksichtigung des Spannungsabfalls am Schutzstromkreis entspricht der Spannungsbereich dem des Fahrzeugs minus 3 V Ausgangsleistung: 40 mA
6	TxD – Herunterladen	Datenausgang Kontrollgerät

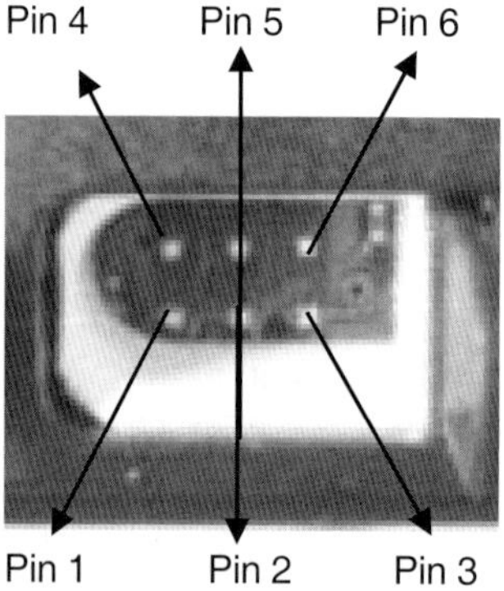

Die Baudrate bei der Übertragung ist zwischen 9 600 und 11 5200 bit/s einstellbar. Die Baudrate ist ein Maß, welches die Schrittgeschwindigkeit bei der Datenübertragung beschreibt. Sie steht für die Anzahl der Zustands- oder Symboländerungen in einer bestimmten Zeiteinheit. Die Baudrate muss auf der Sender- und Empfängerebene gleich sein. Wenn das Kontrollgerät mit der max. Baudrate von 11 5200 bit/s sendet und der Downloadkey weniger empfangen kann, kommt keine Übertragung zu stande.

Sobald die Kontrollkarte vom Kontrollgerät eingelesen wurde, startet der Download bei eingestecktem Downloadkey von Siemens VDO automatisch. Bei Verwendung eines Laptop oder PDA wird der Download über die Software aktiviert. Wenn beim Downloadkey beide LED´s grün leuchten ist der Download beendet. Auch bei der Software gibt es einen optischen Hinweis. Sollte es zu einem Problem gekommen sein, leuchtet beim Downloadkey eine LED rot. Bei der Software gibt es eine Fehlermeldung.

Der Datendownload wird im Kontrollgerät gespeichert, und zwar mit Datum, Uhrzeit und Nummer der Kontrollkarte. Mit der Unternehmenskarte und der Werkstattkarte kann ebenfalls der oben beschriebene Download durchgeführt werden.

3.24 Ferngesteuertes Herunterladen

Es besteht auch die Möglichkeit, einen sog. Remote-Download über Funk durchzuführen. Diese Variante wird zur Zeit von den Unternehmen genutzt. Der Fahrer muss keine Unternehmenskarte mitführen, der Download erfolgt vom Büro aus. Der Unternehmer kann so seinen Pflichten zum Auslesen der Fahrerkarte und dem Massenspeicher fristgerecht nachkommen, auch wenn das Fahrzeug unterwegs ist.

Ob ein Kontrollgerät für einen Remote-Download ausgerüstet ist, kann man teilweise von außen erkennen. In die Schnittstelle des Kontrollgerätes ist ein kleiner Stecker mit Kabel eingesetzt. Dieses geht dann zu einem GPS-Gerät. Von dort werden die Daten an das Unternehmen gesendet. Es muss jedoch jederzeit gewährleistet sein, dass Kontrollorgane einen Download vor Ort mit der Kontrollkarte durchführen können. Sollte ein Kontrollgerät mit einer Downloadanlage festgestellt werden, muss der Stecker zuerst aus der Schnittstelle entfernt werden. Dann muss nach Einstecken der Kontrollkarte ein Download möglich sein.

3.25 Manipulationen

Mit ein Grund zur Einführung des digitalen Kontrollgerätes war, die Manipulationen, die bei den analogen Geräten festgestellt worden sind, einzudämmen. Das digitale Kontrollgerät ist technisch viel komplexer als sein Vorgänger.

In der VO (EG) Nr. 2135/98 wird im 6. Erwägungsgrund ausgeführt:

Um die häufigsten Missbräuche des gegenwärtigen Systems abzustellen, ist es daher erforderlich, neue, moderne Geräte mit einem Modul zur elektronischen Speicherung der relevanten Daten und mit einer persönlichen Fahrerkarte einzuführen; mit diesen Geräten soll gewährleistet werden, dass die aufgezeichneten Daten verfügbar, eindeutig, leicht verständlich und zuverlässig sind und ausgedruckt werden können und dass eine unanfechtbare Bestandsaufnahme der Tätigkeiten des Fahrers während der vorangegangenen Tage einerseits und der Benutzung des Fahrzeugs während eines mehrmonatigen Zeitraums andererseits zustande kommt.

Weiter wird im 7. Erwägungsgrund erklärt:

Die Gesamtsicherheit des Systems und seiner Komponenten ist ein wesentlicher Faktor für die Wirksamkeit eines Kontrollgerätes.

Inzwischen sind seit Einführung des Kontrollgerätes innerhalb der EU einige Jahre vergangen und es wurde festgestellt, dass auch dieses Gerät manipuliert werden kann. Um hier dagegen zu steuern wurde die VO (EU) Nr. 1266/2009 erlassen, um das Kontrollgerät dem technischen Fortschritt anzupassen.

Im 17. Erwägungsgrund der Verordnung ist aufgeführt:

Nach dem Bericht der Gemeinsamen Forschungsstelle über die Angriffe auf die Sicherheit digitaler Fahrtenschreiber und das Risiko, das mit der Einführung von in Leichtfahrzeugen einzubauenden Adaptern verbunden ist, sollte die Übermittlung elektronischer Daten zwischen dem Fahrzeugantrieb und dem Bewegungs-

sensor (Weg- und/oder Geschwindigkeitsgeber) vor manipulatorischen Eingriffen (z. B. mittels Magneten) geschützt und die Fahrzeugbewegungsdaten durch zusätzliche und unabhängige interne und externe Quellen untermauert werden.

Bei Kontrollen, insbesondere bei der Aufnahme von Verkehrsunfällen, sollte ein Augenmerk auf eventuelle Manipulationen vorgenommen werden. In der Vergangenheit sind mehrere Arten von Manipulationen festgestellt worden, wobei der Begriff in Bezug auf das digitale Kontrollgerät nicht definiert ist. Nach Art. 15 (8) VO (EWG) Nr. 3821/85 ist die Verfälschung, Unterdrückung oder Vernichtung von Aufzeichnungen des Speicherinhaltes des Kontrollgerätes bzw. der Fahrerkarte sowie der Ausdrucke verboten. Dies gilt in gleicher Weise für Manipulationen am Kontrollgerät oder an der Fahrerkarte, durch die die Aufzeichnungen und/oder die Ausdrucke verfälscht, unterdrückt oder vernichtet werden können. Im Fahrzeug darf keine Einrichtung vorhanden sein, die zu diesem Zweck verwendet werden kann.

Nachfolgend werden einige Arten von Eingriffen erläutert und wie diese bei Kontrollen festgestellt werden können.

1. Benutzung von zwei Sensoren (Geber)

Diese Manipulation ist im Jahr 2006 nach einem tödlichen Verkehrsunfall mit einem Lkw festgestellt worden. Es handelte sich um ein Fahrzeug der Marke Volvo, Typ FH 16. Eingebaut war ein Kontrollgerät der Marke Siemens VDO, Typ DTCO 1381. Bei der Überprüfung des Lkw wurden Abweichungen bei der Verkabelung des Gerätes gefunden. Eine weitere Untersuchung ergab, dass ein elektronisches Bauteil in der Kabinen-Deckenleuchte versteckt war. Es handelte sich um einen zweiten Sensor. Außerdem konnte man eruieren, dass der zusätzliche Schaltkreis mit einer Fernbedienung gesteuert werden konnte.

Auf den Ausdrucken vom Unfalltag waren eine Sensorstörung und eine Geschwindigkeitsüberschreitung vorhanden. Auffällig am Geschwindigkeitsausdruck war, dass dort Aufzeichnungen an Vortagen von 123 km/h waren. Auch kam es zu falschen Aufzeichnungen, da die Nummer der Fahrerkarte manchmal fehlte. Bei dem Ausdruck Ereignisse/Störungen vom Massenspeicher gab es viele Eintragungen.

Auch durch Rückrechnungen zwischen den Mautstellen wurde ermittelt, dass die Durchschnittsgeschwindigkeit 129 km/h gewesen sein muss. Dies ist ohne Manipulation nicht möglich. Ebenfalls wurde festgestellt, dass die Nummer des KITAS vom Getriebe nicht mit der Nummer des im Kontrollgerät hinterlegten KITAS übereinstimmte. Dieser wurde ausgetauscht und der eigentliche Geber im Fahrzeughimmel versteckt.

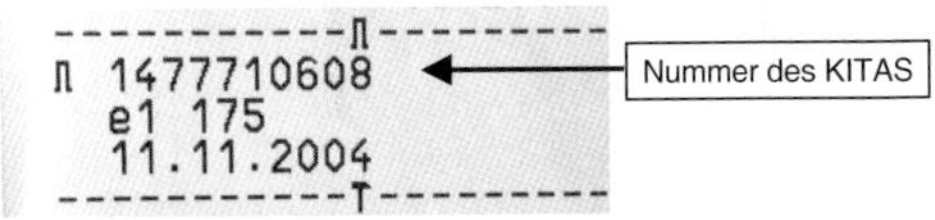

Auf dem Geber ist eine Individualnummer verzeichnet. Diese muss mit der Nummer auf dem Ausdruck technische Daten übereinstimmen.

Es gibt folgende Sensoren:

Marke	Zulassungsnummer	Typ
Siemens VDO (KITAS)	e1 175	2171-0... 2171-20... 2171-50...
Stoneridge	kein eigener Sensor	
ACTIA	e2 26	verschiedene Typen
EFKON	kein eigener Sensor	

Durch den Eingriff konnte trotz fahrendem Fahrzeug Ruhezeit aufgezeichnet werden und der Geschwindigkeitsbegrenzer war ohne Funktion.

2. Manipulation des Impulsgebers

Im Jahr 2007 wurde ein Lkw Marke Volvo ebenfalls in Spanien kontrolliert. Eingebaut war ein digitales Kontrollgerät der Marke Siemens VDO, Typ DTCO 1381. Der Fahrer besaß keine Fahrerkarte. Bei der Überprüfung der Ausdrucke und Plomben konnten keine Unregelmäßigkeiten festgestellt werden. Trotzdem hatte der Kontrollbeamte einen Verdacht. Er fand einen Schalter, mit dem das Signal des Impulsgebers beeinflusst werden konnte.

Die Daten vom Getriebe werden in kryptographisch verschlüsselter Form an das Kontrollgerät weitergeleitet. Dennoch werden die Impulse zwischen dem Geber und dem Kontrollgerät in gleicher Art wie beim analogen Tachograph weitergeleitet. Der Geber befindet sich direkt am Getriebe und wandelt die Drehung des Impuls- oder Zahnrades in elektrische Impulse um. Parallel zu den verschlüsselten Daten steht das Echtzeitsignal des Gebers zur Verfügung. Durch einen Vergleich der beiden Signale im Kontrollgerät soll eine Manipulation sicher entdeckt werden.

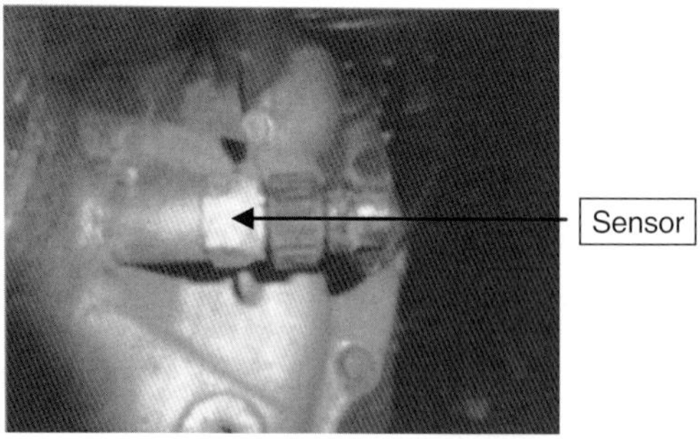

Diese Impulse werden über elektrische Leitungen an das Kontrollgerät übertragen. An der Rückseite des Gerätes sind verschiedene Steckverbindungen.

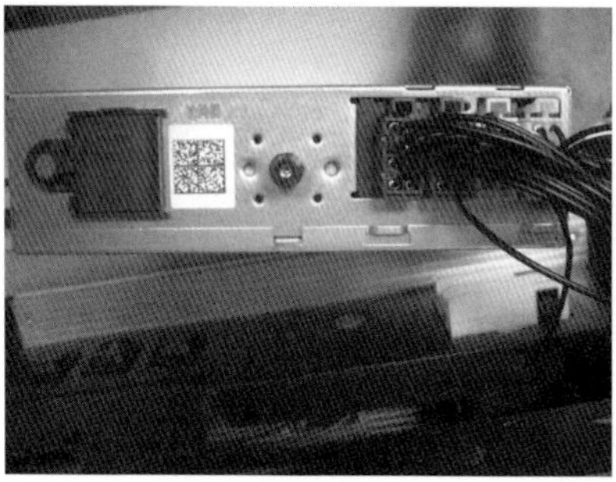

Anhand des Schaltplanes kann man erkennen, welche Leitung zum Geber führt.

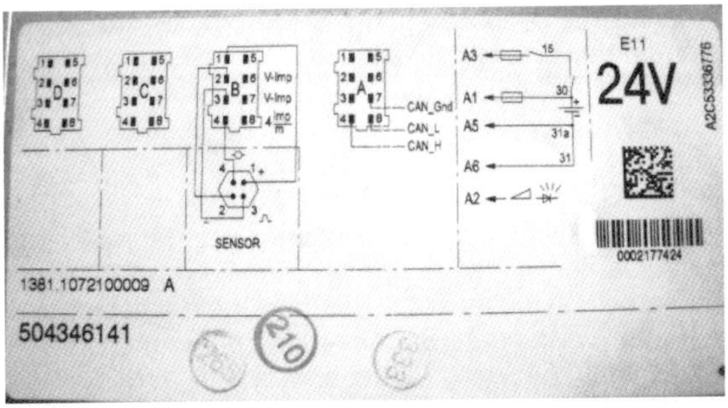

Schaltplan DTCO 1381

Eine dieser Leitungen war „angezapft“ worden. Zusätzlich war ein Spannungswandler angeschlossen, der die Fahrzeugspannung von 24 V auf 12 V reduzierte. Weiterhin wurde festgestellt, dass der Sensor selbst manipuliert war. Im Inneren war ein zusätzliches Bauteil angelötet worden. Somit war es möglich, dass trotz fahrendem Fahrzeug vom Kontrollgerät Ruhezeit aufgezeichnet wurde.

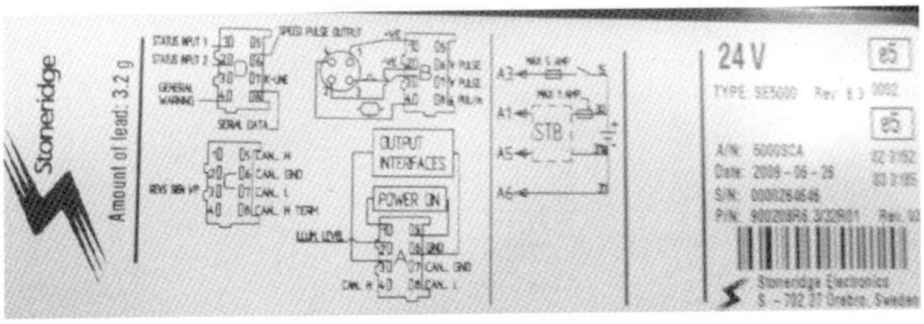

Schaltplan SE 5000

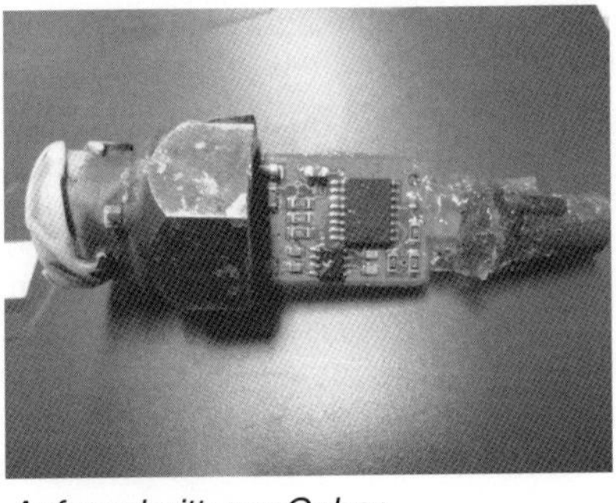

Aufgeschnittener Geber

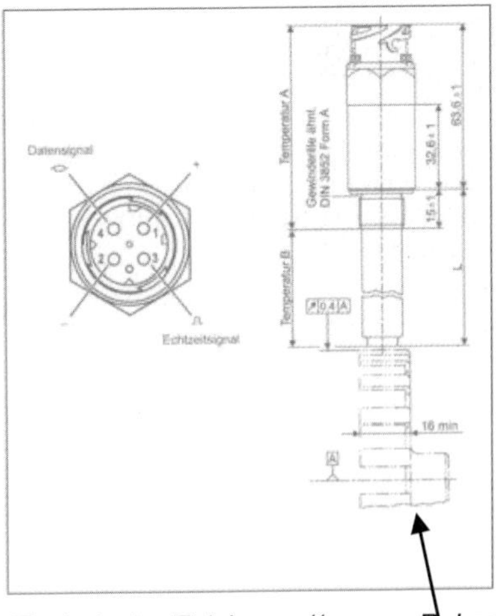

Technische Zeichnung[11]

Polrad

11 www.kienzle.de

Der Impulsgeber hat die Aufgabe, die Drehbewegung eines Polrades am Getriebeabgang des Fahrzeugs durch berührungslose Abtastung mit einem Hall-IC in elektrische weg- und geschwindigkeitsabhängige Impulse umzusetzen.[12]

3. Manipulation mit einem Magnet

Ebenfalls im Jahr 2007 wurde ein Lkw aus Slowenien kontrolliert, der mit einem DTCO 1381 ausgerüstet war. Da der Fahrer einen nervösen Eindruck machte, wurde von dem Polizeibeamten ein aktueller Tagesausdruck gefertigt. Dort waren keine Aktivitäten vom Fahrer vorhanden. Bei einer Überprüfung des Fahrzeugs wurde festgestellt, dass am KITAS ein Magnet angebracht war.

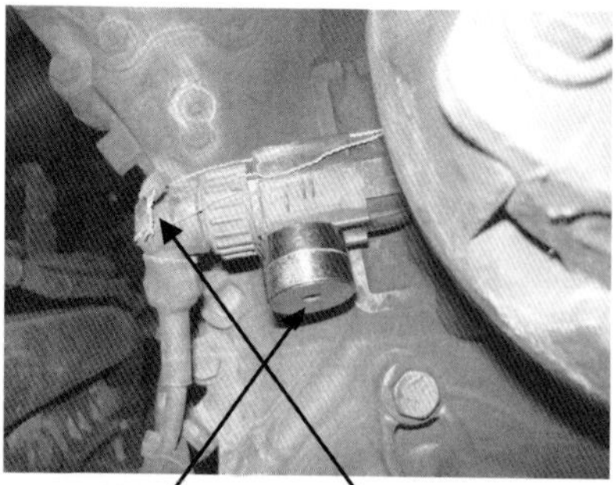

Magnet am KITAS *Verplombung*

Durch das Anbringen des Magneten zeichnet das Kontrollgerät keine Geschwindigkeiten und Wegstrecken auf. Wenn die Zeitgruppe auf Pause umgestellt wird, registriert das Kontrollgerät die Zeit als Ruhezeit/Pause, und zwar so lange, wie der Magnet vorhanden ist. Wird der Magnet entfernt, registriert das Kontrollgerät wieder die tatsächlichen Signale. Möglich ist diese Art der Manipulation mit verschiedenen Arten von Magneten, auch mit einem Elektromagnet, der der dann bei Bedarf im Führerhaus durch einen Schalter zugeschaltet werden kann.

Auf dem Tagesausdruck Fahrer/Massenspeicher und dem Ausdruck Ereignisse/Störungen ist diese Art der Manipulation nicht zu erkennen. Um diese Manipulation feststellen zu können, muss bei einer Kontrolle/Unfall überprüft werden, ob das Fahrzeug zu diesem Zeitpunkt Geschwindigkeitsaufzeichnungen hat. Dazu kann man sich die beiden letzten Aktivitäten auf dem Tagesausdruck Fahrer/Fahrzeug ansehen.

Hier muss für eine Aktivität das Piktogramm  (LENKEN) aufgezeichnet sein. Dies gilt auch für die Datenauswertung mittels Software.

12 Der digitale Tachograph, VDO.

Nachfolgend ist ein Datendownload dargestellt, der mit Software der Fa. Zauner ausgewertet wurde. Der Fahrer hatte einen Magnet am Sensor angebracht und war in diesem Zustand in eine Kontrolle gekommen. Bei der Überprüfung seiner Tätigkeiten war aufgefallen, dass vor dem Kontrollzeitpunkt keine Lenkzeit aufgezeichnet war.

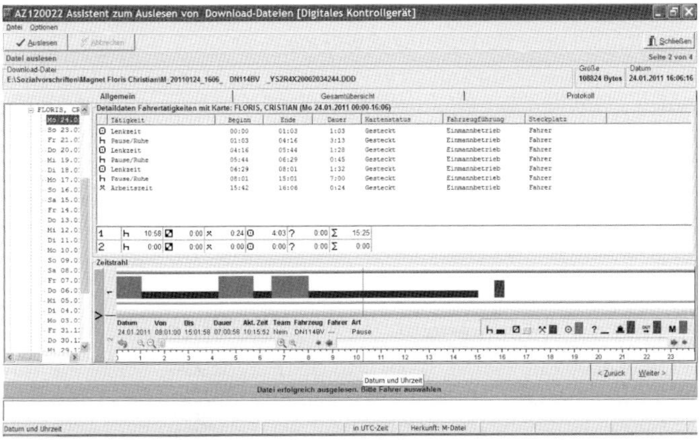

Die letzten Aktivitäten vor der Kontrolle waren Arbeitszeit (von 15:42 Uhr bis 16:06 Uhr) und Pause/Ruhe (von 08:01 Uhr bis 15:01 Uhr), über einen Zeitraum von 7 Stunden und 24 Minuten. Die letzte Lenkzeitaufzeichnung ging bis 08:01 Uhr.

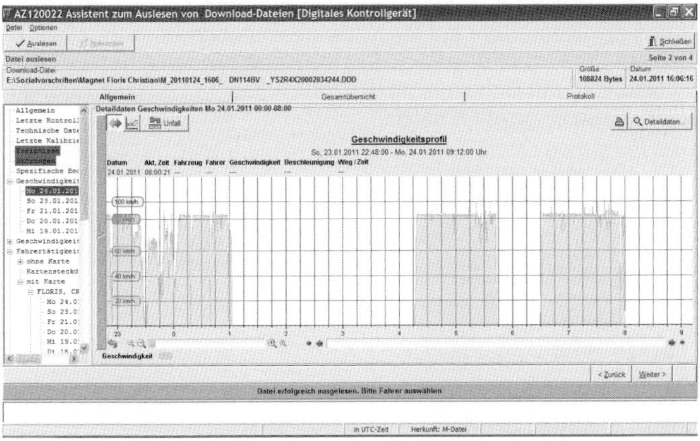

Auch die Übersicht der Geschwindigkeitsaufzeichnung zeigt, dass ab 08:01 Uhr keine Geschwindigkeit aufgezeichnet wurde, das Fahrzeug also stehen musste. Weil der Magnet keine Spuren in der Aufzeichnung hinterlässt, sind die aufgezeichneten Pausen/Ruhezeiten alle fragwürdig.

Aufgrund der Erkenntnisse der Manipulation mit einem Magnet, wurde in der VO (EU) Nr. 1266/2009 die Anforderungen für den Bewegungssensor geändert, die ab 1.10.2012 in Kraft treten. Danach müssen Bewegungssensoren

– entweder auf ein Magnetfeld, das die Ermittlung von Fahrzeugbewegungsdaten stört, reagieren – unter diesen Umständen registriert und speichert die Fahrzeugeinheit eine Sensorstörung – oder über einen Sensor verfügen, der vor Magnetfeldern geschützt oder dagegen unempfindlich ist.

Zur Ermittlung einer etwaigen Manipulation der Bewegungsdaten sind die vom Bewegungssensor stammenden Informationen durch Daten zur Fahrzeugbewegung zu untermauern, die aus einer oder mehreren vom Bewegungssensor unabhängigen Quelle(n) gewonnen werden.

Es besteht jedoch keine Verpflichtung, alte Sensoren/Kontrollgeräte auszutauschen. Ab 1.10.2012 wird in Neufahrzeuge der KITAS II+ eingebaut, der gegen magnetische Impulse abgesichert ist.

4. Manipulation mit der Fahrerkarte

Eine relativ einfache Methode ist die, dass sich der Fahrer eine zweite Fahrerkarte beschafft, indem er angibt, er habe seine verloren. Er kann dann abwechselnd auf beide Karten fahren. Oder er benutzt für den Fall, dass eine Lenkzeitüberschreitung droht, die Karte eines anderen Fahrers bzw. seines Chefs. Eine andere Methode funktioniert folgendermaßen:

Die Lenk- und Ruhezeiten werden auf der Fahrerkarte automatisch um 00:00 Uhr gespeichert, und wenn der Fahrer die Karte entnimmt. Wird der Speicherchip bevor die Karte durch die Auswurftaste am Kontrollgerät angefordert wird, abgedeckt, können die Daten nicht auf die Karte geschrieben werden, wie z. B. die Lenkzeit. Schiebt der Fahrer anschließend die Karte wieder in den Schacht und tätigt einen Nachtrag mit Ruhezeit, ist die zurückgelegte Lenkzeit nicht gespeichert, sondern durch Ruhezeit ersetzt.

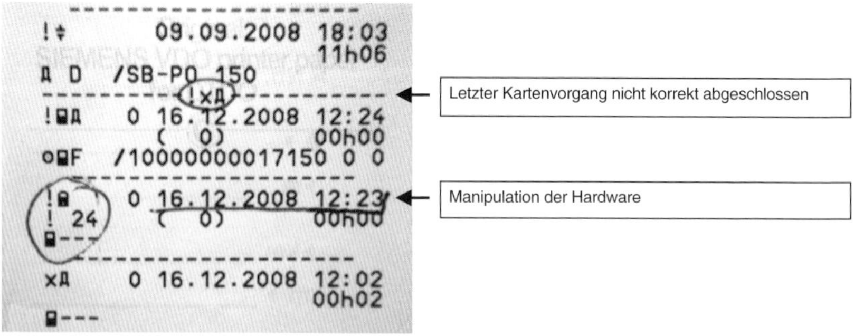

Auf diesem Ausschnitt des Ausdrucks ist eine sicherheitsverletzende Manipulation gespeichert (Ziffer 24 = Manipulation der Hardware). Diese wurde als Ereignis im Massenspeicher hinterlegt. Das Piktogramm ▮-- bedeutet „keine Karte“.

Hier wurde verhindert, dass die Daten/Aktivitäten des Fahrers auf der Fahrerkarte gespeichert wurden. Aus diesem Grund ist auch ein Datensatz darüber das Piktogramm ! „letzter Kartenvorgang nicht korrekt abgeschlossen“ hinterlegt, mit der Nummer der Fahrerkarte und dem Ausstellerstaat.

Das Gerät ist zwar in der Lage Manipulationen zu erkennen und speichert diese als Ereignis oder Störung ab, der Kontrolleur muss diese Überprüfung jedoch mit in seine Kontrolle einbeziehen.

Eine weitere Methode ist, Fahrerkarten selbst zu fälschen, z. B. die Veränderung der Identität des Karteninhabers, Austauschen des Speicherchips, Karte ohne Foto. Aus diesem Grund sollte die Fahrerkarte immer entnommen werden, um abzugleichen, ob es sich tatsächlich um den Fahrer handelt und auch, um die Karte hinsichtlich Fälschung zu überprüfen.

Die Karten weisen zum Schutz vor Fälschung und Änderungen mindestens folgende Merkmale auf:

- ein Sicherheitshintergrunddesign mit feingemusterten Guillochen und Irisdruck,
- im Bereich des Lichtbildes eine Überlappung des Sicherheitshintergrunddesigns mit dem Lichtbild,
- mindestens eine zweifarbige Mikrodruckzeile.

Weiterhin darf keine Möglichkeit gegeben sein, die Software der Karte bei der Praxisanwendung zu analysieren, auszuprüfen oder abzuändern. Eingaben aus externen Quellen dürfen als Ausführungscode nicht akzeptiert werden. Tätigkeitsdaten dürfen nur durch die Fahrzeugeinheit auf den Speicherchip geschrieben werden.

3.26 Erkennen von Manipulationen

Ein Hinweis auf eine Manipulation kann eine **Spannungsunterbrechung** sein. Durch einen Schalter oder Relais wird die Stromzufuhr unterbrochen oder durch einen Spannungsteiler eine Unterspannung erzeugt. Dieser Eingriff wird auf der Fahrerkarte und im Massenspeicher hinterlegt. Auf dem Ausdruck ist dies zu erkennen.

```
--------------------
!÷        28.09.2011 05:13
                     01h00
A D  /SB-PO 150
--------------------
```

Piktogramm Unterbrechung der Stromversorgung	!÷
Datum/Beginn der Spannungsunterbrechung und Dauer, hier 1 Stunde	

Wenn die Spannungsunterbrechung eine gewisse Dauer hat, sollte man die bis zur Kontrolle zurückgelegte Wegstrecke auf dem Ausdruck mit der tatsächlichen Strecke anhand von Ladepapieren, Tankquittungen, persönliche Aufzeichnungen des Fahrers etc. vergleichen. Je nach Dauer der Unterbrechung ergibt sich eine erhebliche Diskrepanz der gefahrenen Kilometer. Es lohnt sich auch einen Blick auf die Sicherungen zu werfen, ob alle vorhanden sind.

Es kann sich aber auch um einen technischen Defekt handeln, z. B. durch Lösen einer Verbindungsleitung. Das Ereignis kann auch bei Anlassen des Motors auftreten. Dann ist es aber von sehr kurzer Dauer. Bei einem Werkstattaufenthalt kann auch die Batterie abgeklemmt worden sein. Dies ist aber überprüfbar. Möglicherweise hat der Fahrer eine Rechnung der Werkstatt im Fahrzeug.

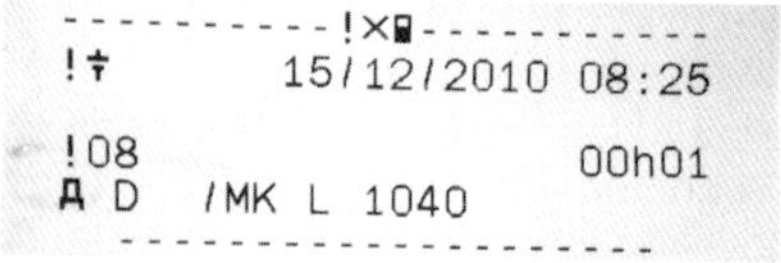
```
----------!×▮-----------
!↑         15/12/2010 08:25
!08                   00h01
A D   /MK L 1040
--------------------
```

Hier dauerte die Spannungsunterbrechung nur 1 Minute. Eine Manipulation ist unwahrscheinlich.

Bei der Ziffer 08 handelt es sich um die Warnungsreferenz-Nummer (Ausdruck aus einem Gerät der Fa. Stoneridge). Sie bedeutet Unterbrechung der Stromversorgung.

Ebenfalls kann eine **Geberstörung** eine Manipulation indizieren. Durch einen Schalter wird während der Fahrt die Impulsgeberleitung unterbrochen. Das Ereignis wird im Massenspeicher und auf der Fahrerkarte gespeichert.

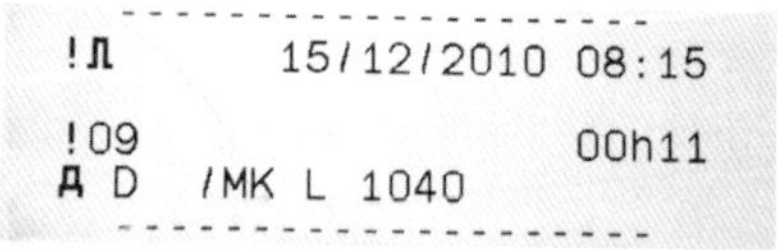
```
--------------------
!Л         15/12/2010 08:15
!09                   00h11
A D   /MK L 1040
--------------------
```

!Л Piktogramm Datenfehler Weg und Geschwindigkeit

Datum/Beginn der Spannungsunterbrechung und Dauer, hier 11 Minuten

Bei der Ziffer 09 handelt es sich um die Warnungsreferenz-Nummer (Ausdruck aus einem Gerät der Fa. Stoneridge). Sie bedeutet falsche Daten des Bewegungssensors.

Wenn das Echtzeitsignal fehlt, wird anstatt der Lenkzeit Arbeitszeit aufgezeichnet, wobei die Wegstrecke korrekt registriert wird. Fehlt das Datensignal wird die Lenkzeit korrekt aufgezeichnet, aber die registrierte Wegstrecke ist zu gering. Falls beide Signale fehlen, trifft beides zu. Sollte dieses Ereignis mehrmals und von längerer Dauer auftauchen, muss die Geberleitung vom Kontrollgerät zum Sensor in einer Werkstatt überprüft werden. Tatsächliche Wegstrecken können anhand von Ladepapieren, Tankquittungen, persönliche Aufzeichnungen des Fahrers etc. ermittelt werden. Aber auch hier kann ein technischer Defekt vorliegen, indem sich beispielsweise die Anschlussverbindung gelöst hat.

Der Impulsgeber muss verplombt sein. Dies kann mit einem Plombendraht und Bleiplomben oder einer Kunststoffsicherheitskappe, die beim Entfernen bricht, durchgeführt werden.

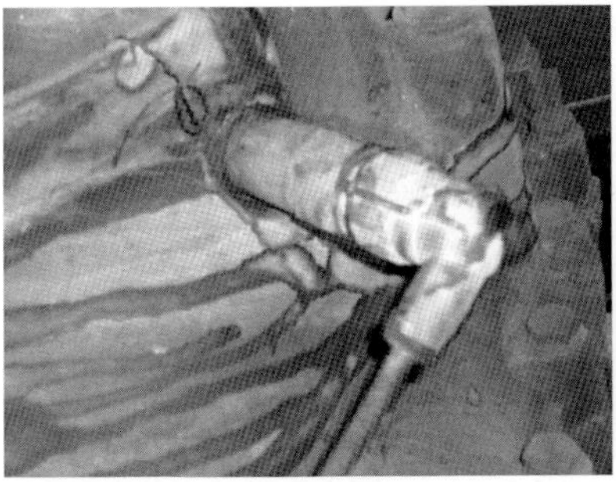

Plombendraht abgerissen

Sicherheitskappe aus Kunststoff

Ordnungsgemäß verplombt

Zusätzlich werden Manipulationen im Fehlerspeicher des **zentralen Bordrechners** gespeichert. Die Störungsmeldungen können durch Bedienung der Steuertasten am Lenkrad im Display des Kombiinstruments angezeigt werden (Bedienungsanleitung). Diese On-Board Diagnose kann auch in der Werkstatt durchgeführt werden, denn ohne Bedienungsanleitung ist es schwierig, in das entsprechende Menü zu gelangen.

Inzwischen wurde noch eine Vielzahl weiterer Manipulationsmöglichkeiten entdeckt. Die genannten Varianten sollen nur Beispiele sein, für Fälle, die schon mehrfach aufgetaucht sind.

3.27 Ordnungswidrigkeiten und Straftaten

3.27.1 Ordnungswidrigkeiten

Allen Verordnungen, die vom europäischen Parlament, der Kommission und dem Rat erlassen werden, haben gemeinsam, dass sie keine Ordnungswidrigkeiten und Straftaten enthalten. In Art. 19 (1) VO (EG) Nr. 561/2006 ist aufgeführt:

Die Mitgliedsstaaten legen für Verstöße gegen die vorliegende Verordnung und die Verordnung (EWG) Nr. 3821/85 Sanktionen fest und treffen alle erforderlichen Maßnahmen, um deren Durchführung zu gewährleisten. Diese Sanktionen müssen wirksam, verhältnismäßig, abschreckend und nicht diskriminierend sein…

In Absatz 2 wird weiter aufgeführt:

Ein Mitgliedsstaat ermächtigt die zuständigen Behörden, gegen ein Unternehmen und/oder einen Fahrer bei einem in seinem Hoheitsgebiet festgestellten Verstoß gegen diese Verordnung eine Sanktion zu verhängen, sofern hierfür noch keine Sanktion verhängt wurde, und zwar selbst dann, wenn der Verstoß im Hoheitsgebiet eines anderen Mitgliedsstaates oder eines Drittstaates begangen wurde.

Die möglichen Ordnungswidrigkeiten sind im **Fahrpersonalgesetz** und der **Fahrpersonalverordnung** enthalten. Zusätzlich gibt es noch einen „Buß- und Verwarnungsgeldkatalog zum Fahrpersonalrecht“, der vom Länderausschuss für Arbeitsschutz und Sicherheitstechnik (LASI) erstellt worden ist.

Im Fahrpersonalgesetz sind die Ordnungswidrigkeiten im § 8 und § 8a aufgeführt. Gegen den Unternehmer kann die Geldbuße bis zu 15000 Euro, gegen den Fahrer maximal 5000 Euro, betragen, unabhängig ob der Verstoß im Inland oder Ausland begangen wurde [§ 8a (5) FPersG]. Dies gilt auch für die Ordnungswidrigkeiten in der Fahrpersonalverordnung.

Gemäß § 31 (2) Nr. 2 OWiG tritt die Verjährung erst nach zwei Jahren ein. Verstöße gegen das Fahrpersonalgesetz und die Fahrpersonalverordnung werden nicht in das Verkehrszentralregister eingetragen, d. h. es gibt keine Punkte in Flensburg.

Der weitaus größere Teil der Ordnungswidrigkeiten ist in den §§ 21, 22, 23, 24 und 25 der Fahrpersonalverordnung enthalten. Zuständig für die Bearbeitung der Bußgeldanzeigen nach dem FPersG/der FPersV sind die Ämter für Arbeitsschutz, Gewerbeaufsichtsämter etc. in den einzelnen Bundesländern. In Baden-Württemberg sind es die Landratsämter und Kreise. Bei ausländischen Fahrer und Unternehmen ist es das Bundesamt für Güterverkehr.

Ebenfalls gibt es in § 69a StVZO noch Ordnungswidrigkeiten, die auf den § 57a und § 57b StVZO verweisen.

In der nachfolgenden Tabelle sind die möglichen Ordnungswidrigkeiten im Zusammenhang mit dem digitalen Kontrollgerät und den Kontrollgerätkarten aufgelistet:

Verstoß	Unternehmer	Fahrer	Werkstattinhaber	Bußgeld
Verstöße gegen das FPersG				
Daten nicht, nicht richtig oder nicht für die vorgeschriebene Dauer speichern [§ 4 (3) S. 6 FPersG]	X			750,- €
Ausdruck nicht oder nicht für die vorgeschriebene Dauer aufbewahren [§ 4 (3) S. 7 FPersG]	X			750,- €
Daten nicht oder nicht rechtzeitig löschen [§ 4 (3) S. 8 FPersG]	X			500,- €
Keine lückenlose Dokumentation/ Datensicherung und Daten/Ausdrucke nicht gegen Verlust/Beschädigung sichern [§ 4 (3) S. 9 FPersG]	X			750,- € 500,- €
Die Fahrerkarte nicht oder nicht rechtzeitig zum Kopieren zur Verfügung stellen [§ 4 (3) S. 4 FPersG]		X		150,- €
Verstöße gegen die FPersV				
Nicht dafür sorgen, dass Kontrollgerät benutzt wird [§ 21 (1) Nr. 3 FPersV]	X			750,- €
Daten des Fahrzeugspeichers nicht übertragen/gespeichert [§ 21 (1) Nr. 4 FPersV]	X			750,- €
Daten nicht kopieren [§ 21 (1) Nr. 5 FPersV]	X			750,- €
Daten der Behörde nicht oder nicht rechtzeitig zur Verfügung stellen [§ 21 (1) Nr. 6 FPersV]	X			750,- €
Eine Sicherheitskopie nicht oder nicht rechtzeitig erstellen [§ 21 (1) Nr. 7 FPersV]	X			100,- €
Daten dem Mieter nicht oder nicht rechtzeitig zur Verfügung stellen [§ 21 (1) Nr. 8 FPersV]	X			750,- €
Kontrollgerät nicht betreiben [§ 21 (2) Nr. 3 FPersV]		X		250,- €
Kontrollgerät/Benutzerführung nicht oder nicht richtig bedient/beachtet [§ 21 (2) Nr. 6 FPersV]		X		250,- €
Zeitraum auf der Fahrerkarte nicht, nicht richtig, nicht rechtzeitig eintragen [§ 21 (2) Nr. 7 FPersV]		X		250,- €
Einen Ausdruck nicht oder nicht rechtzeitig vorlegen [§ 21 (2) Nr. 9 FPersV]		X		250,- €
Ausdruck nicht oder nicht rechtzeitig weiterleiten [§ 21 (2) Nr. 10 FPersV]		X		50,- €

Verstoß	**Unter-nehmer**	**Fahrer**	**Werk-statt-inhaber**	**Bußgeld**
Fahrerkarte einem Dritten zur Nutzung überlassen [§ 21 (2) Nr. 11 FPersV]		X		500,- €
Fahrerkarte nicht mitführen oder nicht bzw. nicht rechtzeitig zur Prüfung aushändigen [§ 21 (2) Nr. 12 FPersV]		X		250,- €
Abgelaufene Fahrerkarte oder Ausdruck nicht oder nicht mindestens 28 Kalendertage mitführen [§ 21 (2) Nr. 13 FPersV]		X		250,- €
Eine Werkstattkarte nicht oder nicht rechtzeitig zurückgeben [§ 21 (3) Nr. 2 FPersV]			X	1000,- €
Verstöße gegen die VO (EWG) Nr. 3821/85				
Kontrollgerät nicht einbaut oder nicht benutzt [§ 23 (1) Nr. 1 FPersV]	X			1500,- € 750,- €
Nicht für das ordnungsgemäße Funktionieren/Benutzung des Kontrollgerätes oder Fahrerkarte sorgen [§ 23 (1) Nr. 2 FPersV]	X			750,- €
Nicht dafür Sorge trägt, dass der Ausdruck ordnungsgemäß erfolgen kann [§ 23 (1) Nr. 5 FPersV]	X			750,- €
Eine Reparatur nicht, nicht richtig oder nicht rechtzeitig durchführen lassen [§ 23 (1) Nr. 7 FPersV]	X			1000,- € 250,- €
Ein Kontrollgerät nicht benutzen [§ 23 (2) Nr. 1 FPersV]		X		250,- €
Nicht für das ordnungsgemäße Funktionieren/Benutzung des Kontrollgerätes oder Fahrerkarte sorgen [§ 23 (2) Nr. 2 FPersV]		X		250,- €
Nicht dafür Sorge trägt, dass der Ausdruck ordnungsgemäß erfolgen kann [§ 23 (2) Nr. 3 FPersV]		X		250,- €
Eine andere, defekte oder abgelaufene Fahrerkarte benutzen [§ 23 (2) Nr. 4 FPersV]		X		500,- € 250,- €
Beschädigte Fahrerkarte verwenden, vorzeitig entnehmen [§ 23 (2) Nr. 5 FPersV]		X		250,- €
Einen Ausdruck nicht oder nicht rechtzeitig fertigen oder eine Angabe nicht, nicht richtig, nicht vollständig oder rechtzeitig eintragen [§ 23 (2) Nr. 6 FPersV]		X		250,- €
Keine Fahrerkarte benutzen [§ 23 (2) Nr. 7 FPersV]		X		250,- €

Verstoß	Unternehmer	Fahrer	Werkstattinhaber	Bußgeld
Keine Eintragungen für Zeiten vornehmen, in denen sich der Fahrer nicht im Fahrzeug aufhält (Nachtrag) [§ 23 (2) Nr. 8 FPersV]		X		150,- €
Ein Symbol nicht oder nicht richtig eingeben [§ 23 (2) Nr. 10 FPersV]		X		75,- €
Eine Fahrerkarte oder Ausdruck nicht oder nicht rechtzeitig vorlegen [§ 23 (2) Nr. 11 FPersV]		X		250,- €
Bei Betriebsstörung des Kontrollgerätes vorgeschriebene Eintragungen nicht, nicht richtig, nicht vollständig oder nicht für die vorgeschriebene Dauer machen [§ 23 (2) Nr. 12 FPersV]		X		250,- €
Bei Verlust, Diebstahl, Beschädigung oder Fehlfunktion der Fahrerkarte die vorgeschriebenen Ausdrucke und Eintragungen nicht machen [§ 23 (2) Nr. 13 FPersV]		X		250,- €
Ohne Fahrerkarte die Fahrt länger als 15 Tage ohne Berechtigung fortsetzen [§ 23 (2) Nr. 14 FPersV]		X		50,- €
Als Werkstattinhaber/Installateur ein Kontrollgerät einbaut/repariert, ohne eine behördliche Zulassung zu haben [§ 23 (3) FPersV]			X	1000,- €
Verstöße gegen das AETR				
Nicht für das ordnungsgemäße Funktionieren/Benutzung des Kontrollgerätes oder Fahrerkarte sorgen [§ 25 (1) Nr. 4 FPersV]	X			750,- €
Nicht dafür Sorge trägt, dass der Ausdruck ordnungsgemäß erfolgen kann [§ 25 (1) Nr. 5 FPersV]	X			750,- €
Nicht sicherstellen, dass alle Daten aus der Fahrzeugeinheit und der Fahrerkarte heruntergeladen werden oder zwölf Monate aufbewahrt und die Daten auf Verlangen zur Verfügung stehen [§ 25 (1) Nr. 8 FPersV]	X			750,- €
Eine Reparatur nicht oder nicht rechtzeitig durchführen lässt [§ 25 (1) Nr. 9 FPersV]	X			1000,- €
Nicht für das ordnungsgemäße Funktionieren/Benutzung des Kontrollgerätes oder Fahrerkarte sorgen [§ 25 (2) Nr. 5 FPersV]		X		250,- €
Nicht dafür Sorge trägt, dass der Ausdruck ordnungsgemäß erfolgen kann [§ 25 (2) Nr. 6 FPersV]		X		250,- €

Verstoß	Unter-nehmer	Fahrer	Werk-statt-inhaber	Bußgeld
Eine Fahrerkarte nicht oder nicht rechtzeitig benutzen [§ 25 (2) Nr. 8 FPersV]		X		250,- €
Eine Fahrerkarte vorzeitig entnehmen [§ 25 (2) Nr. 9 FPersV		X		250,- €
Eine Fahrerkarte/Ausdruck nicht oder nicht rechtzeitig aushändigen [§ 25 (2) Nr. 11 FPersV]		X		250,- €
Bei Betriebsstörung des Kontrollgerätes vorgeschriebene Eintragungen nicht, nicht richtig, nicht vollständig oder nicht in der vorgeschriebenen Weise machen [§ 25 (2) Nr.12 FPersV]		X		250,- €
Bei Verlust, Diebstahl, Beschädigung oder Fehlfunktion der Fahrerkarte die vorgeschriebenen Ausdrucke und Eintragungen nicht machen [§ 25 (2) Nr. 13 FPersV]		X		250,- €
Als Werkstattinhaber/Installateur ein Kontrollgerät einbaut/repariert, ohne eine behördliche Zulassung zu haben [§ 25 (3) FPersV]			X	1000,- €

Die ausgewiesenen Beträge sind Regelsätze, die von vorsätzlicher Begehung ausgehen. Bei Fahrlässigkeit sollen sie bis zu Hälfte ermäßigt werden.

Im bundeseinheitlichen Tatbestandskatalog sind noch 2 Ordnungswidrigkeitentatbestände nach der StVZO enthalten:

Tatbe-stands-nummer	Tatbestandstext	Euro
331066	Sie ordneten die Inbetriebnahme eines Kraftfahrzeuges an, obwohl die Gültigkeitsdauer*) der letzten Prüfung des vorgeschriebenen Fahrtschreibers bzw. Kontrollgerätes abgelaufen war bzw. ließen sie zu.	25,00
357006	Sie sorgten als Halter nicht für die Vorschriftsmäßigkeit des Einbauschildes.	10,00

Bei der Tatbestandsnummer 331066 ist das Datum des letzten Prüftermins anzugeben.

3.27.2 Straftaten

Durch die Einführung des digitalen Kontrollgerätes gibt es eine Vielzahl neuer Möglichkeiten, eine Straftat zu begehen. Die nachfolgend aufgeführten Sachverhalte und deren strafrechtliche Bewertung kann in den einzelnen Bundesländern abweichend von der Staatsanwaltschaft beurteilt werden. Sollte ein Strafverfahren eingestellt werden, gibt die Staatsanwaltschaft das Verfahren an die zuständige Bußgeldbehörde der Länder ab.

Folgende Straftatbestände können in Betracht kommen:

§ 267	StGB –	Urkundenfälschung
§ 268	StGB –	Fälschung technischer Aufzeichnungen
§ 269	StGB –	Fälschung beweiserheblicher Daten
§ 271	StGB –	Mittelbare Falschbeurkundung
§ 281	StGB –	Missbrauch von Ausweispapieren
§ 303a	StGB –	Datenveränderung
§ 332	StGB –	Bestechlichkeit
§ 334	StGB –	Bestechung
§ 156	StGB –	Falsche Versicherung an Eides statt
§ 145d	StGB –	Vortäuschen einer Straftat
§ 136	StGB –	Siegelbruch
§ 348	StGB –	Falschbeurkundung im Amt
§ 22b	StVG –	Missbrauch von Wegstreckenzählern und Geschwindigkeitsbegrenzer

Handlung	**Tatbestand**	**Bemerkungen**
Benutzen einer fremden Fahrerkarte	§ 269 StGB § 281 StGB	
Fahren ohne Karte, zu spät eingelegt, zu früh entnommen	keine Straftat	Ordnungswidrigkeit § 23 (2) Nr. 7 FPersV
Benutzen mehrerer Fahrerkarten desselben Fahrers	keine Straftat	Ordnungswidrigkeit § 23 (2) Nr. 4 FPersV
Benutzen einer Fahrerkarte, deren Speicherfunktion beeinträchtigt wurde	keine Straftat	Ordnungswidrigkeit § 23 (2) Nr. 2 FPersV
Bereits gespeicherte Daten auf der Karte vernichtet/unbrauchbar gemacht	§ 303 a StGB	
Verändern von Angaben auf der Karte selbst Vorzeigen bei Kontrolle Benutzen der Karte im Kontrollgerät	§ 267 StGB § 267 StGB § 269 StGB	
Nichtherausgabe der Fahrerkarte	keine Straftat	Ordnungswidrigkeit § 23 (2) Nr. 11 FPersV
Vorzeigen einer fremden Fahrerkarte	§ 281 StGB	
Überlassen der Fahrerkarte an einen anderen Fahrer, der diese im Kontrollgerät benutzt	§§ 269, 26, 27 StGB	Anstiftung, Beihilfe
Erschleichen einer zweiten Fahrerkarte mit korrekten Personalien	§ 156 StGB § 145 Abs. 5d StGB	Wenn eidesstattliche Versicherung abgegeben wurde Wenn ein Diebstahl vorgetäuscht wurde
Erschleichen einer zweiten Fahrerkarte mit falschen Personalien Benutzen dieser Karte Vorzeigen der Karte bei einer Kontrolle	§ 271 StGB § 269 StGB § 271 StGB	
Aufzeichnen von Fahrdaten auf der Fahrerkarte durch ein anderes Gerät als das Kontrollgerät	§ 268 StGB § 303a StGB	
Fahren nach Veränderung des Reifenumfangs nach Kalibrierung des Fahrzeugs	§ 268 StGB	Strittig, da täuschendes Beschicken nicht tatbestandsmäßig ist
Fahren mit vorsätzlicher Veränderung der Kalibrierdaten	§ 268 StGB	
Unterlassen eines Ausdrucks trotz Verpflichtung	keine Straftat	Ordnungswidrigkeit § 23 (2) Nr. 6 FPersV
Falsche Identität auf dem Ausdruck eintragen	§ 267 StGB	

Handlung	Tatbestand	Bemerkungen
Werkstattinhaber nimmt falsche Einstellungen vor wegen Anbietung eines Vorteils	§ 268 StGB § 332 StGB	
Veranlassung dieser Manipulation durch Halter	§ 334 StGB	
Plombe lösen zu einer Manipulation	§ 136 StGB	
Abschreiben der alten Daten auf neues Einbauschild ohne Prüfung	§ 348 StGB	
Eintragen fiktiver Daten auf Einbauschild/ Prüfnachweis	§ 271 StGB	
Hochsetzen der Abregelgeschwindigkeit im Kontrollgerät	§ 22b StVG	

Diese Tabelle ist nicht abschließend, sondern stellt eine Auswahl von möglichen Tathandlungen und ihre Bewertung dar.

3.28 Vorgehen bei Kontrolle und Verkehrsunfallaufnahme

Die nachfolgende Checkliste soll eine Kontrolle erleichtern und die Beweissicherung bei der Unfallaufnahme vervollständigen. Unabhängig davon, ob die Benutzung des Kontrollgerätes erforderlich war, sind beim digitalen Kontrollgerät im Massenspeicher immer Daten vorhanden.

- *Ordnungsgemäße Benutzung durch den Fahrer*
  - Fahrerkarte im Schacht 1, bei Mehrfahrerbetrieb Karte des 2. Fahrers in Schacht 2
  - Fehlt die Fahrerkarte, Ausdrucke vom Fahrer verlangen bzw. 2. Fahrer
  - Keine augenscheinliche Beschädigungen am Gerät
  - Falls eine Downloadanlage vorhanden ist, Stecker entfernen
  - Fahrerkarte(n) entnehmen und in ZEVIS überprüfen (siehe 3.28.1)
  - Fahrerkarte auf Fälschungen hin untersuchen
  - Fahrer nach Mischbetrieb (= analog und digitaler Betrieb im Wechsel) befragen (siehe 3.28.3)
  - Zusätzlich Schaublätter, Bescheinigungen über arbeitsfreie Tage, Ausdrucke und Aufzeichnungen von Hand aushändigen lassen (seit dem 1.1.2008 umfasst der Zeitraum der Nachweispflicht den aktuellen Tag und die vorausgehenden 28 Kalendertage)
  - Wenn mehr als zwei Fahrer an Bord sind (in der Personenbeförderung anzutreffen) auch von diesen die Fahrerkarte verlangen
- *Kontrolle der Ausdrucke/heruntergeladene Daten*
  - Bei einem Unfall, wenn möglich, zuerst Datendownload, bevor Batterie abgeklemmt wird

  - Mindestens 2 bzw. 3 Ausdrucke Fahrertätigkeiten von der Karte fertigen wegen des Bezugszeitraums (24/30 Stunden)
  - Geschwindigkeitsdaten nur durch Download auswertbar (siehe 3.28.4)
  - Auswerten hinsichtlich Lenkzeit, Tageslenkzeit, Tagesruhezeit, Unterbrechungen ⇨ bei Verstößen Untersagung der Weiterfahrt [§ 5 (1) FPersG]
  - Ist keine Tagesruhezeit vorhanden, weitere Ausdrucke fertigen bis Tagesruhezeit vorliegt
  - Ereignisse und Störungen analysieren
  - Überprüfen der UTC-Zeit (siehe 3.28.2)
  - Überprüfen der Ortszeit im Display (bei Unfällen eigene Uhr neben Display halten und fotografieren, insbesondere wenn zwei Fahrzeuge mit digitalem Kontrollgerät beteiligt sind)
  - Auch bei Datendownload und Auswertung mittels Software Ereignisse und Störungen analysieren
  - Bei Software, die Unfallanalyse anbietet, sind die Verzögerungswerte ohne Reaktionszeit und Bremsanschwellzeit
  - Kontrollgerät zeichnet ab Antriebsachse auf
- *Überprüfung der Fahrzeugdaten/Kalibrierdaten*
  - Insbesondere bei Unfällen Reifengröße der Antriebsachse mit der eingetragenen Größe auf dem Einbauschild abgleichen
  - Bei Abweichung der Reifengröße verändert sich automatisch die Wegimpulszahl und somit werden falsche Geschwindigkeiten/Wegstrecken aufgezeichnet
  - Daten des Einbauschildes mit den Daten des Ausdrucks technische Daten abgleichen
- *Beweissichernde Maßnahmen*
  Sicherstellung/Beschlagnahme von:
  - Ausdrucke, Schaublätter, Bescheinigungen, handschriftliche Aufzeichnungen, Tankquittungen, Frachtbriefe
  - Kompletten Datendownload veranlassen oder selbst durchführen
  - Hilfsmittel, die für eine Manipulation benutzt wurden (z. B. Magnet)
  - Ein Magnet hinterlässt am Sensor Kratzspuren, wenn er wieder entfernt wird
  - Kontrollgerät selbst (Ausbau mittels Klammern, Stecker hinten abziehen, kein Datenverlust wegen Pufferbatterie bzw. technischer Schaltung)
  - Wenn Manipulationsverdacht besteht, sollte man das Fahrzeug in der Werkstatt untersuchen lassen
  - Manipulation fotografisch dokumentieren
  - Durchsuchung im Unternehmen

3.28.1 Überprüfung in ZEVIS

Gemäß § 4c FPersG (Auskünfte aus dem Kontrollgerätkartenregister) besteht die Möglichkeit alle nationalen und internationalen Lkw-Kontrollgerätkarten in ZEVIS zu überprüfen, soweit dies für Verwaltungsmaßnahmen, zu Kontrollzwecken und der Verfolgung von Ordnungswidrigkeiten und Straftaten erforderlich ist. Darin werden erfasst die Identifizierungsdaten:

- der Fahrer
- verantwortlichen Fachkräfte
- Unternehmen
- Behörden und
- ausgestellten
- abhanden gekommenen
- defekten Fahrer-, Werkstatt-, Unternehmens- und Kontrollkarten.

Nur über diese Datenbank ist es möglich festzustellen, ob z. B. eine Fahrerkarte als gestohlen gemeldet wurde bzw. welchen Status eine Kontrollgerätkarte hat. Es empfiehlt sich über den Namen des Fahrers die Karte zu überprüfen, da bei dieser Verfahrensweise alle Karten angezeigt werden, die auf den Fahrer ausgestellt wurden. Gibt man nur die Kartennummer ein, erhält man nur die Daten dieser einen Karte. Für die Kontrolle/Unfallaufnahme wichtig ist die „Sachlage der Kontrollgerätkarte“. Hier steht im Feld „Status“, ob die Karte gültig ist, z. B. „Karte versandt (gültig)“.

Folgende Statusmeldungen können eingestellt sein:

- Freiwillige Rückgabe
- Diebstahl
- Verlust
- Fehlfunktion
- Einziehung
- Entziehung
- Beschlagnahme
- Karte gültig
- Suche wegen unberechtigter Nutzung
- Karte unbrauchbar
- Im Umtausch/umgetauscht

Bei den internationalen Karten muss man noch das Land eingeben, das die Karte ausgestellt hat. Die AETR-Staaten sind zur Zeit noch nicht vorhanden und können somit nicht überprüft werden.

3.28.2 Die UTC-Zeit

UTC-Zeit bedeutet „universal time coordinated“ = koordinierte Weltzeit. Die UTC-Zeit entspricht der Zone 0 auf der in 24 Zeitzonen eingeteilten Weltkarte.

Zeitzonen-Offset	Staaten
00:00 (UTC-Zeit)	GB, P, IRL, IS
+ 1 Stunde	A, B, CZ, CY, **D**, DK, E, F, H, I, L, M, N, NL, PL, S, SK, SLO
+ 2 Stunden	BG, EST, FIN, GR, LT, LV, RO, TR
+ 3 Stunden	RUS

Zusätzlich zu dem **Zeitzonen-Offset** ist noch die **Sommerzeit** zu berücksichtigen. Nach Stecken der Fahrerkarte erscheint für 3 Sekunden im Display die eingestellte Ortszeit und die UTC-Zeit. In der Menüfunktion „Ortszeit“ ist das eingestellte Offset ebenfalls erkennbar.

Das bedeutet für die Praxis, dass in Deutschland entweder 1 Stunde oder 2 Stunden auf die Zeiten des Ausdruckes hinzugerechnet werden müssen, um die Ortszeit zu vergleichen. Vor allem bei Unfällen sollte ein Ausdruck Fahrertätigkeiten von der Karte gefertigt werden, um die UTC-Zeit mit der Ortszeit abzugleichen, damit überprüft werden kann, ob der Zeitzonen-Offset stimmt. Die eingestellte UTC-Zeit kann auch über das Menü im Kontrollgerät abgerufen werden. Bei Siemens und Stoneridge erfolgt dies über die „oben/unten“ Tasten in der Standardanzeige.

3.28.3 Erläuterungen zum Mischbetrieb

Der sog. Mischbetrieb liegt vor, wenn der Fahrer Fahrzeuge mit Schaublättern als auch mit digitalem Kontrollgerät benutzt. Zu beachten ist hierbei die Tatsache, dass die digitalen Daten in UTC-Zeit vorliegen und bei Schaublättern die Zeitmarkierung mit der gesetzlichen Zeit des Landes übereinstimmt, in dem das Fahrzeug zugelassen ist [Art. 15 (3) 1. Gedankenstrich VO (EWG) Nr. 3821/85]. Bei Nichtbeachten dieses Umstandes kann es bei der Berechnung der zulässigen Lenk-, Ruhe- und Unterbrechungszeiten zu Fehlinterpretationen kommen.

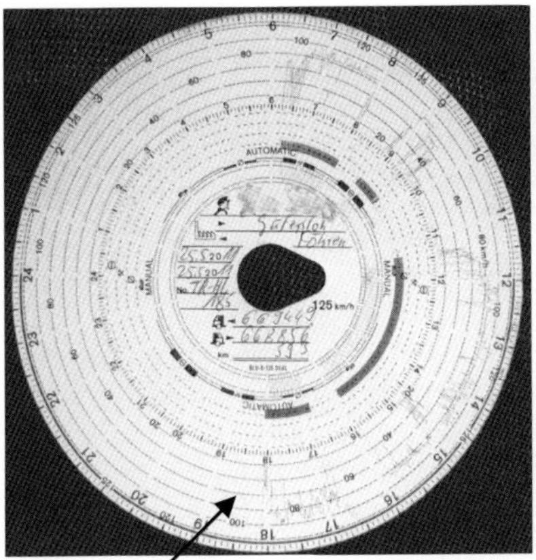

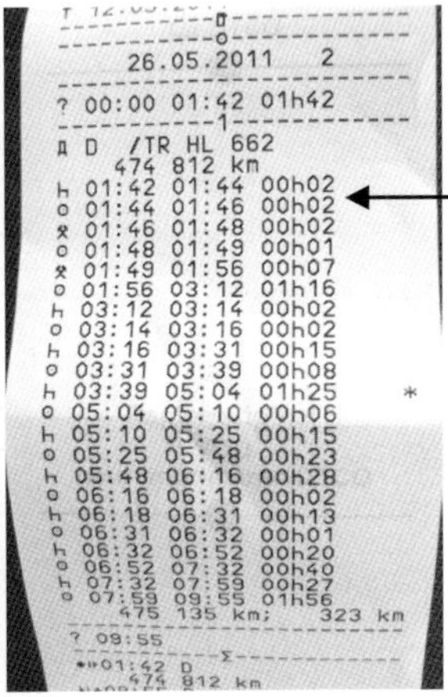

Das Schaublatt wurde am 25.5.11 morgens um 06:15 Uhr eingelegt und um 18:05 Uhr entnommen. Danach hat der Fahrer seine tägliche Ruhezeit eingelegt. Am 26.5.2011 ist der Fahrer dann auf ein Fahrzeug mit digitalem Kontrollgerät umgestiegen. Laut Ausdruck beginnt er um 01:44 Uhr mit Lenken. Somit hätte er rein rechnerisch nur eine Tagesruhezeit von 7 Stunden und 39 Minuten eingelegt, was gesetzlich nicht zulässig ist. Bei Aufrechnung des Zeitzonen-Offset und der Sommerzeit (insgesamt 2 Stunden) hat der Fahrer tatsächlich 9 Stunden und 39 Minuten Tagesruhezeit eingelegt und sich somit gesetzeskonform verhalten.

Wenn der Fall umgekehrt ist, also der Fahrer von einem digitalen auf ein analoges Gerät wechselt, würde man zuviel Ruhezeit berechnen, falls man das Offset und die Sommerzeit bei den digitalen Daten nicht hinzuaddiert.

3.28.4 Die Geschwindigkeitsdaten

Die Geschwindigkeiten werden sekundengenau im digitalen Kontrollgerät aufgezeichnet, und zwar für mindestens 24 Stunden reine Fahrzeit. Bei den neuen Geräten sogar bis 168 Stunden. Diese Daten können aber nur durch einen Datendownload ausgewertet werden. Die Software zeigt den Geschwindigkeitsverlauf auf wie bei einem Schaublatt, aber auch in digitaler Form. Es besteht ebenso die Möglichkeit, je nach Hersteller, eine Unfallauswertung durchzuführen.

Hier werden Beschleunigungs- und Verzögerungswerte dargestellt. Man kann feststellen, wie schnell das Fahrzeug vor dem Zusammenstoß war, und ob und wie stark der Fahrer gebremst hat.

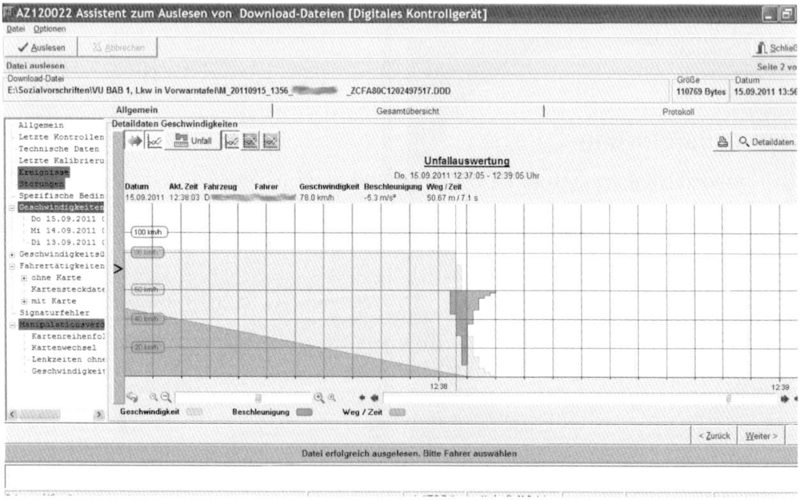

Eine weitere Besonderheit ist ein zusätzlicher Speicher, der nur bei dem Gerät der Fa. Siemens VDO vorhanden ist. Hier werden neben den 1 Hz Geschwindigkeitsdaten auch 4 Hz Daten gespeichert, also eine zeitliche Auflösung von 250 ms, wenn bestimmte „Triggerbedingungen“ vorliegen. Ein Triggerereignis wird ausgelöst durch jeden Stillstand des Fahrzeugs und jede Verzögerung über 3 m/s². Jeweils eine Minute vor und bis eine Minute nach dem Ereignis werden 4 Hz-Daten gespeichert.

Für beide Triggerereignisse sind jeweils drei sog. „Ringspeicher“ vorhanden. Wird nach einem Ereignis das Fahrzeug noch bewegt und angehalten, ist der Ringspeicher nach dem vierten Stillstand überschrieben. Das Gleiche gilt für entsprechend starke Verzögerungen.

Aus diesem Grund sollte bei einem Verkehrsunfall zuerst der Datendownload erfolgen, bevor das Fahrzeug bewegt wird, da ansonsten Unfallrelevante Daten gelöscht werden können.

Abschnitt 4
Manipulationserkennung am analogen Kontrollgerät

4.1 Einführung

Die gesetzlich vorgeschriebenen Arbeitszeitnachweise werden überwiegend durch technische Aufzeichnungen erbracht.

Dabei ist den Fahrern die Möglichkeit genommen, durch persönliche handschriftliche Aufzeichnungen ihre Arbeitsabläufe darzustellen, wie dies bei wenigen Verkehrsformen mit den handschriftl. Auszeichnungen nach § 1 FPersV noch möglich ist.

Die Technik zeichnet automatisch und ohne Rücksicht auf Fahrerwünsche auf und dokumentiert dabei zumindest Fahrtverläufe und Wegstrecken eindeutig und für Kontrollbehörden nachvollziehbar.

Auch bei den angeblich manipulationssicheren Kontrollgeräten der neuen Generation (digitale Kontrollgeräte) sind schon mehrere Manipulationsmöglichkeiten aufgetaucht.

Nach allgemeinen Erkenntnissen, die auch ernsthaft von keiner Seite bestritten werden, leistet der Fahrer eines gut ausgelasteten Unternehmens wöchentlich im Durchschnitt 3500 Kilometer Lenkdienst, in zwei aufeinander folgenden Wochen (Doppelwoche) mithin 7000 Kilometer.

In diesem Zeitraum darf der Fahrer jedoch nur maximal 90 Stunden lenken.

Werden 7 000 Kilometer auf 90 Stunden Lenkzeit verteilt, ergibt sich daraus eine **durchschnittliche (Marsch-)Geschwindigkeit von 77 km/h!**

Das ist bei einem Ein-Fahrer-Betrieb in dieser Verkehrsform **keinesfalls zu leisten,** ohne **permanent**

- unter Zeitdruck und ohne Rücksicht auf gegebene Verkehrs- und Witterungsverhältnisse zu fahren,
- die zulässigen Höchstgeschwindigkeiten zu überschreiten,
- die vorgeschriebenen Lenk- und Ruhezeiten nicht einzuhalten,

also regelmäßig gegen bestehende Verkehrsvorschriften zu verstoßen.

Da die technischen Aufzeichnungsgeräte diese Verfehlungen beweiserheblich festhalten, sind die verschiedensten Praktiken bis hin zu Eingriffen in die technischen Funktionsabläufe üblich.

Soweit in die Technik eingegriffen wird, gibt es Möglichkeiten der Erkennung. Die gängigsten Formen sind nachfolgend dargestellt.

Eingriffe in elektronische Kontrollgeräte (Impulsgeber-Technik) sind bei Kontrollen an Ort und Stelle durch den **W.-K.-Tester** festzustellen, der ebenfalls nachfolgend beschrieben wird.

In Zweifelsfällen und dann, wenn der Verdacht einer Verfälschung technischer Aufzeichnungen (§ 268 StGB) oder der Verdacht des Missbrauchs von Wegstreckenzählern und Geschwindigkeitsbegrenzern (§ 22b StVG) vorliegt, die eigenen Erkennungsmöglichkeiten aber nicht ausreichen oder nicht beweiserheblich gesichert werden können, empfiehlt sich die Überprüfung des Geräts durch einen Sachverständigen oder eine gutachterliche Auswertung von Schaublättern.

Das Fahrzeug bzw. Kontrollgerät kann sichergestellt bzw. beschlagnahmt werden.

§ 268 StGB
Fälschung technischer Aufzeichnungen

(1) Wer zur Täuschung im Rechtsverkehr

1. eine unechte technische Aufzeichnung herstellt oder eine technische Aufzeichnung verfälscht oder
2. eine unechte oder verfälschte technische Aufzeichnung gebraucht,

wird mit Freiheitsstrafe bis zu fünf Jahren oder mit Geldstrafe bestraft.

(2) Technische Aufzeichnung ist eine Darstellung von Daten, Mess- oder Rechenwerten, Zuständen oder Geschehensabläufen, die durch ein technisches Gerät ganz oder zum Teil selbsttätig bewirkt wird, den Gegenstand der Aufzeichnung allgemein oder für Eingeweihte erkennen lässt und zum Beweis einer rechtlich erheblichen Tatsache bestimmt ist, gleichviel ob ihr die Bestimmung schon bei der Herstellung oder sonst später gegeben wird.

(3) Der Herstellung einer unechten technischen Aufzeichnung steht gleich, wenn der Täter durch störende Einwirkung auf den Aufzeichnungsvorgang das Ergebnis der Aufzeichnung beeinflusst.

(4) Der Versuch ist strafbar.

(5) § 267 Abs. 3 und 4 gilt entsprechend.

§ 22b StVG
Missbrauch von Wegstreckenzählern und Geschwindigkeitsbegrenzern

(1) Mit Freiheitsstrafe bis zu einem Jahr oder mit Geldstrafe wird bestraft, wer

1. die Messung eines Wegstreckenzählers, mit dem ein Kraftfahrzeug ausgerüstet ist, dadurch verfälscht, dass er durch Einwirkung auf das Gerät oder den Messvorgang das Ergebnis der Messung beeinflusst.
2. die bestimmungsgemäße Funktion eines Geschwindigkeitsbegrenzers, mit dem ein Kraftfahrzeug ausgerüstet ist, durch Einwirkung auf diese Einrichtung aufhebt oder beeinträchtigt oder
3. eine Straftat nach Nummer 1 oder 2 vorbereitet, indem er Computerprogramme, deren Zweck die Begehung einer solchen Tat ist, herstellt, sich oder einem anderen verschafft, feilhält oder einem anderen überlässt.

(2) In den Fällen des Absatzes 1 Nr. 3 gilt § 149 Abs. 2 und 3 des Strafgesetzbuches entsprechend.

(3) Gegenstände, auf die sich die Straftat nach Abs. 1 bezieht, können eingezogen werden. § 74a des Strafgesetzbuches ist anzuwenden.

Insbesondere sollte bei dem Verdacht einer willkürlichen Unterbrechung der Stromzufuhr und/oder der Impulsgeberleitung pp. bei elektronischen Kontrollgeräten auf die **eigene Auswertung** der Schaublätter verzichtet und ein Gutachten veranlasst werden, weil Manipulationserkennung nur durch eine mikroskopische Auflichtauswertung der beweiserhebliche Nachweis geführt werden kann.

Bei einem scheinbaren „zeitlosen Abfall“ des Geschwindigkeitsaufschriebs kann z. B. der Eindruck einer Manipulation bei der Besichtigung mit dem bloßen Auge entstehen, während die mikroskopische Auswertung dagegen zu ganz anderen Ergebnissen führt:

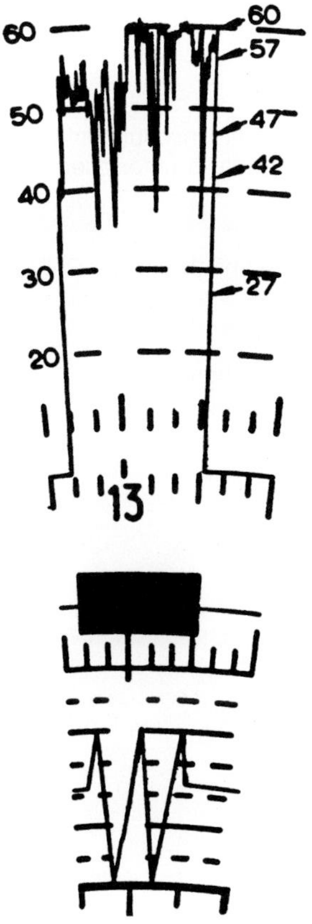

Der Fahrtverlauf:

von bis	gefahrene m
60-57 km/h	50
57-47 km/h	115
47-42 km/h	150
42-27 km/h	105
27-0 km/h	10
	gesamt 430

4.2 Die Mikroskopische Auflichtauswertung

Diese Auswertung erfolgt mit einem Spezialmikroskop. Die zeitabhängigen Registrierungen werden mit Hilfe einer Bezugslinie mit einer Stärke von 3 μ (3/1000 mm) sekundengenau ausgemessen.

Mit den beiden Komponenten Geschwindigkeit und Zeit wird der Fahrtverlauf anhand des Geschwindigkeitsaufschriebs ausgemessen und grafisch als Geschwindigkeits-Weg-Zeit-Diagramm auf ein Messblatt umgesetzt.

Bei überschriebenen oder beschädigten Aufzeichnungen wird das Auflichtverfahren angewendet (siehe Abbildung auf Seite 184).

Ergänzt wird dieses Dokument durch ein schriftliches Gutachten. Dazu kommt eine 10-fache Fotovergrößerung des Diagrammscheibenausschnitts, auf der alle Messpunkte markiert sind.

Die Kopien dieser Unterlagen verbleiben beim Auswerter und sind – im Falle des Verlustes der Originale – jederzeit greifbar.

An dieser Stelle noch ein Hinweis:

Diagrammscheiben sind Dokumente, die über Schuld oder Unschuld entscheiden können. Wer Scheiben zum Auswerten einschickt, muss unter allen Umständen für ausreichenden Transportschutz sorgen.

Benötigt werden weiterhin bei Unfällen

- eine kurze und exakte Unfallschilderung mit Skizze, möglichst der Polizeibericht,
- die Unfallzeit lt. Diagrammscheibe und in jedem Fall
- Fahrtschreiberdaten: Typ, Fabrikationsnummer, Messbereich,
- Fahrzeugtyp.

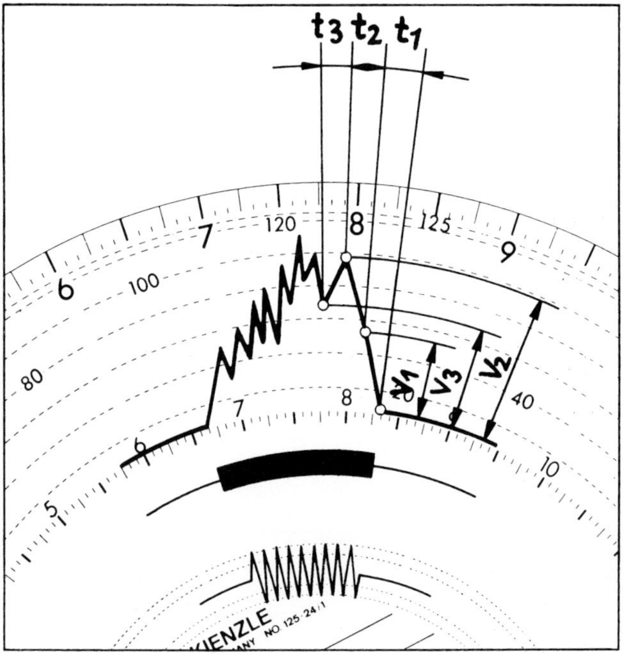

Auswertschema

Die Zeit zwischen markanten Geschwindigkeitsänderungen wird mit Hilfe der Bezugslinie (Stärke 3 µ) ausgemessen, die exakt auf die Senkrechte des Schreiberweges eingestellt wird.

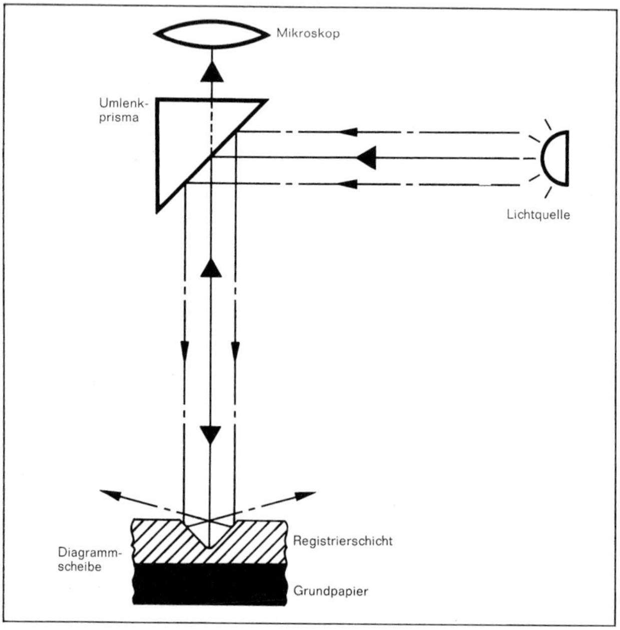

Das Auflichtverfahren:

der von der tiefsten Stelle des Aufschriebes senkrecht reflektierte Lichtstrahl wird im Mikroskop sichtbar.

4.3 Manipulations-Musterschaublatt

Nr.	Uhrzeit	Bemerkungen
1	8.45-9.25	Deckel geöffnet, während das Fahrzeug stand. Wegstreckenaufschrieb zeigt, dass das Fahrzeug während dieser Zeit nicht bewegt wurde.
2	9.35-10.42	Schreibstift blockiert, um niedrigere Geschwindigkeit vorzutäuschen.
3	12.30	Uhr auf 12.00 h zurückgestellt, um eine längere Pause zu verheimlichen.
4	12.42	Uhr angehalten. Alle drei Schreibstifte schreiben auf der Stelle.
5	13.02	Fahrzeug wurde mit geöffnetem Deckel gefahren – siehe Wegstreckenaufschrieb. Gefahrene Wegstrecke kann nicht abgelesen werden, könnte aber ermittelt werden, wenn km-Stand bei Beginn und Ende der Fahrt bekannt wären
6	13.40	Schreibstift wurde nach unten gebogen, um niedrigere Geschwindigkeiten vorzutäuschen. Grundlinie liegt unterhalb der Skala. Reparatur erforderlich.

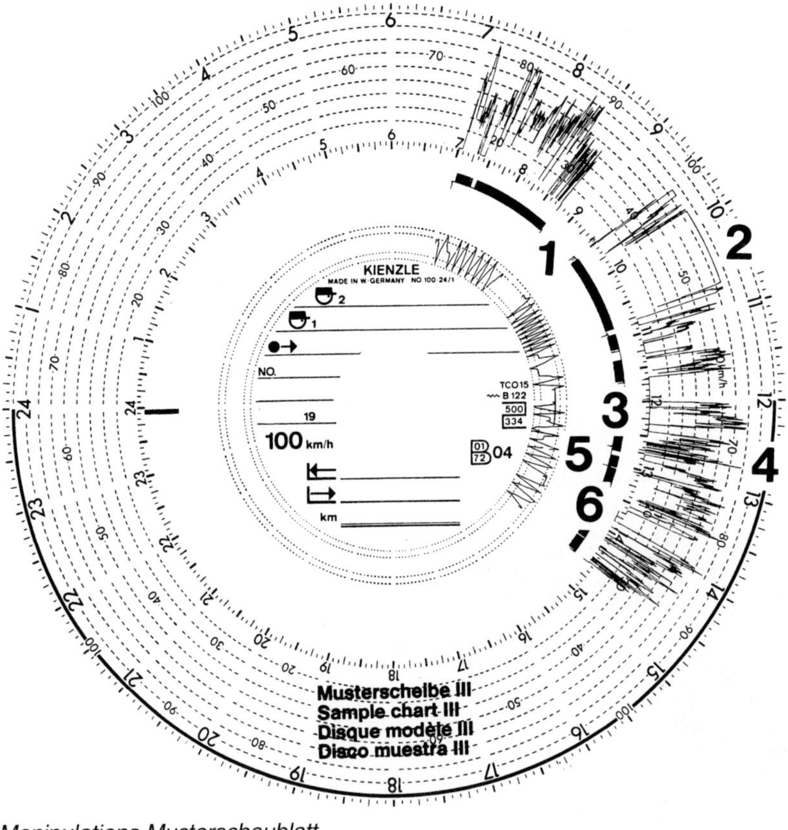

Manipulations-Musterschaublatt

4.4 Manipulationen im Detail

1. Fahren mit geöffnetem Gerätedeckel

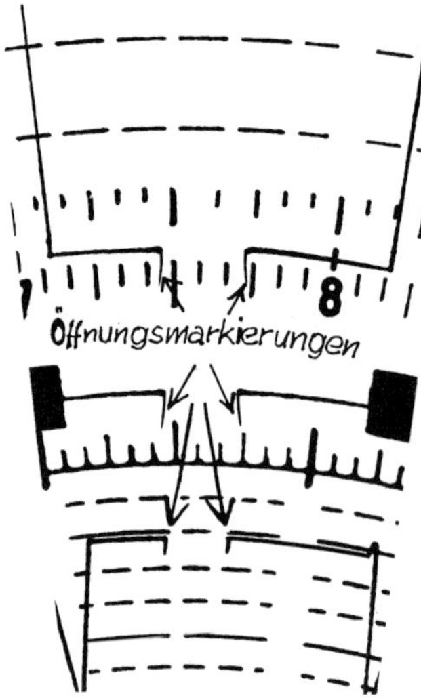

Unterbrochene Aufzeichnungen

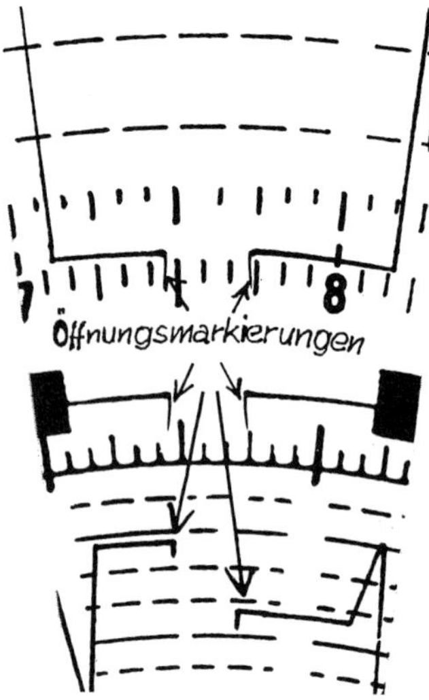

Unterbrochene Aufzeichnungen

Merkmal: Aufzeichnungen aller Schreibstifte sind unterbrochen.

Mögliche Ursachen: Gerätedeckel geöffnet; Schaublatt entnommen.

Gegenprobe: Ist das Fahrzeug in der Unterbrechungszeit bewegt worden, weichen Wegstreckenaufschriebende und -Wiederanfang voneinander ab, wie an Abb. rechts deutlich zu erkennen. Zur Sicherheit Gesamtkilometerleistung (Kilometerstände Eintragung und Zähler) mit Wegstreckenaufschrieb abgleichen.

Ist das Schaublatt nur entnommen worden (z. B. weil der Fahrer sich vom Fahrzeug entfernt hat), müssen sich auf dem Schaublatt oder sonst handschriftliche Aufzeichnungen finden.

2. Zeitmanipulationen

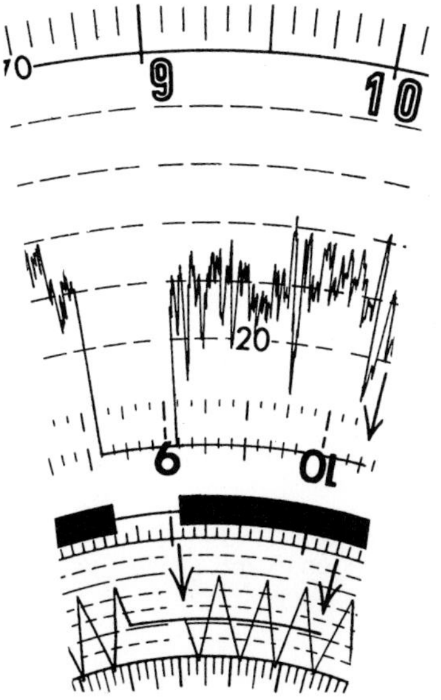

Uhr zurückgestellt

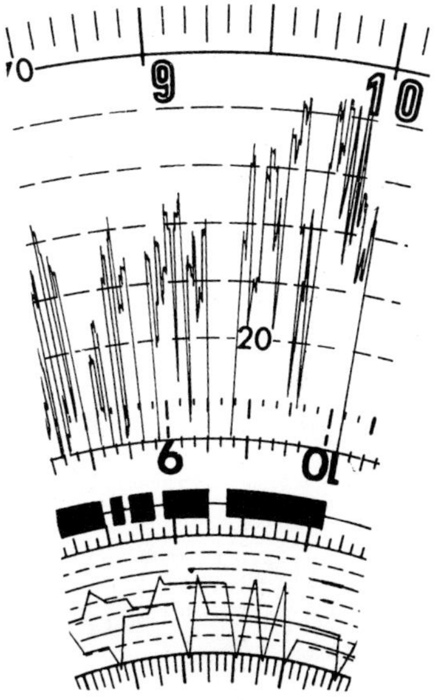

Zeit über 24 Stunden

Merkmal: Geschwindigkeits- und Wegstreckenaufschrieb (bei Standardgeräten auch Stufenaufschrieb) überlappen sich.

Mögliche Ursachen: Schaublatt wurde über den Zeitraum hinaus verwendet, für den es bestimmt ist (länger als 24 Stunden eingelegt); Geräteuhr wurde zurückgestellt.

Gegenprobe: Schaublatteintragungen auch mit anderen (abgefahrenen) Schaublättern vergleichen; Zeitfolgen herausfinden; Geräteuhrzeit mit tatsächlicher Uhrzeit vergleichen.

Mögliche Verfälschungen technischer Aufzeichnungen (§ 268 StGB), wenn die Geräteuhr zurückgestellt wurde.

3. Schreibstiftveränderungen

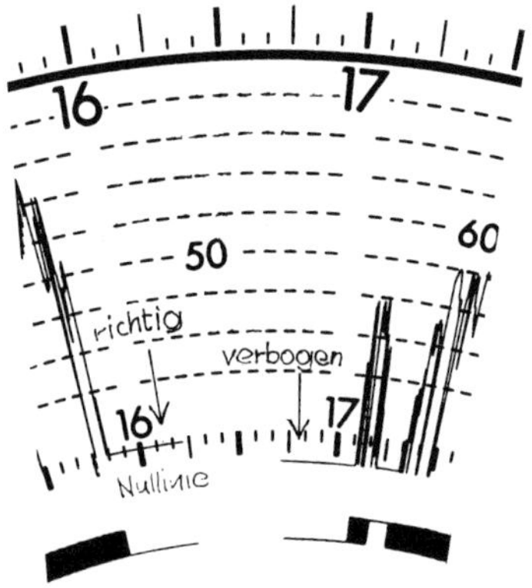

Merkmal:

Ruhelinie des Geschwindigkeitsaufschriebs liegt außerhalb des Toleranzbereichs (mit Prüfschablone feststellen) oder liegt auf einem Schaublatt auf unterschiedlichem Niveau.

Mögliche Ursachen:

Schreibstift ausgeschlagen, Schreibstift wurde willkürlich verbogen.

Gegenprobe:

Mehrere Schaublätter aus diesem Gerät überprüfen.

– § 57b StVZO – Überprüfung veranlassen

Mögliche Verfälschungen technischer Aufzeichnungen (§ 268 StGB)

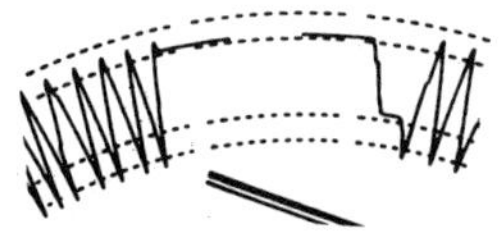

Schreibstift verbogen

4. Geschwindigkeitsbegrenzung

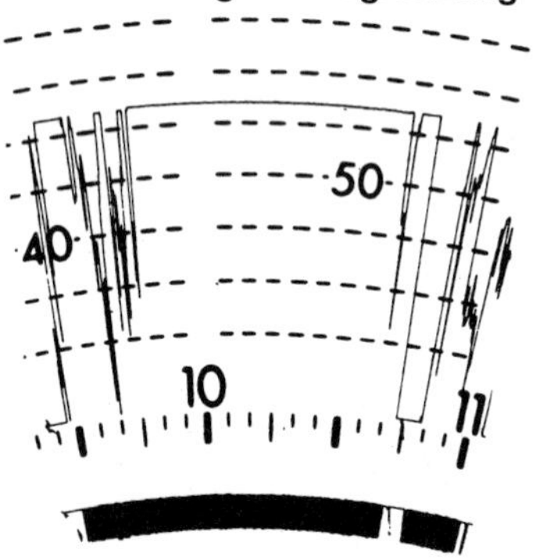

Merkmal:

Absolut gleichmäßiger Verlauf des Geschwindigkeitsaufschriebs in der Spitze.

Mögliche Ursache:

Höhenschrieb blockiert (Schwämmchen, Zigarettenstummel, Kaugummi, Schablone).

Gegenprobe:

Wegstreckenaufschrieb in gefahrene Kilometer umrechnen und mit der abgelaufenen Zeit vergleichen.

Verfälschung technischer Aufzeichnungen (§ 268 StGB)

Schreibstift stößt an

5. „Zwei-Schaublatt-Fahrer"

Merkmal:
Nach Öffnungshäkchen (oder auch ohne) der Geschwindigkeits- und Wegstreckenaufschrieb unterbrochen, der Zeitgruppenaufschrieb läuft jedoch weiter.

Mögliche Ursache:
Fahrerwechsel bei einem Zwei-Fahrer-Betrieb.

Bei einem Ein-Fahrer-Betrieb mit einem Zwei-Fahrer-Gerät: Alleinfahrer hat sein Schaublatt unter Fahrer 2 in das Gerät eingelegt, um möglicherweise Ruhezeiten vorzutäuschen; in diesem Fall wird regelmäßig auf einem weiteren Schaublatt (unter Fahrer 1 eingelegt) „weitergefahren".

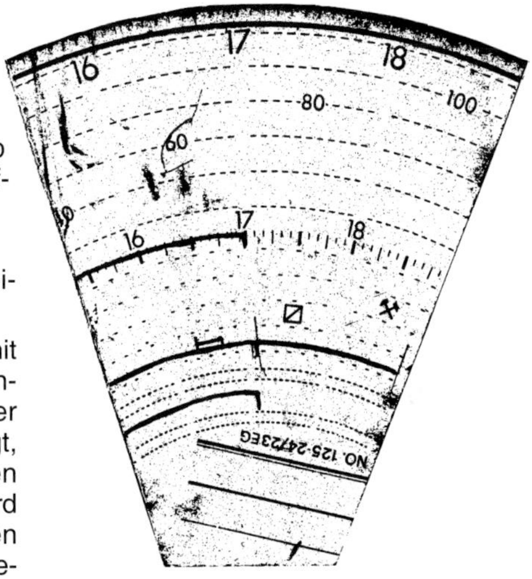

Zwei-Schaublatt-Fahrer

Gegenprobe: Unbedingt andere Schaublätter auf Zeitabläufe überprüfen; oft finden sich auf anderen Schaublättern des gleichen Tages zeitlicher Anschluss oder Überzeichnungen.

6. Uhrendefekte

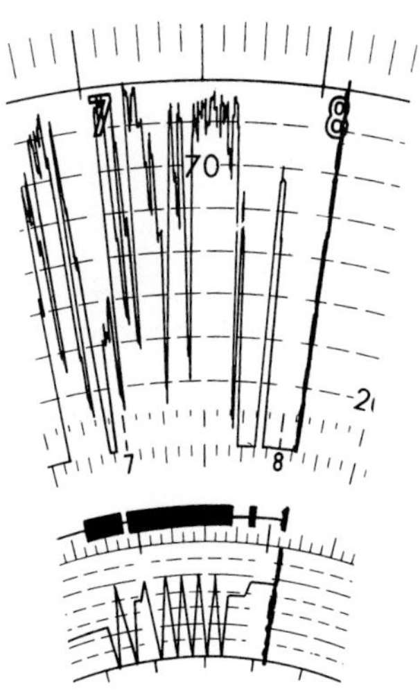

Stillstand der Uhr

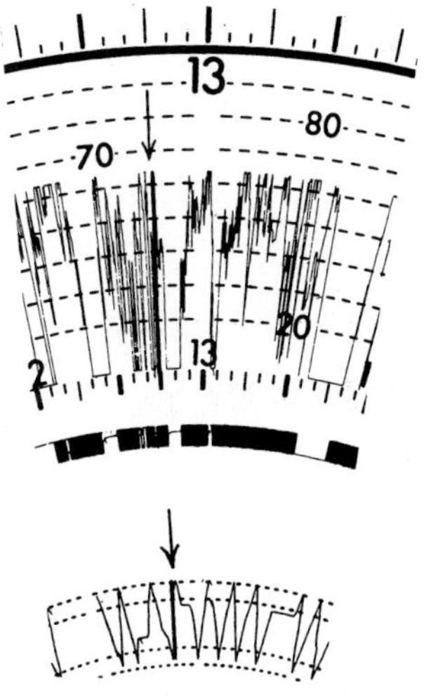

Vorübergehender Stillstand

Merkmale: Alle Schreibstifte zeichnen auf der Stelle; es lässt sich eine satte Gerade vom Zentrum des Schaublatts aus erkennen.

Mögliche Ursache: Transport des Schaublatts ist eingestellt; Zeituhr ist defekt; Stromzufuhr unterbrochen.

Gegenprobe: Geräteuhrzeit mit tatsächlicher Uhrzeit vergleichen; zurückgelegte Kilometer (Kilometerzähler) mit Wegstreckenaufschrieb abgleichen und Differenz feststellen.

7. Leistungsschwindel

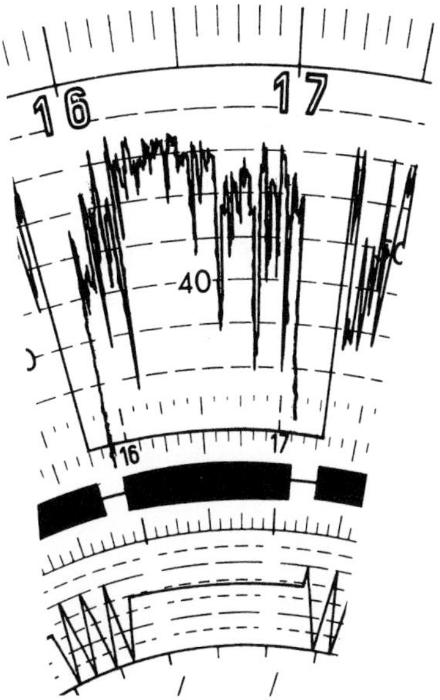

Vorgetäuschte Aufzeichnungen

Merkmal: Geschwindigkeits-, Zeitgruppen- und Wegstreckenaufschrieb haben „Null-Linien“ gezeichnet;

handschriftlich (groblinig) wurde Geschwindigkeitsaufschrieb überzeichnet (im Beispiel auch die Zeitgruppe „Lenkzeit“; Automatikgerät-Breitstrich).

Mögliche Ursache: Sinn ergibt diese Manipulation nur, wenn der Fahrer seinem Unternehmer gegenüber dadurch längere Arbeitszeiten oder kürzere Pausen „beweisen“ will.

Gegenprobe: Wenn die Art der handschriftlichen Ergänzung nicht ohnehin augenfällig ist, kann der Stillstand des Fahrzeugs durch die Nullzeichnung des Wegstreckenaufschriebs erkannt werden; notfalls Geschwindigkeits-Weg-Zeit-Berechnung durchführen.

8. Unterschiedliche Fahrweisen und ihre Bewertung

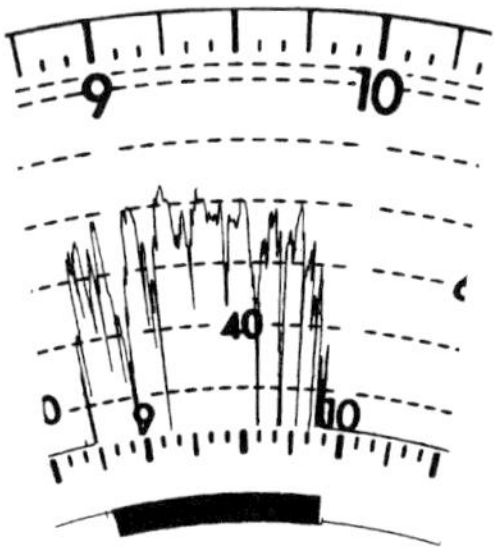

①

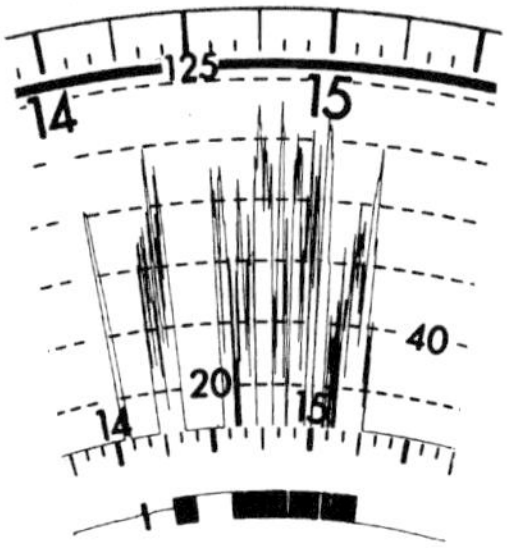

④

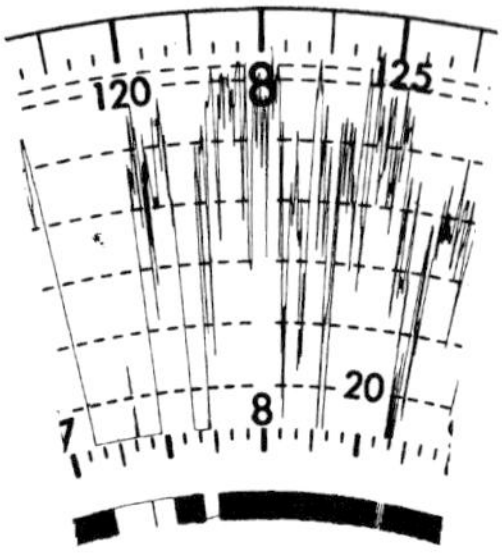

⑤

Verschiedene Fahrweisen, in einem Diagramm zusammengestellt, zeigen die oben stehenden Abbildungen. Es handelt sich um Fahrten auf Bundes- und Landstraßen, die doch den weitaus größten Teil des Fahrzeugeinsatzes ausmachen. Ein Vergleich von guter und unwirtschaftlicher Fahrweise im Innerortsverkehr ist auf den Abb. dieser Seite ausführlich dargestellt. Bei dieser Einsatzart sind vor allem die geltenden Geschwindigkeitsbeschränkungen zu berücksichtigen. Kennzeichen von Autobahn und Schnellstraßeneinsätzen sind relativ gleichmäßige Geschwindigkeiten, die sich lediglich bei Stauungen und dichtem Verkehr nach unten verändern. Charakteristische Geschwindigkeitsdiagramme der verschiedenen Einsatzarten sind auf dieser Seite abgebildet.

Bewertungsskala

Wenn eine sechsteilige Skala angewendet wird (individuelle Lösungen sind natürlich möglich), dann würden die in den Abbildungen angegebenen Bewertungen zutreffen.

Bewertungskriterien

① = mustergültige, sehr wirtschaftliche Fahrweise sowohl in der Wahl der Geschwindigkeit als auch im Beschleunigen und Bremsen.

② = umsichtige, wirtschaftliche Fahrweise, Geschwindigkeit innerhalb günstiger Bereiche, vereinzelt vermeidbare Geschwindigkeitswechsel bzw. hohe Geschwindigkeiten.

③ = wirtschaftliche Fahrweise, bis auf geringe Ausnahmen in der Geschwindigkeitswahl bzw. im Beschleunigen und Bremsen.

④ = bedingt wirtschaftliche Fahrweise, Geschwindigkeiten z. T. zu hoch und verschiedentlich starke Beschleunigungen und Verzögerungen.

⑤ = unwirtschaftliche Fahrweise, Geschwindigkeiten zu hoch, zu starke Beschleunigungen und Bremsungen.

⑥ = stark verbesserungsbedürftige Fahrweise, sehr unwirtschaftlich.

Die Fahrweise auf dem Drehzahldiagramm

Eine noch bessere Beurteilung der Fahrweise wird möglich, wenn auf der Diagrammscheibe außer der Geschwindigkeit auch die Motordrehzahl registriert wird. Das gilt vor allem für den Kurzstrecken- und Ortsverkehr, wo das Geschwindigkeitsdiagramm Bewertungskriterien nur andeutungsweise erkennen lässt. Nur das Drehzahldiagramm kann hier eine unwirtschaftliche Fahrweise deutlich sichtbar machen. Mit Hilfe des Spiegelauswerters ist es erstmals möglich, einen direkten Vergleich zwischen der Geschwindigkeit und der Motordrehzahl herzustellen. Mit diesem Gerät wird die Beurteilung der Fahrweise einfach; die Fahrer können über die Behandlung des Motors besser beraten werden. Falsche Motordrehzahlen wirken sich vor allem auf die Lebensdauer von Triebwerk und Getriebe aus. Und natürlich auch auf den Kraftstoffverbrauch.

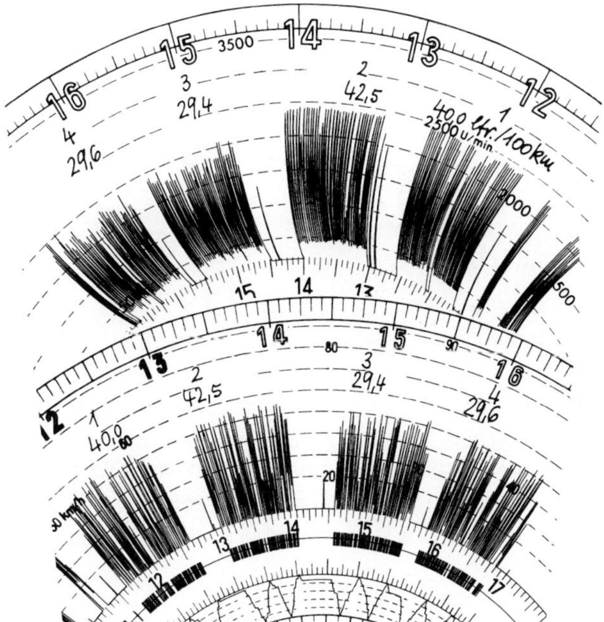

Beispiel:

Städtischer Linienbusverkehr

Praktisch kein Zeitgewinn, da an Fahrplan gebunden, jedoch 40% Mehrverbrauch, durch die Überschreitung des wirtschaftlichen Drehzahlbereichs.

Ergebnis:

Fahrt 1 + 2 unwirtschaftlich, Verbrauch 40 bzw. 42,5 l/100 km. Höchstdrehzahl bei 2400 U/min. Fahrt 3 + 4 wirtschaftlich, Verbrauch 29,4 bzw. 29,6 l/100 km. Höchstdrehzahl unter 2000 U/min.

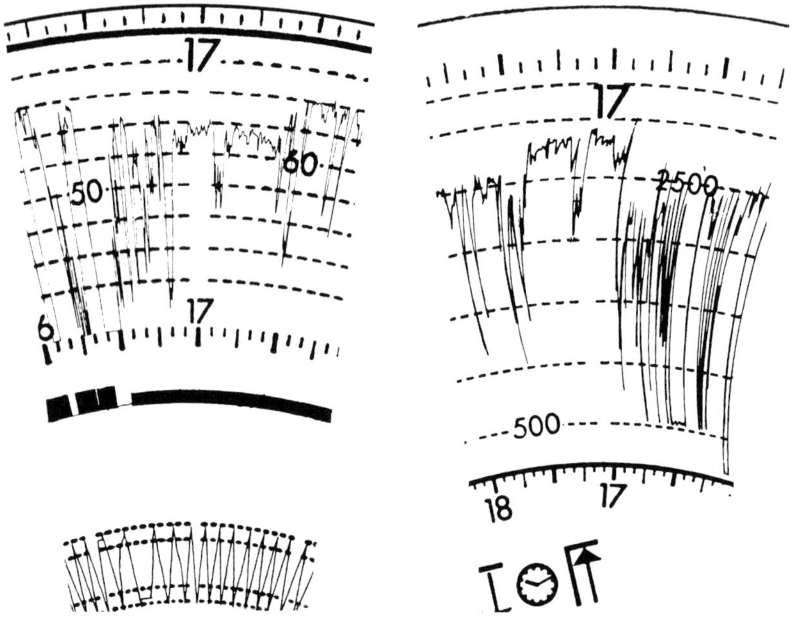

Typische Diagramme und was sie aussagen

Überdrehen des Motors

Das Geschwindigkeitsdiagramm sagt darüber nichts aus. Im Drehzahldiagramm dagegen wird deutlich sichtbar, ob die zulässige Enddrehzahl überschritten wird.

Beispiel: Überdrehen bei Fahrt auf ebener Strecke

Typisch: Gleichbleibend hohe Drehzahlen bei niedrigen Geschwindigkeiten.

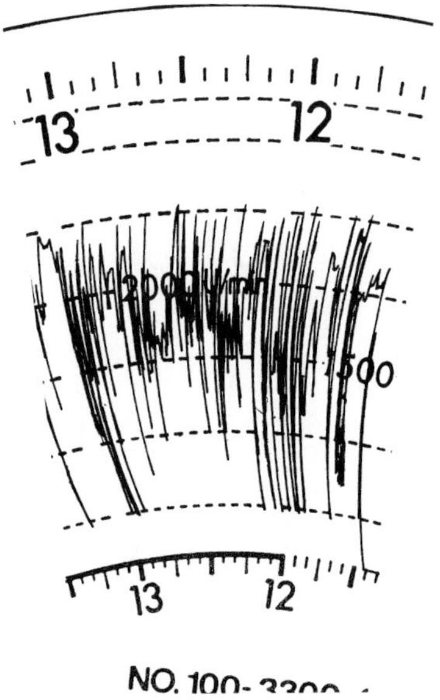

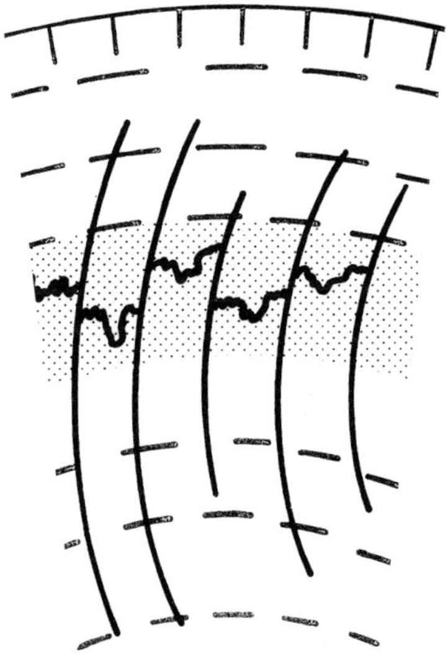

Beispiel: Kaltstart

Typisch: Erst Geschwindigkeitsaufschrieb und gleichzeitig – also bei kaltem Motor – Höchstdrehzahlen auf dem Diagramm. Gefahr von Kolbenklemmern und erhöhtem Verschleiß (Abb. links).

Richtig ist: Einige Minuten Leerlaufregistrierung zum Warmlaufen – erst danach Beginn der Fahrt bzw. Geschwindigkeitsregistrierung (Abb. rechts).

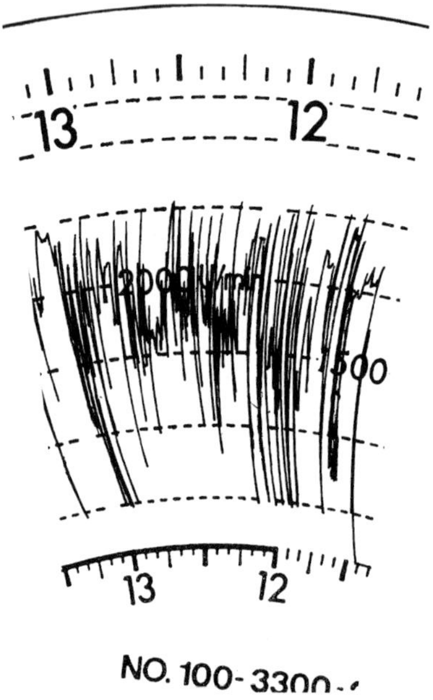

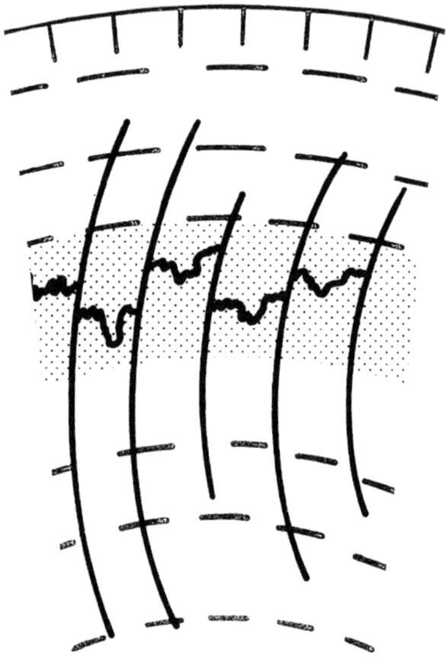

Beispiel: Drehzahlbereich beim Schalten

Die Schaltvorgänge sind im Drehzahldiagramm leicht erkennar. Die Drehzahl schwankt zuerst nach unten und oben, um sich nach dem Einkuppeln wieder zu stabilisieren. Je kleiner der Bereich, desto besser die Fahrweise.

Diese typischen Aufzeichnungen, die in der rechten Abbildung im Prinzip erklärt sind, machen den Schaltbereich deutlich. Bei Kurzstreckenfahrten mit relativ häufigem Schalten entsteht im Drehzahldiagramm ein eng beschriebener, „dunkler" Bereich; er entspricht den für die Fahrt gewählten Motordrehzahlen.

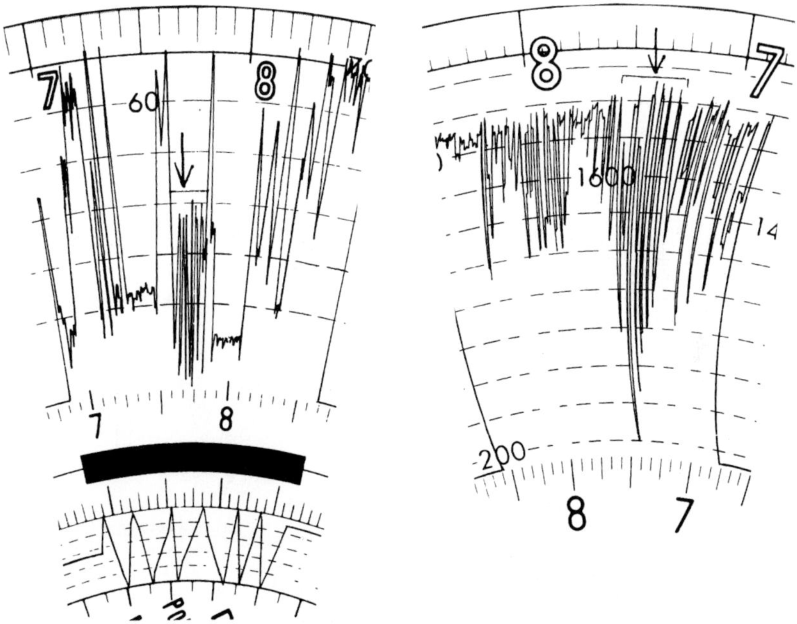

Beispiel: Überdrehen bei Talfahrt im falschen Gang

Typisch: Geschwindigkeit und Drehzahl wechseln ständig durch Schubbeschleunigung des Fahrzeugs und anschließendes Abbremsen.

Zu niedrige Drehzahl

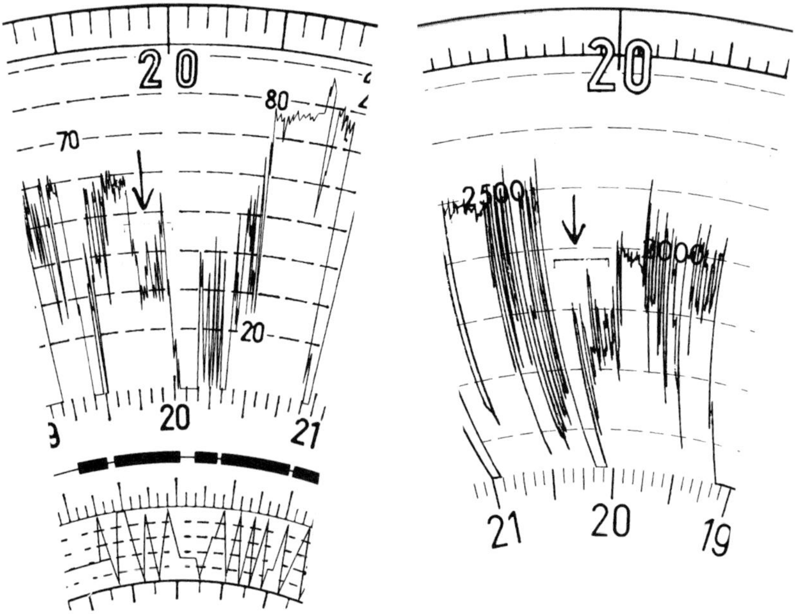

Beispiel: Falscher Gang am Berg

Typisch: Niedrige Geschwindigkeit, niedrige Drehzahl.

Richtig ist: Drehzahl im Bereich des größten Drehmomentes, also kleinerer Gang.

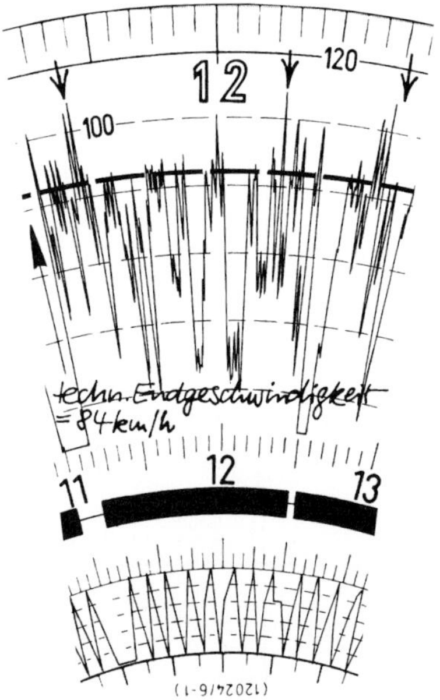

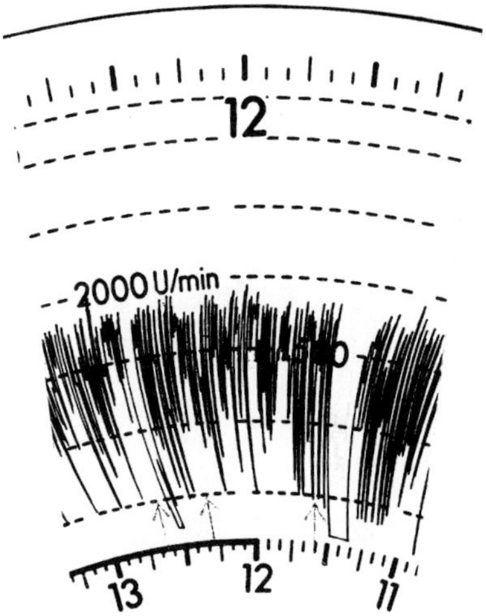

Beispiel: Fahren ohne eingelegten Gang „Sonntagsgang“

Typisch: Hohe Geschwindigkeitsspitzen, gleichzeitige Drehzahlregistrierung im Leerlaufbereich (siehe Pfeile).

Sehr gefährliche, unverantwortliche Fahrweise.

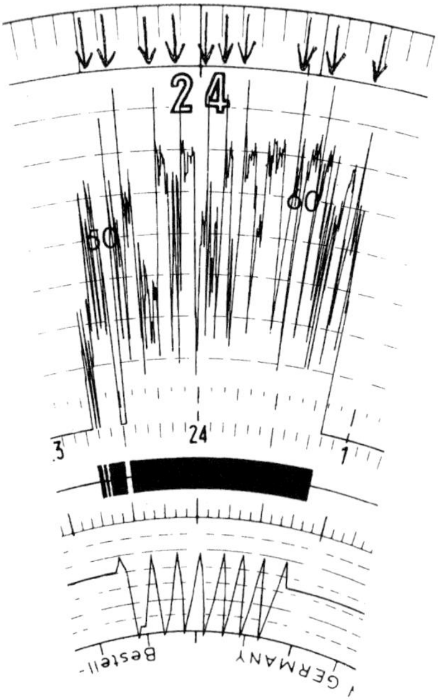

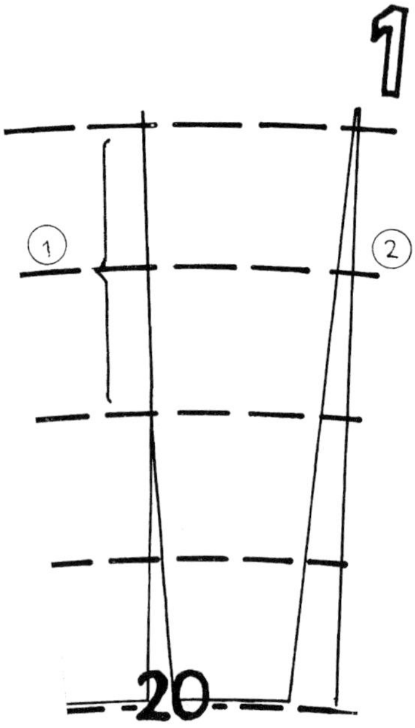

Beispiel: Schleuderspitzen

Typisch: Feine, nadelförmige Spitzen, die stark über die normalen Höchstgeschwindigkeiten hinausgehen.

Im Gegensatz zum Fahren ohne eingelegten Gang handelt es sich hier um keine gefahrene Geschwindigkeit. Diese Spitzen entstehen bei Fahrzeugen mit Schaltachse jeweils beim Umschaltvorgang. Häufigkeit und Zeitpunkt der Benutzung der Schaltachse ist also leicht feststellbar.

Die rechte Abbildung zeigt im Prinzip den Unterschied zwischen gefahrener Spitze und Schleuderspitze.

1 = Schleuderspitze: feine Linie, da praktisch zeitlose Auf- und Abwärtsbewegung.

2 = Gefahrene Spitze: sie steht auf zwei Beinen, weil Zeit für das Zurücklegen der entsprechenden Wegstrecke benötigt wird.

4.5 Fälle: Manipulationen am EG-Kontrollgerät

Fall 1:

Bei einer Verkehrskontrolle durch die Polizei wurde an einer SZm auf der Position 1 der eingelegten Diagrammscheibe festgestellt, dass unmittelbar vor der Kontrollstelle Fahrbewegungen aufgezeichnet waren. Für den Zeitraum davor war auf der Diagrammscheibe die für Ruhezeit typische Aufzeichnung vorhanden. Die Eigenart dieser Schaublattaufzeichnung ließ auf einen unzulässigen Eingriff in das Kontrollgerät bzw. die Versorgungsleitung schließen. Bei der anschließenden Durchsuchung wurde im Einbauschacht des Aschenbechers ein kleiner Kippschalter vorgefunden. Durch die weitere Überprüfung eines Sachverständigen wurde der Sicherung- und Schaltelementträger auf der Armaturenseite des Beifahrers herausgehoben und damit der Blick auf den Kabelschacht und auf die Trennwand zum Motorengehäuse freigegeben.

Die vom Impulsgeber/Getriebe kommende vieradrige Impulsgeberleitung wird durch eine Gummimanschette in den Kabelschacht geführt. Unmittelbar hinter der Gummimanschette war die Ummantelung aufgebrochen und vier Adern der Farben Weiß, Schwarz, Braun und Blau freigelegt. Die schwarze Ader war aufgetrennt und über ein dreiadriges weißes Stromkabel (Haushaltsartikel) mit dem Ein-/Ausschalter verbunden. Vom Schalter führte eine weitere Ader zurück und stellte die Verbindung zum unterbrochenen schwarzen Kabelende her, welches zum Tachographen führt. Die dritte Ader des „weißen Stromkabels“ verband den Schalter und die weiße Ader der Impulsgeberleitung.

Wirkungsweise:

Die vier Adern der Impulsgeberleitung haben folgende Funktion:

schwarz	= +Phase, Steckkontakt am EG-Kontrollgerät
b 1 braun	= –Phase, Steckkontakt am EG-Kontrollgerät
b 2 hellblau	= Impulsgeberphase, Steckkontakt am EG-Kontrollgerät
b 3 weiß	= Impulsgeber(Hall)Phase, Steckkontakt am EG-Kontrollgerät b 4.

Werden Phase 1 und Phase 4 kurzgeschaltet, erhält der EG-Tachograph kein identifizierbares Signal. Da die Stromversorgung des Kontrollgerätes über F 30 gesichert ist, dreht die interne Geräteuhr das Schaublatt im Realzeitrhythmus weiter: Die Aufzeichnungsstifte verharren in Ruhestellung, wenn o. a. Kurzschluss geschaltet ist, auch wenn das Fahrzeug bewegt wird. Da das gesamte Datenaufkommen im Kontrollgerät synchron verarbeitet wird, verbleibt die Tachonadel auf Null-Position, der Kilometerzähler des Kontrollgerätes zählt nicht weiter. Es wird eine Ruhezeit aufgezeichnet. Wird der Kurzschluss während der Fahrt hergestellt, fällt die Tachonadel „zeitlos“ ab. Sie steigt bei Beenden des Kurzschlusses wieder „zeitlos“ an. Ist der Kurzschluss hergestellt, erhält der Geschwindigkeitsbegrenzer ein sog. Null-Signal und ist außer Funktion.

Die Eigendiagnose des EG-Kontrollgerätes zur Fehlererkennung beim Eingriff in das Impulsleitungssystem wird bei dieser Schaltung nicht ausgelöst.

Mit dieser relativ unkomplizierten Manipulation wird dem Fahrzeuglenker eine Manipulationstechnik an die Hand gegeben, mit der er nach Belieben die Schaublattaufzeichnungen steuern kann.

Der Geschwindigkeitsbegrenzer ist außer Funktion, die tatsächlich gefahrene Geschwindigkeit wird nicht aufgezeichnet, Lenkzeiten werden nicht erfasst und Ruhezeiten können vorgetäuscht werden.

Der Eingriff ist im Rahmen der Prüfung nach § 57b StVZO bei einer entsprechenden Schalterstellung nicht zu entdecken.

Wer jedoch auf diese Art und Weise ein Schaublatt herstellt, begeht eine „Fälschung technischer Aufzeichnungen". Diese Handlung ist unter Strafe gestellt (§ 268 StGB).

Es droht eine Freiheitsstrafe bis zu fünf Jahren oder eine Geldstrafe. Der Versuch ist bereits strafbar.

Fall 2:

Bei einer Verkehrskontrolle wurde festgestellt, dass an einem EG-Kontrollgerät des Typs „mtco 1324" (VDO Kienzle) beim Auslesen des in dem Gerät programmierten E-Wertes eine Abweichung von 13,55 % zum auf dem Prüfschild eingetragenen K-Wert vorlag (Auslesen des Gerätes im Servicemodus unter Punkt 4.2).

Das Kontrollgerät war ordnungsgemäß in einen LKW des Herstellers DAF eingebaut. Die Plombenkappe der Prüf- und Programmierbuchse an der Gerätefront wies keine Manipulationsspuren auf. Das Plombierplättchen befand sich korrekt in der entsprechenden Gehäuseaussparung. Das Kontrollgerät wurde sichergestellt. Es stellte sich heraus, dass die an der Verschraubung des oberen Gehäusedeckels vorgesehene Plombierung nicht ordnungsgemäß war. Während sich am Batteriefach noch die Originalplome des Herstellers befand, war die Verschraubung nur mit einer ungeprägten Plombenkappe abgedeckt. Nach dem Öffnen des Gerätedeckels war es ohne weiteres möglich, die nur mit zwei kleinen Schrauben am Gerät befestigte Frontabdeckung zu entfernen. Die lediglich mit dieser Abdeckung verschraubte Plombierkappe der Prüf- und Programmierbuchse wurde dadurch umgangen und der Zugriff auf diese Schnittstelle war somit frei.

Diese Art der Manipulation führte dazu, dass die ermittelte Wegimpulsdrehzahl um –13,55 % von der Gerätekonstante abwich, sodass eine um diesen Wert verringerte Geschwindigkeit aufgezeichnet wurde.

Im vorliegenden Fall zeichnete das Kontrollgerät eine Geschwindigkeit von 80 km/h auf, obwohl tatsächlich 90 km/h gefahren wurden.

4.6 Überprüfung elektronischer Kontrollgeräte

1. Allgemeines

Elektronische (Impulsgeber-)Kontrollgeräte lösen vermehrt die mechanischen (Wellen-Geräte) ab.

Dabei wurden bei Verkehrskontrollen Feststellungen getroffen, die auf technische Manipulationen an diesen elektronischen Geräten hinwiesen.

Spektakuläre Fälle führten beispielsweise in Nordrhein-Westfalen zu Überprüfungen ganzer Fahrzeugparks von Transportunternehmen mit dem Ergebnis, dass diverse Eingriffe in die Technik mit dem strafrechtlichen Hintergrund der Verfälschung technischer Aufzeichnungen (§ 268 StGB) nachgewiesen werden konnten.

Besonders problematisch für die Überwachung sind diese Eingriffe, wenn sie sich auf den Schaublättern nicht oder nur sehr schwer erkennen lassen. Fehlen solche Erkennungsmerkmale, bleibt die Überprüfung des Schaublatts bei einer Verkehrskontrolle für den Fahrer zumeist auch ohne Folgen, weil „er nicht auffällt". Es ist deshalb nötig, bei gezielten Kontrollen den Überprüfungsumfang auf die Aufzeichnungstechnik auszudehnen.

Die rechtlichen Voraussetzungen hierzu schaffen die polizeiliche Überwachungskompetenz und die Ermächtigung aus § 4 Abs. 5 FPersG, Beförderungsmittel der zu überwachenden Betriebe „betreten" zu dürfen, um dort „Prüfungen" und „Untersuchungen" vorzunehmen.

Da der Prüfungsumfang nicht definiert ist, ergibt er sich aus den Vorschriften unmittelbar in dem Maße, wie sie normativ Verhaltens-, Leistungs-, Ausrüstungs- und Funktionsregeln enthalten.

Die Überprüfung der „ordnungsgemäßen Funktion" von Kontrollgeräten bedarf deshalb über die Durchführung einer polizeilichen, verkehrsüberwachenden Kontrolle hinaus keines besonderen Anlasses.

Voraussetzung ist dabei aber auch, dass sich der kontrollierende Polizeibeamte hinreichend in der Funktionsweise der elektronischen Aufzeichnungsgeräte auskennt, über Anschlüsse, Leitungswege und Stromversorgung informiert ist und Manipulationsmöglichkeiten kennt.

Nur mit diesem Kenntnisstand ist es ihm möglich, mehr als nur z. B. die Beweglichkeit der Schreibstifte oder die ordnungsgemäßen Verplombungen in der Bodenplatte des elektronischen Kontrollgeräts zu prüfen.

Deshalb wird kurz auf die prinzipielle Funktionsweise dieser Geräte und Manipulationsmöglichkeiten eingegangen und anschließend eine Überprüfungstechnik vorgestellt, die auch ohne umfassendes technisches Wissen einsetzbar ist.

Achtung
Prüf-Diagrammscheibe fehlt
Prüf-Diagrammscheiben fehlen

Neu-Apparat ☐
Austausch-Apparat ☐
Rep.-Apparat ☐

Wegstreckenzähler eingestellt auf ______ **km**

→ **Apparate-Konstante** k· 07800 **U/km Imp/km** Imp/km,

Zeitabweichung in 24 h ± ______ **sec.**

DATUM: 20.03.86
L = 1796 MM mm
W = 07790 I/KM U/km
FZ-I-Nr.: US-CY617 Imp/km

Korrekturfaktor für Messstrecke ______ %

Reifenart **Größe:**
Normalreifen ______
Gürtelreifen ______

Kienzle Service

TU 1399-06-690-01
01 80

(Aufbewahrungspflicht 3 Jahre)

Prüfnachweis nach § 57b StVZO

Fahrzeug-Besitzer-/Halter:

Ort:

Fahrzeug-Hersteller:

Amtliches Kennzeichen

oder Fahrgestell-Nr.:

Arbeitskarte-Nr.: **Datum:**

*

Firmenstempel der nach § 57b StVZO ermächtigten Werkstatt

Unterschrift des verantwortlichen Personals
* Prüfung nach Checkliste vollständig durchgeführt

Prüfnachweis nach § 57b StVZO

2. Funktionsweise elektronischer Kontrollgeräte

Das technische Prinzip bei elektronischen Kontrollgeräten beruht auf einer Angleichung von Wegimpulsen (Frequenz), die proportional zu der gefahrenen Geschwindigkeit ist.

Dabei werden Wegimpulse über eine „Impulsgeberleitung“ vom Fahrzeug auf das Kontrollgerät übertragen, dort angeglichen und in Bewegungsabläufe (Schreibeinrichtungen) umgesetzt.

Die Angleichung ist abhängig von einem konstanten Faktor, der als „Apparate-Konstante“ festliegt. Deshalb wird in einem bestimmten Messverfahren für jedes Fahrzeug die jeweilige Wegimpulszahl ermittelt, mit der Apparate-Konstanten abgeglichen und justiert.

Diese Justierung erfolgt über eine zugängliche Justiereinrichtung (Potentiometer) erstmals nach Einbau des Kontrollgerätes in das Fahrzeug und nötigenfalls später bei den regelmäßigen Werkstattüberprüfungen. Der unbefugte Zugriff auf diese Justiereinrichtung wird durch eine Verplombung verhindert.

Die festliegende „Apparate-Konstante“ wird gut ablesbar auf dem Typenschild des Kontrollgerätes eingetragen und erscheint als ermittelter Wegimpulswert nach dem Einbau auf dem Einbauschild oder nach Werkstattprüfungen als „K-Wert“ auf Prüfschildern. Es ist ein vierstelliger Wert (Prüfungsnachweis nach § 57b StVZO; siehe Abbildung).

Der von den Werkstätten oder bei Verkehrskontrollen ermittelte Messwert darf eine Abweichung von ± 2 % von der Apparate-Konstanten nicht übersteigen.

3. Manipulationsmöglichkeiten

Drei Fallgruppen von Manipulationen sind bekannt:

1. Die Veränderung der Impulse durch die Verstellung des Potentiometers
2. Unterbrechung der Impulsgeberleitung
3. Unterbrechung oder Schleifen der separaten Stromzufuhr für das Kontrollgerät

Fallgruppe 1

Nach Entfernung der Kapselplombe über der Potentiometerschraube wird die Impulszahl verändert, indem die Schraube verdreht wird.

Die Veränderung der Impulszahl nach oben bewirkt einen synchronen Minderaufschrieb der Geschwindigkeit und der Wegstrecke, während der Schaublatttransport über die unabhängige Zeituhr real weiter erfolgt.

Der Minderaufschrieb steht in einem prozentualen Verhältnis zur Erhöhung der Impulszahl. Wird diese um 10% nach oben verändert, ergibt sich auch ein 10%iger Minderaufschrieb der Geschwindigkeit und ein 10%iger Minderaufschrieb der Wegstrecke.

Das ist fatal, weil die Überprüfung des Schaublattes mit einer Umrechnung der Geschwindigkeit x Zeit und dem Abgleich mit der zurückgelegten Strecke durch das Abzählen der „Wegstrecken-Spitzen" keine Abweichungen bringt.

Weil das Schaublatt dabei auch völlig unauffällig beschrieben und markiert wird, ergaben sich bei Kontrollen in der Vergangenheit auch nur weitere Überprüfungsansätze, wenn die Beschädigung der Potentiometerplombe (Werkzeugspuren) auffiel oder wenn im Einzelfall nach Überprüfung der Kilometerstände oder Transportbegleitunterlagen Differenzen festgestellt wurden.

Übrigens: Wenn bei der Manipulation die Impulszahl nach unten verändert wird, dann erhöhen sich die Aufschriebe.

Fallgruppe 2

Wird die Impulsgeberleitung unterbrochen, unterbleiben die Impulse zum Kontrollgerät mit der Folge, dass dort auch keine Umsetzung in Schreibbewegungen erfolgt. Alle Schreibstifte verharren unbeweglich und zeichnen lediglich „Null-Linien" auf, weil die unabhängige Zeituhr das Schaublatt weitertransportiert. Bleibt dies ein Dauerzustand, dann fällt das bei einer Kontrolle auf. Deshalb wird über eine Abzweigung die Impulsgeberleitung auf einen Schalter (Unterbrecherkontakt) gelegt, der mehr oder weniger auffällig am Armaturenbrett angebracht ist und hier bedient werden kann. Beliebt ist es, einen bereits vorhandenen Schalter zu belegen, der ansonsten überflüssig ist. Über diesen Schalter kann die Funktion des Kontrollgerätes beliebig in Gang gesetzt oder ausgestellt werden.

Weil sich während der Fahrt dann jedoch auf dem Schaublatt ein stufenloser Abfall oder Aufstieg der Aufzeichnungen zeigen würde, was zu auffällig wäre, wird zunächst ganz normal angehalten, die gewünschte Zeitgruppe „Ruhe" geschaltet, über den Schalter die Geberleitung unterbrochen und weitergefahren.

Das Ganze erfolgt dann irgendwann in umgekehrter Reihenfolge. Wenn die Manipulation in der beschriebenen Weise geschieht, bestehen bei einer Routinekontrolle kaum Aussichten auf Entdeckung, wenn nicht in jedem Fall der (reelle) Kilometerstand des Kilometerzählers mit der zurückgelegten Fahrtstrecke abgeglichen wird.

Fallgruppe 3

Die Unterbrechung der Stromzufuhr hat den Stillstand der gesamten Apparatur zur Folge. Auch bei intakter Impulsgeberleitung werden für die Dauer der Stromunterbrechung die Impulse nicht in Bewegungsabläufe umgesetzt. Es erfolgt deshalb kein Aufschrieb, aber auch kein Schaublatttransport, weil auch die Zeituhr außer Betrieb ist. Das fällt auf.

Vereinzelt wird in Fahrerkreisen darüber geredet, dass eine „interessante" Möglichkeit über die Sicherung des Stromkreises besteht. Dabei wird die Sicherung für die separate Stromversorgung des Kontrollgerätes im Sicherungskasten entfernt, ersatzweise an den Plus- und Minuspolen Kabelenden befestigt, und die so gewonnene Überbrückungsleitung auf einen Reduktionsschalter gelegt (z. B. Armaturenbeleuchtung), über den dann die Stromspannung gedrosselt werden kann.

Bis zu einem bestimmten Spannungsabfall bewirkt das auch eine Funktionsminderung der Apparatemechanik, darüber bleibt sie ganz stehen. Neben dem verzögerten Uhrlauf tritt dabei auch eine verzögerte Umsetzung der Impulse ein.

Diese Manipulationsart fällt jedoch regelmäßig durch einfachen Uhrenvergleich auf oder lässt sich bei manueller Korrektur der Uhrzeit auf dem Schaublatt ausmachen.

4. Überprüfung des Kontrollgerätes mit Tester (W.-K.-Test)

Ausgehend von dem Gedanken, dass bei der Werkstattüberprüfung nach § 57b StVZO festgestellt werden kann, ob die Wegimpulszahl noch innerhalb der Apparate-Konstanten liegt, und dass es für diese Prüfung technische Hilfsmittel gibt, musste die Frage gestellt werden, ob diese Technik für polizeiliche Kontrollen im mobilen Einsatz tauglich ist – und was in welchem Umfang bei welchen Geräten und mit welchen Konsequenzen geprüft werden kann. Die rechtliche Zielsetzung ist dabei eindeutig.

1. Feststellung von Manipulationen und Verfolgung der damit im Zusammenhang stehenden Straftaten; Verfälschung technischer Aufzeichnungen, § 268 StGB.
2. Vermeidung von Zeit raubenden und kostenträchtigen gutachterlichen Überprüfungen durch frühzeitige Verdachtsentkräftung.

Bei der Verfolgung der Frage nach dem mobilen Einsatz von Testgeräten bei Verkehrskontrollen setzt die Gerätevielfalt mit ihren voneinander abweichenden Gerätestrukturen technische Grenzen, da Geräte einiger Anbieter nur in ausgebautem Zustand überprüft werden können, weil die Prüfbuchse für Tester auf der Geräterückseite angebracht ist. In diesen Fällen lässt sich ein Verdachtsmoment an Ort und Stelle nicht ausräumen, weshalb eine Werkstatt- oder Sachverständigenüberprüfung nötig ist.

Die häufig anzutreffenden Fahrtschreiber/Kontrollgeräte der Typenreihe 1310, 1314 und **1318** des Herstellers Kienzle und der Typenreihe **FSE 414** des Herstellers VDO **lassen sich mit dem „W.-K.-Tester 1602-10" (Abbildung) überprüfen.**

Dieses Gerät wird von dem Hersteller Kienzle zur Überprüfung von elektronischen Kontrollgeräten im Rahmen der § 57b StVZO-Nachprüfungen für Werkstätten angeboten. Für den **mobilen Einsatz** bei Verkehrskontrollen bedarf es geringer Veränderungen:

Der Tester arbeitet im Bereich variabler Gleichspannung von 10 bis 30 Volt und lässt sich damit an jede gängige Kraftfahrzeugbatterie oder Stromquelle im Kraftfahrzeug anschließen. Die werksseitige Ausstattung des Testers muss jedoch für die Kontrollbelange „vor Ort" ergänzt werden, um in jeder Situation die Stromversorgung sicherstellen zu können. Der Tester wird mit Polklemmen zum Anschluss an Autobatterien geliefert. Der Anschluss ist jedoch allein nicht zweckmäßig, weil aus verschiedenen Gründen nicht immer ein problemloser Zugang zu einer Autobatterie besteht. Deshalb empfiehlt sich die folgende technische Änderung oder Ergänzung, die in dieser Form bei polizeilichen Kontrollen in Nordrhein-Westfalen eingesetzt wird und sich bewährt hat:

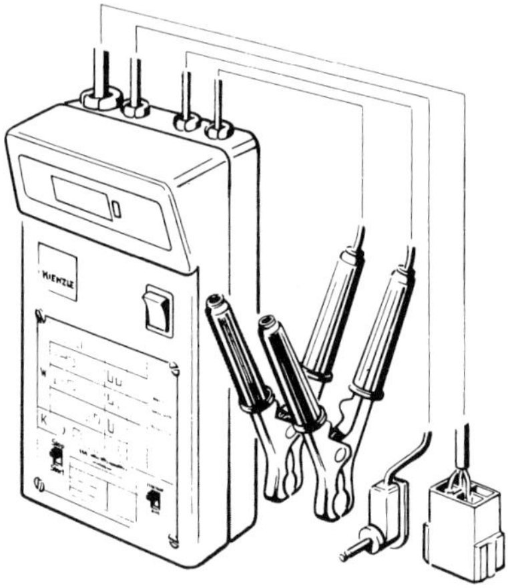

W.-K.-Tester 1602-10

a) Polklemme rot (plus) und schwarz (minus) ca. 30 cm vor den Handgriffen trennen und mit „Bananensteckern“ versehen;

b) beide Stromleitungen mit „Bananenbuchsen“ versehen;

c) einen Kombistecker für Zigarettenanzünder und Ein-Pol-Steckbuchsen mit ca. 30 cm langen Plus- und Minusleitungen verbinden und auch hier Bananenstecker anbringen;

d) eine weitere einpolige Leitung (ca. 2,5 m lang) an beiden Enden mit Bananensteckern versehen.

Die Messleitung mit AMP-Stecker ist bei der Kontrolle vor Ort entbehrlich und kann entfernt werden.

Einsatzmöglichkeiten:

a) Überprüftes Fahrzeug hat **Zugang** zur Stromversorgung über **Zigarettenanzünder/Ein-Pol-Steckbuchse:**
- Kombistecker (s. o. c) mit Stromleitungen des Testers verbinden und an die Stromquelle bringen, Zündung einschalten;
- Klinkenstecker in der Prüfbuchse anschließen;
- Tester einschalten und beide Schiebeschalter in Position „Start" und „K" bringen;
- Rechner ermittelt Konstante und zeigt sie im Display an, wobei der Rechner eine gewisse Zeit benötigt und zunächst nicht den realen Wert angeben kann.

b) Überprüftes Fahrzeug hat **keinen Zugang zur Stromversorgung.** Ersatzweise wird die Stromversorgung aus **dem Einsatzfahrzeug** über einen Zigarettenanzünder herangezogen:
- Kombistecker wie zu a) verbinden und an die Stromquelle des Einsatzfahrzeugs bringen;
- zusätzlich die Polklemmen (s. o. a) mit einpoligen Leitungen (s. o. d) verbinden und einen geeigneten Masseschluss zwischen dem Einsatzfahrzeug und dem überprüften Fahrzeug herstellen (Klemmen auf gut leitendes Metall aufsetzen); dieser Masseschluss ist unbedingt herzustellen, da es sonst zu Fehlmessungen kommt;
- weiteres Verfahren wie zu a).

c) Überprüftes Fahrzeug hat nur **über die eigene Batterie** Zugang zur Stromversorgung:
- Polklemmen an Stelle des Kombisteckers mit den Stromleitungen des Testers verbinden und an die Batterie (plus/minus) anschließen;
- hierbei keinen Masseschluss wie zu 2. herstellen;
- weiteres Verfahren wie zu a)

d) Stromversorgung ist nur über die Batterie des Einsatzfahrzeugs herzustellen:
- Polklemmen an der Batterie des Einsatzfahrzeugs anschließen;
- jetzt wieder Masseschluss wie zu 2. herstellen (zusätzliche Leitung nötig);
- weiteres Verfahren wie zu a) C.

Wichtiger Hinweis:

Während des Messvorgangs ist ein leichtes „Impulsgeräusch" zu hören, der Geschwindigkeitsschreibstift vollzieht eine Aufwärtsbewegung und pulsiert leicht, der Wegstreckenschreibstift wird in Bewegung gesetzt und der Kilometerzähler läuft an, wobei in einer Minute ca. ein Kilometer gezählt wird.

Deshalb sollte in der Kontrollbescheinigung ein entsprechender Hinweis aufgenommen werden.

Prüfungsumfang

Mit dem W.-K.-Tester lässt sich nach dem beschriebenen Berechnungsweg feststellen, ob sich die festgelegte Apparate-Konstante innerhalb des zulässigen Toleranzwertes von 2 % bewegt oder ob – etwa durch Verdrehung der Potentiometerschraube – ein veränderter Wert vorliegt.

Bei Vorliegen eines über den Toleranzbereich hinausgehenden Wertes begründet die Messung den konkretisierbaren Verdacht einer Manipulation mit der Folge, dass weitere strafprozessuale Maßnahmen erforderlich sind. Bei geringfügigen Abweichungen empfiehlt sich in jedem Fall die Anordnung einer Werkstattprüfung („Mängelkarte").

Andererseits kann über die Messung ein etwaiger Anfangsverdacht im Hinblick auf die Veränderung der Apparate-Konstanten ausgeräumt werden.

Ist die Stromzufuhr über einen Schalter unterbrech- oder regelbar und wird dieser Schalter gefunden und bedient, kann die Unterbrechung ebenfalls durch den Tester festgestellt werden, weil dabei die Impulsgeräusche und die mechanischen Bewegungen der Schreibstifte und das Kilometerzählen eingestellt werden.

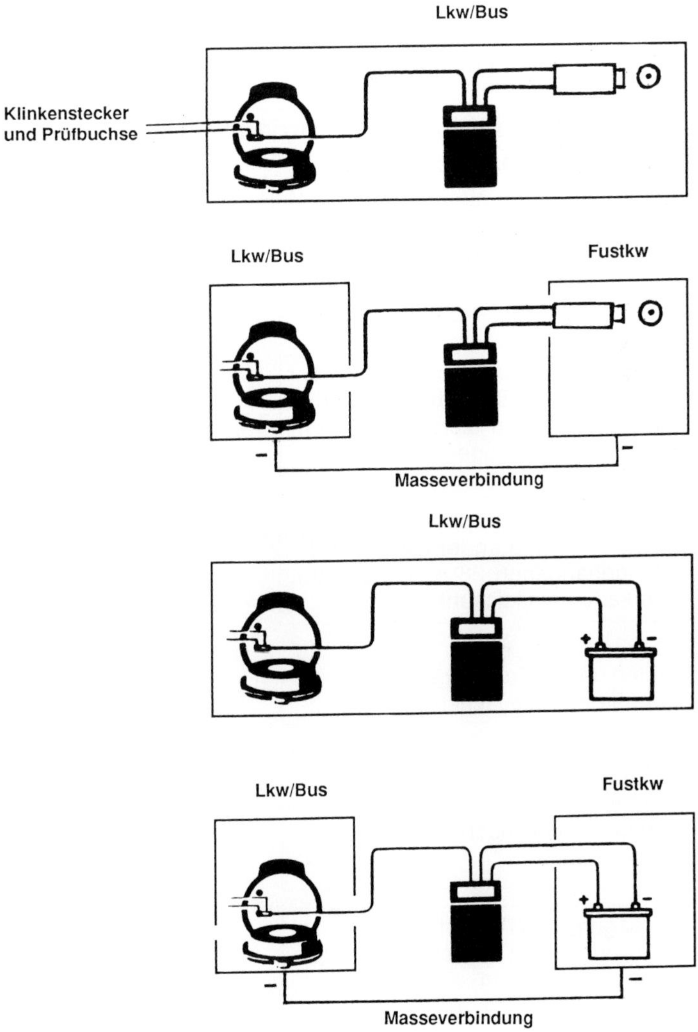

Arten der Stromversorgung des W.-K. Testers

Abschnitt 5

Polizeiliche Überwachung und Aufsicht

5.1 Befugnisse der Polizeibehörden im Rahmen der Verkehrsüberwachung

▶ Aufforderung zur Vorlage mitzuführender (Fahrer, Unternehmer) oder Vorlage/ Einsendung aufzubewahrender (Unternehmer) Aufzeichnungen	§ 1 Abs. 6, 7 FPersV, Art. 11 Anhang AETR
▶ Aufforderung zur Vorlage mitzuführender Aufzeichnungen, Schaublätter für den laufenden Tag und die vorausgegangenen 28 Kalendertage	§ 1 Abs. 6, 7 FPersV
▶ Aufforderung zur Vorlage mitzuführender Schaublätter (laufender Tag und die vorausgegangenen 28 Kalendertage), Fahrerkarte (gespeicherte Daten)	Art 15 Abs. 7 VO (EWG) Nr. 3821/85 Art. 12 Anhang AETR
▶ Betreten der Beförderungsmittel (Führerhaus, Ladeflächen pp.)	§ 4 Abs. 5 FPersG
▶ Überprüfungen und Untersuchungen in/ an Beförderungsmitteln (Technik; Suche nach vorenthaltenen Unterlagen pp.)	§ 4 Abs. 5 FPersG
▶ Untersagung der Weiterfahrt bei fehlenden oder nicht vorschriftsmäßigen Tätigkeitsnachweisen (Aufzeichnungen, Schaublätter; fehlendes Kontrollgerät)	§ 5 FPersG
▶ Falsche oder gefälschte Fahrerkarte/ Sicherstellung bzw. Beschlagnahme	§§ 94, 98 StPO

5.2 Nichtvorzeigen des Schaublattes

Bei Verkehrskontrollen kommt es vor, dass der Fahrer das geforderte Schaublatt vernichtet oder versteckt. Neben einer Ordnungswidrigkeit nach § 57a (2) Satz 4 StVZO i.V.m. § 69a (5) Nr. 6 c StVZO für den Fahrtschreiber bzw. Art. 15 (7) VO (EWG) Nr. 3821/85 und Art. 12 (7) Anhang AETR für das EG-Kontrollgerät und dem AETR-Kontrollgerät könnte eine Urkundenunterdrückung in Betracht kommen, wenn das Schaublatt als technische Aufzeichnung vernichtet, beschädigt oder unterdrückt wird. Es würde dem Berechtigten zur Benutzung entzogen werden. Eine Bestrafung scheidet jedoch aus, da die Absicht, einem anderen einen Nachteil zuzufügen, fehlen dürfte. Der durch das Zerstören der Diagrammscheibe einzig Geschädigte ist der Staat, der um die Verfolgung der Ordnungswidrigkeit gebracht wird. Die bloße Vereitelung des staatlichen Strafanspruchs stellt aber keinen Nachteil im Sinne des § 274 StGB dar (BayObLG NZV 89, 81; OLG Düsseldorf NZV 89, 477).

5.3 Beförderungsmittel LKW als „Wohnung“ und sich daraus ergebende Eingriffsschranken für Kontrollorgane

1. Nach h. M. sind Kraftfahrzeuge, die zu privaten Zwecken genutzt werden, nicht als befriedetes Besitztum i. S. des § 123 StGB (Hausfriedensbruch) geschützt (RGSt 13, 312 [314]; Schäfer, § 123 Rdnr. 10, 21).

Privater Zweck in diesem Sinne ist jede andere Verwendung als die für den **öffentlichen** Straßenverkehr. (Öffentlicher Straßenverkehr ist hier nicht zu verwechseln mit privatem oder gewerblichem Verkehr; auch nicht mit Nutzungszweck/-bestimmung des Straßengrundes: Öffentlicher Verkehrsraum; auch nicht mit dem sog. öffentlichen Individualverkehr.)

Damit sind Omnibusse, die für den öffentlichen Verkehr eingesetzt werden (Linienverkehr), Schutzräume i. S. § 123 StGB. Das gilt auch dann, wenn dieser öffentliche Verkehr von einem Privaten (im Auftrag eines öffentlichen Verkehrsträgers) bedient wird. (Deshalb kann z. B. das widerrechtliche Verweilen eines Fahrgastes Hausfriedensbruch sein.)

Jede Form des nicht-öffentlichen Straßenverkehrs unterliegt dagegen der Schutzwirkung des § 123 StGB insoweit nicht, weil keines der so genutzten Beförderungsmittel „befriedetes Besitztum“ ist.

2. Das Führerhaus eines LKW, der **gewerblichen** Zwecken dient, ist Arbeitsplatz des (Berufs-)Kraftfahrers. Nach h. M. sind „Geschäftsräume“ i. S. § 123 StGB nicht nur kaufmännisch genutzte Räume, sondern auch solche, in denen der Inhaber „seinen Geschäften nachgeht“ (oder nachgehen lässt). Im weiteren Sinn wird damit jeder „Arbeitsraum“ erfasst, der dadurch gekennzeichnet ist, dass in ihm „gearbeitet“ wird.

Bei **beweglichen Geschäftsräumen** wird die Schutzfunktion des § 123 StGB dann bejaht, wenn dieser von seiner Nutzungsbestimmung her in überwiegendem Umfang einer gewerblichen (geschäftlichen) Interessenerfüllung dient (z. B. Verkaufswagen im [ambulanten] Reisegewerbe).

Wird akzeptiert, dass das Führen eines Kraftfahrzeugs in dem hier anstehenden Zusammenhang „Erwerbstätigkeit" und damit in überwiegendem oder ausschließlichem Umfang Arbeit ist, kann auch hier angenommen werden, dass der Arbeitsraum „Führerhaus" dem Schutzzweck unterliegt. Die nach h. M. nötige Kommunikation mit der Außenwelt (Verkaufsabläufe pp.) kann hier als gegeben angenommen werden, weil es in der Eigenart dieser Verkehrsform liegt, Waren abzuholen, auszuliefern oder zu verteilen.

3. Auch bewegliche Sachen können **Wohnung** sein und insoweit nicht nur dem Schutz des § 123 StGB, sondern in besonderem Maße auch dem des Art. 13 Grundgesetz unterliegen.

Das gilt nach h. M. bereits für (tatsächlich) bewohnte Schiffe (oder Teile derselben), Wohnwagen und Campingzelte.

Hier wird angenommen, dass diese Sachen nicht nur dem ständigen Aufenthalt von Personen dienen, was für sich allein noch nicht unbedingt ein ausreichendes Indiz für „Wohnung" darstellen muss, sondern darüber hinaus **private Lebensräume** sind, in die sich Menschen unter Ausschluss Dritter zurückziehen.

Wenn auch nach h. M. ein LKW dann nicht als Wohnung angesehen wird, wenn in ihm nur „gelegentlich geschlafen" wird und insoweit die geschützte Eigenschaft als „Wohnung" verneint wird, sollte die Eingriffsverwaltung unter dem Gebot des Grundrechtsgedanken des Art. 13 Grundgesetz eine differenziertere Betrachtung vornehmen, weil gerade hier wie in sonst kaum einem anderen Bereich die enge räumliche Verbindung unterschiedlichster Nutzungsformen bedacht werden muss.

Würde es nur um die Abwehrung eines widerrechtlichen Zugriffs in das Hausrecht gehen, käme dem Führerhaus als Geschäftsraum im vorstehend betrachteten Sinn schon ausreichender Schutz zugute.

Es geht jedoch insbesondere hier aus der Sicht der Kontrollbehörden um die Frage, ob das in besonderem Maße auch vor einem hoheitlichen Eingriff geschützte Recht auf **Unverletzlichkeit der Wohnung** im eigentlichen Sinn eingreift.

Der Beantwortung dieser Frage kommt man nur dadurch näher, dass die jeweilige Nutzung dieses „umschlossenen Raumes" in den Vordergrund gestellt wird.

Gerade der Eigenart des Güterfernverkehrs entspricht es, dass die Arbeitszeit am Lenkrad, die Ruhezeiten jedoch bei stehendem Fahrzeug regelmäßig in der Schlafkabine verbracht werden, sofern der LKW mit einer solchen ausgestattet ist.

Während das Verhaltensmerkmal „Arbeiten" die Frage nach einer Abgrenzung zwischen „Geschäftsraum" und „Wohnung" nicht aufwerfen kann, ist es bei dem **Verhaltensmerkmal „Ruhen" wohl anders.**

Die Beobachtungen in der Praxis weisen darauf hin, dass der Fahrer in den Zeiten, in denen er die gesetzlich vorgeschriebenen Ruhezeiten, die für ihn Freizeiten sind, in der Schlafkabine seines LKW verbringen will, eindeutige Vorbereitungen dafür trifft, sich **unter Ausschluss der Öffentlichkeit zurückzuziehen.**

Diese „Rückzugsposition" wird nach außen hin dadurch deutlich, dass der Fahrer sich im Führerhaus einschließt, die Vorhänge zuzieht, sich in der „Koje" niederlegt, den Wecker stellt usw.

Es ist sicher nicht verfehlt, für diese Zeit eine besondere Schutzbedürftigkeit anzunehmen und deshalb davon auszugehen, dass in dieser Beziehung die Schutzfunktion des Begriffs „Wohnung" eingreift.

4. Im Ergebnis kann bei Beachtung aller besonderen Umstände in diesem Bereich eine unterschiedliche Bewertung der Schutzwirkung angenommen werden.

Diese unterschiedliche Bewertung ist abhängig von der jeweiligen Fahrzeugart und Fahrzeugausstattung und auch von einem bestimmten Zeitraum. Fahrzeuge, die nur Arbeitsplatz sind, weil sie weder von der Art (z. B. PKW, Klein-LKW) noch von der Ausstattung (LKW ohne Schlafkabine) her eine nutzungsgerechte Eignung als persönliche Rückzugszone zulassen, entbehren insoweit auch einer objektiven Voraussetzung und können weder Wohnung sein noch werden. Die erforderlichen Voraussetzungen können mithin nur in den Fahrzeugen vorliegen, die mit einer Schlafkabine ausgestattet sind.

Daneben muss eine klare zeitliche Begrenzung vorgenommen und dabei auf das tatsächliche (wenn auch zeitlich begrenzte) „Bewohnen" abgestellt werden.

Diese zeitliche Abgrenzung ergibt sich im beruflichen Fernverkehr aus der rhythmischen Abfolge von Arbeits-(Lenk-)zeit und Ruhe-(Frei-)zeit. Nur innerhalb der Ruhezeiten, d. h., wenn der Fahrer mehr als nur Lenkzeitunterbrechungen (Pausen) einlegen will und **durch äußerlich erkennbare Vorbereitung eindeutig zu erkennen gibt,** dass er sich nunmehr in seine Privatsphäre zurückgezogen hat, können auch die subjektiven Voraussetzungen als gegeben angenommen werden.

Zu allen anderen Zeiten stellen die Verhaltensmerkmale des Fahrers ausschließlich oder überwiegend auf „Arbeiten" ab, wobei auch die für die Schutzwirkung einer „Wohnung" nötige besondere Rückzugsposition aufgegeben wird.

5. Wird während einer solchen Ruhezeit unter dem Wohnungsvorbehalt eine Überprüfung des Fahrzeugs und/oder des Fahrers nötig und muss deshalb das Führerhaus betreten werden, kann das Betretungsrecht aus § 4 Abs. 5 FPersG nur beansprucht werden, wenn es für die **Abwehr dringender Gefahren für die öffentliche Sicherheit oder Ordnung** unumgänglich ist.

Eine dringende Gefahr ist dann anzunehmen, wenn bei ungehindertem Geschehensablauf mit hoher Wahrscheinlichkeit ein schwerwiegender Schaden für ein Rechtsgut der öffentlichen Sicherheit oder Ordnung zu erwarten ist (vgl. BVerfGE 17, 232, 251 zu Art. 13 Grundgesetz).

5.4 „Höhere Gewalt"

Wenn es die Sicherheit des Straßenverkehrs zulässt, kann ein Fahrer, um einen geeigneten Halteplatz zu erreichen, von den Artikeln 6 bis 9 VO (EG) Nr. 561/2006 (s. Art. 12 VO (EG) Nr. 561/2006) und dem AETR (s. Art. 9 AETR) abweichen, aber nur, wenn es erforderlich ist um

die Sicherheit der Fahrgäste

oder

des Fahrzeuges

oder

der Ladung

zu gewährleisten.

Der Fahrer hat Art und Grund dieser Abweichung spätestens bei Erreichen des geeigneten Halteplatzes handschriftlich auf dem Schaublatt des Kontrollgerätes oder einem Ausdruck aus dem Kontrollgerät oder im Arbeitszeitplan zu vermerken.

Im Artikel 13a VO (EWG) Nr. 543/69 (alt), war der Begriff „höhere Gewalt" enthalten. Da aber dieser Begriff in anderen Mitgliedsstaaten ein unbekannter Rechtsbegriff ist, musste er in der früheren VO (EWG) Nr. 3820/85 und der VO (EG) Nr. 561/2006 weggelassen werden.

Abschnitt 6

Die Verfolgung und Ahndung von Ordnungswidrigkeiten

6.1 Rechtsgrundlagen

Die Sozialvorschriften beinhalten in ihrer Gesamtheit Pflichten für Verhalten, Handeln und Unterlassen bestimmter Personengruppen.

Das übernationale Recht VO (EG) Nr. 561/2006 und VO (EG) Nr. 3821/85 und das internationale Recht (AETR) überlässt es dem jeweiligen Gesetzgeber eines Mitglieds- oder Vertragslandes, welche Verhaltensweisen wie und in welchem Umfang geahndet werden sollen.

Es unterliegt dagegen nicht der Entscheidung des nationalen Gesetzgebers, ob Sanktionen vorzusehen sind, weil über die Ratifizierung eine rechtsverbindliche Wirkung der

- Art. 19 VO (EG) Nr. 561/2006,
- Art. 19 VO (EWG) 3821/85,
- Art. 12 AETR

eingetreten ist, wonach Mitgliedsstaaten und Vertragsparteien notwendige Rechtsvorschriften für eine Ahndung von Verstößen erlassen oder geeignete Maßnahmen für eine solche treffen.

Dieser Verpflichtung ist die Bundesrepublik Deutschland durch das „Gesetz über das Fahrpersonal von Kraftfahrzeugen und Straßenbahnen (FPersG)" vom 27.10.1976 nachgekommen.

Für die Rechtsbereiche „EG-Verkehr" und „AETR-Verkehr" finden sich die Ahndungsvorschriften deshalb im FPersG, welches daneben auch noch Vorschriften für die Überwachung und Kontrolle enthält, also Zuständigkeits- und Eingriffsregelungen.

Für den nationalen Rechtsbereich bestehen solche Ahndungsvorschriften

- im Arbeitszeitgesetz
- in der Straßenverkehrs-Zulassungsordnung.

Normenverstöße in diesem Rahmen sind Ordnungswidrigkeiten. Für das Verfahren gilt deshalb das „Gesetz über Ordnungswidrigkeiten (OWiG)" i. d. F. der Bekanntmachung vom 19. 2. 1987.

6.2 Territorialitätsprinzip

1. Gemäß § 5 OWiG können nur die Ordnungswidrigkeiten geahndet werden, die „... im räumlichen Geltungsbereich dieses Gesetzes ..." begangen werden.

Wer – gleich welche Nationalität er besitzt – auf dem Gebiet der Bundesrepublik Deutschland den Tatbestand einer Ordnungswidrigkeit verwirklicht, unterliegt der Verfolgung in diesem Sinne.

Das entspricht nicht nur den Grundsätzen der souveränen deutschen Gerichtsbarkeit und der Bedingung des § 5 OWiG. Auch von den Vertragsparteien ist das so gewollt, weil es „wünschenswert“ ist, dass Verstöße auch dann geahndet werden, wenn sie im Hoheitsgebiet eines anderen Staates während einer Fahrt im internationalen Straßenverkehr begangen werden (Art. 12 AETR).

2. Der naturgemäße Ablauf des grenzüberschreitenden Güter- und Personenbeförderungsverkehrs führt regelmäßig dazu, dass Fahrvorgänge, Unterbrechungen (Pausen) und Ruhezeiten über mehrere Tage hinweg eine „Arbeitseinheit“ bilden.

Kontrollorgane an den Grenzen verweigern zu Recht die Einreise, wenn Lenkzeitüberschreitungen festgestellt werden (vgl. § 5 FPersG, Erlass BMI/BMV vom 6. 2. 1984 – PI4-645 342-7/3 – für den Bundesgrenzschutz).

Das Verkehrsunternehmen organisiert die Arbeit ihrer Fahrer (= angestellte Fahrer bzw. zur Verfügung gestellte Fahrer) so, dass die Bestimmungen der Verordnung (EWG) Nr. 3821/85 sowie die Bestimmungen des Kapitels II der VO (EG) Nr. 561/2006 (= Mindestalter, Lenk- und Ruhezeiten eingehalten werden können.

Käme es z. B. aufgrund von Fehldispositionen des hiesigen Unternehmens im Ausland zu Lenk- und Ruhezeitverstößen, können diese im Ausland begangenen Ordnungswidrigkeiten hier zu Sanktionen gegen die Verantwortlichen im Unternehmen führen.

6.3 Sicherheitsleistungen

1. Sicherheitsleistungen dürfen bei Gefahr im Verzuge anordnen und erheben

- die durch Rechtsverordnung zur Verfolgung von Ordnungswidrigkeiten bestimmten Verwaltungsbehörden
  (§§ 35, 36 OWiG i. V. m. § 46 OWiG, § 132 Abs. 2 StPO),
- die durch Rechtsverordnung zu Ermittlungspersonen der Staatsanwaltschaft bestimmten Polizeivollzugsbeamten
  (§ 152 GVG; §§ 53, 46 OWiG i. V. m. § 132 Abs. 2 StPO).

Regelmäßig treffen beide Voraussetzungen bei Polizeibeamten zusammen, weil Polizeibehörden allein oder neben anderen Behörden auch Verfolgungsbehörden sind.

2. Die sinngemäße Anwendung der Vorschriften der Strafprozessordnung bei der Verfolgung von Ordnungswidrigkeiten (§ 46 Abs. 1 OWiG) beschränkt Sicherheitsleistungen auf den Betroffenen, der einer Ordnungswidrigkeit dringend verdächtig ist und im Geltungsbereich der Strafprozessordnung (des OWiG) **keinen festen Wohnsitz oder Aufenthalt hat.**

Gesetzeszweck ist dabei die Sicherstellung des Bußgeldverfahrens, das im Ergebnis bei einer im Ausland ansässigen Person durch die Möglichkeit der Ausreise schon deshalb gefährdet wäre, weil eine vorläufige Festnahme nicht zulässig ist (§ 46 Abs. 3 OWiG).

§ 132 StPO (s. in diesem Zusammenhang auch § 116a StPO) beschränkt daher im Bereich der „Sozialvorschriften" die Sicherheitsleistungen auf die Fälle, in denen

- im Inland ordnungswidrig gehandelt wurde (Territorialitätsprinzip),
- der dieser Ordnungswidrigkeit dringend Verdächtige im Geltungsbereich angetroffen wird,
- die Durchführung des Verfahrens (tatsächlich unter Berücksichtigung der Umstände des Einzelfalles) ohne Erhebung einer Sicherheitsleistung gefährdet ist.

Die Erfahrungen des für die Verfolgung der hier regelmäßig in Frage kommenden Ordnungswidrigkeiten durch Ausländer zuständigen Bundesamtes für den Güterverkehr (BAG) lässt darauf schließen, dass eine Durchführungsgefährdung nur bedingt angenommen werden kann.

Danach waren z. B. 1985 80 % aller Bußgeldbescheide, die entweder im Wege bestehender Rechtshilfeabkommen oder auch öffentlich zugestellt wurden, sofort erfolgreich. Weitere 10 % der Betroffenen hinterlegten die Beträge bei ihrer erneuten Einreise in die Bundesrepublik Deutschland und nur 10 % der Bußgeldverfahren blieben erfolglos. Nicht beglichene Bußgeldbescheide werden im Zollfahndungssystem „Bengali" ausgeschrieben.

In unmittelbaren Absprachen zwischen einzelnen Polizeibehörden und dem BAG wird teilweise in Kenntnis dieser Sachlage auf die Erhebung von Sicherheitsleistungen verzichtet. Die Erhebung von Sicherheitsleistungen sollte jedoch grundsätzlich **die Regel bleiben.**

3. Art und Weise der Sicherheitsleistungen richten sich nach den landesrechtlichen Vorschriften.

4. Wird eine Sicherheitsleistung nicht sofort erbracht, so kann die Weiterfahrt bis zur vollständigen Erbringung untersagt werden (§ 7 FPersG).

§ 132 StPO Sonstige Maßnahmen

(1) Hat der Beschuldigte, der einer Straftat dringend verdächtig ist, im Geltungsbereich dieses Gesetzes keinen festen Wohnsitz oder Aufenthalt, liegen aber die Voraussetzungen eines Haftbefehls nicht vor, so kann, um die Durchführung des Strafverfahrens sicherzustellen, angeordnet werden, dass der Beschuldigte

1. eine angemessene Sicherheit für die zu erwartende Geldstrafe und die Kosten des Verfahrens leistet und
2. eine im Bezirk des zuständigen Gericht wohnende Person zum Empfang von Zustellungen bevollmächtigt.

§ 116a Abs. 1 StPO gilt entsprechend.

(2) Die Anordnung dürfen nur der Richter, bei Gefahr im Verzuge auch die Staatsanwaltschaft und ihre Ermittlungspersonen (§ 152 des Gerichtsverfassungsgesetzes) treffen.

(3) Befolgt der Beschuldigte die Anordnung nicht, so können Beförderungsmittel und andere Sachen, die der Beschuldigte mit sich führt und die ihm gehören, beschlagnahmt werden. Die §§ 94 und 98 gelten entsprechend.

§ 116a StPO Aussetzung gegen Sicherheitsleistung

(1) Die Sicherheit ist durch Hinterlegung in barem Geld, in Wertpapieren, durch Pfandbestellung oder durch Bürgschaft geeigneter Personen zu leisten. Davon abweichende Regelungen in einer auf Grund des Gesetzes über den Zahlungsverkehr mit Gerichten und Justizbehörden erlassenen Rechtsverordnung bleiben unberührt.

(2) Der Richter setzt Höhe und Art der Sicherheit nach freiem Ermessen fest.

(3) Der Beschuldigte, der die Aussetzung des Vollzugs des Haftbefehls gegen Sicherheitsleistung beantragt und nicht im Geltungsbereich dieses Gesetzes wohnt, ist verpflichtet, eine im Bezirk des zuständigen Gerichts wohnende Person zum Empfang von Zustellungen zu bevollmächtigen.

6.4 Verjährungsfristen

Bei der Verfolgung von Ordnungswidrigkeiten sind natürlich die Verjährungsfristen zu beachten. Durch die Verjährung werden die Verfolgung von Ordnungswidrigkeiten und die Anordnung von Nebenfolgen ausgeschlossen. § 27 Abs. 2 Satz 1 bleibt unberührt.

Die Verfolgung von Ordnungswidrigkeiten verjährt, wenn das Gesetz nichts anderes bestimmt

1. in drei Jahren bei Ordnungswidrigkeiten mit einer Geldbuße von mehr als 15 000 €
2. in zwei Jahren bei Ordnungswidrigkeiten mit einer Geldbuße von mehr als 2 500 €
3. in einem Jahr bei Ordnungswidrigkeiten mit einer Geldbuße von mehr als 1 000 €
4. in sechs Monaten bei den übrigen Ordnungswidrigkeiten

Die Verjährung beginnt, sobald die Handlung beendet ist. Tritt ein zum Tatbestand gehörender Erfolg erst später ein, so beginnt die Verjährung mit diesem Zeitpunkt.

6.5 Eintragung in das Gewerbezentralregister

Ordnungswidrigkeiten aus dem Bereich der Sozialvorschriften werden nicht in das Verkehrszentralregister eingetragen.

Bei Bußgeldern in einer Höhe von mehr als 200,– Euro (§ 149 GewO) erfolgt jedoch eine Erfassung in dem Gewerbezentralregister, aber nur für den Unternehmer.

Anhang

– Gesetzes- und Verordnungstexte –

(Auszüge)

Verordnung (EG) Nr. 561/2006 des Europäischen Parlaments und des Rates zur Harmonisierung bestimmter Sozialvorschriften im Straßenverkehr und zur Änderung der Verordnungen (EWG) Nr. 3821/85 und (EG) Nr. 2135/98 des Rates sowie zur Aufhebung der Verordnung (EWG) Nr. 3820/85 des Rates

vom 15.3.2006 (ABl. EU L 102, S. 1;
berichtigt am 14.3.2009 durch Veröffentlichung im ABl. EU L 70 S. 19),
geändert duch VO (EG) Nr. 1073/2009
vom 21.10.2009 (ABl. EU L 300, S. 88)

Kapitel I Einleitende Bestimmungen

Artikel 1

Durch diese Verordnung werden Vorschriften zu den Lenkzeiten, Fahrtunterbrechungen und Ruhezeiten für Kraftfahrer im Straßengüter- und -personenverkehr festgelegt, um die Bedingungen für den Wettbewerb zwischen Landverkehrsträgern, insbesondere im Straßenverkehrsgewerbe, anzugleichen und die Arbeitsbedingungen sowie die Straßenverkehrssicherheit zu verbessern. Ziel dieser Verordnung ist es ferner, zu einer besseren Kontrolle und Durchsetzung durch die Mitgliedstaaten sowie zu einer besseren Arbeitspraxis innerhalb des Straßenverkehrsgewerbes beizutragen.

Artikel 2

(1) Diese Verordnung gilt für folgende Beförderungen im Straßenverkehr:

a) Güterbeförderung mit Fahrzeugen, deren zulässige Höchstmasse einschließlich Anhänger oder Sattelanhänger 3,5 t übersteigt, oder
b) Personenbeförderung mit Fahrzeugen, die für die Beförderung von mehr als neun Personen einschließlich des Fahrers konstruiert oder dauerhaft angepasst und zu diesem Zweck bestimmt sind.

(2) Diese Verordnung gilt unabhängig vom Land der Zulassung des Fahrzeugs für Beförderungen im Straßenverkehr

a) ausschließlich innerhalb der Gemeinschaft oder
b) zwischen der Gemeinschaft, der Schweiz und den Vertragsstaaten des Abkommens über den Europäischen Wirtschaftsraum.

(3) Das AETR gilt anstelle dieser Verordnung für grenzüberschreitende Beförderungen im Straßenverkehr, die teilweise außerhalb der in Absatz 2 genannten Gebiete erfolgen,

a) im Falle von Fahrzeugen, die in der Gemeinschaft oder in Staaten, die Vertragsparteien des AETR sind, zugelassen sind, für die gesamte Fahrstrecke;
b) im Falle von Fahrzeugen, die in einem Drittstaat, der nicht Vertragspartei des AETR ist, zugelassen sind, nur für den Teil der Fahrstrecke, der im Gebiet der Gemeinschaft oder von Staaten liegt, die Vertragsparteien des AETR sind.

Die Bestimmungen des AETR sollten an die Bestimmungen dieser Verordnung angepasst werden, damit die wesentlichen Bestimmungen dieser Verordnung über das AETR auf solche Fahrzeuge für den auf Gemeinschaftsgebiet liegenden Fahrtabschnitt angewendet werden können.

Artikel 3

Diese Verordnung gilt nicht für Beförderungen im Straßenverkehr mit folgenden Fahrzeugen:

a) Fahrzeuge, die zur Personenbeförderung im Linienverkehr verwendet werden, wenn die Linienstrecke nicht mehr als 50 km beträgt;
b) Fahrzeuge mit einer zulässigen Höchstgeschwindigkeit von nicht mehr als 40 km/h;
c) Fahrzeuge, die Eigentum der Streitkräfte, des Katastrophenschutzes, der Feuerwehr oder der für die Aufrechterhaltung der öffentlichen Ordnung zuständigen Kräfte sind oder von ihnen ohne Fahrer angemietet werden, sofern die Beförderung aufgrund der diesen Diensten zugewiesenen Aufgaben stattfindet und ihrer Aufsicht unterliegt;
d) Fahrzeuge – einschließlich Fahrzeuge, die für nichtgewerbliche Transporte für humanitäre Hilfe verwendet werden –, die in Notfällen oder bei Rettungsmaßnahmen verwendet werden;
e) Spezialfahrzeuge für medizinische Zwecke;
f) spezielle Pannenhilfefahrzeuge, die innerhalb eines Umkreises von 100 km um ihren Standort eingesetzt werden;
g) Fahrzeuge, mit denen zum Zweck der technischen Entwicklung oder im Rahmen von Reparatur- oder Wartungsarbeiten Probefahrten auf der Straße durchgeführt werden, sowie neue oder umgebaute Fahrzeuge, die noch nicht in Betrieb genommen worden sind;
h) Fahrzeuge oder Fahrzeugkombinationen mit einer zulässigen Höchstmasse von nicht mehr als 7,5 t, die zur nichtgewerblichen Güterbeförderung verwendet werden;
i) Nutzfahrzeuge, die nach den Rechtsvorschriften des Mitgliedstaats, in dem sie verwendet werden, als historisch eingestuft werden und die zur nichtgewerblichen Güter- oder Personenbeförderung verwendet werden.

Artikel 4

Im Sinne dieser Verordnung bezeichnet der Ausdruck

a) „Beförderung im Straßenverkehr" jede ganz oder teilweise auf einer öffentlichen Straße durchgeführte Fahrt eines zur Personen- oder Güterbeförderung verwendeten leeren oder beladenen Fahrzeugs;

b) „Fahrzeug" ein Kraftfahrzeug, eine Zugmaschine, einen Anhänger oder Sattelanhänger oder eine Kombination dieser Fahrzeuge gemäß den nachstehenden Definitionen:
   - „Kraftfahrzeug": jedes auf der Straße verkehrende Fahrzeug mit Eigenantrieb, das normalerweise zur Personen- oder Güterbeförderung verwendet wird, mit Ausnahme von dauerhaft auf Schienen verkehrenden Fahrzeugen;
   - „Zugmaschine": jedes auf der Straße verkehrende Fahrzeug mit Eigenantrieb, das speziell dafür ausgelegt ist, Anhänger, Sattelanhänger, Geräte oder Maschinen zu ziehen, zu schieben oder zu bewegen, mit Ausnahme von dauerhaft auf Schienen verkehrenden Fahrzeugen;
   - „Anhänger": jedes Fahrzeug, das dazu bestimmt ist, an ein Kraftfahrzeug oder eine Zugmaschine angehängt zu werden;
   - „Sattelanhänger": ein Anhänger ohne Vorderachse, der so angehängt wird, dass ein beträchtlicher Teil seines Eigengewichts und des Gewichts seiner Ladung von der Zugmaschine oder vom Kraftfahrzeug getragen wird;

c) „Fahrer" jede Person, die das Fahrzeug, sei es auch nur kurze Zeit, selbst lenkt oder sich in einem Fahrzeug befindet, um es – als Bestandteil seiner Pflichten – gegebenenfalls lenken zu können;

d) „Fahrtunterbrechung" jeden Zeitraum, in dem der Fahrer keine Fahrtätigkeit ausüben und keine anderen Arbeiten ausführen darf und der ausschließlich zur Erholung genutzt wird;

e) „andere Arbeiten" alle in Artikel 3 Buchstabe a der Richtlinie 2002/15/EG als „Arbeitszeit" definierten Tätigkeiten mit Ausnahme der Fahrtätigkeit sowie jegliche Arbeit für denselben oder einen anderen Arbeitgeber, sei es inner- oder außerhalb des Verkehrssektors;

f) „Ruhepause" jeden ununterbrochenen Zeitraum, in dem ein Fahrer frei über seine Zeit verfügen kann;

g) „tägliche Ruhezeit" den täglichen Zeitraum, in dem ein Fahrer frei über seine Zeit verfügen kann und der eine „regelmäßige tägliche Ruhezeit" und eine „reduzierte tägliche Ruhezeit" umfasst;
   - „regelmäßige tägliche Ruhezeit" eine Ruhepause von mindestens 11 Stunden. Diese regelmäßige tägliche Ruhezeit kann auch in zwei Teilen genommen werden, wobei der erste Teil einen ununterbrochenen Zeitraum von mindestens 3 Stunden und der zweite Teil einen ununterbrochenen Zeitraum von mindestens 9 Stunden umfassen muss;
   - „reduzierte tägliche Ruhezeit" eine Ruhepause von mindestens 9 Stunden, aber weniger als 11 Stunden;

h) „wöchentliche Ruhezeit" den wöchentlichen Zeitraum, in dem ein Fahrer frei über seine Zeit verfügen kann und der eine „regelmäßige wöchentliche Ruhezeit" und eine „reduzierte wöchentliche Ruhezeit" umfasst;
   - „regelmäßige wöchentliche Ruhezeit" eine Ruhepause von mindestens 45 Stunden;
   - „reduzierte wöchentliche Ruhezeit" eine Ruhepause von weniger als 45 Stunden, die vorbehaltlich der Bedingungen des Artikels 8 Absatz 6 auf eine Mindestzeit von 24 aufeinander folgenden Stunden reduziert werden kann;

i) „Woche" den Zeitraum zwischen Montag 00.00 Uhr und Sonntag 24.00 Uhr;

j) „Lenkzeit" die Dauer der Lenktätigkeit, aufgezeichnet entweder:
   - vollautomatisch oder halbautomatisch durch Kontrollgeräte im Sinne der Anhänge I und IB der Verordnung (EWG) Nr. 3821/85, oder
   - von Hand gemäß den Anforderungen des Artikels 16 Absatz 2 der Verordnung (EWG) Nr. 3821/85;

k) „Tageslenkzeit" die summierte Gesamtlenkzeit zwischen dem Ende einer täglichen Ruhezeit und dem Beginn der darauf folgenden täglichen Ruhezeit oder zwischen einer täglichen und einer wöchentlichen Ruhezeit;

l) „Wochenlenkzeit" die summierte Gesamtlenkzeit innerhalb einer Woche;

m) „zulässige Höchstmasse" die höchstzulässige Masse eines fahrbereiten Fahrzeugs einschließlich Nutzlast;

n) „Personenlinienverkehr" inländische und grenzüberschreitende Verkehrsdienste im Sinne des Artikels 2 der Verordnung (EWG) Nr. 684/92 des Rates vom 16. März 1992 zur Einführung gemeinsamer Regeln für den grenzüberschreitenden Personenverkehr mit Kraftomnibussen[1];

o) „Mehrfahrerbetrieb" den Fall, in dem während der Lenkdauer zwischen zwei aufeinander folgenden täglichen Ruhezeiten oder zwischen einer täglichen und einer wöchentlichen Ruhezeit mindestens zwei Fahrer auf dem Fahrzeug zum Lenken eingesetzt sind. Während der ersten Stunde des Mehrfahrerbetriebs ist die Anwesenheit eines anderen Fahrers oder anderer Fahrer fakultativ, während der restlichen Zeit jedoch obligatorisch;

p) „Verkehrsunternehmen" jede natürliche oder juristische Person und jede Vereinigung oder Gruppe von Personen ohne Rechtspersönlichkeit mit oder ohne Erwerbszweck sowie jede eigene Rechtspersönlichkeit besitzende oder einer Behörde mit Rechtspersönlichkeit unterstehende offizielle Stelle, die Beförderungen im Straßenverkehr gewerblich oder im Werkverkehr vornimmt;

q) „Lenkdauer" die Gesamtlenkzeit zwischen dem Zeitpunkt, zu dem ein Fahrer nach einer Ruhezeit oder einer Fahrtunterbrechung beginnt, ein Fahrzeug zu lenken, und dem Zeitpunkt, zu dem er eine Ruhezeit oder Fahrtunterbrechung einlegt. Die Lenkdauer kann ununterbrochen oder unterbrochen sein.

1 ABl. L 74 vom 20.3.1992, S. 1. zuletzt geändert durch die Beitrittsakte von 2003.

Kapitel II
Fahrpersonal, Lenkzeiten, Fahrtunterbrechungen und Ruhezeiten[2]

Artikel 5

(1) Das Mindestalter für Schaffner beträgt 18 Jahre.

(2) Das Mindestalter für Beifahrer beträgt 18 Jahre. Die Mitgliedstaaten können jedoch das Mindestalter für Beifahrer unter folgenden Bedingungen auf 16 Jahre herabsetzen:

a) Die Beförderung im Straßenverkehr erfolgt innerhalb eines Mitgliedstaats in einem Umkreis von 50 km vom Standort des Fahrzeugs, einschließlich des Verwaltungsgebiets von Gemeinden, deren Zentrum innerhalb dieses Umkreises liegt,

b) die Herabsetzung erfolgt zum Zwecke der Berufsausbildung und

c) die von den arbeitsrechtlichen Bestimmungen des jeweiligen Mitgliedstaates vorgegebenen Grenzen werden eingehalten.

---

2 Gemäß Artikel 28 der VO (EG) Nr. 561/2006 gelten die Absätze 1, 2 und 4 des Artikel 5 der ansonsten aufgehobenen VO (EG) Nr. 3820/85 weiter.

Bis zum 9.9.2009 gilt Absatz 1:

„(1) Das Mindestalter der im Güterverkehr eingesetzen Fahrer wird festgesetzt:

a) bei Fahrzeugen mit einem höchstzulässigen Gesamtgewicht bis zu 7,5 Tonnen einschließlich – Anhänger oder Sattelanhänger gegebenenfalls inbegriffen – auf das vollendete 18. Lebensjahr;

b) bei den übrigen Fahrzeugen auf

- das vollendete 21. Lebensjahr oder
- das vollendete 18 Lebensjahr, falls der Fahrer Inhaber eines Befähigungsnachweises über den erfolgreichen Abschluss einer von einem der Mitgliedstaaten anerkannten Ausbildung für Fahrer im Güterkraftverkehr gemäß der gemeinschaftlichen Rechtsvorschriften über das Mindestniveau der Ausbildung für Fahrer von Transportfahrzeugen im Straßenverkehr ist.“

Bis zum 9.9.2008 gelten die Absätze 2 und 4:

(2) Die im Personenverkehr eingesetzten Fahrer müssen mindestens 21 Jahre alt sein.Die im Personenverkehr im Umkreis von mehr als 50 km um den Standort des Fahrzeugs eingesetzen Fahrer müssen außerem

a) mindestens ein Jahr lang die Tätigkeit eines im Güterverkehr eingesetzten Fahrer von Fahrzeugen mit einem zulässigen Höchstgewicht von mehr als 3,5 Tonnen ausgeübt haben oder

b) mindestens ein Jahr lang die Tätigkeit eiens Fahrers ausgeübt haben, der im Personenverkehr im Umkreis von bis zu 50 km um den Standort des Fahrzeugs oder in anderen Arten der Personenbeförderung eingesetzt war, die nicht unter diese Verordnung fallen, aber nach Auffassung der zuständigen Behörde die erforderliche Erfahrung verliehen haben, oder

c) Inhaber eines Befähigungsnachweises über den erfolgreichen Abschluss einer von einem der Mitgliedstaaten anerkannten Ausbildung für Fahrer im Personenkraftverkerh gemäß den gemeinschafltlichen Rechtsvorschriften über das Mindestniveau der Ausbiludng für Fahrer von Transportfahrzeugen im Straßenverkehr sein.

(4) Die im Personenverkehr eingesetzten Fahrer brauchen die in Absatz 2 Buchstaben a), b) und c) genannten Bedingungen nicht zu erfüllen, wenn sie ihre Tätigkeit vor dem 1. Oktober 1970 mindestens ein Jahr lang ausgeübt haben.“

Artikel 6

(1) Die tägliche Lenkzeit darf 9 Stunden nicht überschreiten. Die tägliche Lenkzeit darf jedoch höchstens zweimal in der Woche auf höchstens 10 Stunden verlängert werden.

(2) Die wöchentliche Lenkzeit darf 56 Stunden nicht überschreiten und nicht dazu führen, dass die in der Richtlinie 2002/15/EG festgelegte wöchentliche Höchstarbeitszeit überschritten wird.

(3) Die summierte Gesamtlenkzeit während zweier aufeinander folgender Wochen darf 90 Stunden nicht überschreiten.

(4) Die tägliche und die wöchentliche Lenkzeit umfassen alle Lenkzeiten im Gebiet der Gemeinschaft oder im Hoheitsgebiet von Drittstaaten.

(5) Der Fahrer muss die Zeiten im Sinne des Artikels 4 Buchstabe e sowie alle Lenkzeiten in einem Fahrzeug, das für gewerbliche Zwecke außerhalb des Anwendungsbereichs der vorliegenden Verordnung verwendet wird, als andere Arbeiten festhalten; ferner muss er die seit seiner letzten täglichen oder wöchentlichen Ruhezeit verbrachten Bereitschaftszeiten im Sinne des Artikels 15 Absatz 3 Buchstabe c der Verordnung (EWG) Nr. 3821/85 festhalten. Diese Zeiten sind entweder handschriftlich auf einem Schaublatt oder einem Ausdruck einzutragen oder manuell in das Kontrollgerät einzugeben.

Artikel 7

Nach einer Lenkdauer von viereinhalb Stunden hat ein Fahrer eine ununterbrochene Fahrtunterbrechung von wenigstens 45 Minuten einzulegen, sofern er keine Ruhezeit einlegt.

Diese Unterbrechung kann durch eine Unterbrechung von mindestens 15 Minuten, gefolgt von einer Unterbrechung von mindestens 30 Minuten, ersetzt werden, die in die Lenkzeit so einzufügen sind, dass die Bestimmungen des Absatzes 1 eingehalten werden.

Artikel 8

(1) Der Fahrer muss tägliche und wöchentliche Ruhezeiten einhalten.

(2) Innerhalb von 24 Stunden nach dem Ende der vorangegangenen täglichen oder wöchentlichen Ruhezeit muss der Fahrer eine neue tägliche Ruhezeit genommen haben.
Beträgt der Teil der täglichen Ruhezeit, die in den 24-Stunden-Zeitraum fällt, mindestens 9 Stunden, jedoch weniger als 11 Stunden, so ist die fragliche tägliche Ruhezeit als reduzierte tägliche Ruhezeit anzusehen.

(3) Eine tägliche Ruhezeit kann verlängert werden, so dass sich eine regelmäßige wöchentliche Ruhezeit oder eine reduzierte wöchentliche Ruhezeit ergibt.

(4) Der Fahrer darf zwischen zwei wöchentlichen Ruhezeiten höchstens drei reduzierte tägliche Ruhezeiten einlegen.

(5) Abweichend von Absatz 2 muss ein im Mehrfahrerbetrieb eingesetzter Fahrer innerhalb von 30 Stunden nach dem Ende einer täglichen oder wöchentlichen Ruhezeit eine neue tägliche Ruhezeit von mindestens 9 Stunden genommen haben.

(6) In zwei jeweils aufeinander folgenden Wochen hat der Fahrer mindestens folgende Ruhezeiten einzuhalten:
- zwei regelmäßige wöchentliche Ruhezeiten oder
- eine regelmäßige wöchentliche Ruhezeit und eine reduzierte wöchentliche Ruhezeit von mindestens 24 Stunden. Dabei wird jedoch die Reduzierung durch eine gleichwertige Ruhepause ausgeglichen, die ohne Unterbrechung vor dem Ende der dritten Woche nach der betreffenden Woche genommen werden muss.

Eine wöchentliche Ruhezeit beginnt spätestens am Ende von sechs 24-Stunden-Zeiträumen nach dem Ende der vorangegangenen wöchentlichen Ruhezeit.

(6a) Abweichend von Absatz 6 darf ein Fahrer, der für einen einzelnen Gelegenheitsdienst im grenzüberschreitenden Personenverkehr im Sinne der Verordnung (EG) Nr. 1073/2009 des Europäischen Parlaments und des Rates vom 21. Oktober 2009 über gemeinsame Regeln für den Zugang zum Markt des grenzüberschreitenden Personenkraftverkehrs eingesetzt wird, die wöchentliche Ruhezeit auf bis zu 12 aufeinander folgende 24-Stunden-Zeiträume nach einer vorhergehenden regelmäßigen wöchentlichen Ruhezeit unter folgenden Voraussetzungen verschieben:

a) der Dienst dauert mindestens 24 aufeinander folgende Stunden in einem anderen Mitgliedstaat oder unter diese Verordnung fallenden Drittstaat als demjenigen, in dem jeweils der Dienst begonnen wurde;
b) nach der Inanspruchnahme der Ausnahmeregelung nimmt der Fahrer
i) entweder zwei regelmäßige wöchentliche Ruhezeiten oder
ii) eine regelmäßige wöchentliche Ruhezeit und eine reduzierte wöchentliche Ruhezeit von mindestens 24 Stunden. Dabei wird jedoch die Reduzierung durch eine gleichwertige Ruhepause ausgeglichen, die ohne Unterbrechung vor dem Ende der dritten Woche nach dem Ende des Ausnahmezeitraums genommen werden muss;
c) ab dem 1. Januar 2014 ist das Fahrzeug mit einem Kontrollgerät entsprechend den Anforderungen des Anhangs IB der Verordnung (EWG) Nr. 3821/85 ausgestattet und
d) ab dem 1. Januar 2014, sofern das Fahrzeug bei Fahrten während des Zeitraums von 22.00 Uhr bis 6.00 Uhr mit mehreren Fahrern besetzt ist oder die Lenkdauer nach Artikel 7 auf drei Stunden vermindert wird.

Die Kommission überwacht die Inanspruchnahme dieser Ausnahmeregelung genau, um die Aufrechterhaltung der Sicherheit im Straßenverkehr unter sehr strengen Voraussetzungen sicherzustellen, insbesondere indem sie darauf achtet, dass die summierte Gesamtlenkzeit während des unter die Ausnahmeregelung fallenden Zeitraums nicht zu lang ist. Bis zum 4. Dezember 2012 erstellt die Kommission einen Bericht, in dem sie die Folgen der Ausnahmeregelung in Bezug auf die Sicherheit im Straßenverkehr sowie soziale Aspekte bewertet. Wenn sie es für sinnvoll erachtet, schlägt die Kommission diesbezügliche Änderungen der vorliegenden Verordnung vor.

(7) Jede Ruhepause, die als Ausgleich für eine reduzierte wöchentliche Ruhezeit eingelegt wird, ist an eine andere Ruhezeit von mindestens 9 Stunden anzuhängen.

(8) Sofern sich ein Fahrer hierfür entscheidet, können nicht am Standort eingelegte tägliche Ruhezeiten und reduzierte wöchentliche Ruhezeiten im Fahrzeug verbracht werden, sofern das Fahrzeug über geeignete Schlafmöglichkeiten für jeden Fahrer verfügt und nicht fährt.

(9) Eine wöchentliche Ruhezeit, die in zwei Wochen fällt, kann für eine der beiden Wochen gezählt werden, nicht aber für beide.

Artikel 9

(1) Legt ein Fahrer, der ein Fahrzeug begleitet, das auf einem Fährschiff oder mit der Eisenbahn befördert wird, eine regelmäßige tägliche Ruhezeit ein, so kann diese Ruhezeit abweichend von Artikel 8 höchstens zwei Mal durch andere Tätigkeiten unterbrochen werden, deren Dauer insgesamt eine Stunde nicht überschreiten darf. Während dieser regelmäßigen täglichen Ruhezeit muss dem Fahrer eine Schlafkabine oder ein Liegeplatz zur Verfügung stehen.

(2) Die von einem Fahrer verbrachte Zeit, um zu einem in den Geltungsbereich dieser Verordnung fallenden Fahrzeug, das sich nicht am Wohnsitz des Fahrers oder der Betriebstätte des Arbeitgebers, dem der Fahrer normalerweise zugeordnet ist, befindet, anzureisen oder von diesem zurückzureisen, ist nur dann als Ruhepause oder Fahrtunterbrechung anzusehen, wenn sich der Fahrer in einem Zug oder auf einem Fährschiff befindet und Zugang zu einer Koje oder einem Liegewagen hat.

(3) Die von einem Fahrer verbrachte Zeit, um mit einem nicht in den Geltungsbereich dieser Richtlinie fallenden Fahrzeug zu einem in den Geltungsbereich dieser Verordnung fallenden Fahrzeug, das sich nicht am Wohnsitz des Fahrers oder der Betriebsstätte des Arbeitgebers, dem der Fahrer normalerweise zugeordnet ist, befindet, anzureisen oder von diesem zurückzureisen, ist als andere Arbeiten anzusehen.

Kapitel III
Haftung von Verkehrsunternehmen

Artikel 10

(1) Verkehrsunternehmen dürfen angestellten oder ihnen zur Verfügung gestellten Fahrern keine Zahlungen in Abhängigkeit von der zurückgelegten Strecke und/oder der Menge der beförderten Güter leisten, auch nicht in Form von Prämien oder Lohnzuschlägen, falls diese Zahlungen geeignet sind, die Sicherheit im Straßenverkehr zu gefährden und/oder zu Verstößen gegen diese Verordnung ermutigen.

(2) Das Verkehrsunternehmen organisiert die Arbeit der in Absatz 1 genannten Fahrer so, dass diese die Bestimmungen der Verordnung (EWG) Nr. 3821/85 sowie des Kapitels II der vorliegenden Verordnung einhalten können. Das Verkehrsunternehmen hat den Fahrer ordnungsgemäß anzuweisen und regelmäßig zu überprüfen, dass die Verordnung (EWG) Nr. 3821/85 und Kapitel II der vorliegenden Verordnung eingehalten werden.

(3) Das Verkehrsunternehmen haftet für Verstöße von Fahrern des Unternehmens, selbst wenn der Verstoß im Hoheitsgebiet eines anderen Mitgliedstaates oder eines Drittstaates begangen wurde.
Unbeschadet des Rechts der Mitgliedstaaten, Verkehrsunternehmen uneingeschränkt haftbar zu machen, können die Mitgliedstaaten diese Haftung von einem Verstoß des Unternehmens gegen die Absätze 1 und 2 abhängig machen. Die Mitgliedstaaten können alle Beweise prüfen, die belegen, dass das Verkehrsunternehmen billigerweise nicht für den begangenen Verstoß haftbar gemacht werden kann.

(4) Unternehmen, Verlader, Spediteure, Reiseveranstalter, Hauptauftragnehmer, Unterauftragnehmer und Fahrervermittlungsagenturen stellen sicher, dass die vertraglich vereinbarten Beförderungszeitpläne nicht gegen diese Verordnung verstoßen.

(5)

a) Ein Verkehrsunternehmen, das Fahrzeuge einsetzt, die unter die vorliegende Verordnung fallen und die mit einem Kontrollgerät ausgestattet sind, das dem Anhang IB der Verordnung (EWG) Nr. 3821/85 entspricht, stellt Folgendes sicher:

i) Alle Daten werden von dem Bordgerät und der Fahrerkarte so regelmäßig heruntergeladen, wie es der Mitgliedstaat vorschreibt; diese relevanten Daten werden in kürzeren Abständen heruntergeladen, damit sichergestellt ist, dass alle von dem Unternehmen oder für das Unternehmen durchgeführten Tätigkeiten heruntergeladen werden;

ii) alle sowohl vom Bordgerät als auch von der Fahrerkarte heruntergeladenen Daten werden nach ihrer Aufzeichnung mindestens zwölf Monate lang aufbewahrt und müssen für einen Kontrollbeamten auf Verlangen entweder direkt oder zur Fernabfrage von den Geschäftsräumen des Unternehmens zugänglich sein.

b) Im Sinne dieses Absatzes wird der Ausdruck „heruntergeladen" entsprechend der Begriffsbestimmung in Anhang IB Kapitel I Buchstabe s der Verordnung (EWG) Nr. 3821/85 ausgelegt.

c) Die Kommission entscheidet nach dem in Artikel 24 Absatz 2 genannten Verfahren über den Höchstzeitraum für das Herunterladen der relevanten Daten gemäß Buchstabe a Ziffer i.

Kapitel IV
Ausnahmen

Artikel 11

Ein Mitgliedstaat kann für Beförderungen im Straßenverkehr, die vollständig in seinem Hoheitsgebiet durchgeführt werden, längere Mindestfahrtunterbrechungen und Ruhezeiten oder kürzere Höchstlenkzeiten als nach den Artikeln 6 bis 9 festlegen. In einem solchen Fall muss der Mitgliedstaat die relevanten kollektiven oder anderen Vereinbarungen zwischen den Sozialpartnern berücksichtigen. Für Fahrer im grenzüberschreitenden Verkehr gilt jedoch weiterhin diese Verordnung.

Artikel 12

Sofern die Sicherheit im Straßenverkehr nicht gefährdet wird, kann der Fahrer von den Artikeln 6 bis 9 abweichen, um einen geeigneten Halteplatz zu erreichen, soweit dies erforderlich ist, um die Sicherheit von Personen, des Fahrzeugs oder seiner Ladung zu gewährleisten. Der Fahrer hat Art und Grund dieser Abweichung spätestens bei Erreichen des geeigneten Halteplatzes handschriftlich auf dem Schaublatt des Kontrollgeräts oder einem Ausdruck aus dem Kontrollgerät oder im Arbeitszeitplan zu vermerken.

Artikel 13

(1) Sofern die Verwirklichung der in Artikel 1 genannten Ziele nicht beeinträchtigt wird, kann jeder Mitgliedstaat für sein Hoheitsgebiet oder mit Zustimmung der betreffenden Mitgliedstaaten für das Hoheitsgebiet eines anderen Mitgliedstaats Abweichungen von den Artikeln 5 bis 9 zulassen und solche Abweichungen für die Beförderung mit folgenden Fahrzeugen an individuelle Bedingungen knüpfen:

a) Fahrzeuge, die Eigentum von Behörden sind oder von diesen ohne Fahrer angemietet sind, um Beförderungen im Straßenverkehr durchzuführen, die nicht im Wettbewerb mit privatwirtschaftlichen Verkehrsunternehmen stehen;

b) Fahrzeuge, die von Landwirtschafts-, Gartenbau-, Forstwirtschafts- oder Fischereiunternehmen zur Güterbeförderung im Rahmen ihrer eigenen unternehmerischen Tätigkeit in einem Umkreis von bis zu 100 km vom Standort des Unternehmens benutzt oder ohne Fahrer angemietet werden;

c) land- und forstwirtschaftliche Zugmaschinen, die für land- oder forstwirtschaftliche Tätigkeiten eingesetzt werden, und zwar in einem Umkreis von bis zu 100 km vom Standort des Unternehmens, das das Fahrzeug besitzt, anmietet oder least;

d) Fahrzeuge oder Fahrzeugkombinationen mit einer zulässigen Höchstmasse von nicht mehr als 7,5 t,
   - die von Universaldienstanbietern im Sinne des Artikels 2 Absatz 13 der Richtlinie 97/67/EG des Europäischen Parlaments und des Rates vom 15. Dezember 1997 über gemeinsame Vorschriften für die Entwicklung des Binnenmarktes der Postdienste der Gemeinschaft und die Verbesserung der Dienstequalität[3] zum Zweck der Zustellung von Sendungen im Rahmen des Universaldienstes benutzt werden, oder
   - die zur Beförderung von Material, Ausrüstungen oder Maschinen benutzt werden, die der Fahrer zur Ausübung seines Berufes benötigt.

Diese Fahrzeuge dürfen nur in einem Umkreis von 50 km vom Standort des Unternehmens und unter der Bedingung benutzt werden, dass das Lenken des Fahrzeugs für den Fahrer nicht die Haupttätigkeit darstellt;

---

3 ABl. L 15 vom 21.11.1998, S. 14. Zuletzt geändert durch die Verordnung (EG) Nr. 1882/2003 (ABl. L 284 vom 31.10.2003, S. 1).

e) Fahrzeuge, die ausschließlich auf Inseln mit einer Fläche von nicht mehr als 2 300 km^2 verkehren, die mit den übrigen Teilen des Hoheitsgebiets weder durch eine Brücke, eine Furt oder einen Tunnel, die von Kraftfahrzeugen benutzt werden können, verbunden sind;

f) Fahrzeuge, die im Umkreis von 50 km vom Standort des Unternehmens zur Güterbeförderung mit Druckerdgas-, Flüssiggas- oder Elektroantrieb benutzt werden und deren zulässige Höchstmasse einschließlich Anhänger oder Sattelanhänger 7,5 t nicht übersteigt;

g) Fahrzeuge, die zum Fahrschulunterricht und zur Fahrprüfung zwecks Erlangung des Führerscheins oder eines beruflichen Befähigungsnachweises dienen, sofern diese Fahrzeuge nicht für die gewerbliche Personen- oder Güterbeförderung benutzt werden;

h) Fahrzeuge, die in Verbindung mit Kanalisation, Hochwasserschutz, Wasser-, Gas- und Elektrizitätsversorgung, Straßenunterhaltung und -kontrolle, Hausmüllabfuhr, Telegramm- und Telefondienstleistungen, Rundfunk und Fernsehen sowie zur Erfassung von Radio- bzw. Fernsehsendern oder -geräten eingesetzt werden;

i) Fahrzeuge mit 10 bis 17 Sitzen, die ausschließlich zur nichtgewerblichen Personenbeförderung verwendet werden;

j) Spezialfahrzeuge, die Ausrüstungen des Zirkus- oder Schaustellergewerbes transportieren;

k) speziell ausgerüstete Projektfahrzeuge für mobile Projekte, die hauptsächlich im Stand zu Lehrzwecken dienen;

l) Fahrzeuge, die zum Abholen von Milch bei landwirtschaftlichen Betrieben und zur Rückgabe von Milchbehältern oder von Milcherzeugnissen für Futterzwecke an diese Betriebe verwendet werden;

m) Spezialfahrzeuge für Geld- und/oder Werttransporte;

n) Fahrzeuge, die zur Beförderung von tierischen Abfällen oder von nicht für den menschlichen Verzehr bestimmten Tierkörpern verwendet werden;

o) Fahrzeuge, die ausschließlich auf Straßen in Güterverteilzentren wie Häfen, Umschlaganlagen des Kombinierten Verkehrs und Eisenbahnterminals benutzt werden;

p) Fahrzeuge, die innerhalb eines Umkreises von bis zu 50 Kilometern für die Beförderung lebender Tiere von den landwirtschaftlichen Betrieben zu den lokalen Märkten und umgekehrt oder von den Märkten zu den lokalen Schlachthäusern verwendet werden.

(2) Die Mitgliedstaaten teilen der Kommission die Ausnahmen mit, die sie nach Absatz 1 gewähren, und die Kommission unterrichtet die übrigen Mitgliedstaaten hiervon.

(3) Sofern die Verwirklichung der in Artikel 1 genannten Ziele nicht beeinträchtigt wird und ein angemessener Schutz der Fahrer sichergestellt ist, kann ein Mitgliedstaat mit Genehmigung der Kommission in seinem Hoheitsgebiet in geringem Umfang Ausnahmen von dieser Verordnung für Fahrzeuge, die in zuvor festgelegten Gebieten mit einer Bevölkerungsdichte von weniger als 5 Personen pro Quadratkilometer eingesetzt werden, in folgenden Fällen zulassen:

- Bei inländischen Personenlinienverkehrsdiensten, sofern ihr Fahrplan von den Behörden bestätigt wurde (in diesem Fall dürfen nur Ausnahmen in Bezug auf Fahrtunterbrechungen zugelassen werden) und
- im inländischen Werkverkehr oder gewerblich durchgeführten Güterkraftverkehr, soweit sich diese Tätigkeiten nicht auf den Binnenmarkt auswirken und für den Erhalt bestimmter Wirtschaftszweige in dem betroffenen Gebiet notwendig sind und die Ausnahmebestimmungen dieser Verordnung einen Umkreis von höchstens 100 km vorschreiben.

Eine Beförderung im Straßenverkehr nach dieser Ausnahme kann eine Fahrt zu einem Gebiet mit einer Bevölkerungsdichte von 5 Personen pro Quadratmeter oder mehr nur einschließen, wenn damit eine Fahrt beendet oder begonnen wird. Solche Maßnahmen müssen ihrer Art und ihrem Umfang nach verhältnismäßig sein.

Artikel 14

(1) Sofern die Verwirklichung der in Artikel 1 genannten Ziele nicht beeinträchtigt wird, können die Mitgliedstaaten nach Genehmigung durch die Kommission Ausnahmen von den Artikeln 6 bis 9 für unter außergewöhnlichen Umständen durchgeführte Beförderungen zulassen.

(2) Die Mitgliedstaaten können in dringenden Fällen eine vorübergehende Ausnahme für einen Zeitraum von höchstens 30 Tagen zulassen, über die die Kommission sofort zu unterrichten ist.

(3) Die Kommission teilt den übrigen Mitgliedstaaten alle nach diesem Artikel gewährten Ausnahmen mit.

Artikel 15

Die Mitgliedstaaten stellen sicher, dass Fahrer der in Artikel 3 Buchstabe a genannten Fahrzeuge unter nationale Vorschriften fallen, die in Bezug auf die erlaubten Lenkzeiten sowie die vorgeschriebenen Fahrtunterbrechungen und Ruhezeiten einen angemessenen Schutz bieten.

Kapitel V
Überwachung und Sanktionen

Artikel 16

(1) Verfügt ein Fahrzeug nicht über ein mit der Verordnung (EWG) Nr. 3821/85 übereinstimmendes Kontrollgerät, so gelten die Absätze 2 und 3 des vorliegenden Artikels für:

a) nationale Personenlinienverkehrsdienste und

b) grenzüberschreitende Personenlinienverkehrsdienste, deren Endpunkte in der Luftlinie höchstens 50 km von einer Grenze zwischen zwei Mitgliedstaaten entfernt sind und deren Fahrstrecke höchstens 100 km beträgt.

(2) Das Verkehrsunternehmen erstellt einen Fahrplan und einen Arbeitszeitplan, in dem für jeden Fahrer der Name, der Standort und der im Voraus festgelegte Zeitplan für die verschiedenen Zeiträume der Lenktätigkeit, der anderen Arbeiten und der Fahrtunterbrechungen sowie die Bereitschaftszeiten angegeben werden.
Jeder Fahrer, der in einem Dienst im Sinne des Absatzes 1 eingesetzt ist, muss einen Auszug aus dem Arbeitszeitplan und eine Ausfertigung des Linienfahrplans mit sich führen.

(3) Der Arbeitszeitplan muss

a) alle in Absatz 2 aufgeführten Angaben mindestens für den Zeitraum der vorangegangenen 28 Tage enthalten; diese Angaben sind in regelmäßigen Abständen von höchstens einem Monat zu aktualisieren;
b) die Unterschrift des Leiters des Verkehrsunternehmens oder seines Beauftragten tragen;
c) vom Verkehrsunternehmen nach Ablauf des Geltungszeitraums ein Jahr lang aufbewahrt werden. Das Verkehrsunternehmen händigt den betreffenden Fahrern auf Verlangen einen Auszug aus dem Arbeitszeitplan aus; und
d) auf Verlangen einem dazu befugten Kontrollbeamten vorgelegt und ausgehändigt werden.

Artikel 17

(1) Die Mitgliedstaaten übermitteln der Kommission unter Verwendung des in der Entscheidung 93/173/EWG[4] vorgesehenen Berichtsmusters die notwendigen Informationen, damit diese alle zwei Jahre einen Bericht über die Durchführung der vorliegenden Verordnung und der Verordnung (EWG) Nr. 3821/85 und über die Entwicklungen auf dem betreffenden Gebiet erstellen kann.

(2) Diese Angaben müssen bei der Kommission spätestens am 30. September des Jahres nach Ende des betreffenden Zweijahreszeitraums mitgeteilt werden.

(3) In dem Bericht wird zugleich angegeben, inwieweit von den Ausnahmeregelungen gemäß Artikel 13 Gebrauch gemacht wird.

(4) Die Kommission leitet den Bericht innerhalb von 13 Monaten nach Ende des betreffenden Zweijahreszeitraums dem Europäischen Parlament und dem Rat zu.

Artikel 18

1. Die Mitgliedstaaten ergreifen die zur Durchführung dieser Verordnung erforderlichen Maßnahmen.

4 ABl. L 72 vom 25.3.1993, S. 33.

Artikel 19

(1) Die Mitgliedstaaten legen für Verstöße gegen die vorliegende Verordnung und die Verordnung (EWG) Nr. 3821/85 Sanktionen fest und treffen alle erforderlichen Maßnahmen, um deren Durchführung zu gewährleisten. Diese Sanktionen müssen wirksam, verhältnismäßig, abschreckend und nicht diskriminierend sein. Ein Verstoß gegen die vorliegende Verordnung und gegen die Verordnung (EWG) Nr. 3821/85 kann nicht mehrmals Gegenstand von Sanktionen oder Verfahren sein. Die Mitgliedstaaten teilen der Kommission diese Maßnahmen und die Regeln bezüglich Sanktionen bis zu dem in Artikel 29 Absatz 2 genannten Datum mit. Die Kommission informiert die Mitgliedstaaten entsprechend.

(2) Ein Mitgliedstaat ermächtigt die zuständigen Behörden, gegen ein Unternehmen und/oder einen Fahrer bei einem in seinem Hoheitsgebiet festgestellten Verstoß gegen diese Verordnung eine Sanktion zu verhängen, sofern hierfür noch keine Sanktion verhängt wurde, und zwar selbst dann, wenn der Verstoß im Hoheitsgebiet eines anderen Mitgliedstaats oder eines Drittstaats begangen wurde.
Dabei gilt folgende Ausnahmeregelung: Wird ein Verstoß festgestellt,

- der nicht im Hoheitsgebiet des betreffenden Mitgliedstaats begangen wurde und
- der von einem Unternehmen, das seinen Sitz in einem anderen Mitgliedstaat oder einem Drittstaat hat, oder von einem Fahrer, der seinen Arbeitsplatz in einem anderen Mitgliedstaat oder einem Drittstaat hat, begangen wurde,

so kann ein Mitgliedstaat bis zum 1. Januar 2009, anstatt eine Sanktion zu verhängen, der zuständigen Behörde des Mitgliedstaats oder des Drittstaats, in dem das Unternehmen seinen Sitz oder der Fahrer seinen Arbeitsplatz hat, den Verstoß melden.

(3) Leitet ein Mitgliedstaat in Bezug auf einen bestimmten Verstoß ein Verfahren ein oder verhängt er eine Sanktion, so muss er dem Fahrer gegenüber angemessene schriftliche Belege beibringen.

(4) Die Mitgliedstaaten stellen sicher, dass ein System verhältnismäßiger Sanktionen, die finanzielle Sanktionen umfassen können, für den Fall besteht, dass Unternehmen oder mit ihnen verbundene Verlader, Spediteure, Reiseveranstalter, Hauptauftragnehmer, Unterauftragnehmer und Fahrervermittlungsagenturen gegen die vorliegende Verordnung oder die Verordnung (EWG) Nr. 3821/85 verstoßen.

Artikel 20

(1) Der Fahrer muss alle von einem Mitgliedstaat zu Sanktionen oder zur Einleitung von Verfahren beigebrachten Belege so lange aufbewahren, bis derselbe Verstoß gegen diese Verordnung nicht mehr in ein zweites Verfahren oder eine zweite Sanktion gemäß dieser Verordnung münden kann.

(2) Der Fahrer hat die in Absatz 1 genannten Belege auf Verlangen vorzuweisen.

(3) Ein Fahrer, der bei mehreren Verkehrsunternehmen beschäftigt ist oder mehreren Verkehrsunternehmen zur Verfügung steht, verschafft jedem Unternehmen ausreichende Informationen, um diesem die Einhaltung der Bestimmungen des Kapitels II zu ermöglichen.

Artikel 21

In Fällen, in denen ein Mitgliedstaat der Auffassung ist, dass ein Verstoß gegen diese Verordnung vorliegt, der die Straßenverkehrssicherheit eindeutig gefährden könnte, ermächtigt er die betreffende zuständige Behörde, das betreffende Fahrzeug so lange stillzulegen, bis die Ursache des Verstoßes behoben ist. Die Mitgliedstaaten können dem Fahrer auferlegen, eine tägliche Ruhezeit einzulegen. Die Mitgliedstaaten können ferner gegebenenfalls die Zulassung eines Unternehmens entziehen, aussetzen oder einschränken, falls es seinen Sitz in diesem Mitgliedstaat hat, oder sie können die Fahrerlaubnis eines Fahrers entziehen, aussetzen oder einschränken. Die Kommission entwickelt nach dem in Artikel 24 Absatz 2 genannten Verfahren Leitlinien, um eine harmonisierte Anwendung dieses Artikels zu erreichen.

Artikel 22

(1) Die Mitgliedstaaten leisten einander Beistand bei der Anwendung dieser Verordnung und bei der Überwachung ihrer Einhaltung.

(2) Die zuständigen Behörden der Mitgliedstaaten tauschen regelmäßig alle verfügbaren Informationen aus über

a) die von Gebietsfremden begangenen Verstöße gegen die Bestimmungen des Kapitels II und die gegen diese Verstöße verhängten Sanktionen;
b) die von einem Mitgliedstaat verhängten Sanktionen für Verstöße, die seine Gebietsansässigen in anderen Mitgliedstaaten begangen haben.

(3) Die Mitgliedstaaten übermitteln der Kommission regelmäßig relevante Informationen über die nationale Auslegung und Anwendung dieser Verordnung; die Kommission stellt diese Informationen den anderen Mitgliedstaaten in elektronischer Form zur Verfügung.

(4) Die Kommission unterstützt durch den in Artikel 24 Absatz 1 genannten Ausschuss den Dialog zwischen den Mitgliedstaaten über die einzelstaatliche Auslegung und Anwendung dieser Verordnung.

Artikel 23

Die Gemeinschaft wird mit Drittländern die Verhandlungen aufnehmen, die zur Durchführung dieser Verordnung gegebenenfalls erforderlich sind.

Artikel 24

(1) Die Kommission wird von dem durch Artikel 18 Absatz 1 der Verordnung (EWG) Nr. 3821/85 eingesetzten Ausschuss unterstützt.

(2) Wird auf diesen Absatz Bezug genommen, so gelten die Artikel 3 und 7 des Beschlusses 1999/468/EG unter Beachtung von dessen Artikel 8.

(3) Der Ausschuss gibt sich eine Geschäftsordnung.

Artikel 25

(1) Auf Antrag eines Mitgliedstaates oder von sich aus

a) prüft die Kommission die Fälle, in denen die Bestimmungen dieser Verordnung, insbesondere bezüglich der Lenkzeiten, Fahrtunterbrechungen und Ruhezeiten, unterschiedlich angewandt und durchgesetzt werden;

b) klärt die Kommission die Bestimmungen dieser Verordnung, um einen gemeinsamen Ansatz sicherzustellen.

(2) In den in Absatz 1 genannten Fällen trifft die Kommission eine Entscheidung über einen empfohlenen Ansatz nach dem in Artikel 24 Absatz 2 genannten Verfahren. Die Kommission übermittelt ihre Entscheidung dem Europäischen Parlament, dem Rat und den Mitgliedstaaten.

Kapitel VI
Schlussbestimmungen

Artikel 26

Die Verordnung (EWG) Nr. 3821/85 wird wie folgt geändert: ...

Artikel 27

Die Verordnung (EG) Nr. 2135/98 wird wie folgt geändert: ...

Artikel 28

Die Verordnung (EWG) Nr. 3820/85 wird aufgehoben und durch die vorliegende Verordnung ersetzt.

Artikel 5 Absätze 1, 2 und 4 der Verordnung (EWG) Nr. 3820/85 gelten jedoch bis zu den in Artikel 15 Absatz 1 der Richtlinie 2003/59/EG genannten Terminen.

Artikel 29

Diese Verordnung tritt am 11. April 2007 in Kraft, ausgenommen Artikel 10 Absatz 5, Artikel 26 Absätze 3 und 4 und Artikel 27, die am 1. Mai 2006 in Kraft treten.

Diese Verordnung ist in allen ihren Teilen verbindlich und gilt unmittelbar in jedem Mitgliedstaat.

Verordnung (EWG) Nr. 3821/85 Des Rates über das Kontrollgerät im Straßenverkehr[1 2]

Vom 20.12.1985 (ABl. EG Nr. L. 370/8)
zuletzt geändert durch VO (EG) Nr. 1791/2006
des Rates vom 20.11.2006 (ABl. EU Nr. L 363)

– Auszug –

Kapitel I Grundsätze und Anwendungsbereich

Artikel 1

Als Kontrollgerät im Sinne dieser Verordnung gilt ein Kontrollgerät, das hinsichtlich Bauart, Einbau, Benutzung und Prüfung den Vorschriften dieser Verordnung einschließlich der Anhänge I bzw. I B und II entspricht.

Artikel 2

Für diese Verordnung sind die Definitionen des Artikels 4 der Verordnung (EG) Nr. 561/2006 des Europäischen Parlaments und des Rates vom 15. März 2006 zur Harmonisierung bestimmter Sozialvorschriften im Straßenverkehr und zur Änderung der Verordnungen (EWG) Nr. 3821/85 und (EG) Nr. 2135/98 des Rates anwendbar.

Artikel 3

(1) Das Kontrollgerät muss bei Fahrzeugen eingebaut und benutzt werden, die der Personen- oder Güterbeförderung im Straßenverkehr dienen und in einem Mitgliedstaat zugelassen sind; ausgenommen sind die in Artikel 3 der Verordnung (EG) Nr. 561/2006 genannten Fahrzeuge. Die in Artikel 16 Absatz 1 der Verordnung (EG) Nr. 561/2006 genannten Fahrzeuge und Fahrzeuge, die von der Anwendung der Verordnung (EWG) Nr. 3820/85 freigestellt waren, die gemäß den Bestimmungen der Verordnung (EG) Nr. 561/2006 jedoch nicht mehr freigestellt sind, müssen diese Vorschrift spätestens ab dem 31. Dezember 2007 erfüllen.

---

1 Die Bußgeldvorschriften für Verstöße gegen diese EWG-VO befinden sich in § 23 FPersV (8-28-1 Bu) i.V.m. § 8 FPersG (8-28 Bu)
Beachte auch die Erl. zum FPersG.
Richtl. für die Kontrollen der Einhaltung der vorl. Vorschrift enthält die EGKontrollRV vom 6.6.1990 (VkBl. 90, 514), geändert durch VO vom 20.7.1994 (BGBl. I S. 1733).

2 Artikel 2 der VO (EG) Nr. 2135/98 vom 24.9.1998 (ABl. EG Nr. L 274/1)
(1)
a) Ab dem zwanzigsten Tag nach dem Tag der Veröffentlichung der Verordnung (EG) Nr. 561/2006 des Europäischen Parlaments und des Rates vom 15. März 2006 zur Harmonisierung bestimmter Sozialvorschriften im Straßenverkehr und zur Änderung der Verordnung (EWG) Nr. 3821/85 und (EG) Nr. 2135/98 des Rates (ABl. L 102 vom 11.4.2006, S. 1) müssen Fahrzeuge, die erstmals zum Verkehr zugelassen werden, mit einem Kontrollgerät gemäß den Bestimmungen des Anhangs I B Verordnung (EWG) Nr. 3821/85 ausgerüstet sein.
b) ...
(2)–(4) ...

(2) Die Mitgliedstaaten können die in Artikel 13 Absätze 1 und 3 der Verordnung (EG) Nr. 561/2006 genannten Fahrzeuge von der Anwendung der vorliegenden Verordnung freistellen.

(3) Die Mitgliedstaaten können – nach Genehmigung durch die Kommission – Fahrzeuge, die für die in Artikel 14 der Verordnung (EG) Nr. 561/2006 genannten Beförderungen eingesetzt werden, von der Anwendung der vorliegenden Verordnung freistellen.

(4) Die Mitgliedstaaten können für den Binnenverkehr vorschreiben, daß in allen Fahrzeugen, in denen gemäß Absatz 1 kein Kontrollgerät eingebaut und benutzt zu werden braucht, Kontrollgeräte gemäß dieser Verordnung eingebaut und benutzt werden.

Kapitel II
Bauartgenehmigung

Artikel 5

(1) Jeder Mitgliedstaat erteilt die EG-Bauartgenehmigung für alle Kontrollgeräte-, Schaublatt- oder Speicherkarten-Muster, wenn diese den Vorschriften der Anhänge I oder I B entsprechen und wenn der Mitgliedstaat die Möglichkeit hat, die Übereinstimmung der Fertigung mit dem zugelassenen Muster zu überwachen.
Das System muß in bezug auf die Sicherheit den technischen Vorschriften des Anhangs I B entsprechen. Die Kommission stellt nach dem Verfahren des Artikels 18 sicher, daß in diesen Anhang Vorschriften aufgenommen werden, nach denen die EG-Bauartgenehmigung für ein Kontrollgerät nur erteilt werden kann, wenn für das Gesamtsystem (das Kontrollgerät selbst, die Speicherkarte und die elektrischen Verbindungen mit dem Getriebe) nachgewiesen wurde, daß es gegen Manipulationen oder Verfälschungen der Daten über die Lenkzeiten gesichert ist. Die hierfür erforderlichen Prüfungen werden von Sachverständigen durchgeführt, denen die neuesten Manipulationstechniken bekannt sind.

(2) Änderungen oder Ergänzungen eines Musters, für das die Bauartgenehmigung bereits erteilt ist, bedürfen einer Nachtrags-EWG-Bauartgenehmigung des Mitgliedstaats, der die ursprüngliche EWG-Bauartgenehmigung erteilt hat.

Artikel 6

Die Mitgliedstaaten erteilen dem Antragsteller für jedes gemäß Artikel 5 zugelassene Kontrollgerät- oder Schaublatt- oder Fahrerkarten-Muster ein EWG-Prüfzeichen entsprechend dem Muster in Anhang II.

Artikel 8

(1) Stellt ein Mitgliedstaat, der eine EWG-Bauartgenehmigung gemäß Artikel 5 erteilt hat, fest, daß Kontrollgeräte oder Schaublätter oder Fahrerkarten mit dem von ihm erteilten EWG-Prüfzeichen nicht dem von ihm zugelassenen Muster entsprechen, so trifft er die erforderlichen Maßnahmen, um die Übereinstimmung der Fertigung mit dem zugelassenen Muster sicherzustellen. Diese können gegebenenfalls bis zum Entzug der EWG-Bauartgenehmigung gehen.

(2) Der Mitgliedstaat, der eine EWG-Bauartgenehmigung erteilt hat, muß diese widerrufen, wenn das Kontrollgerät oder das Schaublatt oder eine Fahrerkarte, wofür die Bauartgenehmigung erteilt worden ist, als nicht im Einklang mit dieser Verordnung einschließlich ihrer Anhänge stehend anzusehen ist oder bei seiner Verwendung einen Fehler allgemeiner Art erkennen läßt, der es für seinen Zweck ungeeignet macht.

(3) Wird der Mitgliedstaat, der eine EWG-Bauartgenehmigung erteilt hat, von einem anderen Mitgliedstaat darüber unterrichtet, daß einer der in den Absätzen 1 und 2 genannten Fälle vorliegt, so trifft er nach Anhörung dieses Staates ebenfalls die in diesen Absätzen vorgesehenen Maßnahmen vorbehaltlich des Absatzes 5.

a) Im Sinne dieser Verordnung gilt als „gewöhnlicher Wohnsitz" der Ort, an dem eine Person wegen persönlicher und beruflicher Bindungen oder – im Fall einer Person ohne berufliche Bindungen – wegen persönlicher Bindungen, die enge Beziehungen zwischen der Person und dem Wohnort erkennen lassen, gewöhnlich, d. h. während mindestens 185 Tagen im Kalenderjahr, wohnt.
Jedoch gilt als gewöhnlicher Wohnsitz eine Person, deren berufliche Bindungen an einem anderen Ort als dem ihrer persönlichen Bindungen liegen und die daher veranlaßt ist, sich abwechselnd an verschiedenen Orten in zwei oder mehr Mitgliedstaaten aufzuhalten, der Ort ihrer persönlichen Bindungen, sofern sie regelmäßig dorthin zurückkehrt. Dies ist nicht erforderlich, wenn sich die Person in einem Mitgliedstaat zur Ausführung eines Auftrags von bestimmter Dauer aufhält.

b) Die Fahrer erbringen den Nachweis über ihren gewöhnlichen Wohnsitz anhand aller geeigneten Mittel, insbesondere des Personalausweises oder jedes anderen beweiskräftigen Dokuments.

c) Bestehen bei den zuständigen Behörden des Mitgliedstaats, der die Fahrerkarte ausstellt, Zweifel über die Richtigkeit der Angabe des gewöhnlichen Wohnsitzes nach Buchstabe b) oder sollen bestimmte spezifische Kontrollen vorgenommen werden, so können diese Behörden nähere Auskünfte oder zusätzliche Belege verlangen.

d) Die zuständigen Behörden des ausstellenden Mitgliedstaats vergewissern sich im Rahmen des Möglichen, daß der Antragsteller nicht bereits Inhaber einer gültigen Fahrerkarte ist.

(4)

a) Die zuständige Behörde des Mitgliedstaats versieht gemäß Anhang I B die Fahrerkarte mit den persönlichen Daten des Fahrers. Die Gültigkeitsdauer der Fahrerkarte darf fünf Jahre nicht überschreiten. Der Fahrer darf nur Inhaber einer einzigen gültigen Fahrerkarte sein. Er darf nur seine eigene persönliche Fahrerkarte benutzen. Er darf weder eine defekte Fahrerkarte benutzen, noch eine Fahrerkarte, deren Gültigkeit abgelaufen ist. Wird eine neue Fahrerkarte ausgestellt, die die alte ersetzt, erhält die neue Karte die gleiche Ausstellungsnummer, der Index wird jedoch um eins erhöht. Die ausstellende Behörde führt ein Verzeichnis der ausgestellten, gestohlenen, verlorenen und defekten Fahrerkarten, in dem die Fahrerkarten mindestens bis zum Ablauf ihrer Gültigkeitsdauer aufgeführt sind. Bei Beschädigung, Fehlfunktion, Verlust oder Diebstahl der Fahrerkarte stellt die ausstellende Behörde binnen fünf Werktagen nach Eingang eines entsprechenden begründeten Antrags eine Ersatzkarte aus. Bei Antrag auf Erneuerung einer Karte, deren Gültigkeitsdauer abläuft, stellt die Behörde vor Ablauf der Gültigkeit eine neue Karte aus, sofern sie den Antrag bis zu der in Artikel 15 Absatz 1 Unterabsatz 2 genannten Frist erhalten hat.

b) Fahrerkarten werden nur Antragstellern ausgestellt, die der Verordnung (EWG) Nr. 3820/85 unterliegen.

c) Die Fahrerkarte ist persönlich. Während ihrer Gültigkeitsdauer darf sie unter keinen Umständen entzogen oder ihre Gültigkeit ausgesetzt werden, es sei denn, die zuständige Behörde eines Mitgliedstaats stellt fest, daß die Karte gefälscht worden ist, der Fahrer eine Karte verwendet, deren Inhaber er nicht ist, oder die Ausstellung der Karte auf der Grundlage falscher Erklärungen und/oder gefälschter Dokumente erwirkt wurde. Werden die vorgenannten Maßnahmen zum Entzug oder zur Aussetzung der Gültigkeit der Karte von einem anderen als dem ausstellenden Mitgliedstaat getroffen, so sendet dieser Mitgliedstaat die Karte an die Behörden des ausstellenden Mitgliedstaats zurück und begründet sein Vorgehen.

d) Die Fahrerkarten werden von den Mitgliedstaaten gegenseitig anerkannt. Hat der Inhaber einer von einem Mitgliedstaat ausgestellten gültigen Fahrerkarte seinen gewöhnlichen Wohnsitz in einem anderen Mitgliedstaat begründet, so kann er einen Antrag auf Umtausch seiner Karte gegen eine gleichwertige Fahrerkarte stellen; es ist Sache des umtauschenden Mitgliedstaats, gegebenenfalls zu prüfen, ob die vorgelegte Karte tatsächlich noch gültig ist. Die Mitgliedstaaten, die einen Umtausch vornehmen, senden die einbehaltene Karte den Behörden des ausstellenden Mitgliedstaats zurück und begründen ihr Vorgehen.

e) Wird eine Fahrerkarte von einem Mitgliedstaat ersetzt oder umgetauscht, so wird dieser Vorgang ebenso wie jede weitere Ersetzung oder Erneuerung in dem betreffenden Mitgliedstaat erfaßt.

f) Die Mitgliedstaaten ergreifen alle für die Vermeidung einer Fälschung von Fahrerkarten erforderlichen Maßnahmen.

(5) Die Mitgliedstaaten tragen dafür Sorge, daß die für die Überwachung der Einhaltung der Verordnung (EWG) Nr. 3820/85 und der Richtlinie 92/6/EWG des Rates vom 10. Februar 1992 über Einbau und Benutzung von Geschwindigkeitsbegrenzern für bestimmte Kraftfahrzeugklassen in der Gemeinschaft erforderlichen Daten, die von den Kontrollgeräten gemäß Anhang IB dieser Verordnung aufgezeichnet und gespeichert werden, nach ihrer Aufzeichnung mindestens 365 Tage lang gespeichert bleiben und unter solchen Bedingungen, die die Sicherheit und Richtigkeit der Angaben garantieren, zugänglich gemacht werden können.

Die Mitgliedstaaten ergreifen alle erforderlichen Maßnahmen, um sicherzustellen, daß die Weiterveräußerung oder Stillegung von Kontrollgeräten insbesondere die ordnungsgemäße Anwendung dieses Absatzes nicht beeinträchtigen kann.

Kapitel III
Einbau und Prüfung

Artikel 12

(1) Einbau und Reparaturen des Kontrollgeräts dürfen nur von Installateuren oder Werkstätten vorgenommen werden, die von den zuständigen Behörden der Mitgliedstaaten hierzu zugelassen worden sind, wobei diese Behörden vor der Zulassung die beteiligten Hersteller anhören können.
Die Gültigkeitsdauer der Karten der zugelassenen Werkstätten und der zugelassenen Installateure darf ein Jahr nicht überschreiten.

Bei Erneuerung, Beschädigung, Fehlfunktion, Verlust oder Diebstahl der den zugelassenen Werkstätten oder den zugelassenen Installateuren ausgestellten Karten stellt die ausstellende Behörde binnen fünf Werktagen nach Eingang eines entsprechenden begründeten Antrags eine Ersatzkarte aus.

Wird eine neue Karte ausgestellt, die die alte ersetzt, erhält die neue Karte die gleiche Werkstattinformationsnummer, der Index wird jedoch um eins erhöht. Die ausstellende Behörde führt ein Verzeichnis der verlorenen, gestohlenen und defekten Karten.

Die Mitgliedstaaten ergreifen alle erforderlichen Maßnahmen, um die Möglichkeit einer Fälschung der den zugelassenen Werkstätten oder den zugelassenen Installateuren ausgestellten Karten auszuschließen.

(2) Der zugelassene Installateur oder die zugelassene Werkstatt versehen die durchgeführten Plombierungen mit einem besonderen Zeichen; außerdem geben sie im Fall von Kontrollgeräten gemäß Anhang I B die elektronischen Sicherheitsdaten ein, anhand deren sich insbesondere die Authentifizierungskontrollen durchführen lassen. Die zuständigen Behörden eines jeden Mitgliedstaats führen ein Verzeichnis der verwendeten Zeichen und elektronischen Sicherheitsdaten sowie der den zugelassenen Werkstätten und den zugelassenen Installateuren ausgestellten Karten.

(3) Die zuständigen Behörden der Mitgliedstaaten übermitteln der Kommission das Verzeichnis der zugelassenen Installateure und Werkstätten sowie der ihnen ausgestellten Karten; außerdem übermitteln sie ihr eine Abschrift der verwendeten Zeichen und die erforderlichen Informationen betreffend die verwendeten elektronischen Sicherheitsdaten.

(4) Durch die Einbauplakette nach den Anhängen I und I B wird bescheinigt, daß der Einbau des Kontrollgeräts den Vorschriften dieser Verordnung entsprechend erfolgt ist.

(5) Alle Plombierungen können von Installateuren oder Werkstätten, die gemäß Absatz 1 von den zuständigen Behörden zugelassen sind, oder unter den in Anhang I Ziffer V Nr. 4 oder Anhang I B Kapitel VI Buchstabe c beschriebenen Umständen entfernt werden.

Kapitel IV
Benutzungsvorschriften[3]

Artikel 13

Der Unternehmer und die Fahrer sorgen für das einwandfreie Funktionieren und die ordnungsgemäße Benutzung des Kontrollgeräts sowie der Fahrerkarte, wenn der Fahrer ein Fahrzeug benutzt, das mit einem Kontrollgerät gemäß Anhang I B ausgerüstet ist.

Artikel 14

(1) Der Unternehmer händigt den Fahrern von Fahrzeugen mit einem Kontrollgerät gemäß Anhang I eine ausreichende Anzahl Schaublätter aus, wobei dem persönlichen Charakter dieser Schaublätter, der Dauer des Dienstes und der Möglichkeit Rechnung zu tragen ist, daß beschädigte oder von einem zuständigen Kontrollbeamten beschlagnahmte Schaublätter ersetzt werden müssen. Der Unternehmer händigt den Fahrern nur solche Schaublätter aus, die einem amtlich genehmigten Muster entsprechen und die sich für das in das Fahrzeug eingebaute Gerät eignen.
Ist ein Fahrzeug mit einem Kontrollgerät gemäß Anhang I B ausgerüstet, tragen der Unternehmer und der Fahrer dafür Sorge, daß im Fall einer Kontrolle der Ausdruck gemäß Anhang I B unter Berücksichtigung der Dauer des Dienstes auf Anforderung ordnungsgemäß erfolgen kann.

(2) Das Unternehmen bewahrt die Schaublätter und – sofern Ausdrucke gemäß Artikel 15 Absatz 1 erstellt wurden – die Ausdrucke in chronologischer Reihenfolge und in lesbarer Form nach der Benutzung mindestens ein Jahr lang auf und händigt den betreffenden Fahrern auf Verlangen eine Kopie aus. Das Unternehmen händigt den betreffenden Fahrern ferner auf Verlangen eine

---

3 Auf Grund des Art. 29 ist Art. 10 Abs. 5 der Verordnung (EG) Nr. 561/2006 des Europäischen Parlaments und des Rates vom 15.03.2006 zur Harmonisierung bestimmter Sozialvorschriften im Straßenverkehr und zur Änderung der Verordnung (EWG) Nr. 3821/85 und (EG) Nr. 2135/98 des Rates sowie zur Aufhebung der Verordnung (EWG) Nr. 3820/85 des Rates am 1.5.2006 in Kraft getreten.
Artikel 10
(1) – (4) ...
(5)
a) Ein Verkehrsunternehmen, das Fahrzeuge einsetzt, die unter die vorliegende Verordnung fallen und die mit einem Kontrollgerät ausgestattet sind, das dem Anhang I B der Verordnung (EWG) Nr. 3821/85 entspricht, stellt Folgendes sicher:
i) Alle Daten werden von dem Bordgerät und der Fahrerkarte so regelmäßig heruntergeladen, wie es der Mitgliedstaat vorschreibt; diese relevanten Daten werden in kürzeren Abständen heruntergeladen, damit sichergestellt ist, dass alle von dem Unternehmen oder für das Unternehmen durchgeführten Tätigkeiten heruntergeladen werden;
ii) alle sowohl vom Bordgerät als auch von der Fahrerkarte heruntergeladenen Daten werden nach ihrer Aufzeichnung mindestens zwölf Monate lang aufbewahrt und müssen für einen Kontrollbeamten auf Verlangen entweder direkt oder zur Fernabfrage von den Geschäftsräumen des Unternehmens zugänglich sein.
b) Im Sinne dieses Absatzes wird der Ausdruck „heruntergeladen“ entsprechend der Begriffsbestimmung in Anhang I B Kapitel I Buchstabe s der Verordnung (EWG) Nr. 3821/85 ausgelegt.
c) Die Kommission entscheidet nach dem in Artikel 24 Absatz 2 genannten Verfahren über den Höchstzeitraum für das Herunterladen der relevanten Daten gemäß Buchstabe a Ziffer i.

Kopie der von den Fahrerkarten heruntergeladenen Daten sowie Ausdrucke davon aus. Die Schaublätter, die Ausdrucke und die heruntergeladenen Daten sind jedem befugten Kontrollbeamten auf Verlangen vorzulegen oder auszuhändigen.

(3) Die in Anhang I B beschriebene Fahrerkarte wird dem Fahrer auf seinen Antrag von der zuständigen Behörde des Mitgliedstaats, in dem er seinen gewöhnlichen Wohnsitz hat, erteilt.
Ein Mitgliedstaat kann verlangen, daß jeder Fahrer, der der Verordnung (EWG) Nr. 3820/85 unterliegt und seinen gewöhnlichen Wohnsitz im Hoheitsgebiet dieses Mitgliedstaats hat, Inhaber der Fahrerkarte ist.

a) Im Sinne dieser Verordnung gilt als „gewöhnlicher Wohnsitz" der Ort, an dem eine Person wegen persönlicher und beruflicher Bindungen oder – im Fall einer Person ohne berufliche Bindungen – wegen persönlicher Bindungen, die enge Beziehungen zwischen der Person und dem Wohnort erkennen lassen, gewöhnlich, d. h. während mindestens 185 Tagen im Kalenderjahr, wohnt.
Jedoch gilt als gewöhnlicher Wohnsitz eine Person, deren berufliche Bindungen an einem anderen Ort als dem ihrer persönlichen Bindungen liegen und die daher veranlaßt ist, sich abwechselnd an verschiedenen Orten in zwei oder mehr Mitgliedstaaten aufzuhalten, der Ort ihrer persönlichen Bindungen, sofern sie regelmäßig dorthin zurückkehrt. Dies ist nicht erforderlich, wenn sich die Person in einem Mitgliedstaat zur Ausführung eines Auftrags von bestimmter Dauer aufhält.
b) Die Fahrer erbringen den Nachweis über ihren gewöhnlichen Wohnsitz anhand aller geeigneten Mittel, insbesondere des Personalausweises oder jedes anderen beweiskräftigen Dokuments.
c) Bestehen bei den zuständigen Behörden des Mitgliedstaats, der die Fahrerkarte ausstellt, Zweifel über die Richtigkeit der Angabe des gewöhnlichen Wohnsitzes nach Buchstabe b) oder sollen bestimmte spezifische Kontrollen vorgenommen werden, so können diese Behörden nähere Auskünfte oder zusätzliche Belege verlangen.
d) Die zuständigen Behörden des ausstellenden Mitgliedstaats vergewissern sich im Rahmen des Möglichen, daß der Antragsteller nicht bereits Inhaber einer gültigen Fahrerkarte ist.

(4)

a) Die zuständige Behörde des Mitgliedstaats versieht gemäß Anhang I B die Fahrerkarte mit den persönlichen Daten des Fahrers.

Die Gültigkeitsdauer der Fahrerkarte darf fünf Jahre nicht überschreiten.

Der Fahrer darf nur Inhaber einer einzigen gültigen Fahrerkarte sein. Er darf nur seine eigene persönliche Fahrerkarte benutzen. Er darf weder eine defekte Fahrerkarte benutzen, noch eine Fahrerkarte, deren Gültigkeit abgelaufen ist.

Wird eine neue Fahrerkarte ausgestellt, die die alte ersetzt, erhält die neue Karte die gleiche Ausstellungsnummer, der Index wird jedoch um eins erhöht. Die ausstellende Behörde führt ein Verzeichnis der ausgestellten, gestohlenen, verlorenen und defekten Fahrerkarten, in dem die Fahrerkarten mindestens bis zum Ablauf ihrer Gültigkeitsdauer aufgeführt sind.

Bei Beschädigung, Fehlfunktion, Verlust oder Diebstahl der Fahrerkarte stellt die ausstellende Behörde binnen fünf Werktagen nach Eingang eines entsprechenden begründeten Antrags eine Ersatzkarte aus.

Bei Antrag auf Erneuerung einer Karte, deren Gültigkeitsdauer abläuft, stellt die Behörde vor Ablauf der Gültigkeit eine neue Karte aus, sofern sie den Antrag bis zu der in Artikel 15 Absatz 1 Unterabsatz 2 genannten Frist erhalten hat.

b) Fahrerkarten werden nur Antragstellern ausgestellt, die der Verordnung (EWG) Nr. 3820/85 unterliegen.

c) Die Fahrerkarte ist persönlich. Während ihrer Gültigkeitsdauer darf sie unter keinen Umständen entzogen oder ihre Gültigkeit ausgesetzt werden, es sei denn, die zuständige Behörde eines Mitgliedstaats stellt fest, daß die Karte gefälscht worden ist, der Fahrer eine Karte verwendet, deren Inhaber er nicht ist, oder die Ausstellung der Karte auf der Grundlage falscher Erklärungen und/oder gefälschter Dokumente erwirkt wurde. Werden die vorgenannten Maßnahmen zum Entzug oder zur Aussetzung der Gültigkeit der Karte von einem anderen als dem ausstellenden Mitgliedstaat getroffen, so sendet dieser Mitgliedstaat die Karte an die Behörden des ausstellenden Mitgliedstaats zurück und begründet sein Vorgehen.

d) Die Fahrerkarten werden von den Mitgliedstaaten gegenseitig anerkannt.

Hat der Inhaber einer von einem Mitgliedstaat ausgestellten gültigen Fahrerkarte seinen gewöhnlichen Wohnsitz in einem anderen Mitgliedstaat begründet, so kann er einen Antrag auf Umtausch seiner Karte gegen eine gleichwertige Fahrerkarte stellen; es ist Sache des umtauschenden Mitgliedstaats, gegebenenfalls zu prüfen, ob die vorgelegte Karte tatsächlich noch gültig ist.

Die Mitgliedstaaten, die einen Umtausch vornehmen, senden die einbehaltene Karte den Behörden des ausstellenden Mitgliedstaats zurück und begründen ihr Vorgehen.

e) Wird eine Fahrerkarte von einem Mitgliedstaat ersetzt oder umgetauscht, so wird dieser Vorgang ebenso wie jede weitere Ersetzung oder Erneuerung in dem betreffenden Mitgliedstaat erfaßt.

f) Die Mitgliedstaaten ergreifen alle für die Vermeidung einer Fälschung von Fahrerkarten erforderlichen Maßnahmen.

(5) Die Mitgliedstaaten tragen dafür Sorge, daß die für die Überwachung der Einhaltung der Verordnung (EWG) Nr. 3820/85 und der Richtlinie 92/6/EWG des Rates vom 10. Februar 1992 über Einbau und Benutzung von Geschwindigkeitsbegrenzern für bestimmte Kraftfahrzeugklassen in der Gemeinschaft erforderlichen Daten, die von den Kontrollgeräten gemäß Anhang I B dieser Verordnung aufgezeichnet und gespeichert werden, nach ihrer Aufzeichnung mindestens 365 Tage lang gespeichert bleiben und unter solchen Bedingungen, die die Sicherheit und Richtigkeit der Angaben garantieren, zugänglich gemacht werden können.

Die Mitgliedstaaten ergreifen alle erforderlichen Maßnahmen, um sicherzustellen, daß die Weiterveräußerung oder Stillegung von Kontrollgeräten insbesondere die ordnungsgemäße Anwendung dieses Absatzes nicht beeinträchtigen kann.

Artikel 15

(1) Die Fahrer dürfen keine angeschmutzten oder beschädigten Schaublätter oder Fahrerkarten verwenden. Die Schaublätter oder Fahrerkarten müssen deshalb in angemessener Weise geschützt werden.
Fahrer, die die Erneuerung ihrer Fahrerkarte wünschen, müssen bei den zuständigen Behörden des Mitgliedstaats, in dem sie ihren gewöhnlichen Wohnsitz haben, spätestens fünfzehn Werktage vor Ablauf der Gültigkeit der Karte einen entsprechenden Antrag stellen.

Wird ein Schaublatt oder eine Fahrerkarte, welches Aufzeichnungen enthält, beschädigt, so haben die Fahrer das beschädigte Schaublatt oder die Fahrerkarte dem ersatzweise verwendeten Reserveblatt beizufügen.

Bei Beschädigung, Fehlfunktion, Verlust oder Diebstahl der Fahrerkarte müssen die Fahrer bei den zuständigen Behörden des Mitgliedstaats, in dem die ihren gewöhnlichen Wohnsitz haben, binnen sieben Kalendertagen einen Antrag auf Ersetzung der Karten stellen.

Wenn eine Fahrerkarte beschädigt ist, Fehlfunktionen aufweist oder sich nicht im Besitz des Fahrers befindet, hat der Fahrer

a) zu Beginn seiner Fahrt die Angaben über das von ihm gelenkte Fahrzeug auszudrucken und in den Ausdruck
   i) die Angaben, mit denen der Fahrer identifiziert werden kann (Name, Nummer der Fahrerkarte oder des Führerscheins), einzutragen und seine Unterschrift anzubringen;
   ii) die in Absatz 3 zweiter Gedankenstrich Buchstaben b, c und d genannten Zeiten einzutragen;
b) am Ende seiner Fahrt die Angaben über die vom Kontrollgerät aufgezeichneten Zeiten auszudrucken, die vom Fahrtenschreiber nicht erfassten Zeiten, in denen er seit dem Erstellen des Ausdrucks bei Fahrtantritt andere Arbeiten ausgeübt hat, Bereitschaft hatte oder eine Ruhepause eingelegt hat, zu vermerken und auf diesem Dokument die Angaben einzutragen, mit denen der Fahrer identifiziert werden kann (Name, Nummer der Fahrerkarte oder des Führerscheins), sowie seine Unterschrift anzubringen.

(2) Die Fahrer benutzen für jeden Tag, an dem sie lenken, ab dem Zeitpunkt, an dem sie das Fahrzeug übernehmen, Schaublätter oder die Fahrerkarten. Das Schaublatt oder die Fahrerkarte wird erst nach der täglichen Arbeitszeit entnommen, es sei denn, eine Entnahme ist auf andere Weise zulässig. Kein Schaublatt oder Fahrerkarten darf über den Zeitraum, für den es bestimmt ist, hinaus verwendet werden.
Wenn der Fahrer sich nicht im Fahrzeug aufhält und daher nicht in der Lage ist, das in das Fahrzeug eingebaute Gerät zu betätigen, müssen die in Absatz 3 zweiter Gedankenstrich Buchstaben b, c und d genannten Zeiträume,

a) wenn das Fahrzeug mit einem Kontrollgerät gemäß Anhang I ausgestattet ist, von Hand, durch automatische Aufzeichnung oder auf andere Weise lesbar und ohne Verschmutzung des Schaublatts auf dem Schaublatt eingetragen werden, oder
b) wenn das Fahrzeug mit einem Kontrollgerät gemäß Anhang IB ausgestattet ist, mittels der manuellen Eingabevorrichtung des Kontrollgeräts auf der Fahrerkarte eingetragen werden.

Befindet sich an Bord eines mit einem Kontrollgerät nach Anhang IB ausgestatteten Fahrzeugs mehr als ein Fahrer, so stellt jeder Fahrer sicher, dass seine Fahrerkarte in den richtigen Schlitz im Fahrtenschreiber eingeschoben wird.

Wenn sich mehr als ein Fahrer im Fahrzeug befindet, nehmen die Fahrer auf den Schaublättern die erforderlichen Änderungen so vor, daß die in Anhang I Ziffer II Nummern 1 bis 3 genannten Angaben auf dem Schaublatt des Fahrers, der tatsächlich lenkt, aufgezeichnet werden.

(3) Die Fahrer

- achten darauf, daß die Zeitmarkierung auf dem Schaublatt mit der gesetzlichen Zeit des Landes übereinstimmt, in dem das Fahrzeug zugelassen ist;
- betätigen die Schaltvorrichtung des Kontrollgeräts so, daß folgende Zeiten getrennt und unterscheidbar aufgezeichnet werden:

a) unter dem Zeichen : die Lenkzeiten;
b) „andere Arbeiten“: Das sind alle anderen Tätigkeiten als die Lenktätigkeit im Sinne des Artikels 3 Buchstabe a der Richtlinie 2002/15/EG des Europäischen Parlaments und des Rates vom 11. März 2002 zur Regelung der Arbeitszeit von Personen, die Fahrtätigkeiten im Bereich des Straßentransports ausüben, sowie jegliche Arbeit für denselben oder einen anderen Arbeitgeber, sei es innerhalb oder außerhalb des Verkehrssektors; sie sind unter dem Zeichen (...) aufzuzeichnen;
c) die „Bereitschaftszeit“ im Sinne des Artikels 3 Buchstabe b der Richtlinie 2002/15/EG ist unter dem Zeichen (...) aufzuzeichnen.
d) unter dem Zeichen : die Arbeitsunterbrechungen und die Tagesruhezeiten.

(4) (gestrichen)

(5) Der Fahrer hat auf dem Schaublatt folgende Angaben einzutragen:

a) bei Beginn der Benutzung des Blattes: seinen Namen und seinen Vornamen;
b) bei Beginn und am Ende der Benutzung des Blattes: den Zeitpunkt und den Ort;
c) die Kennzeichennummer des Fahrzeugs, das ihm zugewiesen ist, und zwar vor der ersten auf dem Blatt verzeichneten Fahrt und in der Folge im Falle des Fahrzeugwechsels während der Benutzung des Schaublatts;
d) den Stand des Kilometerzählers:

- vor der ersten auf dem Blatt verzeichneten Fahrt,
- am Ende der letzten auf dem Blatt verzeichneten Fahrt,

– im Falle des Fahrzeugwechsels während des Arbeitstags (Zähler des vorherigen Fahrzeugs und Zähler des neuen Fahrzeugs);

e) gegebenenfalls die Uhrzeit des Fahrzeugwechsels.

(5a) Der Fahrer gibt in das Kontrollgerät gemäß Anhang IB das Symbol des Landes, in dem er seinen Arbeitstag beginnt, und das Symbol des Landes ein, in dem er seinen Arbeitstag beendet. Ein Mitgliedstaat kann jedoch den Fahrer von Fahrzeugen, die einen innerstaatlichen Transport in seinem Hoheitsgebiet durchführen, vorschreiben, dem Symbol des Landes genauere geographische Angaben hinzuzufügen, sofern sie der Kommission von diesem Mitgliedstaat vor dem 1. April 1998 mitgeteilt worden sind und ihre Zahl nicht über zwanzig liegt. Die Eingaben der vorgenannten Daten werden vom Fahrer vorgenommen; sie können entweder völlig manuell oder, wenn das Kontrollgerät an ein satellitengestütztes Standortbestimmungssystem angeschlossen ist, automatisch sein.

(6) Das Kontrollgerät gemäß Anhang I muß so beschaffen sein, daß die Kontrollbeamten nach etwaiger Öffnung des Gerätes, ohne das Schaublatt bleibend zu verformen, zu beschädigen oder zu verschmutzen, die Aufzeichnungen der letzten neun Stunden vor dem Kontrollzeitpunkt ablesen können. Das Gerät muß außerdem so beschaffen sein, daß ohne Öffnung des Gehäuses nachgeprüft werden kann, ob die Aufzeichnungen erfolgen.

(7)

a) Lenkt der Fahrer ein Fahrzeug, das mit einem Kontrollgerät gemäß Anhang I ausgerüstet ist, so muss er den Kontrollbeamten auf Verlangen jederzeit Folgendes vorlegen können:
   i) die Schaublätter für die laufende Woche und die vom Fahrer in den vorausgehenden 15 Tagen verwendeten Schaublätter,
   ii) die Fahrerkarte, falls er Inhaber einer solchen Karte ist, und
   iii) alle während der laufenden Woche und der vorausgehenden 15 Tage erstellten handschriftlichen Aufzeichnungen und Ausdrucke, die gemäß der vorliegenden Verordnung und der Verordnung (EG) Nr. 561/2006 vorgeschrieben sind.

Nach dem 1. Januar 2008 umfassen die in den Ziffern i und iii genannten Zeiträume jedoch den laufenden Tag und die vorausgehenden 28 Tage.

b) Lenkt der Fahrer ein Fahrzeug, das mit einem Kontrollgerät gemäß Anhang I B ausgerüstet ist, so muss er den Kontrollbeamten auf Verlangen jederzeit Folgendes vorlegen können:
   i) Die Fahrerkarte, falls er Inhaber einer solchen Karte ist,
   ii) alle während der laufenden Woche und der vorausgehenden 15 Tage erstellten handschriftlichen Aufzeichnungen und Ausdrucke, die gemäß der vorliegenden Verordnung und der Verordnung (EG) Nr. 561/2006 vorgeschrieben sind, und
   iii) die Schaublätter für den Zeitraum gemäß dem vorigen Unterabsatz, falls er in dieser Zeit ein Fahrzeug gelenkt hat, das mit einem Kontrollgerät gemäß Anhang I ausgerüstet ist.

Nach dem 1. Januar 2008 umfasst der in Ziffer ii genannte Zeitraum jedoch den laufenden Tag und die vorausgehenden 28 Tage.

c) Ein ermächtigter Kontrollbeamter kann die Einhaltung der Verordnung (EG) Nr. 561/2006 überprüfen, indem er die Schaublätter, die im Kontrollgerät oder auf der Fahrerkarte gespeicherten Daten (mittels Anzeige oder Ausdruck) oder anderenfalls jedes andere beweiskräftige Dokument, das die Nichteinhaltung einer Bestimmung wie etwa des Artikels 16 Absätze 2 und 3 belegt, analysiert.

(8) Die Verfälschung, Unterdrückung oder Vernichtung von Aufzeichnungen auf dem Schaublatt, des Speicherinhalts des Kontrollgeräts bzw. der Fahrerkarte sowie der von dem Kontrollgerät gemäß Anhang I B ausgedruckten Dokument ist verboten. Dies gilt in gleicher Weise für Manipulationen am Kontrollgerät, am Schaublatt oder an der Fahrerkarte, durch die die Aufzeichnungen und/oder die ausgedruckten Dokumente verfälscht, unterdrückt oder vernichtet werden können. Im Fahrzeug darf keine Einrichtung vorhanden sein, die zu diesem Zweck verwendet werden kann.

Artikel 16

(1) Bei einer Betriebsstörung oder bei mangelhaftem Funktionieren des Gerätes muß der Unternehmer die Reparatur, sobald die Umstände dies gestatten, von einem zugelassenen Installateur oder einer zugelassenen Werkstatt durchführen lassen.
Kann die Rückkehr zum Sitz des Unternehmens erst nach mehr als einer Woche nach dem Tag des Eintritts der Störung oder der Feststellung des mangelhaften Funktionierens erfolgen, so ist die Reparatur unterwegs vorzunehmen.

Die Mitgliedstaaten können im Rahmen des Artikels 19 vorsehen, daß die zuständigen Behörden die Benutzung des Fahrzeugs verbieten können, wenn eine Betriebsstörung oder ein mangelhaftes Funktionieren nicht gemäß den Unterabsätzen 1 und 2 des vorliegenden Artikels behoben wird.

(2) Während einer Betriebsstörung oder bei Fehlfunktion des Kontrollgerätes hat der Fahrer auf dem Schaublatt (den Schaublättern) oder auf einem besonderen, entweder dem Schaublatt oder der Fahrerkarte beizufügenden Blatt die vom Kontrollgerät nicht mehr einwandfrei aufgezeichneten oder ausgedruckten Angaben über die Zeitgruppen zu vermerken, zusammen mit Angaben zu seiner Person (Name und Nummer seines Führerscheins oder Name und Nummer seiner Fahrerkarte) und seiner Unterschrift.
Bei Verlust, Diebstahl, Beschädigung oder Fehlfunktion der Fahrerkarte läßt der Fahrer am Ende der Fahrt die Angaben über die Zeitgruppen ausdrucken, die das Kontrollgerät aufgezeichnet hat, macht auf dem Ausdruck Angaben zu seiner Person (Name und Nummer seines Führerscheins oder Name und Nummer seiner Fahrerkarte) und versieht ihn mit seiner Unterschrift.

(3) Bei Beschädigung oder Fehlfunktion der Fahrerkarte gibt der Fahrer diese Karte der zuständigen Behörde des Mitgliedstaats, in dem er seinen gewöhnlichen Wohnsitz hat, zurück. Der Diebstahl einer Fahrerkarte ist den zuständigen Behörden des Staates, in dem sich der Diebstahl ereignet hat, ordnungsgemäß zu melden.

Der Verlust einer Fahrerkarte ist den zuständigen Behörden des ausstellenden Staates sowie, sofern es sich nicht um denselben Staat handelt, den zuständigen Behörden des Mitgliedstaats, in dem der Fahrer seinen gewöhnlichen Wohnsitz hat, ordnungsgemäß zu melden.

Der Fahrer darf seine Fahrt ohne Fahrerkarte während eines Zeitraums von höchstens 15 Kalendertagen fortsetzen, bzw. während eines längeren Zeitraums, wenn das für die Rückkehr des Fahrzeugs zu dem Standort des Unternehmens erforderlich ist, sofern er nachweisen kann, daß es unmöglich war, die Fahrerkarte während dieses Zeitraums vorzulegen oder zu benutzen.

Handelt es sich bei den Behörden des Mitgliedstaats, in dem der Fahrer seinen gewöhnlichen Wohnsitz hat, nicht um die Behörden, die die Fahrerkarte ausgestellt haben, und müssen diese die Fahrerkarte erneuern, ersetzen oder austauschen, teilen sie den Behörden, die die bisherige Karte ausgestellt haben, die genauen Gründe für die Erneuerung, die Ersetzung oder den Austausch mit.

Kapitel V
Schlußbestimmungen

Artikel 17

(1) Die Änderungen, die zur Anpassung der Anhänge an den technischen Fortschritt notwendig sind, werden nach dem Verfahren des Artikels 18 erlassen.

(2) Die technischen Spezifikationen für folgende Punkte des Anhangs I B werden möglichst bald und wenn möglich vor dem 1. Juli 1998 nach demselben Verfahren festgelegt:

a) Kapitel II
- Buchstabe d) Abschnitt 17:
  Anzeige und Ausdruck bei Systemstörungen des Kontrollgeräts;
- Buchstabe d) Abschnitt 18:
  Anzeige und Ausdruck bei Fehlfunktionen der Fahrerkarte;
- Buchstabe d) Abschnitt 21:
  Anzeige und Ausdruck von zusammenfassenden Berichten;

b) Kapitel III
- Buchstabe a) Abschnitt 6.3:
  Normen für den Schutz der elektronischen Anlagen in Fahrzeugen gegen elektrische Interferenzen und magnetische Felder;
- Buchstabe a) Abschnitt 6.5:
  Schutz (Sicherheit) des Gesamtsystems;
- Buchstabe c) Abschnitt 1:
  Warnsignal bei internen Fehlfunktionen des Kontrollgeräts;
- Buchstabe c) Abschnitt 5:
  Art der Warnsignale;
- Buchstabe f):
  zulässige Fehlergrenzen;

c) Kapitel IV Buchstabe A:
  - Abschnitt 4:
    Normen;
  - Abschnitt 5:
    Sicherheit einschließlich des Datenschutzes;
  - Abschnitt 6:
    Temperaturspanne;
  - Abschnitt 8:
    elektrische Merkmale;
  - Abschnitt 9:
    logische Struktur der Fahrerkarte;
  - Abschnitt 10:
    Funktionen und Befehle;
  - Abschnitt 11:
    grundlegende Dateien;
  - Kapitel IV Buchstabe B;

d) Kapitel V:
   Drucker und Standardausdrucke.

Artikel 18 ...

Artikel 19

(1) Die Mitgliedstaaten erlassen nach Anhörung der Kommission rechtzeitig die zur Durchführung dieser Verordnung notwendigen Rechts- und Verwaltungsvorschriften.
Diese Vorschriften müssen sich unter anderem auf die Organisation, das Verfahren und die Mittel für die Überwachung sowie auf die Ahndung im Falle von Zuwiderhandlungen erstrecken.

(2) Die Mitgliedstaaten gewähren einander Beistand im Hinblick auf die Anwendung dieser Verordnung und die Überwachung der Anwendung.

(3) Im Rahmen dieses gegenseitigen Beistandes übermitteln die zuständigen Behörden der Mitgliedstaaten einander regelmäßig alle verfügbaren Angaben über

- die von Gebietsfremden begangenen Zuwiderhandlungen gegen diese Verordnung und ihre Ahndung,
- die von einem Mitgliedstaat verhängten Maßnahmen zur Ahndung von Zuwiderhandlungen, die seine Gebietsansässigen in anderen Mitgliedstaaten begangen haben.

Artikel 20

Die Verordnung (EWG) Nr. 1463/70 wird aufgehoben ...

Artikel 20a

Für Fahrzeuge, die vor dem 1. Januar 1991 in dem Gebiet der ehemaligen Deutschen Demokratischen Republik zugelassen wurden, gilt diese Verordnung erst ab diesem Zeitpunkt.

Diese Verordnung gilt erst ab 1. Januar 1993 für diese Fahrzeuge, sofern sie nur innerstaatliche Beförderungen innerhalb der Bundesrepublik Deutschland durchführen. Sie gilt jedoch ab ihrem Inkrafttreten für Fahrzeuge, die gefährliche Güter befördern.

Europäisches Übereinkommen über die Arbeit des im internationalen Straßenverkehr beschäftigten Fahrpersonals (AETR)

Vom 31. Juli 1985 (BGBl. II 1985 S. 890)

zuletzt geändert durch Gesetz
zur Vierten, Fünften und Sechsten Änderung
des Europäischen Übereinkommens vom 1. Juli 1970
über die Arbeit des im Internationalen Straßenverkehr
beschäftigten Fahrpersonals (AETR)
vom 2. November 2011 (BGBl. II Nr. 29, S. 1095)

in Kraft getreten am 10. November 2011

Die Vertragsparteien haben folgendes vereinbart:

Artikel 1 Begriffsbestimmungen

Im Sinne dieses Übereinkommens bedeutet

a) „Fahrzeug" jedes Kraftfahrzeug oder jeden Anhänger; dieser Begriff schließt miteinander verbundene Fahrzeuge ein;

b) „Kraftfahrzeug" jedes mit eigener Kraft verkehrende Straßenfahrzeug mit Antriebsmotor, das üblicherweise auf der Straße der Beförderung von Personen oder Gütern oder dem Ziehen von Fahrzeugen dient, die für die Personen- und Güterbeförderung benutzt werden; dieser Begriff schließt landwirtschaftliche Zugmaschinen nicht ein;

c) „Anhänger" jedes Fahrzeug, das dazu bestimmt ist, an ein Kraftfahrzeug angehängt zu werden; dieser Begriff schließt Sattelanhänger ein;

d) „Sattelanhänger" jeden Anhänger, der dazu bestimmt ist, mit einem Kraftfahrzeug so verbunden zu werden, dass er teilweise auf diesem aufliegt und dass ein wesentlicher Teil seines Gewichts und des Gewichts seiner Ladung von diesem getragen wird;

e) „miteinander verbundene Fahrzeuge" solche miteinander verbundenen Fahrzeuge, die am Straßenverkehr als Einheit teilnehmen;

f) „höchste zulässige Gesamtmasse" die Gesamtmasse des beladenen Fahrzeugs, die von der zuständigen Behörde des Zulassungsstaats als zulässig erklärt wurde;

g) „Beförderung im Straßenverkehr" jede Fortbewegung eines zur Personen- oder Güterbeförderung benutzten leeren oder beladenen Fahrzeugs, die ganz oder teilweise auf Straßen erfolgt, zu denen die Öffentlichkeit Zugang hat;

h) „internationaler Straßenverkehr" jeden Straßenverkehr, der mindestens einen Grenzübergang umfasst;

i) „Linienverkehr“ ist die regelmäßige Beförderung von Personen in einer bestimmten Verkehrsverbindung, wobei Fahrgäste an vorher festgelegten Haltestellen ein- und aussteigen können.

Eine Betriebsregelung oder entsprechende Dokumente, die von den zuständigen Behörden der Vertragsparteien genehmigt und vom Verkehrsunternehmer vor ihrer Anwendung veröffentlicht werden müssen, legen die Beförderungsbedingungen, insbesondere die Zahl der Fahrten, den Fahrplan, die Tarife und die Beförderungspflicht fest, soweit diese Bedingungen nicht durch Gesetz oder Verordnung bestimmt sind.

Als Linienverkehr gilt unabhängig davon, wer den Ablauf der Fahrten bestimmt, auch die regelmäßige Beförderung bestimmter Kategorien von Personen unter Ausschluss anderer Fahrgäste, soweit die Merkmale des Linienverkehrs nach Satz 1 gegeben sind. Diese Beförderungen – vor allem die Beförderung von Arbeitnehmern zur Arbeitsstelle und von dort zu ihrer Wohnung und die Beförderung von Schülern zur Lehranstalt und von dort zu ihrer Wohnung – werden als „Sonderformen des Linienverkehrs“ bezeichnet;

j) „Fahrer“ jede Person, gleichviel ob im Arbeitsverhältnis stehend oder nicht, die das Fahrzeug, sei es auch nur für kurze Zeit, selbst lenkt oder sich im Fahrzeug befindet, um es – als Bestandteil seiner Pflichten – gegebenenfalls lenken zu können;

k) „Mitglied des Fahrpersonals“ den Fahrer oder eine der nachstehenden Personen, gleichviel ob im Arbeitsverhältnis stehend oder nicht:
   - i) „Beifahrer“ jede Person, die den Fahrer begleitet, um ihn bei bestimmten im Verkehr zu verrichtenden Tätigkeiten zu unterstützen, und die sich in der Regel an den Beförderungshandlungen tatsächlich beteiligt, ohne Fahrer im Sinne des Buchstabens j dieses Artikels zu sein;
   - ii) „Schaffner“ jede Person, die den Fahrer eines zur Personenbeförderung eingesetzten Fahrzeugs begleitet und beauftragt ist, insbesondere die Fahrausweise oder sonstigen Ausweise, die zur Fahrt berechtigen, zu verkaufen und zu kontrollieren;

l) „Woche“: der Zeitraum zwischen Montag 00.00 Uhr und Sonntag 24.00 Uhr; „Ruhezeit“: jeder ununterbrochene Zeitraum von mindestens 1 Stunde, in dem der Fahrer frei über seine Zeit verfügen kann;

m) „Ruhezeit“: jeder ununterbrochene Zeitraum, in dem der Fahrer frei über seine Zeit verfügen kann;

n) „Fahrtunterbrechung“ jeder Zeitraum, in dem der Fahrer keine Fahrtätigkeit ausüben und keine anderen Arbeiten durchführen darf und der ausschließlich zur Erholung genutzt wird;

o) „tägliche Ruhezeit“ den täglichen Zeitraum, in dem ein Fahrer frei über seine Zeit verfügen kann und der eine „regelmäßige tägliche Ruhezeit“ und eine „reduzierte tägliche Ruhezeit“ umfasst:
   - „regelmäßige tägliche Ruhezeit“ eine Ruhepause von mindestens 11 Stunden. Diese regelmäßige tägliche Ruhezeit kann auch in zwei Teilen genommen werden, wobei der erste Teil einen ununterbrochenen

Zeitraum von mindestens 3 Stunden und der zweite Teil einen ununterbrochenen Zeitraum von mindestens 9 Stunden umfassen muss;
- „reduzierte tägliche Ruhezeit" eine Ruhepause von mindestens 9 Stunden, aber weniger als 11 Stunden;

p) „wöchentliche Ruhezeit" den wöchentlichen Zeitraum, in dem ein Fahrer frei über seine Zeit verfügen kann und der eine „regelmäßige wöchentliche Ruhezeit" und eine „reduzierte wöchentliche Ruhezeit" umfasst:
- „regelmäßige wöchentliche Ruhezeit" eine Ruhepause von mindestens 45 Stunden;
- „reduzierte wöchentliche Ruhezeit" eine Ruhepause von weniger als 45 Stunden, die vorbehaltlich der Bedingungen des Artikels 8 Absatz 6 auf eine Mindestzeit von 24 aufeinander folgenden Stunden reduziert werden kann;

q) „andere Arbeiten" alle Tätigkeiten, mit Ausnahme der Fahrtätigkeit sowie jegliche Arbeit für denselben oder einen anderen Arbeitgeber, sei es inner- oder außerhalb des Verkehrssektors. Nicht eingeschlossen sind Wartezeiten und die Zeit an Bord eines fahrenden Fahrzeugs, einer Fähre oder eines Zuges, in der der Fahrer nicht selbst lenkt;

r) „Lenkzeit" die Dauer der Lenktätigkeit, die automatisch oder halbautomatisch oder von Hand gemäß den Anforderungen dieses Übereinkommens aufgezeichnet wird;

s) „Tageslenkzeit" die summierte Gesamtlenkzeit zwischen dem Ende einer täglichen Ruhezeit und dem Beginn der darauf folgenden täglichen Ruhezeit oder zwischen einer täglichen und einer wöchentlichen Ruhezeit;

t) „Wochenlenkzeit" die summierte Gesamtlenkzeit innerhalb einer Woche;

u) „Lenkdauer" die Gesamtlenkzeit zwischen dem Zeitpunkt, zu dem ein Fahrer nach einer Ruhezeit oder einer Fahrtunterbrechung beginnt, ein Fahrzeug zu lenken, und dem Zeitpunkt, zu dem er eine Ruhezeit oder Fahrtunterbrechung einlegt. Die Lenkdauer kann ununterbrochen oder unterbrochen sein;

v) „Mehrfahrerbetrieb" den Fall, in dem während der Lenkdauer zwischen zwei aufeinander folgenden täglichen Ruhezeiten oder zwischen einer täglichen und einer wöchentlichen Ruhezeit mindestens zwei Fahrer auf dem Fahrzeug zum Lenken eingesetzt sind. Während der ersten Stunde des Mehrfahrerbetriebs ist die Anwesenheit eines anderen Fahrers oder anderer Fahrer fakultativ, während der restlichen Zeit jedoch obligatorisch;

w) „Verkehrsunternehmen" jede natürliche oder juristische Person und jede Vereinigung oder Gruppe von Personen ohne Rechtspersönlichkeit mit oder ohne Erwerbszweck sowie jede eine eigene Rechtspersönlichkeit besitzende oder einer Behörde mit Rechtspersönlichkeit unterstehende offizielle Stelle, die Beförderungen im Straßenverkehr gewerblich oder im Werkverkehr vornimmt.

Artikel 2
Geltungsbereich

(1) Dieses Übereinkommen gilt im Hoheitsgebiet einer Vertragspartei für den internationalen Straßenverkehr mit jedem Fahrzeug, das im Hoheitsgebiet dieser oder einer anderen Vertragspartei zugelassen ist.

(2) Jedoch gilt vorbehaltlich einer abweichenden Vereinbarung zwischen Vertragsparteien, deren Hoheitsgebiet befahren wird, dieses Übereinkommen nicht für die Beförderung im internationalen Straßenverkehr mit

a) Fahrzeugen, die zur Güterbeförderung dienen und deren zulässige Gesamtmasse, einschließlich Anhänger oder Sattelanhänger, 3,5 Tonnen nicht übersteigt;

b) Fahrzeugen, die zur Personenbeförderung dienen und die nach Bauart und Ausstattung geeignet und dazu bestimmt sind, bis zu neun Personen einschließlich des Fahrers zu befördern;

c) Fahrzeugen, die zur Personenbeförderung im Linienverkehr dienen, wenn die Linienstrecke nicht mehr als 50 km beträgt;

d) Fahrzeugen, mit einer zulässigen Höchstgeschwindigkeit von nicht mehr als 40 km/h;

e) Fahrzeugen, die Eigentum der Streitkräfte, des Zivilschutzes, der Feuerwehr und der für die Aufrechterhaltung der öffentlichen Ordnung zuständigen Kräfte sind oder von ihnen ohne Fahrer angemietet werden, sofern die Beförderung aufgrund der diesen Diensten zugewiesenen Aufgaben stattfindet und ihrer Aufsicht unterliegt;

f) Fahrzeugen – einschließlich Fahrzeugen, die für nichtgewerbliche Transporte für humanitäre Hilfe verwendet werden –, die in Notfällen oder für Rettungsmaßnahmen eingesetzt werden;

g) Spezialfahrzeugen für ärztliche Aufgaben;

h) besonderen Pannenhilfefahrzeugen, die innerhalb eines Umkreises von 100 km um ihren Standort eingesetzt werden;

i) Fahrzeugen, mit denen zum Zweck der technischen Entwicklung oder im Rahmen von Reparatur- oder Wartungsarbeiten Probefahrten auf der Straße gemacht werden, sowie neuen oder umgebauten Fahrzeugen, die noch nicht in Betrieb genommen worden sind;

j) Fahrzeugen mit einer zulässigen Höchstmasse von nicht mehr als 7,5 Tonnen, die zur nichtgewerblichen Güterbeforderung verwendet werden;

k) Nutzfahrzeugen, die nach den Rechtsvorschriften der Vertragspartei, in deren Hoheitsgebiet sie verwendet werden, als historisch eingestuft werden und die zur nichtgewerblichen Güter- oder Personenbeförderung verwendet werden.

Artikel 3
Anwendung von Bestimmungen des Übereinkommens auf den Straßenverkehr mit Fahrzeugen aus Nichtvertragsstaaten

(1) Jede Vertragspartei wendet in ihrem Hoheitsgebiet auf den internationalen Straßenverkehr mit Fahrzeugen, die in Nichtvertragsstaaten zugelassen sind, mindestens ebenso strenge Bestimmungen an, wie in den Artikeln 5, 6, 7, 8, 9 und 10 vorgesehen sind.

(2)

a) Jedoch bleibt es jeder Vertragspartei überlassen, bei Fahrzeugen, die in einem Nichtvertragsstaat zugelassen sind, anstelle eines Kontrollgeräts, das den Spezifikationen im Anhang dieses Übereinkommens entspricht, nur Tageskontrollblätter zu verlangen, die von jedem Mitglied der Fahrzeugbesatzung für den Zeitraum ab der Einfahrt in das Hoheitsgebiet der ersten Vertragspartei handschriftlich auszufüllen sind.

b) Zu diesem Zweck trägt jedes Mitglied der Fahrzeugbesatzung in sein Tageskontrollblatt die Angaben zu seinen beruflichen Tätigkeiten und Ruhezeiten ein und verwendet dabei die entsprechenden graphischen Symbole gemäß Artikel 12 des Anhangs zu diesem Übereinkommen.

Artikel 4
Allgemeine Grundsätze

Jede Vertragspartei kann höhere Mindestwerte oder niedrigere Höchstwerte als nach den Artikeln 5 bis 8 anwenden. Dieses Übereinkommen gilt jedoch weiterhin für diejenigen Fahrer, die in Fahrzeugen, welche in einem anderen Vertragsstaat oder Nichtvertragsstaat zugelassen sind, Beförderungen im internationalen Straßenverkehr durchführen.

Artikel 5
Fahrpersonal

(1) Das Mindestalter der im Güterverkehr eingesetzten Fahrer wird festgesetzt:

a) bei Fahrzeugen mit einem höchstzulässigen Gesamtgewicht bis zu 7,5 Tonnen einschließlich – Anhänger oder Sattelanhänger gegebenenfalls inbegriffen – auf das vollendete 18. Lebensjahr;

b) bei den übrigen Fahrzeugen auf

   – das vollendete 21. Lebensjahr oder

   – das vollendete 18. Lebensjahr, falls der Fahrer Inhaber eines Befähigungsnachweises über den erfolgreichen Abschluss einer von einer Vertragspartei anerkannten Ausbildung für Fahrer im Güterkraftverkehr ist. Die Vertragsparteien werden sich gegenseitig über das geltende nationale Mindestniveau der Ausbildung und andere sachdienliche Bedingungen unterrichten, die auf Fahrer im internationalen Güterverkehr anzuwenden sind, soweit sie unter dieses Übereinkommen fallen.

(2) Die im Personenverkehr eingesetzten Fahrer müssen mindestens 21 Jahre alt sein.

Die im Personenverkehr im Umkreis von mehr als 50 km um den Standort des Fahrzeugs eingesetzten Fahrer müssen außerdem

a) mindestens ein Jahr lang die Tätigkeit eines im Güterverkehr eingesetzten Fahrers von Fahrzeugen mit einem zulässigen Höchstgewicht von mehr als 3,5 Tonnen ausgeübt haben oder
b) mindestens ein Jahr lang die Tätigkeit eines Fahrers ausgeübt haben, der im Personenverkehr im Umkreis von bis zu 50 km um den Standort des Fahrzeugs oder in anderen Arten der Personenbeförderung eingesetzt war, die nicht unter dieses Übereinkommen fallen, aber nach Auffassung der zuständigen Behörde die erforderliche Erfahrung verliehen haben, oder
c) Inhaber eines Befähigungsnachweises über den erfolgreichen Abschluss einer von einer der Vertragsparteien anerkannten Ausbildung für Fahrer im Personenkraftverkehr sein.

Artikel 6
Lenkzeiten

(1) Die Tageslenkzeit gemäß der Begriffsbestimmung in Artikel 1 Buchstabe s darf 9 Stunden nicht überschreiten. Sie darf zweimal pro Woche auf höchstens 10 Stunden verlängert werden.

(2) Die Wochenlenkzeit gemäß der Begriffsbestimmung in Artikel 1 Buchstabe t darf 56 Stunden nicht überschreiten.

(3) Die summierte Gesamtlenkzeit während zweier aufeinander folgender Wochen darf 90 Stunden nicht überschreiten.

(4) Die Lenkzeiten umfassen alle Fahrten im Gebiet von Vertragsparteien und im Gebiet von Nichtvertragsparteien.

(5) Der Fahrer muss die Zeiten im Sinne des Artikels 1 Buchstabe q sowie alle Lenkzeiten in einem Fahrzeug, das für gewerbliche Zwecke außerhalb des Anwendungsbereichs dieses Übereinkommens verwendet wird, als andere Arbeiten festhalten; ferner muss er die Bereitschaftszeiten im Sinne des Artikels 12 Absatz 3 Buchstabe c des Anhangs zu diesem Übereinkommen festhalten. Diese Zeiten sind entweder handschriftlich auf einem Schaublatt oder einem Ausdruck einzutragen oder manuell in das Kontrollgerät einzugeben.

Artikel 7
Unterbrechungen

(1) Nach einer Lenkzeit von 4½ Stunden ist eine ununterbrochene Unterbrechung von mindestens 45 Minuten einzulegen, sofern der Fahrer keine Ruhezeit nimmt.

(2) Diese Unterbrechung im Sinne von Artikel 1 Buchstabe n kann durch eine Unterbrechung von mindestens 15 Minuten, gefolgt von einer Unterbrechung von mindestens 30 Minuten, ersetzt werden, die in die Lenkzeit oder unmittelbar nach dieser so einzufügen sind, dass Absatz 1 eingehalten wird.

(3) Für die Anwendung dieses Artikels gelten die Wartezeit oder die Nicht-Lenkzeit, die in einem fahrenden Fahrzeug, auf einer Fähre oder in einem Zug verbracht werden, nicht als „andere Arbeiten" im Sinne von Artikel 1 Buchstabe q, sondern als „Unterbrechung".

(4) Nach diesem Artikel eingelegte Unterbrechungen dürfen nicht als tägliche Ruhezeit betrachtet werden.

Artikel 8
Ruhezeiten

(1) Der Fahrer muss tägliche und wöchentliche Ruhezeiten gemäß Artikel 1 Buchstaben o und p einhalten.

(2) Innerhalb von 24 Stunden nach dem Ende der vorangegangenen täglichen oder wöchentlichen Ruhezeit muss der Fahrer eine neue tägliche Ruhezeit genommen haben. Beträgt der Teil der täglichen Ruhezeit, die in den 24-Stunden-Zeitraum fällt, mindestens 9 Stunden, jedoch weniger als 11 Stunden, so ist die fragliche tägliche Ruhezeit als verkürzte tägliche Ruhezeit anzusehen.

(3) Abweichend von Absatz 2 muss ein im Mehrfahrerbetrieb eingesetzter Fahrer innerhalb von 30 Stunden nach dem Ende einer täglichen oder wöchentlichen Ruhezeit eine neue tägliche Ruhezeit von mindestens 9 Stunden genommen haben.

(4) Eine tägliche Ruhezeit kann verlängert werden, so dass sich eine regelmäßige wöchentliche Ruhezeit oder eine reduzierte wöchentliche Ruhezeit ergibt.

(5) Der Fahrer darf zwischen zwei wöchentlichen Ruhezeiten höchstens drei reduzierte tägliche Ruhezeiten einlegen.

(6)

a) In jeweils zwei aufeinander folgenden Wochen hat der Fahrer mindestens folgende Ruhezeiten einzuhalten:
   i) zwei regelmäßige wöchentliche Ruhezeiten oder
   ii) eine regelmäßige wöchentliche Ruhezeit und eine reduzierte wöchentliche Ruhezeit von mindestens 24 Stunden. Dabei wird jedoch die Reduzierung durch eine gleichwertige Ruhepause ausgeglichen, die ohne Unterbrechung vor dem Ende der dritten Woche nach der betreffenden Woche genommen werden muss.

   Eine wöchentliche Ruhezeit beginnt spätestens am Ende von sechs 24-Stunden-Zeiträumen nach dem Ende der vorangegangenen wöchentlichen Ruhezeit.

b) Abweichend von Absatz 6 Buchstabe a kann ein Fahrer, der im Rahmen eines internationalen Straßenpersonenverkehrs, der kein Linienverkehr ist, eine Einzelfahrt durchführt, die wöchentliche Ruhezeit nach einer vorangegangenen regelmäßigen wöchentlichen Ruhezeit um bis zu zwölf aufeinanderfolgende 24-Stunden-Zeiträume verschieben, vorausgesetzt, dass
   i) der Verkehrsdienst mindestens 24 aufeinander folgende Stunden im Hoheitsgebiet einer Vertragspartei oder in einem Drittland andauert, das nicht mit dem Land identisch ist, in dem der Verkehrsdienst seinen Ausgang genommen hat, und

ii) der Fahrer nach dieser Ausnahme:
   a. entweder zwei wöchentliche Ruhezeiten nimmt,
   b. oder eine regelmäßige wöchentliche Ruhezeit und eine reduzierte wöchentliche Ruhezeit von mindestens 24 Stunden. Dabei wird jedoch die Reduzierung durch eine gleichwertige Ruhepause ausgeglichen, die ohne Unterbrechung vor dem Ende der dritten Woche nach der betreffenden Woche genommen werden muss;

iii) vier Jahre, nachdem das Zulassungsland den digitalen Fahrtenschreiber eingeführt hat, das Fahrzeug gemäß den Anforderungen in Anlage 1B des Anhangs mit einem Kontrollgerät ausgerüstet ist und

iv) nach dem 1. Januar 2014 das Fahrzeug im Zeitraum zwischen 22.00 Uhr und 06.00 Uhr im Mehrfahrerbetrieb gefahren wird oder die in Artikel 7 genannte Lenkzeit auf drei Stunden verringert wird.

c) Abweichend von Absatz 6 Buchstabe a muss ein im Mehrfahrerbetrieb eingesetzter Fahrer jede Woche eine regelmäßige Ruhezeit von mindestens 45 Stunden nehmen. Dieser Zeitraum kann auf ein Minimum von 24 Stunden reduziert werden (reduzierte wöchentliche Ruhezeit). Dabei wird jedoch die Reduzierung durch eine gleichwertige Ruhepause ausgeglichen, die ohne Unterbrechung vor dem Ende der dritten Woche nach der betreffenden Woche genommen werden muss.
Eine wöchentliche Ruhezeit beginnt spätestens am Ende von sechs 24-Stunden-Zeiträumen nach dem Ende der vorangegangenen wöchentlichen Ruhezeit.

(7) Jede Ruhepause, die als Ausgleich für eine reduzierte wöchentliche Ruhezeit eingelegt wird, ist an eine andere Ruhezeit von mindestens 9 Stunden anzuhängen.

(8) Sofern sich ein Fahrer hierfür entscheidet, können nicht am Standort eingelegte tägliche Ruhezeiten und reduzierte wöchentliche Ruhezeiten im Fahrzeug verbracht werden, sofern das Fahrzeug über geeignete Schlafmöglichkeiten für jeden Fahrer verfügt und nicht fährt.

(9) Eine wöchentliche Ruhezeit, die in zwei aufeinander folgende Wochen fällt, kann für eine der beiden Wochen gezählt werden, nicht aber für beide.

Artikel 8bis
Ausnahmen von Artikel 8

(1) Legt ein Fahrer, der ein Fahrzeug begleitet, das auf einem Fährschiff oder mit der Eisenbahn befördert wird, eine regelmäßige tägliche Ruhezeit ein, so kann diese Ruhezeit abweichend von Artikel 8 höchstens zwei Mal durch andere Tätigkeiten unterbrochen werden, sofern

a) der an Land verbrachte Teil der täglichen Ruhezeit vor oder nach dem Teil der täglichen Ruhezeit genommen werden kann, der auf einem Fährschiff oder in der Eisenbahn verbracht wird;

b) der Zeitraum zwischen den beiden Teilen der täglichen Ruhezeit so kurz wie möglich ist und auf keinen Fall vor der Verladung des Fahrzeugs oder nach dem Verlassen der Eisenbahn oder des Schiffs durch das Fahrzeug

1 Stunde übersteigt; dabei umfasst der Vorgang der Verladung bzw. des Verlassens auch die Zollformalitäten. Dem Fahrer muss während dieser täglichen Ruhezeit eine Schlafkabine oder ein Liegeplatz zur Verfügung stehen.

(2) Die von einem Fahrer verbrachte Zeit, um zu einem in den Geltungsbereich dieses Übereinkommens fallenden Fahrzeug, das sich nicht am Wohnsitz des Fahrers oder der Betriebsstätte des Arbeitsgebers, dem der Fahrer normalerweise zugeordnet ist, befindet, anzureisen oder von diesem zurückzureisen, ist nur dann als Ruhepause oder Fahrtunterbrechung anzusehen, wenn sich der Fahrer auf einem Fährschiff oder in einem Zug befindet und Zugang zu einer Koje oder einem Liegewagen hat.

(3) Die von einem Fahrer verbrachte Zeit, um mit einem nicht in den Geltungsbereich dieses Übereinkommens fallenden Fahrzeug zu einem in den Geltungsbereich dieses Übereinkommens fallenden Fahrzeug, das sich nicht am Wohnsitz des Fahrers oder der Betriebsstätte des Arbeitgebers, dem der Fahrer normalerweise zugeordnet ist, befindet, anzureisen oder von diesem zurückzureisen, ist als „andere Arbeiten“ anzusehen.

Artikel 9
Ausnahmen

Wenn es mit der Sicherheit im Straßenverkehr vereinbar ist, kann der Fahrer, um einen geeigneten Halteplatz zu erreichen, von diesem Übereinkommen abweichen, soweit dies erforderlich ist, um die Sicherheit der Fahrgäste, des Fahrzeugs oder seiner Ladung zu gewährleisten. Der Fahrer hat spätestens bei Ankunft an einem geeigneten Halteplatz Art und Grund der Abweichung von den Bestimmungen auf dem Schaublatt oder einem Ausdruck des Kontrollgeräts oder in seinem Arbeitszeitplan zu vermerken.

Artikel 10
Kontrollgerät

(1) Die Vertragsparteien schreiben für die in ihrem Hoheitsgebiet zugelassenen Fahrzeuge den Einbau und die Benutzung eines Kontrollgeräts nach Maßgabe der Bestimmungen dieses Übereinkommens einschließlich des Anhangs und seiner Anlagen vor.

(2) Das Kontrollgerät im Sinne dieses Übereinkommens muss hinsichtlich Bauart, Einbau, Benutzung und Prüfung den Vorschriften dieses Übereinkommens einschließlich des Anhangs und seiner Anlagen entsprechen.

(3) Ein Kontrollgerät, das in Bezug auf Konstruktion, Installation, Benutzung und Test die Bestimmungen der Verordnung (EWG) Nr. 3821/85 des Rates vom 20. Dezember 1985 erfüllt, wird so betrachtet, als erfülle es die Bestimmungen dieses Übereinkommens einschließlich des Anhangs und seiner Anlagen.

Artikel 11
Überwachung durch das Unternehmen

(1) Das Verkehrsunternehmen organisiert den Fahrbetrieb und unterrichtet die Fahrer so, dass diese die Bestimmungen des Übereinkommens einhalten können.

(2) Das Unternehmen hat die Dauer der Lenkzeiten und der weiteren Arbeiten sowie die Ruhezeiten regelmäßig zu überwachen und sich hierbei aller ihm zur Verfügung stehenden Unterlagen zu bedienen, wie zum Beispiel der persönlichen Kontrollbücher. Stellt das Unternehmen Verstöße gegen dieses Übereinkommen fest, so müssen diese unverzüglich abgestellt und Maßnahmen getroffen werden, die eine Wiederholung ausschließen, zum Beispiel durch Abänderung der Zeitpläne und der Fahrstrecken.

(3) Fahrer im Lohnverhältnis dürfen nicht nach Maßgabe der zurückgelegten Strecke und/oder der Menge der beförderten Güter entlohnt werden, auch nicht in Form von Prämien oder Zuschlägen für diese Fahrstrecke oder Gütermengen, es sei denn, dass diese Entgelte nicht geeignet sind, die Sicherheit im Straßenverkehr zu beeinträchtigen oder zu Verstößen gegen dieses Übereinkommen ermutigen.

(4) Das Verkehrsunternehmen haftet für Verstöße von Fahrern des Unternehmens, selbst wenn der Verstoß im Hoheitsgebiet eines anderen Mitgliedstaates oder eines Drittstaates begangen wurde.

Unbeschadet des Rechts der Vertragsparteien, Verkehrsunternehmen uneingeschränkt haftbar zu machen, können die Vertragsparteien diese Haftung von einem Verstoß des Unternehmens gegen die Absätze 1 und 2 abhängig machen. Die Vertragsparteien können alle Beweise prüfen, die belegen, dass das Verkehrsun-ternehmen billigerweise nicht für den begangenen Verstoß haftbar gemacht werden kann.

(5) Unternehmen, Verlader, Spediteure, Reiseveranstalter, Hauptauftragnehmer, Unterauftragnehmer und Fahrervermittlungsagenturen stellen sicher, dass die vertraglich vereinbarten Beförderungszeitpläne nicht gegen dieses Übereinkommen verstoßen.

Artikel 12
Durchführungsmaßnahmen

(1) Jede Vertragspartei trifft alle geeigneten Maßnahmen, um die Beachtung dieses Übereinkommens sicherzustellen, insbesondere durch einen angemessenen Umfang von Straßenkontrollen und Kontrollen auf den Geschäftsgrundstücken der Unternehmen. Diese Kontrollen erfassen jedes Jahr einen großen und repräsentativen Anteil von Fahrern, Unternehmen und Fahrzeugen aller Kategorien, die in den Geltungsbereich dieses Übereinkommens fallen.

a) Die zuständigen Verwaltungsbehörden der Vertragsparteien führen diese Kontrollen in der Weise durch, dass:
   i) in jedem Kalenderjahr mindestes 1 v. H. der Arbeitstage der Fahrer von Fahrzeugen, die in den Geltungsbereich dieses Übereinkommens fallen, kontrolliert werden. Ab dem 1. Januar 2010 erhöht sich dieser Anteil auf mindestens 2 v. H. und ab dem 1. Januar 2012 auf mindestens 3 v. H.;
   ii) an mindestens 15 v. H. aller überprüften Arbeitstage Straßenkontrollen und an mindestens 25 v. H. Kontrollen auf den Geschäftsgrundstücken der Unternehmen durchgeführt werden. Ab dem 1. Januar 2010 werden

mindestens 30 v. H. aller kontrollierten Arbeitstage im Rahmen von Straßenkontrollen und mindestens 50 v. H. im Rahmen von Kontrollen auf den Geschäftsgrundstücken überprüft.

b) Im Rahmen von Straßenkontrollen werden überprüft:
   i) die Tages- und Wochenlenkzeiten, die Unterbrechungen sowie die täglichen und wöchentlichen Ruhezeiten;
   ii) die Schaublätter der vorangegangenen Tage, die im Fahrzeug mitgeführt werden müssen und/oder die im persönlichen Kontrollbuch des Fahrers gespeicherten Daten und/oder die im Kontrollgerät gespeicherten Daten für denselben Zeitraum und/oder gegebenenfalls die Ausdrucke hiervon;
   iii) das fehlerfreie Funktionieren des Kontrollgeräts.

   Diese Kontrollen sind ohne Diskriminierung nach gebietsansässigen oder gebietsfremden Fahrzeugen, Unternehmen und Fahrern und ungeachtet des Ausgangs- oder Zielpunktes der Fahrt oder der Art des Fahrtenschreibers durchzuführen.

c) Bei den Kontrollen auf den Geschäftsgrundstücken der Unternehmen wird zusätzlich zu den bei den Straßenkontrollen überprüften Punkten und der Übereinstimmung mit den Anforderungen des Artikels 11 Absatz 2 der Anlage Folgendes überprüft:
   i) die wöchentlichen Ruhezeiten und die Lenkzeiten zwischen diesen Ruhezeiten;
   ii) die Beschränkungen der Lenkzeit während zweier aufeinander folgenden Wochen;
   iii) der Ausgleich für die verkürzten wöchentlichen Ruhezeiten gemäß Absatz 6;
   iv) die Verwendung von Schaublättern und/oder der Daten der Fahrzeugeinheit und des Fahrerkontrollbuchs und deren Ausdrucke und/oder die Planung der Arbeitszeiten der Fahrer.

(2) Im Rahmen eines gegenseitigen Beistandes übermitteln die zuständigen Behörden der Vertragsparteien einander regelmäßig alle verfügbaren Angaben über:

- die von Gebietsfremden begangenen Zuwiderhandlungen gegen die Bestimmungen dieses Übereinkommen und ihre Ahndung,
- die von einer Vertragspartei verhängten Maßnahmen zur Ahndung von Zuwiderhandlungen, die ihre Gebietsansässigen auf dem Territorium einer anderen Vertragspartei begangen haben.

In Fällen von schweren Verstößen enthalten diese Informationen auch die verhängte Strafe.

(3) Legt das Ergebnis einer Straßenkontrolle, der der Fahrer eines im Hoheitsgebiet einer anderen Vertragspartei zugelassenen Fahrzeugs unterzogen wird, den Verdacht auf Verstöße nahe, die während der Kontrolle nicht aufgedeckt werden können, weil die erforderlichen Angaben fehlen, so leisten die zuständigen Behörden der betreffenden Vertragsparteien einander Amtshilfe. Führt die zuständige Vertragspartei hierzu eine Kontrolle auf den

Geschäftsgrundstücken des Unternehmens durch, so werden die Ergebnisse dieser Kontrolle der betreffenden anderen Vertragspartei mitgeteilt.

(4) Die Vertragsparteien arbeiten bei der Durchführung abgestimmter Straßenkontrollen zusammen.

(5) Die Wirtschaftskommission der Vereinten Nationen für Europa veröffentlicht alle zwei Jahre einen Bericht über die Anwendung der Bestimmungen in Absatz 1 durch die Vertragsparteien.

(6)

a) Eine Vertragspartei ermächtigt ihre zuständigen Behörden, gegen einen Fahrer bei einem in ihrem Hoheitsgebiet festgestellten Verstoß gegen dieses Übereinkommen eine Sanktion zu verhängen, sofern hierfür noch keine Sanktion verhängt wurde, und zwar selbst dann, wenn der Verstoß im Hoheitsgebiet einer anderen Vertragspartei oder eines Drittstaates begangen wurde;

b) Eine Vertragspartei ermächtigt ihre zuständigen Behörden, gegen ein Unternehmen bei einem in ihrem Hoheitsgebiet festgestellten Verstoß gegen dieses Übereinkommen eine Sanktion zu verhängen, sofern hierfür noch keine Sanktion verhängt wurde, und zwar selbst dann, wenn der Verstoß im Hoheitsgebiet einer anderen Vertragspartei oder eines Drittstaates begangen wurde.

Dabei gilt folgende Ausnahmeregelung: Wird ein Verstoß festgestellt, der von einem Unternehmen begangen wurde, das seinen Sitz im Hoheitsgebiet einer anderen Vertragspartei oder eines Drittstaates hat, so muss die Verhängung von Sanktionen dem Verfahren entsprechen, das im bilateralen Straßenverkehrsabkommen zwischen den beiden betroffenen Parteien festgelegt ist.

Ab 2011 prüfen die Vertragsparteien die Möglichkeit einer Streichung dieser Ausnahmeregelung in Absatz 6 Buchstabe b, sofern alle Vertragsparteien dazu bereit sind.

(7) Leitet eine Vertragspartei in Bezug auf einen bestimmten Verstoß ein Verfahren ein oder verhängt sie eine Sanktion, so muss sie dem Fahrer gegenüber angemessene schriftliche Belege beibringen.

(8) Die Vertragsparteien stellen sicher, dass ein System verhältnismäßiger Sanktionen, die finanzielle Sanktionen umfassen können, für den Fall besteht, dass Unternehmen oder mit ihnen verbundene Verlader, Spediteure, Reisever anstalter, Hauptauftragnehmer, Unterauftragnehmer und Fahrervermittlungs agenturen gegen das vorliegende Übereinkommen verstoßen.

Artikel 12bis
Standardisierte Musterformulare

(1) Zur Vereinfachung internationaler Straßenkontrollen werden standardisierte Musterformblätter, die bei Bedarf verwendet werden, in den Anhang aufgenommen, der entsprechend um eine neue Anlage 3 erweitert wird. Diese Formulare werden gemäß dem in Artikel 22ter festgelegten Verfahren aufgenommen oder geändert.

(2) Die Muster in Anlage 3 sind nicht verbindlich. Wenn sie jedoch verwendet werden, sind ihr Inhalt, insbesondere die Nummerierung, die Reihenfolge und die Überschriften der einzelnen Punkte zu beachten.

(3) Die Vertragsparteien können diese Angaben durch zusätzliche Informationen ergänzen, um nationalen oder regionalen Bestimmungen zu entsprechen. Diese zusätzlichen Informationen sind in keinem Fall für Beförderungen erforderlich, die im Hoheitsgebiet einer anderen Vertragspartei oder in einem Drittstaat ihren Ausgang nehmen. Daher sind diese Angaben getrennt von den Angaben zu internationalen Beförderungen auf dem Formblatt aufzuführen.

(4) Diese Formulare werden bei Straßenkontrollen, die im Hoheitsgebiet einer Vertragspartei des Übereinkommens durchgeführt werden, akzeptiert.

Artikel 13
Übergangsbestimmungen

(1) Alle neuen Bestimmungen dieses Übereinkommens, einschließlich seines Anhanges und der Anlagen 1 B und 2, im Zusammenhang mit der Einführung eines digitalen Kontrollgeräts werden für die Vertragsparteien dieses Übereinkommens spätestens vier Jahre nach Inkrafttreten der Änderungen gemäß den Verfahren nach Artikel 21 verbindlich. Nach Ablauf dieser Frist müssen somit alle Fahrzeuge, die unter dieses Übereinkommen fallen und nach Ablauf dieser Frist neu zum Verkehr zugelassen werden, mit einem Kontrollgerät ausgerüstet werden, das diesen neuen Anforderungen entspricht. In diesem Zeitraum von vier Jahren haben Vertragsparteien, die diese Änderungen in ihren Ländern noch nicht eingeführt haben, Fahrzeuge, die im Hoheitsgebiet einer anderen Vertragspartei zugelassen und bereits mit einem derartigen digitalen Kontrollgerät ausgerüstet sind, auf ihrem Hoheitsgebiet zu tolerieren und entsprechend zu kontrollieren.

(2)

a) Die Vertragsparteien ergreifen die erforderlichen Maßnahmen, um die im Anhang des Übereinkommens in seiner geänderten Fassung genannten Fahrerkarten spätestens drei Monate vor Ablauf der in Absatz 1 vorgesehenen Frist von vier Jahren auszustellen. Diese Mindestdauer von drei Monaten muss auch eingehalten werden, wenn eine Vertragspartei die Bestimmungen im Zusammenhang mit dem digitalen Kontrollgerät nach Anlage 1B des Anhangs vor Ablauf der Frist von vier Jahren einführt. Diese Vertragsparteien halten das Sekretariat des Hauptausschusses Straßenverkehr der Wirtschaftskommission für Europa über die Fortschritte bei der Einführung des digitalen Kontrollgeräts in ihrem Hoheitsgebiet nach Anlage 1B dieses Anhanges auf dem Laufenden.

b) Die Bestimmungen gemäß Artikel 14 des Anhangs zu diesem Übereinkommen gelten bis zur Ausstellung der in Buchstabe a genannten Fahrerkarten durch die Vertragsparteien für Fahrer, die eventuell Fahrzeuge lenken müssen, die mit einem digitalen Kontrollgerät in Übereinstimmung mit Anlage 1B zu diesem Anhang ausgerüstet sind.

(3) Jede Ratifikations- oder Beitrittsurkunde, die ein Staat nach Inkrafttreten der in Absatz 1 genannten Änderungen hinterlegt, gilt für das Übereinkommen

in seiner geänderten Fassung, einschließlich der in Absatz 1 angegebenen Frist für die Umsetzung.

Falls ein Beitritt weniger als zwei Jahre vor Ablauf der Frist nach Absatz 1 erfolgt, unterrichtet der beitretende Staat den Verwahrer bei Hinterlegung seiner Ratifikations- oder Beitrittsurkunde über den Zeitpunkt der tatsächlichen Einführung des digitalen Kontrollgeräts auf seinem Hoheitsgebiet. Dieser Staat kann eine Übergangsfrist von höchstens zwei Jahren ab dem Inkrafttreten dieses Übereinkommens auf seinem Hoheitsgebiet geltend machen. Der Verwahrer unterrichtet alle Vertragsparteien darüber.

Die Bestimmungen des vorangehenden Absatzes gelten auch für den Fall, dass ein Staat nach Ablauf der in Absatz 1 genannten Frist von vier Jahren für die Umsetzung beitritt.

Artikel 13bis
Übergangsbestimmungen

Die Bestimmungen, auf die am Ende von Artikel 12 Absatz 7 Buchstaben a und b des Anhangs verwiesen wird, gelten drei Monate nach dem Inkrafttreten dieser Änderung.

Artikel 14
Schlussbestimmungen

(1) Dieses Übereinkommen liegt bis zum 31. März 1971 zur Unterzeichnung auf; nach diesem Tag liegt es für die Mitgliedstaaten der Wirtschaftskommission für Europa und für Staaten, die nach Absatz 8 der Statuten in beratender Eigenschaft zu dieser Kommission zugelassen sind, zum Beitritt auf.

(2) Das Übereinkommen bedarf der Ratifikation.

(3) Die Ratifikations- oder Beitrittsurkunden sind beim Generalsekretär der Vereinten Nationen zu hinterlegen.

(4) Dieses Übereinkommen tritt am hundertachtzigsten Tag nach der Hinterlegung der achten Ratifikations- oder Beitrittsurkunde in Kraft.

(5) Für jeden Staat, der dieses Übereinkommen nach der in Absatz 4 genannten Hinterlegung der achten Ratifikations- oder Beitrittsurkunde ratifiziert oder ihm beitritt, tritt dieses Übereinkommen am hundertachtzigsten Tag nach der Hinterlegung seiner eigenen Ratifikations- oder Beitrittsurkunde in Kraft.

Artikel 15

(1) Jede Vertragspartei kann dieses Übereinkommen durch eine an den Generalsekretär der Vereinten Nationen gerichtete Notifikation kündigen.

(2) Die Kündigung wird sechs Monate nach Eingang der Notifikation beim Generalsekretär wirksam.

Artikel 16

Dieses Übereinkommen tritt außer Kraft, wenn nach seinem Inkrafttreten die Zahl der Vertragsparteien während zwölf aufeinanderfolgender Monate weniger als drei beträgt.

Artikel 17

(1) Jeder Staat kann bei Unterzeichnung dieses Übereinkommens, bei Hinterlegung seiner Ratifikations- oder Beitrittsurkunde oder zu jedem späteren Zeitpunkt durch eine an den Generalsekretär der Vereinten Nationen gerichtete Notifikation erklären, dass sich die Gültigkeit dieses Übereinkommens auf alle oder einzelne Hoheitsgebiete erstreckt, deren internationale Beziehungen er wahrnimmt. Das Übereinkommen wird für jedes in der Notifikation genannte Hoheitsgebiet am hundertachtzigsten Tage nach Eingang der Notifikation beim Generalsekretär oder, falls das Übereinkommen dann noch nicht in Kraft getreten ist, mit seinem Inkrafttreten wirksam.

(2) Jeder Staat, der nach Absatz 1 erklärt hat, dass sich dieses Übereinkommen auf ein Hoheitsgebiet erstreckt, dessen internationale Beziehungen er wahrnimmt, kann das Übereinkommen in Bezug auf dieses Hoheitsgebiet nach Artikel 15 kündigen.

Artikel 18

(1) Jede Streitigkeit zwischen zwei oder mehr Vertragsparteien über die Auslegung oder Anwendung dieses Übereinkommens wird, soweit möglich, durch Verhandlungen zwischen den streitenden Parteien beigelegt.

(2) Jede Streitigkeit, die nicht durch Verhandlungen beigelegt werden konnte, wird auf Antrag der streitenden Vertragsparteien einem Schiedsverfahren unterworfen und demgemäß einem oder mehreren Schiedsrichtern unterbreitet, die von den streitenden Parteien in gegenseitigem Einvernehmen ausgewählt werden. Einigen sich binnen drei Monaten nach dem Tage des Antrags auf ein Schiedsverfahren die streitenden Parteien nicht über die Wahl eines Schiedsrichters oder der Schiedsrichter, so kann jede dieser Parteien den Generalsekretär der Vereinten Nationen ersuchen, einen einzigen Schiedsrichter zu ernennen, dem der Streitfall zur Entscheidung überwiesen wird.

(3) Die Entscheidung des nach Absatz 2 bestellten Schiedsrichters oder der Schiedsrichter ist für die streitenden Vertragsparteien bindend.

Artikel 19

(1) Jeder Staat kann bei der Unterzeichnung, bei der Ratifikation oder beim Beitritt zu diesem Übereinkommen erklären, dass er sich durch Artikel 18 Absätze 2 und 3 nicht als gebunden betrachtet. Die anderen Vertragsparteien sind durch diese Absätze gegenüber keiner Vertragspartei gebunden, die einen solchen Vorbehalt gemacht hat.

(2) Macht ein Staat bei der Hinterlegung seiner Ratifikations- oder Beitrittsurkunde einen anderen als den in Absatz 1 vorgesehenen Vorbehalt, so teilt der Generalsekretär der Vereinten Nationen diesen Vorbehalt jenen Staaten mit, die ihre Ratifikations- oder Beitrittsurkunden bereits hinterlegt und das Übereinkommen seitdem nicht gekündigt haben. Der Vorbehalt gilt als angenommen, wenn binnen sechs Monaten nach dieser Mitteilung keiner dieser Staaten gegen die Annahme Einspruch erhoben hat. Andernfalls ist der Vorbehalt unzulässig, und die Ratifikations- oder Beitrittsurkunde des betreffenden Staates ist ungültig, falls er seinen Vorbehalt nicht zurückzieht. Bei der Anwendung dieses

Absatzes wird der Einspruch von Staaten nicht berücksichtigt, deren Beitritt oder Ratifikation wegen von ihnen erhobener Vorbehalte auf Grund dieses Absatzes ungültig ist.

(3) Jede Vertragspartei, deren Vorbehalt im Unterzeichnungsprotokoll zu diesem Übereinkommen angenommen worden ist oder die nach Absatz 1 einen Vorbehalt gemacht hat oder die einen Vorbehalt gemacht hat, der nach Absatz 2 angenommen worden ist, kann ihn jederzeit durch eine an den Generalsekretär ge-richtete Notifikation zurückziehen.

Artikel 20

(1) Ist dieses Übereinkommen drei Jahre lang in Kraft gewesen, so kann jede Vertragspartei durch eine an den Generalsekretär der Vereinten Nationen gerichtete Notifikation die Einberufung einer Konferenz zur Revision des Übereinkommens beantragen. Der Generalsekretär notifiziert diesen Antrag allen Vertragsparteien und beruft eine Revisionskonferenz ein, wenn binnen vier Monaten nach seiner Notifikation mindestens ein Drittel der Vertragsparteien ihm ihre Zustimmung zu dem Antrag mitteilt.

(2) Wird eine Konferenz nach Absatz 1 einberufen, so setzt der Generalsekretär alle Vertragsparteien davon in Kenntnis und fordert sie auf, binnen drei Monaten die Vorschläge einzureichen, deren Prüfung durch die Konferenz sie wünschen. Der Generalsekretär teilt spätestens drei Monate vor Eröffnung der Konferenz allen Vertragsparteien die vorläufige Tagesordnung der Konferenz sowie den Wortlaut der Vorschläge mit.

(3) Der Generalsekretär lädt zu jeder nach diesem Artikel einberufenen Konferenz alle in Artikel 14 Absatz 1 bezeichneten Staaten ein.

Artikel 21

(1) Jede Vertragspartei kann eine oder mehrere Änderungen dieses Übereinkommens vorschlagen. Der Wortlaut jedes Änderungsvorschlages ist dem Generalsekretär der Vereinten Nationen mitzuteilen, der ihn allen Vertragsparteien übermittelt und allen anderen in Artikel 14 Absatz 1 bezeichneten Staaten zur Kenntnis bringt.

(2) Binnen sechs Monaten nach dem Tage der Übermittlung des Änderungsvorschlages durch den Generalsekretär kann jede Vertragspartei diesem bekanntgeben,

a) dass sie gegen den Änderungsvorschlag Einspruch erhebt, oder

b) dass sie den Vorschlag zwar anzunehmen beabsichtigt, die für die Annahme erforderlichen Voraussetzungen in ihrem Staat jedoch noch nicht erfüllt sind.

(3) Solange eine Vertragspartei, die eine Mitteilung nach Absatz 2 Buchstabe b gemacht hat, dem Generalsekretär die Annahme des Änderungsvorschlags nicht notifiziert hat, kann sie binnen neun Monaten nach Ablauf der für die Mitteilung vorgesehenen Frist von sechs Monaten gegen den Änderungsvorschlag Einspruch erheben.

(4) Wird nach den Absätzen 2 und 3 Einspruch gegen den Änderungsvorschlag erhoben, so gilt er als nicht angenommen und bleibt ohne jede Wirkung.

(5) Ist kein Einspruch nach den Absätzen 2 und 3 gegen den Änderungsvorschlag erhoben worden, so gilt er zu folgendem Zeitpunkt als angenommen:

a) wenn keine Vertragspartei eine Mitteilung nach Absatz 2 Buchstabe b gemacht hat, mit Ablauf der in Absatz 2 vorgesehenen Frist von sechs Monaten,

b) wenn mindestens eine Vertragspartei eine Mitteilung nach Absatz 2 Buchstabe b gemacht hat, zum früheren der folgenden zwei Zeitpunkte:
   - sobald alle Vertragsparteien, die eine derartige Mitteilung gemacht haben, dem Generalsekretär ihre Annahme des Änderungsvorschlages notifiziert haben, jedoch frühestens mit Ablauf der in Absatz 2 vorgesehenen Frist von sechs Monaten, falls alle Annahmeerklärungen vor diesem Zeitpunkt notifiziert worden sind;
   - mit Ablauf der im Absatz 3 vorgesehenen Frist von neun Monaten.

(5bis) Tritt ein Staat diesem Übereinkommen zwischen der Übermittlung eines Änderungsvorschlags und dessen Annahme bei, so unterrichtet das Sekretariat des Hauptausschusses Straßenverkehr der Wirtschaftskommission für Europa den neuen Vertragsstaat unverzüglich über den Änderungsvorschlag. Dieser Vertragsstaat kann den Generalsekretär vor Ablauf der Frist von sechs Monaten ab der Übermittlung des ursprünglichen Änderungsvorschlags an alle Vertragsparteien über einen eventuellen Einspruch in Kenntnis setzen.

(6) Jede Änderung tritt drei Monate nach dem Zeitpunkt in Kraft, zu dem sie als angenommen gilt.

(7) Der Generalsekretär notifiziert sobald als möglich allen Vertragsparteien, ob gegen den Änderungsvorschlag Einspruch nach Absatz 2 Buchstabe a erhoben worden ist und ob eine oder mehrere Vertragsparteien eine Mitteilung nach Absatz 2 Buchstabe b an ihn gerichtet haben. Haben eine oder mehrere Vertragsparteien eine solche Mitteilung gemacht, so notifiziert er in der Folge allen Vertragsparteien, ob die Vertragspartei oder die Vertragsparteien, die eine solche Mitteilung gemacht haben, Einspruch gegen den Änderungsvorschlag erheben oder ihn annehmen.

(8) Unabhängig von dem in den Absätzen 1 bis 6 vorgesehenen Änderungsverfahren kann der Anhang zu diesem Übereinkommen durch Vereinbarung zwischen den zuständigen Verwaltungen aller Vertragsparteien geändert werden. Hat die Verwaltung einer Vertragspartei erklärt, dass nach ihrem innerstaatlichen Recht ihre Zustimmung zu einer solchen Vereinbarung von einer entsprechenden Sonderermächtigung oder von der Billigung durch eine gesetzgebende Körperschaft abhängt, so gilt die Zustimmung der betreffenden Vertragspartei zur Änderung des Anhangs als nicht erteilt, bis diese Verwaltung dem Generalsekretär notifiziert hat, dass die erforderliche Ermächtigung oder Billigung erteilt worden ist. Die Vereinbarung zwischen den zuständigen Verwaltungen legt den Tag des Inkrafttretens des geänderten Anhangs fest und kann vorsehen, dass während einer Übergangszeit der alte Anhang ganz oder teilweise neben dem neuen in Kraft bleibt.

Artikel 22

(1) Die Anlagen 1 und 2 zum Anhang dieses Übereinkommens können entsprechend dem in diesem Artikel festgelegten Verfahren geändert werden.

(2) Auf Antrag einer Vertragspartei wird jede von ihr vorgeschlagene Änderung der Anlagen 1 und 2 zum Anhang dieses Übereinkommens vom Hauptausschuss Straßenverkehr der Europäischen Wirtschaftskommission geprüft.

(3) Wird eine Änderung durch die Mehrheit der anwesenden und abstimmenden Mitglieder angenommen und stellt diese Mehrheit die Mehrheit der anwesenden und abstimmenden Vertragsparteien dar, wird sie der Generalsekretär an die zuständigen Behörden aller Vertragsparteien zwecks Zustimmung mitteilen.

(4) Die Änderung ist angenommen, wenn innerhalb eines Zeitraums von sechs Monaten nach dieser Mitteilung weniger als ein Drittel der zuständigen Behörden der Vertragsparteien dem Generalsekretär ihren Einspruch gegen diese Änderung bekanntgeben.

(4bis) Tritt ein Staat diesem Übereinkommen zwischen der Übermittlung eines Änderungsvorschlags und dessen Annahme bei, so unterrichtet das Sekretariat des Hauptausschusses Straßenverkehr der Wirtschaftskommission für Europa den neuen Vertragsstaat unverzüglich über den Änderungsvorschlag. Dieser Vertragsstaat kann den Generalsekretär vor Ablauf der Frist von sechs Monaten ab der Übermittlung des ursprünglichen Änderungsvorschlags an alle Vertragsparteien über einen eventuellen Einspruch in Kenntnis setzen.

(5) Jede angenommene Änderung wird durch den Generalsekretär allen Vertragsparteien mitgeteilt und tritt drei Monate nach dem Zeitpunkt ihrer Bekanntmachung in Kraft.

Artikel 22bis
Verfahren zur Änderung der Anlage 1B

(1) Die Anlage 1B zum Anhang dieses Übereinkommens wird entsprechend dem in diesem Artikel festgelegten Verfahren geändert.

(2) Jeder Vorschlag über eine Änderung der einführenden Artikel der Anlage 1 B wird vom Hauptausschuss Straßenverkehr der Wirtschaftskommission für Europa mit Mehrheit der anwesenden und abstimmenden Vertragsparteien beschlossen. Das Sekretariat des Hauptausschusses übermittelt jede so beschlossene Änderung dem Generalsekretär, der sie allen Vertragsparteien mitteilt. Die Änderung tritt drei Monate nach dem Zeitpunkt der Mitteilung an die Vertragsparteien in Kraft.

(3) Angesichts der Tatsache, dass die Anlage 1B[1] gemäß Artikel 10 dieses Übereinkommens auf der Grundlage des Anhangs 1B der Verordnung (EWG) 3821/85 angepasst worden ist und damit direkt von weiteren Änderungen dieses Anhangs durch die Europäische Union abhängt, sind alle Änderungen des Anhangs 1B nach folgendem Vorgehen auch auf die Anlage 1B anwendbar:

1 Zuletzt geändert durch die Verordung (EG) Nr. 1360/2002 der Kommission vom 13. Juni 2002 (ABl. L 207 vom 5. August 2002 (Berichtigung, ABl. L 77 vom 13. März 2003) und Nr. 432/2004 vom 5. März 2004 (ABl. L 71 vom 10. März 2004)

- Das Sekretariat des Hauptausschusses Straßenverkehr der Wirtschaftskommission für Europa informiert die zuständigen Behörden aller Vertragsparteien offiziell über die Veröffentlichung von Änderungen des Anhangs 1B der Gemeinschaftsverordnung im Amtsblatt der Europäischen Gemeinschaften und teilt dies auch dem Generalsekretär unter Beilage einer Abschrift der maßgeblichen Texte mit.
- Die genannten Änderungen treten für die Anlage 1B drei Monate nach der Mitteilung an die Vertragsparteien in Kraft.

(4) Beinhaltet der Vorschlag über eine Änderung des Anhangs zu diesem Übereinkommen auch eine Änderung der Anlage 1B, können die Änderungen der Anlage nicht vor den Änderungen des Anhangs in Kraft treten. Werden in diesem Rahmen Änderungen der Anlage 1B gleichzeitig mit Änderungen des Anhangs vorgelegt, so wird ihr Inkrafttreten von dem Zeitpunkt bestimmt, der sich aus der Anwendung des in Artikel 21 beschriebenen Verfahrens ergibt.

Artikel 22ter
Verfahren zur Änderung der Anlage 3

(1) Die Anlage 3 des Anhangs zu diesem Übereinkommen wird entsprechend dem im Folgenden beschriebenen Verfahren geändert.

(2) Vorschläge zur Aufnahme von Musterformularen in Anlage 3 gemäß Artikel 12bis oder zur Änderung bestehender Formulare werden dem Hauptausschuss Straßenverkehr der Wirtschaftskommission für Europa zur Annahme vorgelegt. Der Vorschlag gilt als angenommen, wenn die Mehrheit der anwesenden und abstimmenden Vertragsparteien ihn befürwortet.

Das Sekretariat der Wirtschaftskommission für Europa unterrichtet die zuständigen Behörden aller Vertragsparteien offiziell über alle angenommenen Änderungen und leitet diese Mitteilung zusammen mit einer Abschrift des entsprechenden Wortlauts auch an den Generalsekretär weiter.

(3) Jedes angenommene Musterformular kann drei Monate nach dem Zeitpunkt der Mitteilung an die Vertragsparteien verwendet werden.

Artikel 23

Außer den Notifikationen, die nach den Artikeln 20 und 21 vorgesehen sind, notifiziert der Generalsekretär der Vereinten Nationen den in Artikel 14 Absatz 1 bezeichneten Staaten

a) die Ratifikationen und Beitritte nach Artikel 14,
b) die Zeitpunkte, zu denen diese Übereinkommen nach Artikel 14 in Kraft tritt,
c) die Kündigungen nach Artikel 15,
d) das Außerkrafttreten dieses Übereinkommens nach Artikel 16,
e) die Notifikationen nach Artikel 17,
f) die Erklärungen und Notifikationen nach Artikel 19,
g) das Inkrafttreten jeder Änderung nach Artikel 21.

Artikel 24

Das Unterzeichnungsprotokoll zu diesem Übereinkommen hat dieselbe Gültigkeit, Wirkung und Dauer wie das Übereinkommen selbst und gilt als Bestandteil desselben.

Artikel 25

Nach dem 31. März 1971 wird die Urschrift dieses Übereinkommens beim Generalsekretär der Vereinten Nationen hinterlegt; dieser übermittelt allen in Artikel 14 Absatz 1 bezeichneten Staaten beglaubigte Abschriften.

Zur Urkunde dessen haben die hierzu gehörig befugten Unterzeichneten dieses Übereinkommen unterschrieben.

Geschehen zu Genf am ersten Juli 1970 in einer Urschrift in englischer und französischer Sprache, wobei jeder Wortlaut gleichermaßen verbindlich ist.

Anhang
Kontrollgerät
Allgemeine Vorschriften

Kapitel I
Bauartgenehmigung

Artikel 1

Im Sinne dieses Kapitels ist unter dem Ausdruck „Kontrollgerät" das „Kontrollgerät oder seine Komponenten" zu verstehen.

Jeder Antrag auf eine Bauartgenehmigung für ein Kontrollgerät-, ein Schaublatt- oder ein Speicherkarten-Muster wird zusammen mit einer entsprechenden Beschreibung vom Hersteller oder einem Beauftragten bei einer Vertragspartei eingereicht. Für ein und dasselbe Kontrollgerät-, Schaublatt- oder Speicherkarten-Muster kann dieser Antrag nur bei einer Vertragspartei gestellt werden.

Artikel 2

Jede Vertragspartei erteilt die Bauartgenehmigung für alle Kontrollgerät-, Schaublatt- oder Speicherkarten-Muster, wenn diese den Vorschriften der Anlage 1 oder 1B zu diesem Anhang entsprechen und wenn die Vertragspartei die Möglichkeit hat, die Übereinstimmung der Fertigung mit dem zugelassenen Muster zu überwachen.

Die Bauartgenehmigung für das in Anlage 1B genannte Kontrollgerät kann nur erteilt werden, wenn für das Gesamtsystem (das Kontrollgerät selbst, die Fahrerkarte und die elektrischen Verbindungen mit dem Getriebe) nachgewiesen wurde, dass es gegen Manipulationen oder Verfälschungen der Daten über die Lenkzeiten gesichert ist. Die hierfür erforderlichen Prüfungen werden von Sachverständigen durchgeführt, denen die neuesten Manipulationstechniken bekannt sind.

Änderungen oder Ergänzungen eines Musters, für das die Bauartgenehmigung bereits erteilt ist, bedürfen einer Nachtrags-Bauartgenehmigung der Vertragspartei, die die ursprüngliche Bauartgenehmigung erteilt hat.

Artikel 3

Die Vertragsparteien erteilen dem Antragsteller für jedes gemäß Artikel 2 zugelassene Kontrollgerät-, Schaublatt- oder Speicherkarten-Muster ein Prüfzeichen entsprechend dem Muster in Anlage 2.

Artikel 4

Die zuständigen Behörden der Vertragspartei, bei denen die Bauartgenehmigung beantragt worden ist, übermitteln den Behörden der anderen Vertragsparteien innerhalb eines Monats eine Durchschrift des Genehmigungsbogens sowie eine Durchschrift der erforderlichen Beschreibung für jedes genehmigte Kontrollgerät-, Schaublatt- oder Speicherkarten-Muster und unterrichten sie über jede Ablehnung eines Genehmigungsantrages; im Falle der Ablehnung teilen sie die Gründe dafür mit.

Artikel 5

(1) Stellt eine Vertragspartei, die eine Bauartgenehmigung gemäß Artikel 2 erteilt hat, fest, dass Kontrollgeräte, Schaublätter oder Speicherkarten mit dem von ihr erteilten Prüfzeichen nicht dem von ihr zugelassenen Muster entsprechen, so trifft sie die erforderlichen Maßnahmen, um die Übereinstimmung der Fertigung mit dem zugelassenen Muster sicherzustellen. Diese können gegebenenfalls bis zum Entzug der Bauartgenehmigung gehen.

(2) Die Vertragspartei, die eine Bauartgenehmigung erteilt hat, muss diese widerrufen, wenn das Kontrollgerät, das Schaublatt oder die Speicherkarte, wofür die Bauartgenehmigung erteilt worden ist, als nicht im Einklang mit diesem Anhang einschließlich seiner Anlagen stehend anzusehen ist oder bei ihrer Verwendung einen Fehler allgemeiner Art erkennen lassen, der sie für ihren Zweck ungeeignet macht.

(3) Wird die Vertragspartei, die eine Bauartgenehmigung erteilt hat, von einer anderen Vertragspartei darüber unterrichtet, dass einer der in den Absätzen 1 und 2 genannten Fälle vorliegt, so trifft sie nach Anhörung dieser Vertragspartei ebenfalls die in diesen Absätzen vorgesehenen Maßnahmen vorbehaltlich des Absatzes 5.

(4) Die Vertragspartei, die einen der in Absatz 2 genannten Fälle festgestellt hat, kann den Vertrieb und die Inbetriebnahme der Kontrollgeräte, Schaublätter oder Speicherkarten bis auf weiteres untersagen. Dasselbe gilt für den in Absatz 1 vorgesehenen Fall, wenn der Hersteller nach erfolgter Anmahnung die Übereinstimmung der von der Ersteichung befreiten Kontrollgeräte, Schaublätter oder Speicherkarten mit der zugelassenen Bauart beziehungsweise mit den Anforderungen dieses Anhangs nicht herbeigeführt hat.

Auf jeden Fall teilen die zuständigen Behörden der Vertragsparteien einander innerhalb eines Monats den Entzug einer Bauartgenehmigung oder andere in Übereinstimmung mit den Absätzen 1, 2 und 3 getroffene Maßnahmen sowie die dafür maßgeblichen Gründe mit.

(5) Bestreitet eine Vertragspartei, die eine Bauartgenehmigung erteilt hat, dass die in den Absätzen 1 und 2 genannten Fälle, auf die sie hingewiesen worden ist, gegeben sind, so bemühen sich die betreffenden Vertragsparteien um die Beilegung des Streitfalls.

Artikel 6

(1) Beim Antrag auf eine Bauartgenehmigung für ein Schaublatt-Muster ist anzugeben, für welches Kontrollgerät (welche Kontrollgeräte) dieses Schaublatt bestimmt ist; für Prüfungen des Schaublatts ist außerdem ein geeignetes Kontrollgerät des (der) entsprechenden Typs (Typen) zur Verfügung zu stellen.

(2) Die zuständigen Behörden einer jeden Vertragspartei geben auf dem Bauartgenehmigungsbogen des Schaublatt-Musters an, in welchem Kontrollgerät (welchen Kontrollgeräten) dieses Schaublatt-Muster verwendet werden kann.

Artikel 7

Die Vertragsparteien dürfen die Zulassung oder die Benutzung der mit dem Kontrollgerät ausgerüsteten Fahrzeuge nicht aus Gründen ablehnen oder verbieten, die mit dieser Ausrüstung zusammenhängen, wenn das Gerät das in Artikel 3 bezeichnete Prüfzeichen und die in Artikel 9 genannte Einbauplakette aufweist.

Artikel 8

Jede Verfügung aufgrund dieses Anhangs, durch die eine Bauartgenehmigung für ein Kontrollgerät-, ein Schaublatt- oder ein Speicherkarten-Muster verweigert oder entzogen wird, ist eingehend zu begründen. Sie ist dem Betreffenden unter Angabe der Rechtsmittel und der Rechtsmittelfristen mitzuteilen, die nach dem geltenden Recht der Vertragsparteien vorgesehen sind.

Kapitel II
Einbau und Prüfung

Artikel 9

(1) Einbau und Reparaturen des Kontrollgeräts dürfen nur von Installateuren oder Werkstätten vorgenommen werden, die von den zuständigen Behörden der Vertragsparteien hierzu zugelassen worden sind, wobei diese Behörden vor der Zulassung die beteiligten Hersteller anhören können.

Die Gültigkeitsdauer der Karten der zugelassenen Werkstätten und der zugelassenen Installateure darf ein Jahr nicht überschreiten.

Bei Erneuerung, Beschädigung, Fehlfunktion, Verlust oder Diebstahl der den zugelassenen Werkstätten oder den zugelassenen Installateuren ausgestellten Karten stellt die ausstellende Behörde binnen fünf Werktagen nach Eingang eines entsprechenden begründeten Antrags eine Ersatzkarte aus.

Wird eine neue Karte ausgestellt, die die alte ersetzt, erhält die neue Karte die gleiche Werkstattinformationsnummer, der Index wird jedoch um eins erhöht. Die ausstellende Behörde führt ein Verzeichnis der verlorenen, gestohlenen oder defekten Karten.

Die Vertragsparteien ergreifen alle erforderlichen Maßnahmen, um die Möglichkeit einer Fälschung der den zugelassenen Installateuren und Werkstätten ausgestellten Karten auszuschließen.

(2) Der zugelassene Installateur oder die zugelassene Werkstatt versehen die durchgeführten Plombierungen mit einem besonderen Zeichen, außerdem geben sie im Fall von Kontrollgeräten gemäß Anlage 1B die elektronischen Sicherheitsdaten ein, anhand deren sich insbesondere die Authentifizierungskontrollen durchführen lassen. Die zuständigen Behörden einer jeden Vertragspartei führen ein Verzeichnis der verwendeten Zeichen und elektronischen Sicherheitsdaten sowie der den zugelassenen Werkstätten und den zugelassenen Installateuren ausgestellten Karten.

(3) Die zuständigen Behörden der Vertragsparteien übermitteln einander das Verzeichnis der zugelassenen Installateure und Werkstätten sowie der ihnen ausgestellten Karten; außerdem übermitteln sie sich Abschriften der verwendeten Zeichen und die erforderlichen Informationen betreffend die verwendeten elektronischen Sicherheitsdaten.

(4) Durch die Einbauplakette nach den Anlagen 1 und 1 B wird bescheinigt, dass der Einbau des Kontrollgeräts den Vorschriften dieses Anhangs entsprechend erfolgt ist.

(5) Alle Plombierungen können von Installateuren oder Werkstätten, die gemäß Absatz 1 von den zuständigen Behörden zugelassen sind, oder unter den in Anlage 1 oder in Anlage 1B zu diesem Anhang beschriebenen Umständen entfernt werden.

Kapitel III
Benutzungsvorschriften

Artikel 10

Der Unternehmer und die Fahrer sorgen für das einwandfreie Funktionieren und die ordnungsgemäße Benutzung des Kontrollgeräts sowie der Fahrerkarte, wenn der Fahrer ein Fahrzeug benutzt, das mit einem Kontrollgerät gemäß Anlage 1B ausgerüstet ist.

Artikel 11

(1) Der Unternehmer händigt den Fahrern von Fahrzeugen, die mit einem Kontrollgerät gemäß Anlage 1 ausgerüstet sind, eine ausreichende Anzahl Schaublätter aus, wobei dem persönlichen Charakter dieser Schaublätter, der Dauer des Dienstes und der Möglichkeit Rechnung zu tragen ist, dass beschädigte oder von einem zuständigen Kontrollbeamten beschlagnahmte Schaublätter ersetzt werden müssen. Der Unternehmer händigt den Fahrern nur solche Schaublätter aus, die einem amtlich genehmigten Muster entsprechen und die sich für das in das Fahrzeug eingebaute Gerät eignen.

Ist ein Fahrzeug mit einem Kontrollgerät gemäß Anlage 1B ausgerüstet, tragen der Unternehmer und der Fahrer dafür Sorge, dass im Fall einer Kontrolle der Ausdruck gemäß Anlage 1B unter Berücksichtigung der Dauer des Dienstes auf Anforderung ordnungsgemäß erfolgen kann.

(2)

a) Die Unternehmen bewahren Schaublätter und Kopien, sofern Kopien nach Maßgabe von Artikel 12 Absatz 1 gefertigt wurden, chronologisch geordnet und in lesbarer Form mindestens ein Jahr lang nach ihrer Verwendung auf und händigen den betreffenden Fahrern auf Verlangen eine Kopie der Schaublätter aus. Die Unternehmen händigen den betroffenen Fahrern auf Verlangen ebenfalls Kopien der von den Fahrerkarten heruntergeladenen Daten und Ausdrucke dieser Kopien aus. Die Schaublätter, die Ausdrucke sowie die heruntergeladenen Daten werden auf Verlangen jedes ermächtigten Kontrollbeamten erstellt und ausgehändigt.

b) Ein Unternehmen, das Fahrzeuge einsetzt, die mit einem Kontrollgerät gemäß Anlage 1B des vorliegenden Anhanges ausgerüstet sind und die in den Geltungsbereich dieses Abkommens fallen, muss:
   i) sicherstellen, dass alle Daten aus der Fahrzeugeinheit und der Fahrerkarte, so oft wie von der Vertragspartei verlangt, heruntergeladen werden und dass die entsprechenden Daten häufiger heruntergeladen werden, um sicherzustellen, dass alle Daten zu Tätigkeiten des Unternehmens oder für das Unternehmen heruntergeladen werden;
   ii) sicherstellen, dass alle Daten, die aus der Fahrzeugeinheit und der Fahrerkarte heruntergeladen werden, mindestens 12 Monate nach der Aufzeichnung aufbewahrt werden und diese Daten auf Verlangen eines Kontrollbeamten entweder direkt oder über Fernübertragung von den Geschäftsgrundstücken des Unternehmens zur Verfügung stehen.

   Zum Zwecke dieses Unterabsatzes wird der Ausdruck „heruntergeladen" entsprechend der Begriffsbestimmung in Anlage 1B, Kapitel I, Buchstabe s ausgelegt.

(3) Die in Anlage 1B beschriebene Fahrerkarte wird dem Fahrer auf seinen Antrag von der zuständigen Behörde der Vertragspartei, in der er seinen gewöhnlichen Wohnsitz hat, erteilt.

Eine Vertragspartei kann verlangen, dass jeder Fahrer, der diesem Übereinkommen unterliegt und seinen gewöhnlichen Wohnsitz im Hoheitsgebiet dieser Vertragspartei hat, Inhaber einer Fahrerkarte ist.

a) Im Sinne dieses Übereinkommens gilt als „gewöhnlicher Wohnsitz" der Ort, an dem eine Person wegen persönlicher und beruflicher Bindungen oder – im Fall einer Person ohne berufliche Bindungen – wegen persönlicher Bindungen, die enge Beziehungen zwischen der Person und dem Wohnort erkennen lassen, gewöhnlich, d. h. während mindestens 185 Tagen im Kalenderjahr, wohnt.

   Jedoch gilt als gewöhnlicher Wohnsitz einer Person, deren berufliche Bindungen an einem anderen Ort als dem ihrer persönlichen Bindungen liegen und die daher veranlasst ist, sich abwechselnd an verschiedenen Orten in zwei oder mehr Vertragsstaaten aufzuhalten, der Ort ihrer persönlichen Bindungen, sofern sie regelmäßig dorthin zurückkehrt. Dies ist nicht erforderlich, wenn sich die Person in einem Vertragsstaat zur Ausführung eines Auftrags von bestimmter Dauer aufhält.

b) Die Fahrer erbringen den Nachweis über ihren gewöhnlichen Wohnsitz anhand aller geeigneten Mittel, insbesondere des Personalausweises oder jedes anderen beweiskräftigen Dokuments.

c) Bestehen bei den zuständigen Behörden der Vertragspartei, die die Fahrerkarte ausstellen, Zweifel über die Richtigkeit der Angabe des gewöhnlichen Wohnsitzes nach Buchstabe b oder sollen bestimmte spezifische Kontrollen vorgenommen werden, so können diese Behörden nähere Auskünfte oder zusätzliche Belege verlangen.

d) Die zuständige Behörde der ausstellenden Vertragspartei vergewissert sich im Rahmen des Möglichen,
dass der Antragsteller nicht bereits Inhaber einer gültigen Fahrerkarte ist.

(4)

a) Die zuständige Behörde der Vertragspartei versieht gemäß Anlage 1B die Fahrerkarte mit den persönlichen Daten des Fahrers.
Die Gültigkeitsdauer der Fahrerkarte darf fünf Jahre nicht überschreiten.

Der Fahrer darf nur Inhaber einer einzigen gültigen Fahrerkarte sein. Er darf nur seine eigene persönliche Fahrerkarte benutzen. Er darf weder eine defekte Fahrerkarte benutzen noch eine Fahrerkarte, deren Gültigkeit abgelaufen ist.

Wird eine neue Fahrerkarte ausgestellt, die die alte ersetzt, erhält die neue Karte die gleiche Ausstellungsnummer, der Index wird jedoch um eins erhöht. Die ausstellende Behörde führt ein Verzeichnis der ausgestellten, gestohlenen, verlorenen oder defekten Fahrerkarten, in dem die Fahrerkarten mindestens bis zum Ablauf ihrer Gültigkeitsdauer aufgeführt sind.

Bei Beschädigung, Fehlfunktion, Verlust oder Diebstahl der Fahrerkarte stellt die Behörde binnen fünf Werktagen nach Eingang eines entsprechend begründeten Antrags eine Ersatzkarte aus.

Bei Antrag auf Erneuerung einer Karte, deren Gültigkeitsdauer abläuft, stellt die Behörde vor Ablauf der Gültigkeit eine neue Karte aus, sofern sie den Antrag bis zu der in Artikel 12 Absatz 1 Unterabsatz 4 genannten Frist erhalten hat.

b) Fahrerkarten werden nur Antragstellern ausgestellt, die den Bestimmungen dieses Übereinkommens unterliegen.

c) Die Fahrerkarte ist persönlich. Während ihrer Gültigkeitsdauer darf sie unter keinen Umständen entzogen oder ihre Gültigkeit ausgesetzt werden, es sei denn, die zuständige Behörde einer Vertragspartei stellt fest, dass die Karte gefälscht worden ist, der Fahrer eine Karte verwendet, deren Inhaber er nicht ist, oder die Ausstellung der Karte auf Grundlage falscher Erklärungen und/oder gefälschter Dokumente erwirkt wurde. Werden die vorgenannten Maßnahmen zum Entzug oder zur Aussetzung der Gültigkeit der Karte von einer anderen als der ausstellenden Vertragspartei getroffen, so sendet diese Vertrags-partei die Karte an die Behörden der ausstellenden Vertragspartei zurück und begründet ihr Vorgehen.

d) Die Fahrerkarten werden von den Vertragsparteien gegenseitig anerkannt. Hat der Inhaber einer von einer Vertragspartei ausgestellten gültigen Fahrerkarte seinen gewöhnlichen Wohnsitz im Hoheitsgebiet einer anderen Vertragspartei begründet, so kann er einen Antrag auf Umtausch seiner Karte gegen eine gleichwertige Fahrerkarte stellen; es ist Sache der umtauschenden Vertragspartei, gegebenenfalls zu prüfen, ob die vorgelegte Karte noch gültig ist.

Die Vertragsparteien, die einen Umtausch vornehmen, senden die einbehaltene Karte den Behörden der ausstellenden Vertragspartei zurück und begründen ihr Vorgehen.

e) Wird eine Fahrerkarte von einer Vertragspartei ersetzt oder umgetauscht, so wird dieser Vorgang ebenso wie jede weitere Ersetzung oder Erneuerung bei dieser betreffenden Vertragspartei erfasst.

f) Die Vertragsparteien ergreifen alle für die Vermeidung einer Fälschung von Fahrerkarten erforderlichen Maßnahmen.

(5) Die Vertragsparteien tragen dafür Sorge, dass die für die Überwachung der Einhaltung des Übereinkommens erforderlichen Daten, die von den Kontrollgeräten gemäß Anlage 1B zu diesem Anhang aufgezeichnet und gespeichert werden, nach ihrer Aufzeichnung mindestens 365 Tage lang gespeichert bleiben und unter solchen Bedingungen, die die Sicherheit und Richtigkeit der Angaben garantieren, zugänglich gemacht werden können.

Die Vertragsparteien ergreifen alle erforderlichen Maßnahmen, um sicherzustellen, dass die Weiterveräußerung oder Stilllegung von Kontrollgeräten insbesondere die ordnungsgemäße Anwendung dieses Absatzes nicht beeinträchtigen kann.

Artikel 12

(1) Die Fahrer dürfen keine angeschmutzten oder beschädigten Schaublätter oder Fahrerkarten verwenden. Die Schaublätter oder die Fahrerkarten müssen deshalb in angemessener Weise geschützt werden.

Wird ein Schaublatt, welches Aufzeichnungen enthält, oder eine Fahrerkarte beschädigt, so haben die Fahrer das beschädigte Schaublatt oder die Fahrerkarte dem ersatzweise verwendeten Reserveblatt beizufügen.

Bei Beschädigung, Fehlfunktion, Verlust oder Diebstahl der Fahrerkarte müssen die Fahrer bei den zuständigen Behörden der Vertragspartei, in deren Hoheitsgebiet sie ihren gewöhnlichen Wohnsitz haben, binnen sieben Kalendertagen einen Antrag auf Ersetzung der Karten stellen.

Fahrer, die die Erneuerung ihrer Fahrerkarte wünschen, müssen bei den zuständigen Behörden der Vertragspartei, in deren Hoheitsgebiet sie ihren gewöhnlichen Wohnsitz haben, spätestens fünfzehn Werktage vor Ablauf der Gültigkeit der Karte einen entsprechenden Antrag stellen.

(2)

a) Die Fahrer benutzen für jeden Tag, an dem sie ein Fahrzeug lenken, ab dem Zeitpunkt, an dem sie das Fahrzeug übernehmen, Schaublätter oder Fahrerkarten. Das Schaublatt oder die Fahrerkarte wird erst nach der täglichen Arbeitszeit entnommen, es sei denn, eine Entnahme ist auf andere Weise zulässig. Kein Schaublatt oder keine Fahrerkarte darf über den Zeitraum, für den es beziehungsweise sie bestimmt ist, hinaus verwendet werden.
Wenn sich mehr als ein Fahrer im Fahrzeug befindet, das mit einem Kontrollgerät gemäß Anlage 1B ausgerüstet ist, muss jeder Fahrer sicherstellen, dass seine Fahrerkarte in den richtigen Schlitz des Fahrtenschreibers eingeschoben ist.

b) Wenn die Fahrer sich nicht im Fahrzeug aufhalten und daher nicht in der Lage sind, das in das Fahrzeug eingebaute Gerät zu betätigen, müssen die in Absatz 3, zweiter Gedankenstrich, Buchstaben b, c und d genannten Zeiträume:

i) von Hand, durch automatische Aufzeichnung oder auf andere Weise lesbar und ohne Beschmutzung des Schaublatts auf dem Schaublatt eingetragen werden, wenn das Fahrzeug mit einem Kontrollgerät gemäß Anlage 1 ausgerüstet ist; oder

ii) mit Hilfe der manuellen Einstellvorrichtung des Kontrollgeräts auf dem Schaublatt eingetragen werden, wenn das Fahrzeug mit einem Gerät gemäß Anlage 1B ausgerüstet ist.

c) Wenn sich mehr als ein Fahrer im Fahrzeug befindet, nehmen die Fahrer auf den Schaublättern die erforderlichen Änderungen so vor, dass die in Absatz 3 zweiter Gedankenstrich Buchstaben b, c und d genannten Angaben auf dem Schaublatt des Fahrers, der tatsächlich lenkt, aufgezeichnet werden.

(3) Die Fahrer:

– achten darauf, dass die Zeitmarkierung auf dem Schaublatt mit der gesetzlichen Zeit des Landes übereinstimmt, in dem das Fahrzeug zugelassen ist;

– betätigen die Schaltvorrichtung des Kontrollgeräts so, dass folgende Zeiten getrennt und unterscheidbar aufgezeichnet werden:

a) unter dem Zeichen oder[2] ⧄ die Lenkzeiten;

b) unter dem Zeichen ⚒ oder ⚒ [3] alle sonstigen Arbeitszeiten;

c) unter dem Zeichen ⧄ oder ⧄ [3] die Bereitschaftszeit, also:

– die Wartezeit, d. h. die Zeit, in der die Fahrer nur an ihrem Arbeitsplatz verbleiben müssen, um der etwaigen Aufforderung nachzukommen, die Fahrtätigkeit aufzunehmen bzw. wieder aufzunehmen oder andere Arbeiten zu verrichten;

– die während der Fahrt neben dem Fahrer verbrachte Zeit;

– die während der Fahrt in einer Schlafkabine verbrachte Zeit;

d) unter dem Zeichen 🛏 oder 🛏 [3] die Arbeitsunterbrechungen und die Tagesruhezeiten.

(4) Jede Vertragspartei kann gestatten, dass die in Absatz 3 zweiter Gedankenstrich Buchstaben b und c genannten Zeiträume in die Schaublätter, die für die in ihrem Hoheitsgebiet zugelassenen Fahrzeuge verwandt werden, sämtlich unter dem Zeichen ⧄ eingetragen werden.

(5) Der Fahrer hat auf dem Schaublatt folgende Angaben einzutragen:

a) bei Beginn der Benutzung des Blattes: seinen Namen und Vornamen;

b) bei Beginn und am Ende der Benutzung des Blattes: den Zeitpunkt und den Ort;

2 Symbole, die für den digitalen Fahrtenschreiber verwendet werden.

c) die Kennzeichennummer des Fahrzeugs, das ihm zugewiesen ist, und zwar vor der ersten auf dem Blatt verzeichneten Fahrt und in der Folge im Falle des Fahrzeugswechsels während der Benutzung des Schaublatts;
d) den Stand des Kilometerzählers:
   - vor der ersten auf dem Blatt verzeichneten Fahrt,
   - am Ende der letzten auf dem Blatt verzeichneten Fahrt,
   - im Falle des Fahrzeugwechsels während des Arbeitstags (Zähler des vorherigen Fahrzeugs und Zähler des neuen Fahrzeugs);
e) gegebenenfalls die Uhrzeit des Fahrzeugwechsels.

(5bis) Der Fahrer gibt in das Kontrollgerät gemäß Anlage 1B das Symbol des Landes, in dem er seinen Arbeitstag beginnt, und das Symbol des Landes ein, in dem er seinen Arbeitstag beendet.

Die Eingaben der vorgenannten Daten werden vom Fahrer vorgenommen; sie können entweder völlig manuell oder, wenn das Kontrollgerät an ein satellitengestütztes Standortbestimmungssystem angeschlossen ist, automatisch sein.

(6) Das Kontrollgerät gemäß Anlage 1 muss so beschaffen sein, dass die Kontrollbeamten nach etwaiger Öffnung des Gerätes, ohne das Schaublatt bleibend zu verformen, zu beschädigen oder zu verschmutzen, die Aufzeichnungen der letzten neun Stunden vor dem Kontrollzeitpunkt ablesen können.

Das Gerät muss außerdem so beschaffen sein, dass ohne Öffnung des Gehäuses nachgeprüft werden kann, ob die Aufzeichnungen erfolgen.

(7)

a) Lenkt der Fahrer ein Fahrzeug, das mit einem Kontrollgerät gemäß Anlage 1 ausgerüstet ist, so muss er den Kontrollbeamten auf Verlangen jederzeit Folgendes vorlegen können:
   i) die Schaublätter für die laufende Woche sowie die Schaublätter der vorangegangenen 15 Kalendertage;
   ii) die Fahrerkarte, falls er Inhaber einer solchen Karte ist, und
   iii) handschriftliche Aufzeichnungen und Ausdrucke für die laufende Woche und die vorangegangenen 15 Kalendertage entsprechend den Bestimmungen dieses Übereinkommens.

Beginnend mit dem Tag der Anwendung gemäß Artikel 13bis dieses Übereinkommens beziehen sich die in den Ziffern i bis iii genannten Zeiträume auf den laufenden Tag und die vorangegangenen 28 Kalendertage.

b) Lenkt der Fahrer ein Fahrzeug, das mit einem Kontrollgerät gemäß Anlage 1B ausgerüstet ist, so muss er den Kontrollbeamten auf Verlangen jederzeit Folgendes vorlegen können:
   i) die Fahrerkarte, deren Inhaber er ist;
   ii) handschriftliche Aufzeichnungen und Ausdrucke für die laufende Woche und die vorangegangenen 15 Kalendertage entsprechend den Bestimmungen dieses Übereinkommens;
   iii) die Schaublätter für den Zeitraum gemäß Ziffer ii, falls er in dieser Zeit ein Fahrzeug gelenkt hat, das mit einem Kontrollgerät gemäß Anlage 1 ausgerüstet ist.

Beginnend mit dem Tag der Anwendung gemäß Artikel 13bis dieses Übereinkommens beziehen sich die in Ziffer ii genannten Zeiträume auf den laufenden Tag und die vorangegangenen 28 Kalendertage.

c) Ein ermächtigter Kontrollbeamter kann die Einhaltung des Übereinkommens überprüfen, indem er die Schaublätter, die im Kontrollgerät oder auf der Fahrerkarte gespeicherten Daten (mittels Anzeige oder Ausdruck) oder andernfalls jedes andere beweiskräftige Dokument, das die Nichteinhaltung einer Bestimmung wie etwa des Artikels 13 Absätze 2 und 3 belegt, analysiert.

(8) Die Verfälschung, Unterdrückung oder Vernichtung von Aufzeichnungen auf dem Schaublatt, des Speicherinhalts des Kontrollgeräts bzw. der Fahrerkarte sowie der von dem Kontrollgerät gemäß Anlage 1B ausgedruckten Dokumente ist verboten. Dies gilt in gleicher Weise für Manipulationen am Kontrollgerät, am Schaublatt oder an der Fahrerkarte, durch die die Aufzeichnungen und/oder die ausgedruckten Dokumente verfälscht, unterdrückt oder vernichtet werden können. Im Fahrzeug darf keine Einrichtung vorhanden sein, die zu diesem Zweck verwendet werden kann.

Artikel 13

(1) Bei einer Betriebsstörung oder bei mangelhaftem Funktionieren des Kontrollgeräts muss der Unternehmer die Reparatur, sobald die Umstände dies gestatten, von einem zugelassenen Installateur oder einer zugelassenen Werkstatt durchführen lassen.

Kann die Rückkehr zum Sitz des Unternehmens erst nach mehr als einer Woche nach dem Tag des Eintritts der Störung oder der Feststellung des mangelhaften Funktionierens erfolgen, so ist die Reparatur unterwegs vorzunehmen.

Die Vertragsparteien können vorsehen, dass die zuständigen Behörden die Benutzung des Fahrzeugs verbieten können, wenn eine Betriebsstörung oder ein mangelhaftes Funktionieren nicht gemäß den Unterabsätzen 1 und 2 des vorliegenden Artikels behoben wird.

(2)

a) Während einer Betriebsstörung oder bei Fehlfunktion des Kontrollgeräts hat der Fahrer auf dem Schaublatt (den Schaublättern) oder einem dem Schaublatt oder der Fahrerkarte beizufügenden Blatt die vom Kontrollgerät nicht mehr einwandfrei aufgezeichneten oder ausgedruckten Angaben über die Zeitgruppen zu vermerken, zusammen mit Angaben zu seiner Person (Name und Nummer des Führerscheins oder der Fahrerkarte) und seiner Unterschrift.

b) Bei Beschädigung, Fehlfunktion, Verlust oder Diebstahl der Fahrerkarte oder wenn sie sich nicht in seinem Besitz befindet, hat der Fahrer:

i) zu Beginn seiner Fahrt die Angaben über das von ihm gelenkte Fahrzeug auszudrucken und in den Ausdruck:

– die Angaben zu seiner Person (Name und Nummer des Führerscheins oder der Fahrerkarte) einzutragen und mit seiner Unterschrift zu versehen;
– die in Artikel 12 Absatz 3 zweiter Gedankenstrich Buchstaben b, c und d genannten Zeiten einzutragen;

ii) am Ende seiner Fahrt die Angaben über die vom Kontrollgerät aufgezeichneten Zeiten auszudrucken, die vom Fahrtenschreiber nicht erfassten Zeiten, in denen er seit Erstellen des Ausdrucks bei Fahrtantritt andere Arbeiten ausgeübt hat, Bereitschaft hatte oder eine Ruhepause eingelegt hat, zu vermerken und auf diesem Dokument die Angaben einzutragen, mit denen der Fahrer identifiziert werden kann (Name, Nummer der Fahrerkarte oder des Führerscheins), sowie seine Unterschrift anzubringen.

(3) Bei Beschädigung oder Fehlfunktion der Fahrerkarte gibt der Fahrer diese Karte der zuständigen Behörde der Vertragspartei, in deren Hoheitsgebiet er seinen gewöhnlichen Wohnsitz hat, zurück. Der Diebstahl einer Fahrerkarte ist den zuständigen Behörden des Staates, in dem sich der Diebstahl ereignet hat, ordnungsgemäß zu melden.

Der Verlust einer Fahrerkarte ist den zuständigen Behörden der ausstellenden Vertragspartei sowie, sofern es sich nicht um dieselbe Vertragspartei handelt, den zuständigen Behörden der Vertragspartei, in deren Hoheitsgebiet der Fahrer seinen gewöhnlichen Wohnsitz hat, ordnungsgemäß zu melden.

Der Fahrer darf seine Fahrt ohne Fahrerkarte während eines Zeitraums von höchstens 15 Kalendertagen fortsetzen, bzw. während eines längeren Zeitraums, wenn das für die Rückkehr des Fahrzeugs zu dem Standort des Unternehmens erforderlich ist, sofern er nachweisen kann, das es unmöglich war, die Fahrerkarte während dieses Zeitraums vorzulegen oder zu benutzen.

Handelt es sich bei den Behörden der Vertragspartei, in deren Hoheitsgebiet der Fahrer seinen gewöhnlichen Wohnsitz hat, nicht um die Behörden, die die Fahrerkarte ausgestellt haben, und müssen diese die Fahrerkarte erneuern, ersetzen oder austauschen, teilen sie den Behörden, die die bisherige Karte ausgestellt haben, die genauen Gründe für ihre Erneuerung, die Ersetzung oder den Austausch mit.

Artikel 14

(1) Gestützt auf Artikel 13 Absatz 2 Buchstabe b dieses Übereinkommens müssen Fahrer, die während der Übergangsfrist gemäß Absatz 1 desselben Artikels im internationalen Verkehr ein Fahrzeug lenken, das mit einem digitalen Kontrollgerät gemäß Anlage 1B des vorliegenden Anhangs ausgerüstet ist, und denen die zuständigen Behörden noch keine Fahrerkarten ausstellen konnten, auf Verlangen eines Kontrollbeamten jederzeit die Ausdrucke und/oder die Schaublätter der laufenden Woche und in jedem Fall den Ausdruck und/oder das Schaublatt des letzten Tages der vorangehenden Woche, an dem sie gefahren sind, vorweisen können.

(2) Absatz 1 gilt nicht für Fahrer von Fahrzeugen, die in einem Land zugelassen sind, das eine Fahrerkartenpflicht kennt. Die Fahrer müssen jedoch auf Verlangen eines Kontrollbeamten jederzeit Ausdrucke vorweisen können.

(3) Die Ausdrucke gemäß Absatz 1 müssen alle zur Identifikation des Fahrers erforderlichen Informationen (Name und Nummer des Führerscheins) sowie seine Unterschrift aufweisen.

Anlage 3
Musterformulare

Gemäß Artikel 12 dieses Übereinkommens können die Straßenverkehrsunternehmen folgende Musterformulare zur Erleichterung von Straßenkontrollen verwenden:

1. Die Arbeitsbescheinigung ist zu verwenden, wenn ein Fahrer in Krankheitsurlaub oder Jahresurlaub war oder wenn er ein Fahrzeug gelenkt hat, das nicht in den Geltungsbereich des AETR gemäß Artikel 2 des vorliegenden Übereinkommens fällt.

   Hinweise zur Benutzung (wenn möglich auf der Rückseite des Formulars)

   a) Alle Felder des Formulars sind vor Fahrtantritt durch das Verkehrsunternehmen und den betroffenen Fahrer auszufüllen.

   b) Der Text des Formulars darf nicht verändert werden.

   c) Um gültig zu sein, muss das Formular sowohl durch den Bevollmächtigten des Verkehrsunternehmens als auch durch den Fahrer selbst unterzeichnet sein. Bei Einzelunternehmen unterzeichnet der Fahrer einmal für das Unternehmen und zum anderen als Fahrer. Nur das unterzeichnete Original ist gültig.

   d) Das Formular kann auf Papier mit dem Firmenlogo des Unternehmens gedruckt werden. Die Abschnitte 1 bis 5 können bereits vorgedruckt werden. Die Unterschrift des Unterzeichneten kann nicht durch den Firmenstempel des Unternehmens ersetzt werden, dieser kann jedoch zusätzlich angebracht werden.

   e) Alle zusätzlichen nationalen oder regionalen Informationen müssen auf der Rückseite des Formulars erscheinen.

   f) Ist das Formular in einer anderen Sprache als Englisch oder Französisch abgefasst, muss der Titel in der Landessprache nach den englischen und französischen Titeln erscheinen. Die Überschriften der einzelnen Abschnitte sind ebenfalls in Englisch anzugeben, wenn das Original in einer anderen Sprache als Englisch (siehe beigefügtes Muster) abgefasst ist.

2. (für ein mögliches anderes Formular reserviert) ...

Anhang
Bescheinigung von Tätigkeiten[1]
(Verordnung (EG) Nr. 561/2006 oder AETR[2])

Vor jeder Fahrt maschinenschriftlich auszufüllen und zu unterschreiben.
Zusammen mit den Original-Kontrollgerätaufzeichnungen aufzubewahren.
Falsche Bescheinigungen stellen einen Verstoß gegen geltendes Recht dar.

Vom Unternehmen auszufüllender Teil

(1.) Name des Unternehmens: ______________________

(2.) Straße, Hausnr., Postleitzahl, Ort, Land: ________ – ________ – ________

(3.) Telefon-Nr.°(mit internationaler Vorwahl): ______________________

(4.) Fax-Nr.°(mit internationaler Vorwahl): ______________________

(5.) E-Mail-Adresse: ______________________

Ich, der/die Unterzeichnete:

(6.) Name und Vorname: ______________________

(7.) Position im Unternehmen: ______________________

erkläre, dass sich der Fahrer/die Fahrerin

(8.) Name und Vorname: ______________________

(9.) Geburtsdatum (Tag, Monat, Jahr): ________ – ________ – ________

(10.) Nummer des Führerscheins, des Personalausweises
oder des Reisepasses: ______________

(11.) der/die im Unternehmen tätig ist seit (Uhrzeit-Tag-Monat-Jahr):
________ –________–________

im Zeitraum

(12.) von (Uhrzeit-Tag-Monat-Jahr): ________/________/________/________

(13.) bis (Uhrzeit-Tag-Monat-Jahr): ________/________/________/________

(14.) ☐ sich im Krankheitsurlaub befand ***

(15.) ☐ sich im Erholungsurlaub befand ***

(16.) ☐ sich im Urlaub oder in Ruhezeit befand ***

(17.) ☐ ein vom Anwendungsbereich der Verordnung (EG) Nr. 561/2006 oder des AETR ausgenommenes Fahrzeug gelenkt hat ***

(18.) ☐ andere Tätigkeiten als Lenktätigkeiten ausgeführt hat ***

(19.) ☐ zur Verfügung stand ***

(20.) ☐ Ort: ________ Datum: ________

Unterschrift ______________________

(21.) Ich, der Fahrer/die Fahrerin bestätige, dass ich im vorstehend genannten Zeitraum kein unter den Anwendungsbereich der Verordnung (EG) Nr. 561/2006 oder des AETR fallendes Fahrzeug gelenkt habe.

(22.) Ort ____________ Datum ____________
Unterschrift ______________________

1 Eine elektronische und druckfähige Fassung dieses Formblatts ist verfügbar unter der Internetadresse http://ec.europa.eu

2 Europäisches Übereinkommen über die Arbeit des im internationalen Straßenverkehr beschäftigten Fahrpersonals

*** Nur ein Kästchen ankreuzen

Gesetz über das Fahrpersonal von Kraftfahrzeugen und Straßenbahnen (Fahrpersonalgesetz – FPersG)

i. d. F. der Bekanntmachung vom 19.2.1987 (BGBl. I S. 640) zuletzt geändert durch Gesetz vom 31.7.2010 (BGBl. I S. 1057)

§ 1 Anwendungsbereich

(1) Dieses Gesetz gilt für die Beschäftigung und für die Tätigkeit des Fahrpersonals von Kraftfahrzeugen sowie von Straßenbahnen, soweit sie am Verkehr auf öffentlichen Straßen teilnehmen. Mitglieder des Fahrpersonals sind Fahrer, Beifahrer und Schaffner. Sofern dieses Gesetz und die auf der Grundlage von § 2 Nr. 3 erlassenen Rechtsverordnungen Regelungen zur Arbeiszeitgestaltung treffen, gehen diese dem Arbeitszeitgesetz vor.

(2) Dieses Gesetz gilt nicht für die Mitglieder des Fahrpersonals

1. von Dienstfahrzeugen der Bundeswehr, der Feuerwehr und der anderen Einheiten und Einrichtungen des Katastrophenschutzes, der Polizei und des Zolldienstes,
2. von Kraftfahrzeugen mit einem zulässigen Gesamtgewicht, einschließlich Anhänger oder Sattelanhänger, bis zu 2,8 t, es sei denn, daß sie als Fahrpersonal in einem unter den Geltungsbereich des Arbeitszeitgesetzes fallenden Arbeitsverhältnis stehen.

§ 2 Rechtsverordnungen

Das Bundesministerium für Verkehr, Bau und Stadtentwicklung wird ermächtigt, im Einvernehmen mit dem Bundesministerium für Arbeit und Soziales mit Zustimmung des Bundesrates

1. zur Durchführung der Verordnung (EG) Nr. 2135/98 des Rates vom 24. September 1998 zur Änderung der Verordnung (EWG) Nr. 3821/85 und der Richtlinie 88/599/EWG (ABl. EG Nr. L 274 S. 1), der Verordnung (EG) Nr. 561/2006 des Europäischen Parlaments und des Rates vom 15. März 2006 zur Harmonisierung bestimmter Sozialvorschriften im Straßenverkehr und zur Änderung der Verordnungen (EWG) Nr. 3821/85 und (EG) Nr. 2135/98 des Rates sowie zur Aufhebung der Verordnung (EWG) Nr. 3820/85 des Rates (ABl. EU Nr. L 102 S. 1), der Verordnung (EWG) Nr. 3821/85 des Rates vom 20. Dezember 1985 über das Kontrollgerät im Straßenverkehr (ABl. EG Nr. L 370 S. 8) sowie der Richtlinie 2006/22/EG des Europäischen Parlaments und des Rates vom 15. März 2006 über Mindestbedingungen für die Durchführung der Verordnungen (EWG) Nr. 3820/85 und (EWG) Nr. 3821/85 des Rates über Sozialvorschriften für Tätigkeiten im Kraftverkehr sowie zur Aufhebung der Richtlinie 88/599/EWG des Rates (ABl. EU Nr. L 102 S. 35), in der jeweils geltenden Fassung, Rechtsverordnungen
   a) über die Organisation, das Verfahren und die Mittel der Überwachung der Durchführung dieser Verordnungen,
   b) über die Gestaltung und Behandlung der Tätigkeitsnachweise und Kontrollgeräte,

c) über Ausnahmen von den Mindestaltersgrenzen für das Fahrpersonal sowie Ausnahmen von den Vorschriften über die ununterbrochene Lenkzeit, Fahrtunterbrechungen und Ruhezeiten,
d) über die Benutzung von Fahrzeugen und,
e) soweit es zur Durchsetzung der Rechtsakte der Europäischen Gemeinschaft erforderlich ist, zur Bezeichnung der Tatbestände, die als Ordnungswidrigkeiten nach § 8 Abs. 1 Nr. 1 Buchstabe b, Nr. 2 Buchstabe b und Nr. 4 Buchstabe b geahndet werden können,

zu erlassen, soweit der Bundesrepublik Deutschland eine Regelung in den Artikeln 5, 6, 7, 8, 10, 11, 12, 13, 14, 15, 16, 17, 18, 19, 21 und 22 der Verordnung (EG) Nr. 561/2006 sowie in den Artikeln 3, 15, 16 und 19 der Verordnung (EWG) Nr. 3821/85 und in deren Anhängen anheimgestellt oder auferlegt wird,

2. zur Durchführung des Europäischen Übereinkommens vom 1. Juli 1970 über die Arbeit des im internationalen Straßenverkehr beschäftigten Fahrpersonals (AETR) (BGBl. 1974 II S. 1473), in der jeweils geltenden Fassung, Rechtsverordnungen
   a) über die Organisation, das Verfahren und die Mittel der Überwachung der Durchführung dieses Abkommens,
   b) über die Ausrüstung mit Kontrollgeräten und ihre Benutzung sowie über die Gestaltung und Behandlung der Tätigkeitsnachweise,
   c) über Ausnahmen von den Mindestaltersgrenzen für das Fahrpersonal,
   d) über die Nichtanwendung des AETR und anderweitige Vereinbarungen und,
   e) soweit es zur Durchsetzung des AETR erforderlich ist, zur Bezeichnung der Tatbestände, die als Ordnungswidrigkeiten nach § 8 Abs. 1 Nr. 1 Buchstabe b, Nr. 2 Buchstabe b und Nr. 4 Buchstabe b geahndet werden können,

zu erlassen, soweit der Bundesrepublik Deutschland eine Regelung in Artikel 2 Abs. 2, Artikel 3, 4 und 10 Abs. 1 sowie Artikel 12 Abs. 1 des AETR und in dessen Anhängen anheimgestellt oder auferlegt wird,

3. zur Gewährleistung der Sicherheit im Straßenverkehr oder zum Schutz von Leben und Gesundheit der Mitglieder des Fahrpersonals, Rechtsverordnungen
   a) über Arbeitszeiten, Lenkzeiten, Fahrtunterbrechungen und Schichtzeiten,
   b) über Ruhezeiten und Ruhepausen,
   c) über die Ausrüstung mit Kontrollgeräten und ihre Benutzung sowie über die Gestaltung und Behandlung der Tätigkeitsnachweise und
   d) über die Organisation, das Verfahren und die Mittel der Überwachung der Durchführung dieser Rechtsverordnungen,
   e) über die Zulässigkeit tarifvertraglicher Regelungen über Arbeits-, Lenk-, Schicht- und Ruhezeiten sowie Ruhepausen und Fahrtunterbrechungen,

4. zur Führung eines zentralen Registers zum Nachweis der ausgestellten, abhanden gekommenen und beschädigten Fahrer-, Werkstatt-, Unternehmens- und Kontrollkarten (Zentrales Kontrollgerätkartenregister) eine Rechtsverordnung zu erlassen über
   a) die Speicherung der Identifizierungsdaten der Fahrer, Techniker, Unternehmen und Behörden, denen Fahrer-, Werkstatt-, Unternehmens- oder Kontrollkarten ausgestellt worden sind, und die Speicherung der Identifizierungsdaten der ausgestellten, verlorenen und defekten Fahrer-, Werkstatt-, Unternehmens- und Kontrollkarten,
   b) die Übermittlung der Identifizierungsdaten, mit Ausnahme biometrischer Daten, an die öffentlichen Stellen, die für Verwaltungsmaßnahmen auf Grund der Verordnung (EWG) Nr. 3821/85 oder darauf beruhender Rechtsvorschriften oder für die Verfolgung von Straftaten oder Ordnungswidrigkeiten zuständig sind,
   c) den automatisierten Abruf der Identifizierungsdaten, mit Ausnahme biometrischer Daten, durch die vorgenannten Stellen und zur Gewährleistung des Datenschutzes, insbesondere einer Kontrolle der Zulässigkeit der Abrufe, und der Datensicherheit,
   d) die Löschung der Daten spätestens ein Jahr nach Ablauf der Gültigkeit der jeweiligen Karte.

§ 3 Verbot bestimmter Akkordlöhne, Prämien und Zuschläge

Mitglieder des Fahrpersonals dürfen als Arbeitnehmer nicht nach den zurückgelegten Fahrstrecken oder der Menge der beförderten Güter entlohnt werden, auch nicht in Form von Prämien oder Zuschlägen für diese Fahrstrecken oder Gütermengen. Ausgenommen sind Vergütungen, die nicht geeignet sind, die Sicherheit im Straßenverkehr zu beeinträchtigen.

§ 4 Aufsicht

(1) Die Aufsicht über die Ausführung der Verordnungen (EG) Nr. 561/2006, (EWG) Nr. 3821/85 und der Verordnung (EG) Nr. 2135/98, des AETR sowie dieses Gesetzes und der auf Grund dieses Gesetzes erlassenen Rechtsverordnungen obliegt den von den Landesregierungen bestimmten Behörden (Aufsichtsbehörden), soweit in diesem Gesetz nichts anderes bestimmt ist.

(1a) Die Aufsichtsbehörde kann die erforderlichen Maßnahmen anordnen, die der Arbeitgeber zur Erfüllung der sich aus diesem Gesetz und den auf Grund dieses Gesetzes erlassenen Rechtsverordnungen ergebenden Pflichten zu treffen hat.

(2) Unberührt bleibt die Zuständigkeit des Bundesamtes für Güterverkehr nach § 9 Abs. 2 dieses Gesetzes und nach § 11 Abs. 2 Nr. 3 Buchstabe a, § 12 Abs. 6 des Güterkraftverkehrsgesetzes.

(3) Der Unternehmer, der Fahrzeughalter und die Mitglieder des Fahrpersonals sind verpflichtet, der zuständigen Behörde innerhalb einer von ihr festzusetzenden Frist

1. die Auskünfte, die zur Ausführung der in Absatz 1 genannten Vorschriften erforderlich sind, wahrheitsgemäß und vollständig zu erteilen,
2. die Unterlagen, die sich auf diese Angaben beziehen oder aus denen die Lohn- oder Gehaltszahlungen ersichtlich sind, zur Prüfung auszuhändigen oder einzusenden; werden die Unterlagen automatisiert gespeichert, sind sie den zuständigen Behörden auf deren Verlangen nach Maßgabe von Satz 12 durch Datenfernübertragung oder auf einem von der jeweiligen Behörde zu bestimmenden Datenträger nach Satz 12 zur Verfügung zu stellen.

Mitglieder des Fahrpersonals haben die Schaublätter und Tätigkeitsnachweise der Vortage, die nicht mehr mitzuführen sind, unverzüglich dem Unternehmer auszuhändigen. Bei Einsatz eines Kontrollgerätes nach Anhang IB der Verordnung (EWG) Nr. 3821/85 hat der Unternehmer die auf der Fahrerkarte gespeicherten Daten in regelmäßigen Abständen zu kopieren. Hierzu haben ihm die Mitglieder des Fahrpersonals die jeweiligen Fahrerkarten zur Verfügung zu stellen. Der Unternehmer hat ferner die im Massenspeicher des Kontrollgerätes gespeicherten Daten in regelmäßigen Abständen zu kopieren. Der Unternehmer hat die von den Fahrerkarten und den Massenspeichern kopierten Daten unter Berücksichtigung der Grundsätze des Satzes 12 ein Jahr ab dem Zeitpunkt des Kopierens zu speichern. Der Unternehmer hat die Schaublätter im Sinne des Artikels 14 Abs. 2 der Verordnung (EWG) Nr. 3821/85 und die gemäß Artikel 16 Abs. 2 Satz 2 der Verordnung (EWG) Nr. 3821/85 sowie § 2 Abs. 3 Satz 1 und 2 der Fahrpersonalverordnung zu fertigenden Ausdrucke ein Jahr nach dem Ablauf der Mitführpflicht nach Artikel 15 Abs. 7 der Verordnung (EWG) Nr. 3821/85 aufzubewahren. Danach sind bis zum 31. März des auf das Kalenderjahr, in dem die Aufbewahrungsfrist endet, folgenden Kalenderjahres die Daten zu löschen und die Schaublätter und die gemäß Artikel 16 Abs. 2 Satz 2 der Verordnung (EWG) Nr. 3821/85 und § 2 Abs. 3 Satz 1 und 2 der Fahrpersonalverordnung zu fertigenden Ausdrucke zu vernichten, soweit sie nicht zur Erfüllung der Aufbewahrungspflichten nach § 16 Abs. 2 und § 21a Abs. 7 des Arbeitszeitgesetzes, § 147 Abs. 1 Nr. 5 in Verbindung mit Abs. 3 der Abgabenordnung und § 28f Abs. 1 Satz 1 des Vierten Buches Sozialgesetzbuch benötigt werden. Der Unternehmer hat dabei dafür Sorge zu tragen, dass eine lückenlose Dokumentation der Lenk- und Ruhezeiten gewährleistet ist und die Daten sowie die Schaublätter und die gemäß Artikel 16 Abs. 2 Satz 2 der Verordnung (EWG) Nr. 3821/85 und § 2 Abs. 3 Satz 1 und 2 der Fahrpersonalverordnung zu fertigenden Ausdrucke gegen Verlust und Beschädigung zu sichern. Er stellt den Mitgliedern des Fahrpersonals auf Verlangen eine Kopie der von ihrer Fahrerkarte kopierten Daten zur Verfügung. Artikel 10 Abs. 2 der Verordnung (EG) Nr. 561/2006 bleibt unberührt. Im Falle der Datenfernübertragung sind dem jeweiligen Stand der Technik entsprechende Maßnahmen zur Sicherstellung von Datenschutz und Datensicherheit zu treffen, die insbesondere die Vertraulichkeit, Unversehrtheit und Zurechenbarkeit der Daten gewährleisten; im Falle der Nutzung allgemein zugänglicher Netze sind dem jeweiligen Stand der Technik entsprechende Verschlüsselungsverfahren anzuwenden.

(4) Der zur Auskunft Verpflichtete kann die Auskunft auf solche Fragen verweigern, deren Beantwortung ihn selbst oder einen der in § 383 Abs. 1 Nr. 1 bis 3 der Zivilprozeßordnung bezeichneten Angehörigen der Gefahr strafgerichtlicher Verfolgung oder eines Verfahrens nach dem Gesetz über Ordnungswidrigkeiten aussetzen würde.

(5) Während der Betriebs- und Arbeitszeit ist den Beauftragten der Aufsichtsbehörden, soweit dies zur Wahrnehmung ihrer Aufgaben erforderlich ist, das Betreten und Besichtigen der Grundstücke, Betriebsanlagen, Geschäftsräume und Beförderungsmittel gestattet. Das Betreten und Besichtigen außerhalb dieser Zeit oder wenn die Betriebsanlagen oder Geschäftsräume sich in einer Wohnung befinden, ist ohne Einverständnis nur zur Verhütung von dringenden Gefahren für die öffentliche Sicherheit und Ordnung zulässig. Das Grundrecht der Unverletzlichkeit der Wohnung (Artikel 13 des Grundgesetzes) wird insoweit eingeschränkt. Soweit dies zur Erfüllung der Aufgaben der Beauftragten der Aufsichtsbehörden erforderlich ist, können Prüfungen und Untersuchungen durchgeführt und die Einsicht in geschäftliche Unterlagen des Auskunftspflichtigen vorgenommen werden. Die Maßnahmen nach den Sätzen 1, 2 und 4 sind von den zu überwachenden Unternehmen und ihren Angestellten, einschließlich der Fahrer, zu dulden.

(6) (aufgehoben)

(7) Zuständige Behörde im Sinne des Artikels 4 des Anhangs zum AETR und der Artikel 7 und 12 Abs. 2 und 3 der Verordnung (EWG) Nr. 3821/85 ist das Kraftfahrt-Bundesamt.

§ 4a Zuständigkeiten

Anträge auf Erteilung von Fahrer-, Werkstatt- oder Unternehmenskarten sind an die nach Landesrecht zuständigen Behörden oder Stellen zu richten. Die Länder können Dritte mit dieser Aufgabe betrauen.

§ 4b Fahrerlaubnisrechtliche Auskünfte

Durch Abruf im automatisierten Verfahren dürfen aus dem zentralen Fahrerlaubnisregister die nach § 49 Abs. 1 Nr. 1 bis 3, 5 bis 11 und 15 der Fahrerlaubnis-Verordnung gespeicherten Daten für Maßnahmen im Zusammenhang mit der Ausgabe und Kontrolle von Fahrerkarten nach der Verordnung (EWG) Nr. 3821/85 an die hierfür zuständigen Stellen im Inland sowie in einem Mitgliedstaat der Europäischen Union oder einem Vertragsstaat des Abkommens über den Europäischen Wirtschaftsraum übermittelt werden.

§ 4c Auskünfte aus dem Kontrollgerätkartenregister

(1) Durch Abruf im automatisierten Verfahren dürfen aus dem Kontrollgerätkartenregister die nach § 12 der Fahrpersonalverordnung gespeicherten Daten für Maßnahmen im Zusammenhang mit der Ausgabe und Kontrolle von Fahrerkarten nach der Verordnung (EWG) Nr. 3821/85 an die hierfür zuständigen Behörden und Stellen im Inland, in einem Mitgliedstaat der Europäischen Union, in einem Vertragsstaat des Abkommens über den Europäischen Wirtschaftsraum und in der Schweiz übermittelt werden.

(2) Die zuständigen Behörden und Stellen dürfen die nach § 12 der Fahrpersonalverordnung gespeicherten Daten im automatisierten Verfahren abrufen, soweit die Kenntnis dieser Daten für Maßnahmen im Zusammenhang mit der Ausgabe und Kontrolle von Fahrerkarten nach der Verordnung (EWG) Nr. 3821/85 erforderlich ist. Die Daten dürfen nur für diese Zwecke verwendet werden. Die Daten sind zu löschen, soweit sie zur Aufgabenerfüllung nicht mehr erforderlich sind.

(3) Die für das Kontrollgerätekartenregister zuständige Stelle hat zu gewährleisten, dass die Übermittlung der Daten zumindest durch geeignete Stichprobenverfahren festgestellt und überprüft werden kann.

§ 5 Anordnungsbefugnis, Sicherungsmaßnahmen, Zurückweisung an der Grenze

(1) Werden bei einer Kontrolle auf Verlangen keine oder nicht vorschriftsmäßig geführte Tätigkeitsnachweise vorgelegt oder wird festgestellt, daß vorgeschriebene Unterbrechungen der Lenkzeit nicht eingelegt oder die höchstzulässige Tageslenkzeit überschritten oder einzuhaltende Mindestruhezeiten nicht genommen worden sind, können die zuständigen Behörden die Fortsetzung der Fahrt untersagen, bis die Voraussetzungen zur Weiterfahrt erfüllt sind. Tätigkeitsnachweise oder Kontrollgeräte, aus denen sich der Regelverstoß ergibt oder mit denen er begangen wurde, können zur Beweissicherung eingezogen werden; die Fahrerkarte darf während ihrer Gültigkeitsdauer nicht entzogen oder ihre Gültigkeit ausgesetzt werden, es sei denn, es wird festgestellt, dass die Karte gefälscht worden ist, der Fahrer einer Karte verwendet, deren Inhaber er nicht ist, oder die Ausstellung der Karte auf der Grundlage falscher Erklärungen oder gefälschter Dokumente erwirkt wurde.

(2) Im grenzüberschreitenden Verkehr können Kraftfahrzeuge, die nicht in einem Mitgliedstaat der Europäischen Union oder einem anderen Vertragsstaat des Abkommens über den Europäischen Wirtschaftsraum zugelassen sind und in das Hoheitsgebiet der Bundesrepublik Deutschland einfahren wollen, in Fällen des Absatzes 1 an den Außengrenzen der Mitgliedstaaten der Europäischen Union zurückgewiesen werden.

(3) Rechtsbehelfe gegen Anordnungen nach den Absätzen 1 und 2 sowie zur Durchsetzung der in § 4 Abs. 3 Satz 1 und Abs. 5 geregelten Pflichten haben keine aufschiebende Wirkung.

§ 6 Allgemeine Verwaltungsvorschriften

Das Bundesministerium für Verkehr, Bau und Stadtentwicklung kann im Einvernehmen mit dem Bundesministerium für Arbeit und Soziales mit Zustimmung des Bundesrates zur Durchführung der in § 2 genannten oder auf § 2 beruhenden Vorschriften allgemeine Verwaltungsvorschriften erlassen, insbesondere über die Erteilung einer Verwarnung (§§ 56, 58 Abs. 2 des Gesetzes über Ordnungswidrigkeiten) wegen einer Ordnungswidrigkeit nach § 8 und darüber, in welchen Fällen eine solche Verwarnung nicht erteilt werden soll.

§ 7 Sicherheitsleistung

Wird eine angeordnete Sicherheitsleistung nicht sofort erbracht, so kann die zuständige Behörde die Weiterfahrt bis zur vollständigen Erbringung untersagen.

§ 8 Bußgeldvorschriften

(1) Ordnungswidrig handelt, wer vorsätzlich oder fahrlässig

1. als Unternehmer
   a) einer Rechtsverordnung nach § 2 Nr. 2 Buchstabe b oder Nr. 3 oder einer vollziehbaren Anordnung auf Grund einer solchen Rechtsverordnung zuwiderhandelt, soweit die Rechtsverordnung für einen bestimmten Tatbestand auf diese Bußgeldvorschrift verweist,
   b) einer Vorschrift der Verordnung (EG) Nr. 2135/98, der Verordnung (EWG) Nr. 3821/85 oder des AETR zuwiderhandelt, soweit eine Rechtsverordnung nach § 2 Nr. 1 Buchstabe e, Nr. 1a Buchstabe b oder Nr. 2 Buchstabe e für einen bestimmten Tatbestand auf diese Bußgeldvorschrift verweist,
   c) entgegen § 3 Satz 1 ein Mitglied des Fahrpersonals nach der zurückgelegten Fahrstrecke oder der Menge der beförderten Güter entlohnt,
   d) entgegen § 4 Abs. 3 Satz 1 eine Auskunft nicht, nicht richtig, nicht vollständig oder nicht rechtzeitig erteilt oder eine Unterlage nicht oder nicht rechtzeitig aushändigt, nicht oder nicht rechtzeitig einsendet oder nicht oder nicht rechtzeitig zur Verfügung stellt,
   e) entgegen § 4 Abs. 3 Satz 6 dort genannte Daten nicht, nicht richtig oder nicht für die vorgeschriebene Dauer speichert,
   f) entgegen § 4 Abs. 3 Satz 7 ein Schaublatt oder einen Ausdruck nicht oder nicht für die vorgeschriebene Dauer aufbewahrt,
   g) entgegen § 4 Abs. 3 Satz 8 dort genannte Daten nicht oder nicht rechtzeitig löscht oder ein Schaublatt oder einen Ausdruck nicht oder nicht rechtzeitig vernichtet,
   h) entgegen § 4 Abs. 3 Satz 9 nicht dafür Sorge trägt, dass eine lückenlose Dokumentation und Datensicherung erfolgt,
   i) entgegen § 4 Abs. 5 Satz 5 eine Maßnahme nicht duldet oder
   j) einer vollziehbaren Anordnung nach § 5 Abs. 1 Satz 1 oder § 7 zuwiderhandelt,
2. als Fahrer
   a) einer Rechtsverordnung nach § 2 Nr. 2 Buchstabe b oder Nr. 3 oder einer vollziehbaren Anordnung auf Grund einer solchen Rechtsverordnung zuwiderhandelt, soweit die Rechtsverordnung für einen bestimmten Tatbestand auf diese Bußgeldvorschrift verweist,
   b) einer Vorschrift der Verordnung (EG) Nr. 2135/98, der Verordnung (EWG) Nr. 3821/85 oder des AETR zuwiderhandelt, soweit eine Rechtsverordnung nach § 2 Nr. 1 Buchstabe e, Nr. 1 a Buchstabe b oder Nr. 2 Buchstabe e für einen bestimmten Tatbestand auf diese Bußgeldvorschrift verweist,

c) entgegen § 4 Abs. 3 Satz 1 eine Auskunft nicht, nicht richtig, nicht vollständig oder nicht rechtzeitig erteilt oder eine Unterlage nicht aushändigt,
d) entgegen § 4 Abs. 3 Satz 2 einen Tätigkeitsnachweis nicht oder nicht rechtzeitig aushändigt,
e) entgegen § 4 Abs. 3 Satz 4 die Fahrerkarte zum Kopieren nicht oder nicht rechtzeitig zur Verfügung stellt,
f) entgegen § 4 Abs. 5 Satz 5 eine Maßnahme nicht duldet oder
g) einer vollziehbaren Anordnung nach § 5 Abs. 1 Satz 1 oder § 7 zuwiderhandelt oder

3. als Fahrzeughalter entgegen § 4 Abs. 3 Satz 1 eine Auskunft nicht, nicht richtig, nicht vollständig oder nicht rechtzeitig erteilt oder eine Unterlage nicht oder nicht rechtzeitig aushändigt, nicht oder nicht rechtzeitig einsendet oder nicht oder nicht rechtzeitig zur Verfügung stellt oder
4. als Werkstattinhaber oder Installateur
   a) einer Rechtsverordnung nach § 2 Nr. 2 Buchstabe b oder Nr. 3 Buchstabe c oder einer vollziehbaren Anordnung auf Grund einer solchen Rechtsverordnung zuwiderhandelt, soweit die Rechtsverordnung für einen bestimmten Tatbestand auf diese Bußgeldvorschrift verweist, oder
   b) einer Vorschrift der Verordnung (EWG) Nr. 3821/85 oder des AETR zuwiderhandelt, soweit eine Rechtsverordnung nach § 2 Nr. 1 Buchstabe e oder Nr. 2 Buchstabe e für einen bestimmten Tatbestand auf diese Bußgeldvorschrift verweist.

(2) Die Ordnungswidrigkeit kann in den Fällen des Absatzes 1 Nr. 1 und 3 mit einer Geldbuße bis zu fünfzehntausend Euro, in den übrigen Fällen mit einer Geldbuße bis zu fünftausend Euro geahndet werden.

(3) Ordnungswidrigkeiten gemäß § 8 des Fahrpersonalgesetzes, die bis zum 10. April 2007 unter Geltung der Verordnung (EWG) Nr. 3820/85 begangen wurden, werden abweichend von § 4 Abs. 3 des Gesetzes über Ordnungswidrigkeiten nach den zum Zeitpunkt der Tat geltenden Bestimmungen geahndet.

§ 8a Bußgeldvorschriften

(1) Ordnungswidrig handelt, wer als Unternehmer gegen die Verordnung (EG) Nr. 561/2006 des Europäischen Parlaments und des Rates vom 15. März 2006 zur Harmonisierung bestimmter Sozialvorschriften im Straßenverkehr und zur Änderung der Verordnungen (EWG) Nr. 3821/85 und (EG) Nr. 2135/98 des Rates sowie zur Aufhebung der Verordnung (EWG) Nr. 3820/85 des Rates (ABl. EU Nr. L 102 S. 1), die zuletzt durch die Verordnung (EU) Nr. 1073/2009 (ABl. L 300 vom 14. 11. 2009, S. 88) geändert worden ist, verstößt, indem er vorsätzlich oder fahrlässig

1. einen Schaffner oder Beifahrer einsetzt, der das in Artikel 5 genannte Mindestalter nicht erreicht hat,
2. nicht dafür sorgt, dass die in Artikel 6 Abs. 1 Satz 1, Abs. 2 und 3 genannten Lenkzeiten, die in Artikel 7 Satz 1 genannte Fahrtunterbrechung und die in Artikel 8 Abs. 2 Satz 1, Abs. 4 bis 7 genannten Ruhezeiten vom Fahrer eingehalten werden,

3. entgegen Artikel 16 Abs. 2 Satz 1 in Verbindung mit Abs. 3 Buchstabe a Halbsatz 1 einen Fahrplan oder einen Arbeitszeitplan nicht, nicht richtig oder nicht vollständig erstellt oder
4. entgegen Artikel 16 Abs. 3 Buchstabe c einen Arbeitszeitplan nicht oder nicht mindestens ein Jahr aufbewahrt.

(2) Ordnungswidrig handelt, wer als Fahrer gegen die Verordnung (EG) Nr. 561/2006 verstößt, indem er vorsätzlich oder fahrlässig

1. eine in Artikel 6 Abs. 1 Satz 1, Abs. 2 oder 3 genannte Lenkzeit, die in Artikel 7 Satz 1 genannte Fahrtunterbrechung oder eine in Artikel 8 Abs. 2 Satz 1, Abs. 4, 5, 6, 6a Satz 1 oder Absatz 7 genannte Ruhezeit oder Ruhepause nicht einhält,
2. entgegen Artikel 6 Abs. 5 eine andere Arbeit oder eine Bereitschaftszeit nicht, nicht richtig oder nicht in der vorgeschriebenen Weise festhält,
3. entgegen Artikel 12 Satz 2 Art oder Grund einer Abweichung nicht, nicht richtig, nicht in der vorgeschriebenen Weise oder nicht rechtzeitig vermerkt oder
4. entgegen Artikel 16 Abs. 2 Unterabs. 2 einen Auszug auf dem Arbeitszeitplan oder eine Ausfertigung des Linienfahrplans nicht mit sich führt.

(3) Ordnungswidrig handelt, wer als Unternehmer, Verlader, Spediteur, Reiseveranstalter oder Fahrervermittler einen Beförderungszeitplan vertraglich vereinbart und nicht sicherstellt, dass dieser Beförderungszeitplan nicht gegen eine in Absatz 2 Nr. 1 genannte Vorschrift verstößt.

(4) Die Ordnungswidrigkeit kann in den Fällen der Absätze 1 und 3 mit einer Geldbuße bis zu fünfzehntausend Euro, in den übrigen Fällen mit einer Geldbuße bis zu fünftausend Euro geahndet werden.

(5) In den Fällen der Absätze 1 und 2 kann die Ordnungswidrigkeit auch dann geahndet werden, wenn sie nicht im Geltungsbereich dieses Gesetzes begangen wurde.

§ 9 Zuständigkeit für die Verfolgung und Ahndung von Ordnungswidrigkeiten

(1) Wird ein Verstoß in einem Unternehmen begangen, das im Geltungsbereich dieses Gesetzes seinen Sitz oder eine geschäftliche Niederlassung hat, ist nur die Verwaltungsbehörde örtlich zuständig, in deren Bezirk die geschäftliche Niederlassung oder der Hauptsitz des Betriebes liegt, bei dem der Betroffene tätig ist. Die §§ 38 und 39 des Gesetzes über Ordnungswidrigkeiten gelten entsprechend. Soweit nach Satz 1 oder Satz 2 eine Verwaltungsbehörde zuständig ist, die nicht auch für die Kontrolle der Bestimmungen dieses Gesetzes auf dem Betriebsgelände zuständig ist, unterrichtet diese Verwaltungsbehörde die für die Kontrollen der Bestimmungen dieses Gesetzes auf dem Betriebsgelände zuständige Behörde über begangene Ordnungswidrigkeiten.

(2) Wird ein Verstoß in einem Unternehmen begangen, das im Geltungsbereich des Gesetzes weder seinen Sitz noch eine geschäftliche Niederlassung hat, und hat auch der Betroffene im Geltungsbereich des Gesetzes keinen Wohnsitz, so ist Verwaltungsbehörde im Sinne des § 36 Abs. 1 Nr. 1 des Gesetzes über Ordnungswidrigkeiten das Bundesamt für Güterverkehr.

§ 10 Datenschutzbestimmungen

(1) Die nach § 9 für die Durchführung von Bußgeldverfahren zuständigen Behörden dürfen folgende personenbezogene Daten über laufende und abgeschlossene Bußgeldverfahren wegen der in § 8 Absatz 1 und der in § 8a Absatz 1 bis 3 genannten Ordnungswidrigkeiten speichern, verändern und nutzen, soweit dies für die Erfüllung ihrer Aufgaben oder für Zwecke der Beurteilung der Zuverlässigkeit des Unternehmens, bei dem der Betroffene angestellt ist, erforderlich ist:

1. Name, Anschrift, Geburtsdatum und Geburtsort des Betroffenen, Name und Anschrift des Unternehmens,
2. Zeit und Ort der Begehung der Ordnungswidrigkeit,
3. die gesetzlichen Merkmale der Ordnungswidrigkeit,
4. Bußgeldbescheide mit dem Datum ihres Erlasses und dem Datum des Eintritts ihrer Rechtskraft sowie
5. die Höhe der Geldbuße und
6. das Datum der Verwarnung oder des Erlasses des Verwarnungsgeldes.

(2) Die in Absatz 1 genannten Behörden übermitteln die Daten nach Absatz 1 für die dort genannten Zwecke

1. an öffentliche Stellen, soweit die Daten für die Entscheidung über den Zugang zum Beruf des Güter- und Personenkraftverkehrsunternehmers erforderlich sind,
2. auf Ersuchen an Gerichte und die Behörden, die in bezug auf die Aufgaben nach diesem Gesetz Verwaltungsbehörde nach § 36 Abs. 1 Nr. 1 des Gesetzes über Ordnungswidrigkeiten sind oder
3. in den Fällen des § 9 Absatz 1 Satz 3 an die für die Kontrollen der Bestimmungen dieses Gesetzes auf dem Betriebsgelände zuständigen Verwaltungsbehörden.

(2a) Die in Absatz 1 genannten Behörden haben Zuwiderhandlungen, die Anlass geben, an der Zuverlässigkeit des Unternehmers und der zur Führung der Kraftverkehrsgeschäfte bestellten Personen zu zweifeln, dem Unternehmen und der für das Unternehmen zuständigen Erlaubnisbehörde nach § 3 Abs. 7 des Güterkraftverkehrsgesetzes oder der Genehmigungsbehörde nach § 11 Abs. 1 des Personenbeförderungsgesetzes mitzuteilen. Zur Feststellung von Wiederholungsfällen haben sie die Zuwiderhandlungen der Angehörigen desselben Unternehmens zusammenzuführen.

(3) Eine Übermittlung unterbleibt, soweit hierdurch schutzwürdige Interessen des Betroffenen beeinträchtigt würden und nicht das öffentliche Interesse das Geheimhaltungsinteresse des Betroffenen überwiegt.

(4) Der Empfänger darf die nach Absatz 2 übermittelten Daten nur für den Zweck verarbeiten oder nutzen, zu dessen Erfüllung sie ihm übermittelt werden.

(5) Erweisen sich übermittelte Daten als unrichtig, so ist der Empfänger unverzüglich zu unterrichten, wenn dies zur Wahrung schutzwürdiger Interessen des Betroffenen erforderlich ist.

(6) Die nach den Absätzen 1 und 2 gespeicherten Daten sind zwei Jahre nach dem Eintritt der Rechtskraft des Bußgeldbescheides zu löschen. Wurde das Bußgeld zwei Jahre nach Rechtskraft des Bußgeldbescheides noch nicht oder nicht vollständig gezahlt, so sind die nach den Absätzen 1 und 2 gespeicherten Daten erst bei Eintritt der Vollstreckungsverjährung zu löschen. Wurde der Betroffene schriftlich verwarnt oder das Verfahren eingestellt, so sind die Daten zwei Jahre nach dem Erlaß der Verwarnung zu löschen. Daten eingestellter Verfahren sind unverzüglich zu löschen.

(7) § 15 Abs. 1 in Verbindung mit § 14 Abs. 2 Nr. 6 und 7 des Bundesdatenschutzgesetzes sowie die entsprechenden Vorschriften der Landesdatenschutzgesetze bleiben unberührt.

§ 11 Inkrafttreten ...

Verordnung
zur Durchführung des Fahrpersonalgesetzes
(Fahrpersonalverordnung – FPersV)

Vom 27.6.2005 (BGBl. I S. 1882),
zuletzt geändert durch VO vom 19.12.2011 (BGBl. I S. 2835)

Abschnitt 1
Lenk- und Ruhezeiten im nationalen Bereich

§ 1 Lenk- und Ruhezeiten im Straßenverkehr

(1) Fahrer

1. von Fahrzeugen, die zur Güterbeförderung dienen und deren zulässige Höchstmasse einschließlich Anhänger oder Sattelanhänger mehr als 2,8 Tonnen und nicht mehr als 3,5 Tonnen beträgt, sowie
2. von Fahrzeugen, die zur Personenbeförderung dienen, nach ihrer Bauart und Ausstattung geeignet und dazu bestimmt sind, mehr als neun Personen einschließlich Fahrer zu befördern, und im Linienverkehr mit einer Linienlänge bis zu 50 Kilometern eingesetzt sind,

haben Lenkzeiten, Fahrtunterbrechungen und Ruhezeiten nach Maßgabe der Artikel 4, 6 bis 9 und 12 der Verordnung (EG) Nr. 561/2006 des Europäischen Parlaments und des Rates vom 15. März 2006 zur Harmonisierung bestimmter Sozialvorschriften im Straßenverkehr und zur Änderung der Verordnungen (EWG) Nr. 3821/85 und (EG) Nr. 2135/98 des Rates sowie zur Aufhebung der Verordnung (EWG) Nr. 3820/85 des Rates (ABl. EU Nr. L 102 S. 1) einzuhalten.

(2) Absatz 1 findet keine Anwendung auf

1. Fahrzeuge, die in § 18 genannt sind,
2. Fahrzeuge, die in Artikel 3 Buchstabe b bis i der Verordnung (EG) Nr. 561/2006 genannt sind,
3. Fahrzeuge, die zur Beförderung von Material, Ausrüstungen oder Maschinen, die der Fahrer zur Ausübung seiner beruflichen Tätigkeit benötigt, verwendet werden, soweit das Lenken nicht die Haupttätigkeit des Fahrers darstellt,

3a. Fahrzeuge, die zur Beförderung von Gütern dienen, die im Betrieb, dem der Fahrer angehört, in handwerklicher Fertigung oder Kleinserie hergestellt wurden, oder deren Reparatur im Betrieb vorgesehen ist oder dort durchgeführt wurde, wenn die Lenktätigkeit nicht die Haupttätigkeit des Fahrers ausmacht,

4. Fahrzeuge, die als Verkaufswagen auf örtlichen Märkten oder für den ambulanten Verkauf verwendet werden und für diese Zwecke besonders ausgestattet sind, soweit das Lenken des Fahrzeugs nicht die Haupttätigkeit des Fahrers darstellt, und
5. selbstfahrende Arbeitsmaschinen nach § 2 Nr. 17 der Fahrzeug-Zulassungsverordnung.

(3) Abweichend von Absatz 1 in Verbindung mit Artikel 7 der Verordnung (EG) Nr. 561/2006 haben Fahrer von Kraftomnibussen im Linienverkehr mit einer Linienlänge bis zu 50 Kilometern Fahrtunterbrechungen nach Maßgabe der folgenden Vorschriften einzuhalten:

1. Beträgt der durchschnittliche Haltestellenabstand mehr als drei Kilometer, so ist nach einer Lenkzeit von viereinhalb Stunden eine Fahrtunterbrechung von mindestens 30 zusammenhängenden Minuten einzulegen. Diese Fahrtunterbrechung kann durch zwei Teilunterbrechungen von jeweils mindestens 20 zusammenhängenden Minuten oder drei Teilunterbrechungen von jeweils mindestens 15 Minuten ersetzt werden. Die Teilunterbrechungen müssen innerhalb der Lenkzeit von höchstens viereinhalb Stunden oder teils innerhalb dieser Zeit und teils unmittelbar danach liegen.
2. Beträgt der durchschnittliche Haltestellenabstand nicht mehr als drei Kilometer, sind als Fahrtunterbrechungen auch Arbeitsunterbrechungen ausreichend, soweit diese nach den Dienst- und Fahrplänen in der Arbeitsschicht enthalten sind (z. B. Wendezeiten). Voraussetzung hierfür ist, dass die Gesamtdauer der Arbeitsunterbrechungen mindestens ein Sechstel der vorgesehenen Lenkzeit beträgt. Arbeitsunterbrechungen unter zehn Minuten werden bei der Berechnung der Gesamtdauer nicht berücksichtigt. Durch Tarifvertrag kann vereinbart werden, dass Arbeitsunterbrechungen von mindestens acht Minuten berücksichtigt werden können, wenn ein Ausgleich vorgesehen ist, der die ausreichende Erholung des Fahrers erwarten lässt. Für Fahrer, die nicht in einem Arbeitsverhältnis stehen, kann die nach Landesrecht zuständige Behörde entsprechende Abweichungen bewilligen.

(4) Abweichend von Absatz 1 in Verbindung mit Artikel 8 Abs. 6 der Verordnung (EG) Nr. 561/2006 sind Fahrer der in Absatz 1 Nr. 2 genannten Fahrzeuge nicht zur Einlegung einer wöchentlichen Ruhezeit nach höchstens sechs 24-Stunden-Zeiträumen verpflichtet. Sie können die wöchentlich einzuhaltenden Ruhezeiten auf einen Zweiwochenzeitraum verteilen.

(5) Der Unternehmer hat dafür zu sorgen, dass die Vorschriften über die Lenkzeiten, die Fahrtunterbrechungen und die Ruhezeiten gemäß den Artikeln 4, 6 bis 9 und 12 der Verordnung (EG) Nr. 561/2006 eingehalten werden. Artikel 10 Abs. 2 der Verordnung (EG) Nr. 561/2006 findet entsprechende Anwendung.

(6) Der Fahrer eines in Absatz 1 Nr. 1 genannten Fahrzeugs hat, sofern dieses Fahrzeug nicht nach Absatz 2 ausgenommen ist, folgende Zeiten aufzuzeichnen:

1. Lenkzeiten,
2. alle sonstigen Arbeitszeiten,
3. Fahrtunterbrechungen und
4. tägliche und wöchentliche Ruhezeiten.

Die Aufzeichnungen sind für jeden Tag getrennt zu fertigen und müssen folgende Angaben enthalten:
1. Vor- und Familienname,
2. Datum,
3. amtliche Kennzeichen der benutzten Fahrzeuge,
4. Ort des Fahrtbeginns,
5. Ort des Fahrtendes und
6. Kilometerstände der benutzten Fahrzeuge bei Fahrtbeginn und Fahrtende.

Der Fahrer hat alle Eintragungen jeweils unverzüglich zu Beginn und am Ende der Lenkzeiten, Fahrtunterbrechungen und Ruhezeiten vorzunehmen. Die Aufzeichnungen der laufenden Woche und der der laufenden Woche vorausgegangenen 15 Kalendertage sind vom Fahrer mitzuführen und den zuständigen Personen auf Verlangen zur Prüfung auszuhändigen; ab dem 1. Januar 2008 umfasst dieser Zeitraum den laufenden Tag und die vorausgegangenen 28 Kalendertage. Hat der Fahrer während des in Satz 4 genannten Zeitraums ein Fahrzeug gelenkt, für das
1. die Verordnung (EWG) Nr. 3821/85 des Rates vom 20. Dezember 1985 über das Kontrollgerät im Straßenverkehr (ABl. EG Nr. L 370 S. 8) in der jeweils geltenden Fassung oder
2. das Europäische Übereinkommen vom 1. Juli 1970 über die Arbeit des im internationalen Straßenverkehr beschäftigten Fahrpersonals (AETR) (BGBl. 1974 II S. 1473) in der jeweils geltenden Fassung gilt,

sind für dieses Fahrzeug Nachweise nach Maßgabe von Artikel 15 der Verordnung (EWG) Nr. 3821/85 oder Artikel 12 des Anhangs zum AETR an Stelle der Aufzeichnungen mitzuführen. Der Fahrer hat dem Unternehmer alle Aufzeichnungen unverzüglich nach Ablauf der Mitführungspflicht auszuhändigen. Der Unternehmer hat
1. dem Fahrer entsprechend dem Muster der Anlage 1 geeignete Vordrucke zur Fertigung der Aufzeichnungen in ausreichender Anzahl auszuhändigen,
2. die Aufzeichnungen unverzüglich nach Aushändigung durch den Fahrer zu prüfen und unverzüglich Maßnahmen zu ergreifen, die notwendig sind, um die Beachtung der Sätze 1 bis 5 zu gewährleisten,
3. die Aufzeichnungen ein Jahr lang nach Aushändigung durch den Fahrer in chronologischer Reihenfolge und in lesbarer Form außerhalb des Fahrzeugs aufzubewahren und den zuständigen Personen auf Verlangen vorzulegen und
4. die Aufzeichnungen nach Ablauf der Aufbewahrungsfrist bis zum 31. März des folgenden Kalenderjahres zu vernichten, soweit sie nicht zur Erfüllung der Aufbewahrungspflichten nach § 16 Abs. 2 und § 21a Abs. 7 des Arbeitszeitgesetzes, § 147 Abs. 1 Nr. 5 in Verbindung mit Abs. 3 der Abgabenordnung und § 28f Abs. 1 Satz 1 des Vierten Buches Sozialgesetzbuch benötigt werden.

(7) Ist das Fahrzeug mit einem Kontrollgerät nach Anhang I oder IB zur Verordnung (EWG) Nr. 3821/85 oder einem Fahrtschreiber gemäß § 57a der Straßenverkehrs-Zulassungs-Ordnung ausgerüstet, haben Fahrer der in Ab-

satz 1 Nr. 1 genannten Fahrzeuge diese entsprechend den Artikeln 13, 14 Abs. 1 Unterabs. 2, Abs. 4 Buchstabe a Unterabs. 3 Satz 2 und 3, Artikel 15 Abs. 1 Unterabs. 1, 3 und 5, Abs. 2, 3, 5, 5a und 7 und Artikel 16 Abs. 2 Unterabs. 1 und Abs. 3 der Verordnung (EWG) Nr. 3821/85 oder § 57a der Straßenverkehrs-Zulassungs-Ordnung zu betreiben. Im Falle der Verwendung eines Fahrtschreibers gemäß § 57a der Straßenverkehrs-Zulassungs-Ordnung hat der Fahrer die Schicht und die Pausen jeweils bei Beginn und Ende auf dem Schaublatt zu vermerken. Der Unternehmer hat bei Verwendung eines Kontrollgerätes nach Anhang I der Verordnung (EWG) Nr. 3821/85 oder eines Fahrtschreibers dem Fahrer vor Beginn der Fahrt die für das Gerät zugelassenen Schaublätter in ausreichender Anzahl auszuhändigen und dafür zu sorgen, dass das Kontrollgerät nach Anhang I oder IB zur Verordnung (EWG) Nr. 3821/85 oder der Fahrtschreiber ordnungsgemäß benutzt wird; Absatz 6 Satz 4 bis 6 und 7 Nr. 2 bis 4 gilt entsprechend. Hat der Fahrer eines mit einem Kontrollgerät nach Anhang IB zur Verordnung (EWG) Nr. 3821/85 ausgerüsteten Fahrzeugs in dem in Absatz 6 Satz 4 genannten Zeitraum ein Fahrzeug gelenkt, das mit einem Kontrollgerät nach Anhang I zur Verordnung (EWG) Nr. 3821/85 ausgerüstet ist, hat er die Schaublätter dieses Kontrollgerätes während der Fahrt ebenfalls mitzuführen und den zuständigen Personen auf Verlangen zu Prüfung auszuhändigen.

§ 2 Kontrollgerät nach Anhang I B zur Verordnung (EWG) Nr. 3821/85

(1) Ein Fahrer, der ein Fahrzeug lenkt, das in den Anwendungsbereich der Verordnung (EG) Nr. 561/2006 fällt, oder der Lenk- oder Ruhezeiten nach § 1 dieser Verordnung einzuhalten hat und dabei ein Kontrollgerät gemäß Anhang IB zur Verordnung (EWG) Nr. 3821/85 betreibt, hat das Kontrollgerät entsprechend den Artikeln 13, 14 Abs. 1 Unterabs. 2, Abs. 4 Buchstabe a Unterabs. 3 Satz 2 und 3, Artikel 15 Abs. 1 Unterabs. 1, 3 und 5, Abs. 2, 3, 5, 5a und 7 und Artikel 16 Abs. 2 Unterabs. 1 und Abs. 3 der Verordnung (EWG) Nr. 3821/85 zu bedienen und die Benutzerführung zu beachten.

(2) Die in Artikel 15 Abs. 3 zweiter Spiegelstrich Buchstabe b bis d der Verordnung (EWG) Nr. 3821/85 genannten Zeiträume müssen bei Übernahme des Fahrzeugs auf der Fahrerkarte unter Benutzung der im Kontrollgerät vorgesehenen manuellen Eingabemöglichkeiten eingetragen werden, wenn der Fahrer vor Übernahme des Fahrzeugs solche Zeiten verbracht hat.

(3) Die nach Artikel 15 Abs. 1 Unterabs. 5 der Verordnung (EWG) Nr. 3821/85 vorgeschriebenen Ausdrucke hat der Fahrer den zuständigen Personen auf Verlangen vorzulegen. Der Unternehmer hat die Ausdrucke in chronologischer Reihenfolge und in lesbarer Form außerhalb des Fahrzeugs aufzubewahren und den zuständigen Personen auf Verlangen vorzulegen.

(4) Bei Einsatz von Mietfahrzeugen, deren Verwendung in den Anwendungsbereich der Verordnung (EG) Nr. 561/2006 oder dieser Verordnung fällt, hat der Unternehmer, der das Fahrzeug anmietet, zu Beginn und am Ende des Mietzeitraums durch Verwendung der Unternehmenskarte sicherzustellen, dass die Daten des Fahrzeugspeichers über die mit den Fahrzeugen durchgeführten

Fahrten übertragen und bei ihm gespeichert werden. Ist dies in begründeten Ausnahmefällen nicht möglich, ist zu Beginn und am Ende des Mietzeitraums ein Ausdruck wie bei Beschädigung oder Fehlfunktion der Fahrerkarte zu fertigen. Der Fahrer hat den Ausdruck unverzüglich nach Erhalt an den Unternehmer weiterzuleiten, der ihn ein Jahr aufzubewahren hat. Nach Ablauf der Aufbewahrungsfrist sind die Ausdrucke bis zum 31. März des folgenden Kalenderjahres zu vernichten, soweit sie nicht zur Erfüllung der Aufbewahrungspflichten nach § 16 Abs. 2 und § 21a Abs. 7 des Arbeitszeitgesetzes, § 147 Abs. 1 Nr. 5 in Verbindung mit Abs. 3 der Abgabenordnung und § 28f Abs. 1 Satz 1 des Vierten Buches Sozialgesetzbuch benötigt werden.

(5) Der Unternehmer hat sicherzustellen, dass alle Daten aus dem Massenspeicher des Kontrollgerätes spätestens 90 Tage nach Aufzeichnung eines Ereignisses zur Speicherung im Betrieb kopiert werden. Der Unternehmer hat sicherzustellen, dass die Daten der Fahrerkarten spätestens 28 Kalendertage nach Aufzeichnung eines Ereignisses zur Speicherung im Betrieb kopiert werden. Der Fahrer hat hierzu dem Unternehmen die Fahrerkarte und die Ausdrucke nach Absatz 3 zur Verfügung zu stellen. Der Unternehmer hat alle sowohl von den Kontrollgeräten als auch von den Fahrerkarten kopierten Daten der zuständigen Behörde oder Stelle auf Verlangen entweder unmittelbar oder durch Datenfernübertragung oder auf einem durch die Behörde oder Stelle zu bestimmenden Datenträger zur Verfügung zu stellen. Der Unternehmer hat von allen kopierten Daten unverzüglich Sicherheitskopien zu erstellen, die auf einem gesonderten Datenträger zu speichern sind.

(6) Unternehmen, die Fahrzeuge vermieten, haben dem Mieter des Fahrzeugs diejenigen Daten aus dem Massenspeicher des Kontrollgerätes, die sich auf die vom Mieter durchgeführten Beförderungen beziehen und auf die dieser nicht unmittelbar zugreifen kann,

1. auf dessen Verlangen,
2. spätestens 90 Tage nach Beginn des Mietverhältnisses oder der letzten Datenübermittlung und
3. nach Beendigung des Mietverhältnisses

zur Verfügung zu stellen. Dabei sind dem jeweiligen Stand der Technik entsprechende Maßnahmen zur Sicherstellung von Datenschutz und Datensicherheit zu treffen, die insbesondere die Vertraulichkeit, Unversehrtheit und Zurechenbarkeit der Daten gewährleisten; im Falle der Nutzung allgemein zugänglicher Netze sind dem jeweiligen Stand der Technik entsprechende Verschlüsselungsverfahren anzuwenden.

§ 2a Aufbewahrung von Kontrollunterlagen

Der Unternehmer bewahrt die ihm oder seinen Fahrern von den zuständigen Personen überlassenen Niederschriften, Ergebnisprotokolle und andere Unterlagen über bei ihm auf dem Gelände vorgenommene beziehungsweise bei seinen Fahrern auf der Straße vorgenommene Kontrollen ein Jahr lang auf. Die Unterlagen sind den zuständigen Personen auf Verlangen vorzulegen. Nach Ablauf der Aufbewahrungspflicht sind die Unterlagen bis zum 31. März des folgenden Kalenderjahres zu vernichten.

Abschnitt 2
Organisation

§ 3 Zertifizierungsinfrastruktur

Die Aufgaben der für die Umsetzung des Zertifizierungsverfahrens nach der Verordnung (EWG) Nr. 3821/85 verantwortlichen Stellen ergeben sich aus der Anlage 2. Das Bundesministerium für Verkehr, Bau und Stadtentwicklung nimmt die Aufgaben der Aufsichtsbehörde des Mitgliedstaates (D-Member State Authority – D-MSA) wahr. Deutsche Zertifizierungsstelle (D-Certification Authority – D-CA) ist das Kraftfahrt-Bundesamt. Die für die Kontrollgerätkartenausgabe zuständigen Behörden oder Stellen (D-Card Issueing Authorities – D-CIA's) werden von den Ländern bestimmt.

Abschnitt 3
Kontrollsystem nach EG-Verordnungen

§ 4 Allgemeines

(1) Die zum Betrieb des Kontrollgerätes nach Anhang I B zur Verordnung (EWG) Nr. 3821/85 erforderlichen Kontrollgerätkarten (Fahrer-, Werkstatt-, Unternehmens- und Kontrollkarten) werden nach den Mustern gemäß Anhang IB Abschnitt IV zur Verordnung (EWG) Nr. 3821/85 in Verbindung mit Anlage 3 zu dieser Verordnung gefertigt. Fahrer-, Werkstatt- und Unternehmenskarten werden auf Antrag erteilt. Antragsberechtigt sind:

1. für die Fahrerkarte
   a) inländische Inhaber einer gültigen Fahrerlaubnis nach Muster 1 der Anlage 8 der Fahrerlaubnis-Verordnung,
   b) im Übrigen Inhaber einer Fahrerlaubnis eines Mitgliedstaates der Europäischen Union oder eines anderen Vertragsstaats des Abkommens über den Europäischen Wirtschaftsraum, die dazu berechtigt, Fahrzeuge zu führen, für die Lenk- und Ruhezeiten nach der Verordnung (EG) Nr. 561/2006 beziehungsweise § 1 dieser Verordnung zu beachten sind,
2. für die Werkstattkarte die nach § 57b der Straßenverkehrs-Zulassungs-Ordnung anerkannten oder beauftragten Werkstätten, Hersteller von Kontrollgeräten sowie Fahrzeughersteller,
3. für die Unternehmenskarte Unternehmen, deren Fahrpersonal Beförderungen durchführt, die unter die Verordnung (EG) Nr. 561/2006 fallen, oder das Lenk- und Ruhezeiten nach § 1 dieser Verordnung einzuhalten hat.

Erfolgt der Antrag auf unpersönlichem Weg, ist eine Kopie der nach den §§ 5, 7 oder § 9 jeweils erforderlichen Unterlagen beizufügen. Im Rahmen des Antragsverfahrens hat für Kontrollgerätkarten nach Nummer 1 eine Überprüfung der Identität des Antragstellers sowie der Übereinstimmung der vorgelegten Kopien mit den Originalen stattzufinden.

(2) Die Kontrollgerätkarten werden von den nach Landesrecht zuständigen Behörden oder Stellen ausgegeben.

(3) Der Antrag auf Erneuerung der Fahrer- und Unternehmenskarte darf frühestens sechs Monate, der auf Erneuerung der Werkstattkarte frühestens

einen Monat vor Ablauf der Gültigkeit der Karte gestellt werden. Den Anträgen sind die nach den §§ 5, 7 oder § 9 jeweils erforderlichen Unterlagen beizufügen. Inhaber einer Werkstattkarte haben spätestens nach drei Jahren eine aktuelle Bescheinigung über die Anerkennung oder Beauftragung der Werkstatt nach § 57b der Straßenverkehrs-Zulassungs-Ordnung und einen Nachweis über eine erneute Schulung im Sinne des § 7 Abs. 2 Nr. 5 vorzulegen. Die in Satz 3 genannten Fristen beginnen mit dem Datum des letzten Nachweises. Die in Artikel 14 Abs. 4a Unterabs. 5 und 6, Artikel 12 Abs. 1 Unterabs. 3 der Verordnung (EWG) Nr. 3821/85 genannten Fristen beginnen erst mit der vollständigen Vorlage aller nach den §§ 5, 7 oder § 9 erforderlichen Antragsunterlagen und Angaben.

(4) Wird eine Kontrollgerätkarte wegen Beschädigung, Fehlfunktion, Verlust oder Diebstahl einer vorhandenen Karte beantragt, hat der Antragsteller der ausstellenden Behörde oder Stelle vorzulegen:

1. bei Verlust eine schriftliche Erklärung über den Verlust,
2. bei Diebstahl den Nachweis einer Anzeige,
3. bei Beschädigung oder Fehlfunktion die zu erneuernde Karte.

Dem Antrag sind die nach den §§ 5, 7 oder § 9 jeweils erforderlichen Unterlagen beizufügen. Der Inhaber der Kontrollgerätkarte hat auf Verlangen der Behörde oder Stelle, welche die Ersatzkarte ausstellt, eine Versicherung an Eides statt abzugeben, dass und aus welchen Gründen er die Kontrollgerätkarte nicht zurückgeben kann. Mit Ausstellung der Ersatzkarte verliert die ersetzte Karte ihre Gültigkeit. Eine wiederaufgefundene Karte ist der ausstellenden Behörde oder Stelle zurückzugeben. Beträgt die Restlaufzeit der zu ersetzenden Karte weniger als sechs Monate, ist die Karte zu erneuern. Absatz 3 Satz 5 gilt mit der Maßgabe, dass die Fristen erst beginnen, wenn alle erforderlichen Antragsunterlagen und Angaben vorliegen und die ausstellende Behörde oder Stelle Kenntnis von der Kartennummer erhält.

(5) Bei Verlust einer Kontrollgerätkarte unterrichtet der Karteninhaber unverzüglich die Behörde oder Stelle, welche die Karte erteilt hat. Die Behörde oder Stelle meldet den Verlust dem Kontrollgerätkartenregister beim Kraftfahrt-Bundesamt.

§ 5 Fahrerkarte

(1) Der Antragsteller hat Angaben zu seiner Muttersprache zu machen und folgende Unterlagen vorzulegen:

1.a) als inländischer Antragsteller eine Fahrerlaubnis nach Muster 1 der Anlage 8 der Fahrerlaubnis-Verordnung,
  b) im Übrigen eine Fahrerlaubnis eines Mitgliedstaates der Europäischen Union oder eines anderen Vertragsstaats des Abkommens über den Europäischen Wirtschaftsraum, die dazu berechtigt, Fahrzeuge zu führen, für die Lenk- und Ruhezeiten nach der Verordnung (EG) Nr. 561/2006 beziehungsweise § 1 dieser Verordnung zu beachten sind,
2. einen Nachweis über den Wohnsitz im Inland und Anschrift,
3. Nachweise über Geburts- und Familiennamen, Vornamen, Tag und Ort der Geburt sowie

4. ein Lichtbild vor hellem Hintergrund in der Größe 35 mm x 45 mm, das den Antragsteller ohne Kopfbedeckung im Halbprofil zeigt.

(2) Die zuständige Behörde oder Stelle prüft die Richtigkeit und Vollständigkeit der vom Bewerber mitgeteilten Daten.

(3) Jeder Fahrer erhält nur eine Fahrerkarte. Vor der Ausstellung einer Fahrerkarte erfolgen durch die zuständige Behörde oder Stelle Anfragen bei dem zentralen Fahrerlaubnisregister, dem zentralen Kontrollgerätkartenregister und den Fahrerkartenregistern der anderen Mitgliedstaaten der Europäischen Union und der Vertragsstaaten des Abkommens über den Europäischen Wirtschaftsraum, ob das vorgelegte Führerscheindokument gültig ist und ob dem Antragsteller bereits anderweitig eine Fahrerkarte ausgestellt wurde. Zu diesem Zweck dürfen die nach § 49 Abs. 1 Nr. 1 bis 3, 5 bis 11 und 15 der Fahrerlaubnis-Verordnung vom 18. August 1998 (BGBl. I S. 2214) in der jeweils geltenden Fassung im Fahrerlaubnisregister gespeicherten Daten im automatisierten Verfahren abgerufen werden.

(4) Die Fahrerkarte darf keinem Dritten zur Nutzung überlassen werden. Der Fahrer hat die Fahrerkarte während der Fahrt mitzuführen und den zuständigen Personen auf Verlangen zur Prüfung auszuhändigen.

(5) Die Gültigkeitsdauer der Fahrerkarte beträgt bei der Erstausstellung und Erneuerung fünf Jahre. Sie beginnt mit dem Datum der Personalisierung. Bei der Erneuerung auf Grund von Beschädigung oder Fehlfunktion beginnt sie mit dem Datum der Personalisierung. Bei der Erneuerung auf Grund des Ablaufs der Gültigkeitsdauer beginnt die Gültigkeitsdauer der neuen Fahrerkarte mit dem Tag, der dem Tag des Ablaufs der Gültigkeit der vorherigen Fahrerkarte folgt. Wird eine Fahrerkarte ersetzt, entspricht die Gültigkeitsdauer der Gültigkeitsdauer der ersetzten Karte.

§ 6 Mitführen der abgelaufenen Fahrerkarte

Der Fahrer hat auch nach Ablauf der Gültigkeit die Fahrerkarte noch mindestens 28 Kalendertage im Fahrzeug mitzuführen. Bei Umtausch der Fahrerkarte entsprechend Artikel 14 Abs. 4 Buchstabe d der Verordnung (EWG) Nr. 3821/85 hat der Fahrer die Ausdrucke seiner Tätigkeiten für die dem Umtausch vorausgehenden 28 Kalendertage ebenfalls 28 Kalendertage mitzuführen.

§ 7 Werkstattkarte

(1) Die Werkstattkarte wird nur erteilt, wenn der Antragsteller als Unternehmer oder die nach Gesetz, Satzung oder Gesellschaftsvertrag zur Vertretung berufenen Personen sowie die verantwortliche Fachkraft (Installateur) fachlich geeignet sind.

(2) Der Antragsteller hat folgende Angaben zu machen und durch Unterlagen nachzuweisen:

1. Name, Anschrift und Sitz der Werkstatt, des Herstellers von Kontrollgeräten oder des Fahrzeughesrstellers,
2. Geburts- und Familienname, Vornamen, Tag und Ort der Geburt des Unternehmers oder der nach Gesetz, Satzung oder Gesellschaftsvertrag zur Vertretung berufenen Personen,

3. Geburts- und Familienname, Vorname, Tag und Ort der Geburt, aktuelle Wohnanschrift und Muttersprache der verantwortlichen Fachkraft, für die die Werkstattkarte beantragt wird,
4. Anerkennung oder Beauftragung der Werkstatt nach § 57b der Straßenverkehrs-Zulassungs-Ordnung,
5. Schulung der verantwortlichen Fachkraft, für die die Werkstattkarte beantragt wird, entsprechend der Richtlinie für die Durchführung von Schulungen der verantwortlichen Fachkräfte, die Prüfungen der Fahrtschreiber und Kontrollgeräte nach § 57b Abs. 3 der Straßenverkehrs-Zulassungs-Ordnung durchführen, sowie
6. bestehendes Arbeitsverhältnis mit der verantwortlichen Fachkraft, für die die Werkstattkarte beantragt wird.

(3) (entfällt)

(4) Die zuständige Behörde oder Stelle stellt durch Abruf beim zentralen Kontrollgerätkartenregister sicher, dass die verantwortliche Fachkraft nur eine Werkstattkarte pro Arbeitsverhältnis erhält.

(5) Die Werkstattkarte wird dem Unternehmen gegen Empfangsbestätigung ausgehändigt. Sie ist Eigentum des Unternehmens. Die zur Benutzung der Werkstattkarte erforderliche persönliche Identifikationsnummer wird der verantwortlichen Fachkraft an ihre Privatanschrift übersandt.

(6) Die Gültigkeitsdauer der Werkstattkarte beträgt ein Jahr. Sie beginnt mit dem Datum der Personalisierung. § 5 Abs. 5 Satz 3 bis 5 gilt entsprechend.

§ 8 Wegfall von Erteilungsvoraussetzungen

(1) Ist eine der Erteilungsvoraussetzungen nachträglich entfallen, so ist dies unverzüglich der zuständigen Behörde oder Stelle zu melden; die Werkstattkarte ist innerhalb einer von dieser festzusetzenden Frist an sie zurückzugeben. Die zuständige Behörde oder Stelle hat im Falle des Wegfalls der Erteilungsvoraussetzungen, insbesondere im Falle der missbräuchlichen Verwendung, die Rückgabe der Werkstattkarte zu verlangen. Rückgabepflichtig sind sowohl der Unternehmer, bei juristischen Personen die nach Gesetz, Satzung oder Gesellschaftsvertrag zur Vertretung berufenen Personen, als auch die verantwortliche Fachkraft. Scheidet die verantwortliche Fachkraft aus der Werkstatt aus, haben der Unternehmer oder die vertretungsberechtigten Personen die Werkstattkarte unverzüglich zurückzugeben. Ist dem Unternehmer oder den vertretungsberechtigten Personen eine Rückgabe nicht möglich, ist die zuständige Behörde oder Stelle unverzüglich zu unterrichten.

(2) Wird die Werkstattkarte wegen missbräuchlicher Verwendung zurückgenommen, unterrichtet die zuständige Behörde oder Stelle das Zentrale Kontrollgerätkartenregister beim Kraftfahrt-Bundesamt.

§ 9 Unternehmenskarte

(1) Der Antragsteller hat folgende Angaben zu machen und durch Unterlagen nachzuweisen:

1. Name, Anschrift und Sitz des Unternehmens,

2. Geburts- und Familienname, Vornamen, Tag und Ort der Geburt sowie Anschrift des Unternehmers oder der nach Gesetz, Satzung oder Gesellschaftsvertrag zur Vertretung berufenen Personen.

(2) Die Unternehmenskarten werden an den Unternehmer oder die nach Gesetz, Satzung oder Gesellschaftsvertrag zur Vertretung berufenen Personen ausgegeben. Der Unternehmer sorgt für die ordnungsgemäße Verwendung der Karten.

(3) Der Unternehmer hat dafür zu sorgen, dass zu Beginn und am Ende des Fahrzeugeinsatzes für das Unternehmen die Unternehmenskarte in das Kontrollgerät eingegeben wird, um den Einsatz des Fahrzeugs dem Unternehmen zuzuordnen.

(4) Die Gültigkeitsdauer der Unternehmenskarte beträgt fünf Jahre. Sie beginnt mit dem Datum der Personalisierung. § 5 Abs. 5 Satz 3 bis 5 gilt entsprechend.

§ 10 Kontrollkarte

Die Kontrollkarten werden an die für die Kontrolle der Sozialvorschriften im Straßenverkehr zuständigen Behörden und Stellen ausgegeben. Die Kontrollkarte weist die Kontrollbehörde aus und ermöglicht das Lesen, Ausdrucken und Herunterladen der im Massespeicher des Kontrollgerätes oder auf Fahrerkarten gespeicherten Daten. Die Gültigkeitsdauer der Kontrollkarte beträgt fünf Jahre.

Abschnitt 4
Zentrales Kontrollgerätkartenregister

§ 11 Führung und Zweckbestimmung des Registers

(1) Das Kraftfahrt-Bundesamt führt nach § 2 Nr. 4 des Fahrpersonalgesetzes das Zentrale Kontrollgerätkartenregister zum Nachweis der von den zuständigen Behörden oder Stellen ausgegebenen Kontrollgerätkarten im Sinne des Anhangs IB Abschnitt IV zur Verordnung (EWG) Nr. 3821/85. Darin werden erfasst die Identifizierungsdaten der Fahrer, verantwortlichen Fachkräfte, Unternehmen und Behörden, denen Fahrer-, Werkstatt-, Unternehmens- oder Kontrollkarten ausgestellt worden sind, und die Identifizierungsdaten der ausgestellten, abhanden gekommenen und defekten Fahrer-, Werkstatt-, Unternehmens- und Kontrollkarten.

(2) Das Register wird geführt zur Speicherung von Identifizierungsdaten, die erforderlich sind, um feststellen zu können, welche Karten eine Person, ein Unternehmen oder eine Kontrollbehörde besitzt oder welche Karten abhanden gekommen oder beschädigt sind.

§ 12 Inhalt des Registers

Im Zentralen Kontrollgerätkartenregister werden gespeichert über

1. Fahrerkarten folgende Daten:
   a) Geburts- und Familienname, Vornamen, Tag und Ort der Geburt, akademischer Grad und Geschlecht,
   b) Kontrollgerätkartennummer und die vom Chiphersteller eingebrachte Chipkennung,

c) Tag des Beginns und des Ablaufs der Gültigkeit der Fahrerkarte,
d) Tag der Produktion der Fahrerkarte,
e) Status der Fahrerkarte,
f) antragsbearbeitende und mitteilende Behörde oder Stelle einschließlich der für die Antragsbearbeitung verantwortlichen Person,
g) Fahrerlaubnisnummer einschließlich Ausgabestaat,
h) bei Verlust oder Diebstahl das Datum des Abhandenkommens der Fahrerkarte;

2. Werkstattkarten folgende Daten:
   a) Name und Anschrift der Werkstatt, des Herstellers von Kontrollgeräten oder des Fahrzeugherstellers, bei der Anschrift zusätzlich die statistische Kennziffer des Firmensitzes sowie der Standortgemeinde und des Gemeindeteils,
   b) Geburts- und Familienname, Vornamen, Tag und Ort der Geburt, akademischer Grad und Geschlecht des Unternehmers, bei juristischen Personen der nach Gesetz, Satzung oder Gesellschaftsvertrag zur Vertretung berufenen Personen,
   c) Geburts- und Familienname, Vornamen, Tag und Ort der Geburt, akademischer Grad und Geschlecht der Person, auf die die Karte nach § 7 Abs. 2 Nr. 4 ausgestellt wurde,
   d) Kontrollgerätkartennummer und die vom Chiphersteller eingebrachte Chipkennung,
   e) Tag des Beginns und des Ablaufs der Gültigkeit der Werkstattkarte,
   f) Tag der Produktion der Werkstattkarte,
   g) Status der Werkstattkarte,
   h) antragsbearbeitende und mitteilende Behörde oder Stelle einschließlich der für die Antragsbearbeitung verantwortlichen Person,
   i) bei Verlust oder Diebstahl das Datum des Abhandenkommens der Werkstattkarte;
3. Unternehmenskarten folgende Daten:
   a) Name und Anschrift des Unternehmens sowie die statistische Kennziffer des Firmensitzes, der Standortgemeinde und des Gemeindeteils,
   b) Geburts- und Familienname, Vornamen, Tag und Ort der Geburt, akademischer Grad und Geschlecht des Unternehmers, bei juristischen Personen der nach Gesetz, Satzung oder Gesellschaftsvertrag zur Vertretung berufenen Personen,
   c) Kontrollgerätkartennummer und die vom Chiphersteller eingebrachte Chipkennung,
   d) Tag des Beginns und des Ablaufs der Gültigkeit der Unternehmenskarte,
   e) Tag der Produktion der Unternehmenskarte,
   f) antragsbearbeitende und mitteilende Behörde oder Stelle einschließlich der für die Antragsbearbeitung verantwortlichen Person,

g) Status der Unternehmenskarte,
h) bei Verlust oder Diebstahl das Datum des Abhandenkommens der Unternehmenskarte;

4. Kontrollkarten folgende Daten:
a) Name und Anschrift der Behörde,
b) Kontrollgerätkartennummer und die vom Chiphersteller eingebrachte Chipkennung,
c) Tag des Beginns und des Ablaufs der Gültigkeit der Kontrollkarte,
d) Tag der Produktion der Kontrollkarte,
e) Status der Kontrollkarte,
f) bei Verlust oder Diebstahl das Datum des Abhandenkommens der Kontrollkarte.

§ 13 Löschung von Eintragungen im Zentralen Kontrollgerätkartenregister

Die Daten über Kontrollgerätkarten werden ein Jahr nach Ablauf der Gültigkeitsdauer gelöscht.

§ 14 Mitteilung an das Zentrale Kontrollgerätkartenregister im automatisierten Dialogverfahren

(1) Die für die Antragsbearbeitung zuständige Behörde oder Stelle teilt dem Zentralen Kontrollgerätkartenregister unverzüglich die zu speichernden oder zu einer Änderung einer Eintragung führenden Daten im automatisierten Dialogverfahren mit; sie teilt dem Personalisierer die zur Personalisierung notwendigen Daten mit.

(2) Zuständige ausländische Stellen sind berechtigt, Statusänderungen zu Kontrollgerätkarten im automatisierten Dialogverfahren an das Zentrale Kontrollgerätkartenregister zu übermitteln.

(3) Der Personalisierer teilt dem Zentralen Kontrollgerätkartenregister unverzüglich jeweils nach Produktion und Versand einer Kontrollgerätkarte eine entsprechende Information hierüber mit.

§ 15 Übermittlung von Daten an inländische Behörden und Stellen durch Abruf im automatisierten Verfahren

Die im Zentralen Kontrollgerätkartenregister gespeicherten Daten dürfen an die hierfür zuständigen Behörden und Stellen durch Abruf im automatisierten Verfahren übermittelt werden, soweit dies erforderlich ist

1. für Verwaltungsmaßnahmen auf Grund der Verordnung (EWG) Nr. 3821/85 oder darauf beruhender Rechtsvorschriften,
2. für Verkehrs- oder Grenzkontrollen,
3. für die Verfolgung von Ordnungswidrigkeiten,
4. für die Verfolgung von Straftaten.

§ 16 Übermittlung von Daten an ausländische Behörden und Stellen durch Abruf im automatisierten Verfahren

Die im Zentralen Kontrollgerätkartenregister über Fahrerkarten und Werkstattkarten gespeicherten Daten dürfen an die hierfür zuständigen Behörden und Stellen in den Mitgliedstaaten der Europäischen Union oder den Vertragsstaaten des Abkommens über den Europäischen Wirtschaftsraum durch Abruf im automatisierten Verfahren übermittelt werden, soweit dies erforderlich ist

1. für Verwaltungsmaßnahmen auf Grund der Verordnung (EWG) Nr. 3821/85 oder darauf beruhender Rechtsvorschriften,
2. für Verkehrskontrollen,
3. zur Verfolgung von Zuwiderhandlungen gegen Rechtsvorschriften auf dem Gebiet des Straßenverkehrs oder
4. zur Verfolgung von Straftaten, die im Zusammenhang mit dem Straßenverkehr stehen.

§ 17 Einrichtung und Betrieb der automatisierten Abrufverfahren

Die Einrichtung und der Betrieb der automatisierten Abrufverfahren richten sich nach den Bestimmungen des Bundesdatenschutzgesetzes.

Abschnitt 5 Ausnahmen

§ 18 Ausnahmen gemäß Verordnungen (EG) Nr. 561/2006 und (EWG) 3821/85

(1) Gemäß Artikel 13 Abs. 1 der Verordnung (EG) Nr. 561/2006 und Artikel 3 Abs. 2 der Verordnung (EWG) Nr. 3821/85 werden im Geltungsbereich des Fahrpersonalgesetzes folgende Fahrzeugkategorien von der Anwendung der Artikel 5 bis 9 der Verordnung (EG) Nr. 561/2006 und der Anwendung der Verordnung (EWG) Nr. 3821/85 ausgenommen:

1. Fahrzeuge, die im Eigentum von Behörden stehen oder von diesen ohne Fahrer angemietet oder geleast sind, um Beförderungen im Straßenverkehr durchzuführen, die nicht im Wettbewerb mit privatwirtschaftlichen Verkehrsunternehmen stehen,
2. Fahrzeuge, die von Landwirtschafts-, Gartenbau-, Fostwirtschaft- oder Fischereiunternehmen zur Güterbeförderung, insbesondere auch zur Beförderung lebender Tiere, im Rahmen der eigenen unternehmerischen Tätigkeit in einem Umkreis von bis zu 100 Kilometern vom Standort des Unternehmens verwendet oder von diesen ohne Fahrer angemietet werden,
3. Land- und forstwirtschaftliche Zugmaschinen, die für land- oder forstwirtschaftliche Tätigkeiten in einem Umkreis von bis zu 100 Kilometern vom Standort des Unternehmens verwendet werden, das das Fahrzeug besitzt, anmietet oder least,
4. Fahrzeuge oder Fahrzeugkombination mit einer zulässigen Höchstmasse von nicht mehr als 7,5 Tonnen, die in einem Umkreis von 50 Kilometern vom Standort des Unternehmens

a) von Postdienstleistern, die Post-Universaldienstleistungen gemäß § 1 Abs. 1 der Post-Universaldienstleistungsverordnung zum Zwecke der Zustellung von Sendungen im Rahmen von Universaldienstleistungen oder
b) zur Beförderung von Material, Ausrüstungen oder Maschinen, die der Fahrer zur Ausübung seiner beruflichen Tätigkeit benötigt, z. B. Fahrzeuge mit jeweils für diesen Zweck bestimmter, besonderer Ausstattung, die als Verkaufswagen auf öffentlichen Märkten oder für den ambulanten Verkauf dienen,

verwendet werden, soweit das Lenken des Fahrzeugs nicht die Haupttätigkeit des Fahrers darstellt,

5. Fahrzeuge, die ausschließlich auf Inseln mit einer Fläche von nicht mehr als 2 300 Quadratkilometern verkehren, die mit den übrigen Teilen des Hoheitsgebiets weder durch eine befahrbare Brücke, Furt oder einen befahrbaren Tunnel verbunden sind,
6. Fahrzeuge, die im Umkreis von 50 Kilometern vom Standort des Unternehmens zur Güterbeförderung mit Druckerdgas-, Flüssiggas- oder Elektroantrieb verwendet werden und deren zulässige Höchstmasse einschließlich Anhänger oder Sattelanhänger 7,5 Tonnen nicht übersteigt,
7. Fahrzeuge, die zum Fahrschulunterricht und zur Fahrprüfung zwecks Erlangung der Fahrerlaubnis oder eines beruflichen Befähigungsnachweises dienen, sofern diese Fahrzeuge nicht für die gewerbliche Personen- oder Güterbeförderung verwendet werden,
8. Fahrzeuge, die in Verbindung mit der Instandhaltung von Kanalisation, Hochwasserschutz, Wasser-, Gas- und Elektrizitätsversorgung, Straßenunterhaltung und -kontrolle, Hausmüllabfuhr, Telegramm- und Telefondienstleistungen, Rundfunk und Fernsehen sowie zur Erfassung von Radio- beziehungsweise Fernsehsendern oder -geräten eingesetzt werden,
9. Fahrzeuge mit zehn bis 17 Sitzen, die ausschließlich zur nicht gewerblichen Personenbeförderung verwendet werden,
10. Spezialfahrzeuge, die zum Transport von Ausrüstungen des Zirkus- oder Schaustellergewerbes verwendet werden,
11. speziell für mobile Projekte ausgerüstete Fahrzeuge, die hauptsächlich im Stand zu Lehrzwecken verwendet werden,
12. Fahrzeuge, die zum Abholen von Milch bei landwirtschaftlichen Betrieben und zur Rückgabe von Milchbehältern oder zur Lieferung von Milcherzeugnissen für Futterzwecke an diese Betriebe verwendet werden,
13. Spezialfahrzeuge für Geld- und/oder Werttransporte,
14. Fahrzeuge, die in einem Umkreis von 250 Kilometern vom Standort des Unternehmens zum Transport tierischer Nebenprodukte im Sinne des Artikels 3 Nummer 1 der Verordnung (EG) Nr. 1069/2009 des Europäischen Parlaments und des Rates vom 21. Oktober 2009 mit Hygienevorschriften für nicht für den menschlichen Verzehr bestimmte tierische Nebenprodukte und zur Aufhebung der Verordnung (EG) Nr. 1774/2002 (Verordnung über tierische Nebenprodukte) (ABl. L 300 vom 14. 11. 2009, S. 1) in der jeweils geltenden Fassung verwendet werden,

15. Fahrzeuge, die ausschließlich auf Straße in Güterverteilzentren wie Häfen, Umschlaganlagen des Kombinierten Verkehrs und Eisenbahnterminals verwendet werden, und
16. Fahrzeuge, die innerhalb eines Umkreises von bis zu 50 Kilometern für die Beförderung lebender Tiere von den landwirtschaftlichen Betrieben zu den lokalen Märkten und umgekehrt oder von den Märkten zu den lokalen Schlachthäusern verwendet werden.

(2) Abweichend von Artikel 5 Abs. 2 Satz 1 der Verordnung (EG) Nr. 561/2006 beträgt bei Beförderungen in einem Umkreis von 50 Kilometern vom Standort des Fahrzeugs das Mindestalter der Beifahrer zum Zwecke der Berufsausbildung 16 Jahre.

Abschnitt 6
Europäisches Übereinkommen über die Arbeit des im internationalen Straßenverkehr beschäftigten Fahrpersonals (AETR)

§ 19 Kontrollgeräte nach dem Europäischen Übereinkommen über die Arbeit des im internationalen Straßenverkehr beschäftigten Fahrpersonals (AETR)

Auf Grund des Artikels 3 Absatz 1, des Artikels 10 Absatz 1 und des Artikels 13 Absatz 1 des AETR in Verbindung mit Artikel 2 Abs. 3 der Verordnung (EG) Nr. 561/2006 hat der Unternehmer in Fahrzeuge, die dem AETR unterliegen und mit denen das Hoheitsgebiet der Bundesrepublik Deutschland befahren wird, vor Antritt derartiger Fahrten Kontrollgeräte einbauen zu lassen. Die Kontrollgeräte nach Satz 1 sind von dem Fahrer zu benutzen. Die Kontrollgeräte sind nach den Artikeln 10 bis 14 des Anhangs zum AETR zu betreiben. Bauart, Einbau, Benutzung und Prüfung der Kontrollgeräte richten sich nach den Vorschriften des AETR einschließlich seines Anhangs und der Anlagen. Kontrollgeräte im Sinne der Verordnung (EWG) Nr. 3821/85 erfüllen die Anforderungen nach Satz 4.

Abschnitt 7
Sonstige Vorschriften

§ 20 Nachweis über berücksichtigungsfreie Tage

(1) Fahrer, die die in Artikel 15 Abs. 7 der Verordnung (EWG) Nr. 3821/85 oder Kapitel III Artikel 12 des Anhangs zum AETR oder dieser Verordnung vorgeschriebenen Nachweise nicht oder nicht vollständig vorlegen können, weil sie an einem oder mehreren der vorausgegangenen 28 Kalendertage

1. ein Fahrzeug gelenkt haben, für deren Führen eine Nachweispflicht nicht besteht,
2. erkrankt waren,
3. sich im Urlaub befanden oder
4. aus anderen Gründen kein Fahrzeug gelenkt haben,

haben bei einer Kontrolle den zuständigen Personen auf Verlangen eine entsprechende Bescheinigung des Unternehmers vorzulegen. Diese Bescheinigung darf nicht handschriftlich ausgefüllt sein. Der Unternehmer hat den betroffenen Fahrern die Bescheinigung vor Fahrtantritt unter Angabe der Gründe für das Fehlen von Arbeitszeitnachweisen auszustellen und auszuhändigen. Die Bescheinigung ist vom Unternehmer oder einer von ihm beauftragten Person, die nicht der Fahrer selbst sein darf, und vom Fahrer zu unterzeichnen. Nach Ablauf der Mitführungspflicht hat der Fahrer die Bescheinigung unverzüglich im Unternehmen abzugeben.

(2) In den Fällen, in denen eine solche Bescheinigung nicht ausgestellt werden konnte, weil die berücksichtigungsfreien Tage unterwegs angefallen sind, hat der Unternehmer auf Verlangen der zuständigen Kontrollbehörde oder -stelle nachträglich eine Bescheinigung auszustellen oder vorzulegen.

(3) Der Unternehmer hat die Bescheinigungen ab dem Zeitpunkt der Rückgabe durch den Fahrer ein Jahr außerhalb des Fahrzeugs aufzubewahren und den Fahrern auf Verlangen eine Kopie auszuhändigen. Nach Ablauf der Aufbewahrungspflicht sind die Bescheinigungen bis zum 31. März des folgenden Kalenderjahres zu vernichten.

§ 20a Verantwortlichkeiten

(1) Die Verkehrsunternehmen sind verpflichtet, ihren Betrieb nach Maßgabe von Artikel 10 Abs. 1 und 2 der Verordnung (EG) Nr. 561/2006 zu organisieren. Dies gilt auch für Fahrten im Hoheitsgebiet eines anderen Mitgliedstaates der Europäischen Union, eines Vertragsstaates des Abkommens über den Europäischen Wirtschaftsraum oder eines Drittstaates.

(2) Neben den Verkehrsunternehmen sind auch die mit diesen in geschäftlicher Verbindung stehenden Verlader, Spediteure, Reiseveranstalter, Hauptauftragnehmer, Unterauftragnehmer und Fahrervermittlungsagenturen für die Einhaltung der Vorschriften der Verordnung (EG) Nr. 561/2006 und der vorliegenden Verordnung verantwortlich.

(3) Die Verkehrsunternehmen, Verlader, Spediteure, Reiseveranstalter, Hauptauftragnehmer, Unterauftragnehmer und Fahrervermittlungsagenturen stellen sicher, dass die vertraglich vereinbarten Beförderungszeitpläne nicht gegen die Verordnung (EG) Nr. 561/2006 verstoßen.

Abschnitt 8
Ordnungswidrigkeiten

§ 21 Ordnungswidrigkeiten

(1) Ordnungswidrig im Sinne des § 8 Abs. 1 Nr. 1 Buchstabe a des Fahrpersonalgesetzes handelt, wer als Unternehmer vorsätzlich oder fahrlässig

1. entgegen § 1 Abs. 5 Satz 1 nicht dafür sorgt, dass die dort genannten Vorschriften eingehalten werden,
2. entgegen § 1 Abs. 6 Satz 7 Nr. 2 oder 3 jeweils auch in Verbindung mit Abs. 7 Satz 3 eine Aufzeichnung oder ein Schaublatt nicht oder nicht rechtzeitig prüft oder nicht, nicht in der vorgeschriebenen Weise oder nicht für die vorgeschriebene Dauer aufbewahrt oder nicht oder nicht rechtzeitig vorlegt oder eine Maßnahme nicht oder nicht rechtzeitig ergreift,

3. entgegen § 1 Abs. 7 Satz 3 ein Schaublatt nicht oder nicht rechtzeitig aushändigt oder nicht dafür sorgt, dass das Kontrollgerät oder der Fahrtschreiber benutzt wird,
4. entgegen § 2 Abs. 4 Satz 1 nicht sicherstellt, dass die Daten des Fahrzeugspeichers übertragen und gespeichert werden,
5. entgegen § 2 Abs. 5 Satz 1 oder 2 nicht sicherstellt, dass die dort genannten Daten kopiert werden,
6. entgegen § 2 Abs. 5 Satz 4 Daten nicht oder nicht rechtzeitig zur Verfügung stellt,
7. entgegen § 2 Abs. 5 Satz 5 eine Sicherheitskopie nicht oder nicht rechtzeitig erstellt,
8. entgegen § 2 Abs. 6 Satz 1 Daten nicht oder nicht rechtzeitig zur Verfügung stellt,

8a.entgegen § 2a Unterlagen nicht oder nicht ein Jahr aufbewahrt oder nicht zur Verfügung stellt,

9. entgegen § 19 Satz 1 ein Kontrollgerät nicht oder nicht rechtzeitig einbauen lässt oder
10. entgegen § 20 Abs. 1 Satz 2, 3 oder Satz 4 oder Abs. 2 oder 3 eine dort genannte Bescheinigung nicht, nicht richtig, nicht rechtzeitig ausstellt, nicht oder nicht rechtzeitig aushändigt oder nicht oder nicht rechtzeitig vorlegt oder nicht für den vorgeschriebenen Zeitraum aufbewahrt.

(2) Ordnungswidrig im Sinne des § 8 Abs. 1 Nr. 2 Buchstabe a des Fahrpersonalgesetzes handelt, wer als Fahrer vorsätzlich oder fahrlässig

1. entgegen § 1 Abs. 1 oder 3 Nr. 1 Satz 1 oder Nr. 2 Satz 2 Lenkzeiten, Fahrtunterbrechungen oder Ruhezeiten nicht einhält,
2. entgegen § 1 Abs. 6 Sätze 1 bis 6, jeweils auch in Verbindung mit Abs. 7 Satz 3, eine Aufzeichnung nicht, nicht richtig oder nicht vollständig führt oder eine Aufzeichnung oder ein Schaublatt nicht mitführt oder nicht oder nicht rechtzeitig aushändigt,
3. entgegen § 1 Abs. 7 Satz 1 ein Kontrollgerät oder einen Fahrtschreiber nicht oder nicht richtig betreibt,
4. entgegen § 1 Abs. 7 Satz 2 die Schicht oder die Pausen auf dem Schaublatt nicht, nicht richtig oder nicht rechtzeitig vermerkt,
5. entgegen § 1 Abs. 7 Satz 4 die Schaublätter nicht mitführt oder nicht oder nicht rechtzeitig zur Prüfung aushändigt,
6. entgegen § 2 Abs. 1 ein Kontrollgerät nicht oder nicht richtig bedient oder die Benutzerführung nicht oder nicht richtig beachtet,
7. entgegen § 2 Abs. 2 einen dort genannten Zeitraum auf der Fahrerkarte nicht, nicht richtig oder nicht rechtzeitig einträgt,
8. (aufgehoben)
9. entgegen § 2 Abs. 3 Satz 1 einen Ausdruck nicht oder nicht rechtzeitig vorlegt,
10. entgegen § 2 Abs. 4 Satz 3 den Ausdruck nicht oder nicht rechtzeitig weiterleitet,
11. entgegen § 5 Abs. 4 Satz 1 die Fahrerkarte einem Dritten zur Nutzung überlässt,

12. entgegen § 5 Abs. 4 Satz 2 die Fahrerkarte nicht mitführt oder nicht oder nicht rechtzeitig zur Prüfung aushändigt,
13. entgegen § 6 die abgelaufene Fahrerkarte oder den Ausdruck nicht oder nicht mindestens 28 Kalendertage mitführt,
14. entgegen § 19 Satz 2 ein Kontrollgerät nicht benutzt oder
15. entgegen § 20 Abs. 1 Satz 1 oder Satz 4 eine Bescheinigung oder einen Nachweis nicht, nicht richtig, nicht rechtzeitig vorlegt oder die Bescheinigung selbst als beauftragte Person unterzeichnet.

(3) Ordnungswidrig im Sinne des § 8 Abs. 1 Nr. 4 Buchstabe a des Fahrpersonalgesetzes handelt, wer als Werkstattinhaber oder als verantwortliche Fachkraft (Installateur) vorsätzlich oder fahrlässig

1. entgegen § 8 Abs. 1 Satz 1 erster Halbsatz den Wegfall der Erteilungsvoraussetzungen nicht meldet oder
2. entgegen § 4 Abs. 4 Satz 5 oder § 8 Abs. 1 Satz 1 zweiter Halbsatz in Verbindung mit Satz 3 oder 5 eine Werkstattkarte nicht oder nicht rechtzeitig zurückgibt.

§ 22 (aufgehoben)

§ 23 Zuwiderhandlungen gegen die Verordnung (EWG) Nr. 3821/85[1)]

(1) Ordnungswidrig im Sinne des § 8 Abs. 1 Nr. 1 Buchstabe b des Fahrpersonalgesetzes handelt, wer als Unternehmer gegen die Verordnung (EWG) Nr. 3821/85 des Rates vom 20. Dezember 1985 über das Kontrollgerät im Straßenverkehr (ABl. EG Nr. L 370 S. 8), zuletzt geändert durch Artikel 26 der Verordnung (EG) Nr. 561/2006 des Europäischen Parlaments und des Rates vom 15. März 2006 (ABl. EU Nr. L 102 S. 1), verstößt, indem er vorsätzlich oder fahrlässig

1. entgegen Artikel 3 Abs. 1 erster Halbsatz ein Kontrollgerät nicht einbaut oder nicht benutzt,
2. entgegen Artikel 13 für das ordnungsgemäße Funktionieren des Kontrollgerätes oder die ordnungsgemäße Benutzung des Kontrollgerätes oder der Fahrerkarte nicht sorgt,
3. entgegen Artikel 14 Abs. 1 Unterabs. 1 Satz 1 eine ausreichende Anzahl Schaublätter nicht aushändigt,
4. entgegen Artikel 14 Abs. 1 Unterabs. 1 Satz 2 ein Schaublatt aushändigt, das sich für das eingebaute Kontrollgerät nicht eignet,
5. entgegen Artikel 14 Abs. 1 Unterabs. 2 nicht dafür Sorge trägt, dass der dort genannte Ausdruck ordnungsgemäß erfolgen kann,
6. entgegen Artikel 14 Abs. 2 Satz 3 ein Schaublatt nicht oder nicht rechtzeitig vorlegt oder nicht oder nicht rechtzeitig aushändigt oder
7. entgegen Artikel 16 Abs. 1 Unterabs. 1, auch in Verbindung mit Unterabs. 2, eine Reparatur nicht, nicht richtig oder nicht rechtzeitig durchführen lässt.

(2) Ordnungswidrig im Sinne des § 8 Abs. 1 Nr. 2 Buchstabe b des Fahrpersonalgesetzes handelt, wer als Fahrer gegen die Verordnung (EWG) Nr. 3821/85 verstößt, indem er vorsätzlich oder fahrlässig

1. entgegen Artikel 3 Abs. 1 erster Halbsatz ein Kontrollgerät nicht benutzt,
2. entgegen Artikel 13 für das ordnungsgemäße Funktionieren des Kontrollgerätes oder die ordnungsgemäße Benutzung des Kontrollgerätes oder der Fahrerkarte nicht sorgt,
3. entgegen Artikel 14 Abs. 1 Unterabs. 2 nicht dafür Sorge trägt, dass der dort genannte Ausdruck ordnungsgemäß erfolgen kann,
4. entgegen Artikel 14 Abs. 4 Buchstabe a Unterabs. 3 Satz 2 oder 3 eine andere Fahrerkarte, eine defekte Fahrerkarte oder eine Fahrerkarte, deren Gültigkeit abgelaufen ist, benutzt,
5. entgegen Artikel 15 Abs. 1 Unterabs. 1 Satz 1 oder Abs. 2 Unterabs. 1 Satz 2 oder 3 ein Schaublatt oder eine Fahrerkarte verwendet oder entnimmt,
6. entgegen Artikel 15 Abs. 1 Unterabs. 5 einen Ausdruck nicht oder nicht rechtzeitig fertigt oder eine dort genannte Angabe oder eine dort genannte Zeit nicht, nicht richtig, nicht vollständig oder nicht rechtzeitig einträgt,
7. entgegen Artikel 15 Abs. 2 Unterabs. 1 Satz 1 ein Schaublatt oder eine Fahrerkarte nicht benutzt,
8. entgegen Artikel 15 Abs. 2 Unterabs. 2 oder 3 oder Abs. 5 eine Eintragung oder eine Änderung nicht, nicht richtig, nicht vollständig, nicht in der vorgeschriebenen Weise oder nicht rechtzeitig vornimmt,
9. einer Vorschrift des Artikels 15 Abs. 3 über die Zeitmarkierung auf dem Schaublatt oder das Betätigen der Schaltvorrichtung des Kontrollgerätes zuwiderhandelt,
10. entgegen Artikel 15 Abs. 5a Unterabs. 1 Satz 1 ein Symbol nicht oder nicht richtig eingibt,
11. entgegen Artikel 15 Abs. 7 Buchstabe a oder b ein Schaublatt, die Fahrerkarte, einen Ausdruck oder eine handschriftliche Aufzeichnung nicht oder nicht rechtzeitig vorlegt,
12. entgegen Artikel 16 Abs. 2 Unterabs. 1 eine dort genannte Angabe nicht, nicht richtig, nicht vollständig oder nicht für die vorgeschriebene Dauer vermerkt,
13. entgegen Artikel 16 Abs. 2 Unterabs. 2 eine Angabe nicht oder nicht rechtzeitig ausdrucken lässt oder nicht, nicht richtig, nicht vollständig oder nicht rechtzeitig macht oder den Ausdruck nicht oder nicht rechtzeitig mit der Unterschrift versieht oder
14. entgegen Artikel 16 Abs. 3 Unterabs. 3 die Fahrt ohne Fahrerkarte fortsetzt.

(3) Ordnungswidrig im Sinne des § 8 Abs. 1 Nr. 4 Buchstabe b des Fahrpersonalgesetzes handelt, wer als Werkstattinhaber oder als Installateur vorsätzlich oder fahrlässig entgegen Artikel 12 Abs. 1 Unterabs. 1 der Verordnung (EWG) Nr. 3821/85 ein Kontrollgerät einbaut oder repariert.

(4) Ordnungswidrig im Sinne des § 8 Abs. 1 Nr. 1 Buchstabe b, Nr. 2 Buchstabe b oder Nr. 4 Buchstabe b des Fahrpersonalgesetzes handelt, wer als Unternehmer, Fahrer, Werkstattinhaber oder als Installateur fahrlässig entgegen Artikel 15 Abs. 8 der Verordnung (EWG) Nr. 3821/85 Aufzeichnungen auf dem Schaublatt verfälscht, unterdrückt oder vernichtet oder Speicherinhalte des Kontrollgerätes oder der Fahrerkarte oder die ausgedruckten Dokumente

von dem Kontrollgerät nach Anhang I B verfälscht, unterdrückt oder vernichtet oder eine Einrichtung hierfür im Fahrzeug bereithält.

§ 24 Zuwiderhandlungen gegen die Verordnung (EG) Nr. 2135/98

Ordnungswidrig im Sinne des § 8 Abs. 1 Nr. 2 Buchstabe b des Fahrpersonalgesetzes handelt, wer als Fahrer vorsätzlich oder fahrlässig entgegen Artikel 2 Abs. 4 der Verordnung (EG) Nr. 2135/98 des Rates vom 24. September 1998 zur Änderung der Verordnung (EWG) Nr. 3821/85 über das Kontrollgerät im Straßenverkehr und der Richtlinie 88/599/EWG über die Anwendung der Verordnungen (EWG) Nr. 3820/85 und (EWG) Nr. 3821/85 (ABl. EG Nr. L 274 S. 1), die durch die Verordnung (EG) Nr. 1360/2002 der Kommission vom 13. Juni 2002 (ABl. EG Nr. L 207 S. 1) geändert worden ist, eine Angabe nicht oder nicht rechtzeitig ausdruckt oder nicht oder nicht rechtzeitig überträgt oder das ausgedruckte Dokument nicht oder nicht rechtzeitig unterzeichnet.

§ 25 Zuwiderhandlungen gegen das AETR

(1) Ordnungswidrig im Sinne des § 8 Absatz 1 Nummer 1 Buchstabe b des Fahrpersonalgesetzes handelt, wer als Unternehmer gegen das Europäische Übereinkommen über die Arbeit des im internationalen Straßenverkehr beschäftigten Fahrpersonals (AETR) in der Fassung der Bekanntmachung vom 31. Juli 1985 (BGBl. 1985 II S. 889), das zuletzt durch Artikel 1 des Gesetzes vom 2. November 2011 (BGBl. 2011 II S. 1095) geändert worden ist, verstößt, indem er vorsätzlich oder fahrlässig

1. entgegen Artikel 5 einen Fahrer einsetzt, der die dort genannten Voraussetzungen nicht erfüllt,
2. entgegen Artikel 11 Absatz 1 in Verbindung mit Artikel 6 Absatz 1 Satz 1, Absatz 2 oder Absatz 3, Artikel 7 Absatz 1 oder Artikel 8 Absatz 1, 2 Satz 1, Absatz 3, 5, 6 Buchstabe a oder Buchstabe c Satz 1, 3 oder Satz 4 oder Absatz 7 den Fahrbetrieb nicht oder nicht richtig organisiert,
3. entgegen Artikel 11 Absatz 2 Satz 2 einen festgestellten Verstoß gegen das Übereinkommen nicht oder nicht rechtzeitig abstellt oder eine dort genannte Maßnahme nicht oder nicht rechtzeitig trifft,
4. entgegen Artikel 10 des Anhangs für das einwandfreie Funktionieren oder die ordnungsgemäße Benutzung des Kontrollgerätes oder der Fahrerkarte nicht sorgt,
5. entgegen Artikel 11 Absatz 1 des Anhangs ein dort genanntes Schaublatt nicht oder nicht richtig aushändigt oder nicht dafür Sorge trägt, dass ein dort genannter Ausdruck erfolgen kann,
6. entgegen Artikel 11 Absatz 2 Buchstabe a Satz 1 des Anhangs ein Schaublatt oder eine Kopie nicht oder nicht mindestens ein Jahr aufbewahrt,
7. entgegen Artikel 11 Absatz 2 Buchstabe a Satz 3 des Anhangs ein Schaublatt nicht oder nicht rechtzeitig aushändigt,
8. entgegen Artikel 11 Absatz 2 Buchstabe b Ziffer ii des Anhangs nicht sicherstellt, dass alle Daten aus der Fahrzeugeinheit und der Fahrerkarte heruntergeladen werden oder mindestens zwölf Monate aufbewahrt werden und die Daten auf Verlangen zur Verfügung stehen, oder

9. entgegen Artikel 13 Absatz 1 Unterabsatz 1 des Anhangs eine Reparatur nicht oder nicht rechtzeitig durchführen lässt.

(2) Ordnungswidrig im Sinne des § 8 Absatz 1 Nummer 2 Buchstabe b des Fahrpersonalgesetzes handelt, wer als Fahrer gegen das Europäische Übereinkommen über die Arbeit des im internationalen Straßenverkehr beschäftigten Fahrpersonals (AETR) verstößt, indem er vorsätzlich oder fahrlässig

1. entgegen Artikel 5 ein Fahrzeug führt, ohne das dort festgelegte Mindestalter erreicht zu haben oder ohne einer dort festgesetzten Anforderung zu entsprechen,
2. entgegen Artikel 6 Absatz 1 Satz 1, Absatz 2 oder Absatz 3, Artikel 7 Absatz 1 oder Artikel 8 Absatz 1, 2, 5, 6 oder 7 oder Artikel 8bis eine Lenkzeit, eine Unterbrechung oder eine Ruhezeit nicht einhält,
3. entgegen Artikel 6 Absatz 5 Satz 1 eine dort genannte Zeit nicht oder nicht richtig festhält,
4. entgegen Artikel 9 Satz 2 Art oder Grund einer Abweichung nicht, nicht richtig oder nicht rechtzeitig vermerkt,
5. entgegen Artikel 10 des Anhangs für das einwandfreie Funktionieren und die ordnungsgemäße Benutzung des Kontrollgerätes sowie der Fahrerkarte nicht sorgt,
6. entgegen Artikel 11 Absatz 1 Unterabsatz 2 des Anhangs nicht dafür Sorge trägt, dass ein dort genannter Ausdruck erfolgen kann,
7. entgegen Artikel 12 Absatz 1 Unterabsatz 1 Satz 1 oder Unterabsatz 2 des Anhangs ein angeschmutztes oder beschädigtes Schaublatt verwendet oder dem Reserveblatt das beschädigte Schaublatt nicht, nicht richtig oder nicht rechtzeitig beifügt,
8. entgegen Artikel 12 Absatz 2 Buchstabe a Satz 1 des Anhangs ein Schaublatt oder eine Fahrerkarte nicht oder nicht rechtzeitig benutzt,
9. entgegen Artikel 12 Absatz 2 Buchstabe a Satz 2 oder Satz 3 des Anhangs ein Schaublatt oder eine Fahrerkarte entnimmt oder über den dort genannten Zeitraum hinaus verwendet,
10. entgegen Artikel 12 Absatz 2 Buchstabe c des Anhangs eine Änderung nicht, nicht richtig oder nicht in der vorgeschriebenen Weise vornimmt,
11. entgegen Artikel 12 Absatz 7 Buchstabe a oder Buchstabe b des Anhangs ein dort genanntes Schaublatt, eine Fahrerkarte oder einen dort genannten Ausdruck nicht oder nicht rechtzeitig vorlegt,
12. entgegen Artikel 13 Absatz 2 Buchstabe a des Anhangs eine dort genannte Angabe nicht, nicht richtig, nicht vollständig, nicht in der vorgeschriebenen Weise oder nicht rechtzeitig vermerkt oder
13. entgegen Artikel 13 Absatz 2 Buchstabe b Ziffer i des Anhangs eine Angabe nicht, nicht richtig oder nicht rechtzeitig ausdruckt, den Ausdruck nicht oder nicht rechtzeitig mit der Unterschrift versieht oder eine Zeit nicht, nicht richtig oder nicht rechtzeitig einträgt.

(3) Ordnungswidrig im Sinne des § 8 Absatz 1 Nummer 4 Buchstabe b des Fahrpersonalgesetzes handelt, wer als Werkstattinhaber oder als Installateur vorsätzlich oder fahrlässig entgegen Artikel 9 Absatz 1 des Anhangs zum Europäischen Übereinkommen über die Arbeit des im internationalen Straßenverkehr beschäftigten Fahrpersonals (AETR) ein Kontrollgerät einbaut oder repariert.

Abschnitt 9
Übergangsvorschriften

§ 26

Kontrollgerätkarten, die vor Inkrafttreten dieser Verordnung von den zuständigen Behörden oder Stellen in einem vom Bundesministerium für Verkehr, Bau und Stadtentwicklung geregelten Verfahren erteilt worden sind, gelten als wirksam erteilt im Sinne der §§ 4, 5, 7 und 9 dieser Verordnung.

Anlagen 1 bis 3 ...

Anlage zu § 1 Abs. 6

2. Amtliches Kennzeichen des (der) Fahrzeuge(s)	1. **Tageskontrollblatt Nr.**	3. Tag und Datum

	1	2	3	4	5	6	7	8	9	10	11	12
4.												
5.												
6.												

	13	14	15	16	17	18	19	20	21	22	23	24
4.												
5.												
6.												

7. Ort der Fahrtaufnahme	8. Ort der Fahrtbeendigung

9. Höchstzulässiges Gesamtgewicht des Fahrzeugs einschließlich Anhänger		Stundenzahl
	4.	
10. Kilometerstand bei Fahrtende km	5.	
bei Fahrtbeginn km	6.	
Gesamtfahrstrecke: .... km		
Bemerkungen und Unterschrift		

Erläuterungen:
4 = Ruhezeiten und Lenkzeitunterbrechungen
5 = Lenkzeiten
6 = Sonstige Arbeitszeiten einschl. Arbeitsbereitsch

Buß- und Verwarnungsgeldkataloge des Länderausschusses für Arbeitsschutz und Sicherheitstechnik zum Fahrpersonalrecht

Stand: Juni 2012

Buß- und Verwarnungsgeldkataloge des LASI zum Fahrpersonalrecht

I. Buß- und Verwarnungsgeldkatalog für Verstöße gegen die Verordnung (EG) Nr. 561/2006

II. Buß- und Verwarnungsgeldkatalog für Verstöße gegen die Verordnung (EWG) Nr. 3821/85

III. Buß- und Verwarnungsgeldkatalog für Verstöße gegen das Fahrpersonalgesetz

IV. Buß- und Verwarnungsgeldkatalog für Verstöße gegen die Fahrpersonalverordnung

V. Buß- und Verwarnungsgeldkatalog für Verstöße gegen das AETR

VI. Buß- und Verwarnungsgeldkatalog für Verstöße von Fahrzeughaltern, Werkstattinhabern bzw. Installateuren

Buß und Verwarnungsgeldkataloge des Länderausschusses für Arbeitsschutz und Sicherheitstechnik zum Fahrpersonalrecht

I. Buß und Verwarnungsgeldkatalog für Verstöße gegen die Verordnung (EG) Nr. 561/2006[1]

Verordnung (EWG) Nr. 561/2006				
Fahrpersonal F			**Unternehmer U**	
Lfd. Nr.	Ordnungswidrig nach **§ 8 Abs. 2 Fahrpersonalgesetz** handelt, wer	FPersG	Ordnungswidrig nach **§ 8 Abs. 1 Fahrpersonalgesetz** handelt, wer	FPersG
	Anforderungen an das Fahrpersonal			
1			einen Schaffner oder Beifahrer vor Erreichen des Mindestalters einsetzt. Je angefangenen 24-Stunden-Zeitraum je Beifahrer oder Schaffner **Artikel 5 Abs. 1 oder 2**	**§ 8a Abs. 1 Nr. 1** **50,– €**
Verstöße gegen die Vorschriften über Lenkzeiten, Ruhezeiten und Unterbrechungen				
2	die zulässige Tageslenkzeit von **9 Stunden** nicht einhält. Bei Überschreiten bis zu 60 Minuten Bei Überschreiten von mehr als 1 Stunde bis zu 2 Stunden je angefangene ½ Stunde Bei Überschreiten von mehr als 2 Stunden je angefangene ½ Stunde **Artikel 6 Abs. 1 Satz 1**	**§ 8a Abs. 2 Nr. 1** **Verwarnungsgeld 30,– €** **30,– €** **60,– €**	nicht dafür sorgt, dass die zulässige Tageslenkzeit von **9 Stunden** eingehalten wird. Bei Überschreiten bis zu 2 Stunden je angefangene ½ Stunde Bei Überschreiten von mehr als 2 Stunden je angefangene ½ Stunde **Artikel 6 Abs. 1 Satz 1**	**§ 8a Abs. 1 Nr. 2** **90,– €** **180,– €**
3	die zulässige Tageslenkzeit von **10 Stunden** nicht einhält. Bei Überschreiten bis zu 30 Minuten Bei Überschreiten bis zu 2 Stunden je angefangene ½ Stunde Bei Überschreiten von mehr als 2 Stunden je angefangene ½ Stunde **Artikel 6 Abs. 1 Satz 2**	**§ 8a Abs. 2 Nr. 1** **Verwarnungsgeld 30,– €** **30,– €** **60,– €**	nicht dafür sorgt, dass die zulässige Tageslenkzeit von **10 Stunden** eingehalten wird. Bei Überschreiten bis zu 2 Stunden je angefangene ½ Stunde Bei Überschreiten von mehr als 2 Stunden je angefangene ½ Stunde **Artikel 6 Abs. 1 Satz 2**	**§ 8a Abs. 1 Nr. 2** **90,– €** **180,– €**

1 Verordnung (EG) Nr. 561/2006 des Europäischen Parlaments und des Rates vom 15. März 2006 zur Harmonisierung bestimmter Sozialvorschriften im Straßenverkehr und zur Änderung der Verordnungen (EWG) Nr. 3821/85 und (EG) Nr. 2135/98 des Rates sowie zur Aufhebung der Verordnung (EWG) Nr. 3820/85 des Rates (Amtsblatt der Europäischen Union L 102 S. 1 ff.)

Verordnung (EWG) Nr. 561/2006				
Fahrpersonal F			**Unternehmer U**	
Lfd. Nr.	Ordnungswidrig nach **§ 8 Abs. 2 Fahrpersonalgesetz** handelt, wer	FPersG	Ordnungswidrig nach **§ 8 Abs. 1 Fahrpersonalgesetz** handelt, wer	FPersG
4	die wöchentliche Lenkzeit von 56 Stunden nicht einhält[2] Bei Überschreiten bis zu 2 Stunden Bei einer Wochenlenkzeit von 58 bis 67 Stunden je angefangene Stunde Bei mehr als 67 Stunden je angefangene Stunde **Artikel 6 Abs. 2**	**§ 8a Abs. 2 Nr. 1** **Verwarnungsgeld 30,– €** **30,– €** **60,– €**	nicht dafür sorgt, dass die wöchentliche Lenkzeit von 56 Stunden eingehalten wird. Bei einer Wochenlenkzeit bis zu 67 Stunden je angefangene Stunde Bei mehr als 67 Stunden je angefangene Stunde **Artikel 6 Abs. 2**	**§ 8a Abs. 1 Nr. 2** **90,– €** **180,– €**
5	die Gesamtlenkzeit von 90 Stunden während zweier aufeinander folgenden Wochen nicht einhält. Bei Überschreiten bis zu 2 Stunden Bei einer Gesamtlenkzeit von **mehr als 92 bis 108 Stunden** je angefangene Stunde Bei **mehr als 108 Stunden** je angefangene Stunde **Artikel 6 Abs. 3**	**§ 8a Abs. 2 Nr. 1** **Verwarnungsgeld 30,– €** **30,– €** **60,– €**	nicht dafür sorgt, dass die Gesamtlenkzeit von 90 Stunden während zweier aufeinander folgenden Wochen eingehalten wird. Bei einer Gesamtlenkzeit **bis zu 108 Stunden** je angefangene Stunde Bei mehr als 108 Stunden je angefangene Stunde **Artikel 6 Abs. 3**	**§ 8a Abs. 1 Nr. 2** **90,– €** **180,– €**
6	die Bestimmungen über die Fahrtunterbrechungen nicht einhält. Lenkdauer nicht zum vorgeschriebenen Zeitpunkt unterbrochen. Bei Überschreiten bis zu 60 Minuten Bei Überschreiten bis zu 1 Stunde und je angefangene weitere ½ Stunde **Artikel 7 Satz 1**	**§ 8a Abs. 2 Nr. 1** **Verwarnungsgeld 30,– €** **30,– €**	nicht dafür sorgt, dass die Bestimmungen über die Fahrtunterbrechungen eingehalten werden. Lenkdauer nicht zum vorgeschriebenen Zeitpunkt unterbrochen. Bei Überschreiten bis zu 1 Stunde und je angefangene weitere ½ Stunde **Artikel 7 Satz 1**	**§ 8a Abs. 1 Nr. 2** **90,– €**

2 Hinweis: 60 Stunden Arbeitszeit dürfen nicht überschritten werden, vgl. § 21a ArbZG

Verordnung (EWG) Nr. 561/2006				
	Fahrpersonal F		**Unternehmer U**	
Lfd. Nr.	Ordnungswidrig nach **§ 8 Abs. 2 Fahrpersonalgesetz** handelt, wer	FPersG	Ordnungswidrig nach **§ 8 Abs. 1 Fahrpersonalgesetz** handelt, wer	FPersG
7	die Bestimmungen über die Fahrtunterbrechungen nicht einhält. Die Lenkdauer wurde nicht in der vorgeschriebenen Dauer unterbrochen. Bei Unterschreiten bis zu 15 Minuten Bei Unterschreiten von mehr als 15 Minuten und je angefangene weitere ¼ Stunde **Artikel 7 Satz 1**	**§ 8a Abs. 2 Nr. 1** **Verwarnungsgeld 30,– €** **60,– €**	nicht dafür sorgt, dass die Bestimmungen über die Fahrtunterbrechungen eingehalten werden. Die Lenkdauer wurde nicht in der vorgeschriebenen Dauer unterbrochen. Bei Unterschreiten bis zu 15 Minuten Bei Unterschreiten von mehr als 15 Minuten und je angefangene weitere ¼ Stunde **Artikel 7 Satz 1**	**§ 8a Abs. 1 Nr. 2** **90,– €** **180,– €**
8	die täglichen Ruhezeiten in einem 24- oder 30-Stunden-Zeitraum nicht einhält. Bei Unterschreiten bis zu einer Stunde Bei Unterschreiten bis zu 3 Stunden je angefangene Stunde Bei Unterschreiten von mehr als 3 Stunden je angefangene Stunde **Artikel 8 Abs. 2 oder 5**	**§ 8a Abs. 2 Nr. 1** **Verwarnungsgeld 30,– €** **30,– €** **60,– €**	nicht dafür sorgt, dass die Bestimmungen über die täglichen Ruhezeiten in einem 24- oder 30StundenZeitraum eingehalten werden. Bei Unterschreiten bis zu 3 Stunden je angefangene Stunde Bei Unterschreiten von mehr als 3 Stunden je angefangene Stunde **Artikel 8 Abs. 2 oder 5**	**§ 8a Abs. 1 Nr. 2** **90,– €** **180,– €**
9	die Bestimmungen über die Einhaltung der Ruhezeiten in zwei aufeinander folgenden Wochen nicht einhält Bei Unterschreiten bis zu einer Stunde Bei Unterschreiten bis zu 1 Stunde und je angefangene weitere Stunde **Artikel 8 Abs. 6**	**§ 8a Abs. 2 Nr. 1** **Verwarnungsgeld 30,– €** **30,– €**	nicht dafür sorgt, dass die Bestimmungen über die Einhaltung der Ruhezeiten in zwei aufeinander folgenden Wochen eingehalten werden. Bei Unterschreiten bis zu 1 Stunde und je angefangene weitere Stunde **Artikel 8 Abs. 6**	**§ 8a Abs. 1 Nr. 2** **90,– €**
10	die wöchentliche Ruhezeit nicht zum vorgeschriebenen Zeitpunkt einlegt. Bei Überschreiten je angefangenem 24-Stunden-Zeitraum **Artikel 8 Abs. 6 Unterabsatz 2**	**§ 8a Abs. 2 Nr. 1** **60,– €**	nicht dafür sorgt, dass die Bestimmungen über die wöchentliche Ruhezeit eingehalten werden. Die wöchentliche Ruhezeit wurde nicht zum vorgeschriebenen Zeitpunkt eingelegt. Bei Überschreiten je angefangenem 24-Stunden-Zeitraum **Artikel 8 Abs. 6 Unterabsatz 2**	**§ 8a Abs. 1 Nr. 2** **180,– €**

Verordnung (EWG) Nr. 561/2006				
Fahrpersonal F			**Unternehmer U**	
Lfd. Nr.	Ordnungswidrig nach **§ 8 Abs. 2 Fahrpersonalgesetz** handelt, wer	FPersG	Ordnungswidrig nach **§ 8 Abs. 1 Fahrpersonalgesetz** handelt, wer	FPersG
11	die vorgeschriebene Mindestdauer der regelmäßigen wöchentlichen Ruhezeit nicht einhält.	**§ 8a Abs. 2 Nr. 1**	nicht dafür sorgt, dass die vorgeschriebene Mindestdauer der regelmäßigen wöchentlichen Ruhezeit eingehalten wird.	**§ 8a Abs. 1 Nr. 2**
	Bei Unterschreiten bis zu 1 Stunde	**Verwarnungsgeld 30,– €**	Bei Unterschreiten bis zu 9 Stunden je angefangener Stunde	**90,– €**
	Bei Unterschreiten bis zu 9 Stunden je angefangener Stunde	**30,– €**	Bei Unterschreiten von mehr als 9 Stunden je angefangener Stunde	**180,– €**
	Bei Unterschreiten von mehr als 9 Stunden je angefangener Stunde	**60,– €**		
	Artikel 8 Abs. 6 in Verbindung mit Art. 4 Buchstabe h		**Artikel 8 Abs. 6 in Verbindung mit Art 4 Buchstabe h**	
12	die vorgeschriebene Mindestdauer der reduzierten wöchentlichen Ruhezeit nicht einhält.	**§ 8a Abs. 2 Nr. 1**	nicht dafür sorgt, dass die vorgeschriebene Mindestdauer der reduzierten wöchentlichen Ruhezeit eingehalten wird	**§ 8a Abs. 1 Nr. 2**
	Bei Unterschreiten bis zu 1 Stunde	**Verwarnungsgeld 30,– €**	Bei Unterschreiten bis zu 5 Stunden je angefangener Stunde	**90,– €**
	Bei Unterschreiten bis zu 5 Stunden je angefangener Stunde	**30,– €**	Bei Unterschreiten von mehr als 5 Stunden je angefangener Stunde	**180,– €**
	Bei Unterschreiten von mehr als 5 Stunden je angefangener Stunde	**60,– €**		
	Artikel 8 Abs. 6 in Verbindung mit Art 4 Buchstabe h		**Artikel 8 Abs. 6 in Verbindung mit Art 4 Buchstabe h**	
13	die wöchentliche Ruhezeit im grenzüberschreitenden Personenverkehr für einen einzelnen Gelegenheitsdienst erst nach mehr als 12 aufeinander folgenden 24-Stunden-Zeiträumen einlegt.	**§ 8a Abs. 2 Nr. 1**	nicht dafür sorgt, dass die Bestimmungen über die wöchentliche Ruhezeit im grenzüberschreitenden Personenverkehr für einen einzelnen Gelegenheitsdienst eingehalten werden. Die wöchentliche Ruhezeit wurde erst nach mehr als 12 aufeinander folgenden 24-Stunden-Zeiträumen eingelegt.	**§ 8a Abs. 1 Nr. 2**
	Bei Überschreiten je angefangenem 24-Stunden-Zeitraum	**100,– €**	Bei Überschreiten je angefangenem 24-Stunden-Zeitraum	**300,– €**
	Artikel 8 Abs. 6a		**Artikel 8 Abs. 6a**	

Verordnung (EWG) Nr. 561/2006				
Fahrpersonal F			**Unternehmer U**	
Lfd. Nr.	Ordnungswidrig nach **§ 8 Abs. 2 Fahrpersonalgesetz** handelt, wer	FPersG	Ordnungswidrig nach **§ 8 Abs. 1 Fahrpersonalgesetz** handelt, wer	FPersG
14	den Ausgleich für eine reduzierte wöchentliche Ruhezeit nicht mit einer anderen Ruhezeit von mindestens 9 Stunden verbindet. Bei Unterschreiten bis zu 1 Stunde Bei Unterschreiten bis zu 1 Stunde und je angefangene weitere Stunde **Artikel 8 Abs. 7 in Verbindung mit Art 4 Buchstabe h**	**§ 8a Abs. 2 Nr. 1** **Verwarnungsgeld 30,– €** **30,– €**	nicht dafür sorgt, dass der Ausgleich für eine reduzierte wöchentliche Ruhezeit mit einer anderen Ruhezeit von mindestens 9 Stunden verbunden wird. Bei Unterschreiten bis zu 1 Stunde und je angefangene weitere Stunde **Artikel 8 Abs. 7 in Verbindung mit Art 4 Buchstabe h**	**§ 8a Abs. 1 Nr. 2** **90,– €**
15	andere Arbeits oder Bereitschaftszeiten nicht festhält. Je 24-Stunden-Zeitraum **Artikel 6 Abs. 5**	**§ 8a Abs. 2 Nr. 2** **50,– €**		
16	Art und Grund der Abweichung von den Bestimmungen nicht vermerkt. Je 24-Stunden-Zeitraum **Artikel 12 Satz 2**	**§ 8a Abs. 2 Nr. 3** **50,– €**		
Verstöße gegen die Vorschriften über Linienfahrpläne und Arbeitszeitpläne				
17	einen Auszug aus dem Arbeitszeitplan oder eine Ausfertigung des Linienfahrplans nicht mit sich führt. Je 24-Stunden-Zeitraum **Artikel 16 Abs. 2 Unterabsatz 2**	**§ 8a Abs. 2 Nr. 4** **125,– €**		
18			einen Linienfahrplan oder einen Arbeitszeitplan nicht, nicht richtig oder nicht vollständig erstellt. Je Fall **Artikel 16 Abs. 2 Satz 1 i.V.m. Abs. 3 Buchstabe a Halbsatz 1**	**§ 8a Abs. 1 Nr. 3** **500,– €**

Verordnung (EWG) Nr. 561/2006				
	Fahrpersonal F		Unternehmer U	
Lfd. Nr.	Ordnungswidrig nach **§ 8 Abs. 2 Fahrpersonalgesetz** handelt, wer	FPersG	Ordnungswidrig nach **§ 8 Abs. 1 Fahrpersonalgesetz** handelt, wer	FPersG
19			einen Arbeitszeitplan nicht oder nicht mindestens ein Jahr aufbewahrt. Je angefangene Woche **Artikel 16 Abs. 3 Buchstabe c**	**§ 8a Abs. 1 Nr. 4** **100,– €**
20			als Unternehmer, Verlader, Spediteur, Reiseveranstalter oder Fahrervermittler einen Beförderungszeitplan vertraglich vereinbart und nicht sicherstellt, dass dieser Beförderungszeitplan nicht gegen eine in § 8a Absatz 2 Nr. 1 genannte Vorschrift verstößt. Je vorschriftswidrigen Beförderungszeitplan für jedes betroffene Fahrzeug und für jeden Tag, an dem der Plan in Kraft war **Art. 10 Abs. 4**	**§ 8a Abs. 3** **250,– €** **Mindestens 500,– €**

II. Buß- und Verwarnungsgeldkatalog für Verstöße gegen die Verordnung (EWG) Nr. 3821/85[1]

Verordnung (EWG) Nr. 3821/85				
Fahrpersonal F			Unternehmer U	
Lfd. Nr.	Ordnungswidrig nach **§ 8 Abs. 1 Nr. 2 Buchstabe b Fahrpersonalgesetz** handelt, wer	FPersV	Ordnungswidrig nach **§ 8 Abs. 1 Nr. 1 Buchstabe b Fahrpersonalgesetz** handelt, wer	FPersV
	Verstöße gegen die Vorschriften über die Arbeitszeitnachweise			
21			ein Kontrollgerät nicht einbaut. Je Fall **Artikel 3 Abs. 1 Halbsatz 1**	**§ 23 Abs. 1 Nr. 1** **1.500,– €**
22	ein Kontrollgerät nicht benutzt. Je 24-Stunden-Zeitraum **Artikel 3 Abs. 1 Halbsatz 1**	**§ 23 Abs. 2 Nr. 1** **250,– €**	nicht für die Benutzung des Kontrollgerätes sorgt. Je 24-Stunden-Zeitraum **Artikel 3 Abs. 1 Halbsatz 1**	**§ 23 Abs. 1 Nr. 1** **750,– €**
23	nicht für das ordnungsgemäße Funktionieren oder die ordnungsgemäße Benutzung des Kontrollgerätes oder der Fahrerkarte sorgt. Je 24-Stunden-Zeitraum **Artikel 13**	**§ 23 Abs. 2 Nr. 2** **250,– €**	nicht für das ordnungsgemäße Funktionieren des Kontrollgerätes oder die ordnungsgemäße Benutzung des Kontrollgerätes oder der Fahrerkarte sorgt. Je 24-Stunden-Zeitraum **Artikel 13**	**§ 23 Abs. 1 Nr. 2** **750,– €**
24			eine ausreichende Anzahl Schaublätter nicht aushändigt. Je angefangene Woche **Artikel 14 Abs. 1 Unterabsatz 1 Satz 1**	**§ 23 Abs. 1 Nr. 3** **500,– €**
25			ein Schaublatt aushändigt, das sich für das eingebaute Kontrollgerät nicht eignet. Je angefangene Woche **Artikel 14 Abs. 1 Unterabsatz 1 Satz 2**	**§ 23 Abs. 1 Nr. 4** **500,– €**

1 Verordnung (EWG) Nr. 3821/85 des Rates über das Kontrollgerät im Straßenverkehr vom 20. Dezember 1985 (ABl. EG, Nr. L 370, S. 8); zuletzt geändert durch Artikel 1 der Verordnung vom 16. Dezember 2009 (ABl. L 339, S. 3)

Verordnung (EWG) Nr. 3821/85				
	Fahrpersonal F		**Unternehmer U**	
Lfd. Nr.	Ordnungswidrig nach **§ 8 Abs. 1 Nr. 2 Buchstabe b Fahrpersonalgesetz** handelt, wer	FPersV	Ordnungswidrig nach **§ 8 Abs. 1 Nr. 1 Buchstabe b Fahrpersonalgesetz** handelt, wer	FPersV
26	nicht dafür Sorge trägt, dass der genannte Ausdruck ordnungsgemäß erfolgen kann. Der Ausdruck konnte nicht/nicht vollständig erstellt werden, die Daten konnten aber auf andere Weise beschafft werden. Je 24-Stunden-Zeitraum Der Ausdruck konnte nicht erstellt werden, Kontrolle war nicht möglich. Je 24-Stunden-Zeitraum **Artikel 14 Abs. 1 Unterabsatz 2**	**§ 23 Abs. 2 Nr. 3** **5,– €** **250,– €**	nicht dafür Sorge trägt, dass im Falle der Kontrolle der genannte Ausdruck ordnungsgemäß erfolgen kann. Der Ausdruck konnte nicht/nicht vollständig erstellt werden, die Daten konnten aber auf andere Weise beschafft werden. Je 24-Stunden-Zeitraum Der Ausdruck konnte nicht erstellt werden, Kontrolle war nicht möglich. Je 24-Stunden-Zeitraum **Artikel 14 Abs. 1 Unterabsatz 2**	**§ 23 Abs. 1 Nr. 5** **15,– €** **750,– €**
27			Schaublätter, Ausdrucke und heruntergeladene Daten nicht vorlegt bzw. aushändigt. Je 24-Stunden-Zeitraum **Artikel 14 Abs. 2 Satz 3**	**§ 23 Abs. 1 Nr. 6** **750,– €**
28	eine andere Fahrerkarte benutzt. Je 24-Stunden-Zeitraum **Artikel 14 Abs. 4 Buchstabe a Unterabsatz 3 Satz 2 oder 3**	**§ 23 Abs. 2 Nr. 4** **500,– €**		
29	eine defekte oder eine ungültige Fahrerkarte benutzt. Je 24-Stunden-Zeitraum, wenn dadurch eine Kontrolle nicht möglich ist Kontrolle erschwert wird **Artikel 14 Abs. 4 Buchstabe a Unterabsatz 3 Satz 2 oder 3**	**§ 23 Abs. 2 Nr. 4** **250,– €** **75,– €**		

Verordnung (EWG) Nr. 3821/85				
Fahrpersonal F			**Unternehmer U**	
Lfd. Nr.	Ordnungswidrig nach **§ 8 Abs. 1 Nr. 2 Buchstabe b Fahrpersonalgesetz** handelt, wer	**FPersV**	Ordnungswidrig nach **§ 8 Abs. 1 Nr. 1 Buchstabe b Fahrpersonalgesetz** handelt, wer	**FPersV**
30	angeschmutzte oder beschädigte Schaublätter oder Fahrerkarten verwendet oder ein Schaublatt oder eine Fahrerkarte vorzeitig entnimmt oder eine Fahrerkarte oder ein Schaublatt über den zulässigen Zeitraum hinaus verwendet. Je 24-Stunden-Zeitraum, wenn dadurch eine Kontrolle nicht möglich ist Kontrolle erschwert wird Aufzeichnungen sind aber zweifelsfrei auswertbar **Artikel 15 Abs. 1 Unterabsatz 1 Satz 1 oder Abs. 2 Unterabsatz 1 Satz 2 oder 3**	**§ 23 Abs. 2 Nr. 5** **250,– €** **75,– €** **Verwarnungsgeld 30,– €**		
31	einen Ausdruck nicht oder nicht rechtzeitig fertigt oder eine dort genannte Angabe oder eine dort genannte Zeit nicht, nicht richtig, nicht vollständig oder nicht rechtzeitig einträgt. Je 24-Stunden-Zeitraum, wenn dadurch eine Kontrolle nicht möglich ist Kontrolle erschwert wird **Artikel 15 Abs. 1 Unterabsatz 5**	**§ 23 Abs.2 Nr. 6** **250,– €** **75,– €**		
32	kein Schaublatt oder keine Fahrerkarte benutzt. Je 24-Stunden-Zeitraum **Artikel 15 Abs. 2 Unterabsatz 1 Satz 1**	**§ 23 Abs. 2 Nr. 7** **250,– €**		

Verordnung (EWG) Nr. 3821/85				
Fahrpersonal F			**Unternehmer U**	
Lfd. Nr.	Ordnungswidrig nach **§ 8 Abs. 1 Nr. 2 Buchstabe b Fahrpersonalgesetz** handelt, wer	FPersV	Ordnungswidrig nach **§ 8 Abs. 1 Nr. 1 Buchstabe b Fahrpersonalgesetz** handelt, wer	FPersV
33	keine Eintragungen für Zeiten vornimmt, in denen sich der Fahrer nicht im Fahrzeug aufhält. Je 24-Stunden-Zeitraum, wenn dadurch eine Kontrolle nicht möglich ist Kontrolle erschwert wird **Artikel 15 Abs. 2 Unterabsatz 2**	**§ 23 Abs. 2 Nr. 8** **150,– €** **75,– €**		
34	auf den Schaublättern nicht die erforderlichen Änderungen vornimmt, wenn sich mehr als ein Fahrer im Fahrzeug befindet, so dass die in Anhang I Ziffer II Nummern 1 bis 3 genannten Angaben auf dem Schaublatt des Fahrers, der tatsächlich lenkt, aufgezeichnet werden. Je 24-Stunden-Zeitraum, wenn dadurch eine Kontrolle nicht möglich ist Kontrolle erschwert wird Aufzeichnungen sind aber zweifelsfrei auswertbar **Artikel 15 Abs. 2 Unterabsatz 3**	**§ 23 Abs. 2 Nr. 8** **150,– €** **75,– €** **Verwarnungsgeld 30,– €**		
35	Schaublätter unvollständig oder unrichtig beschriftet. Je 24-Stunden-Zeitraum, wenn dadurch eine Kontrolle nicht möglich ist Kontrolle erschwert wird Aufzeichnungen sind aber zweifelsfrei auswertbar **Artikel 15 Abs. 5**	**§ 23 Abs. 2 Nr. 8** **250,– €** **75,– €** **Verwarnungsgeld 30,– €**		

Verordnung (EWG) Nr. 3821/85				
Fahrpersonal F			**Unternehmer U**	
Lfd. Nr.	Ordnungswidrig nach **§ 8 Abs. 1 Nr. 2 Buchstabe b Fahrpersonalgesetz** handelt, wer	FPersV	Ordnungswidrig nach **§ 8 Abs. 1 Nr. 1 Buchstabe b Fahrpersonalgesetz** handelt, wer	FPersV
36	nicht darauf achtet, dass die Zeitmarkierung auf dem Schaublatt mit der gesetzlichen Zeit des Landes übereinstimmt, in dem das Fahrzeug zugelassen ist oder den Zeitgruppenschalter nicht oder nicht richtig betätigt. Je 24-Stunden-Zeitraum, wenn dadurch eine Kontrolle nicht möglich ist Kontrolle erschwert wird Aufzeichnungen sind aber zweifelsfrei auswertbar **Artikel 15 Abs. 3**	**§ 23 Abs. 2 Nr. 9** **250,– €** **75,– €** **Verwarnungsgeld 30,– €**		
37	ein Symbol nicht oder nicht richtig in das Kontrollgerät eingibt. Je 24-Stunden-Zeitraum **Artikel 15 Abs. 5a Unterabsatz 1 Satz 1**	**§ 23 Abs. 2 Nr. 10** **75,– €**		
38	Ein Schaublatt, die Fahrerkarte, einen Ausdruck oder eine handschriftliche Aufzeichnung nicht oder nicht rechtzeitig vorlegt. Je 24-Stunden-Zeitraum, wenn dadurch eine Kontrolle nicht möglich ist Kontrolle erschwert wird **Artikel 15 Abs. 7 Buchstabe a oder b**	**§ 23 Abs. 2 Nr. 11** **250,– €** **75,– €**		
39			eine Reparatur nicht rechtzeitig durchführen lässt. Je 24-Stunden-Zeitraum **Artikel 16 Abs. 1 Unterabsatz 1**	**23 Abs.1 Nr. 7** **250,– €**

Verordnung (EWG) Nr. 3821/85				
Fahrpersonal F			Unternehmer U	
Lfd. Nr.	Ordnungswidrig nach **§ 8 Abs. 1 Nr. 2 Buchstabe b Fahrpersonalgesetz** handelt, wer	FPersV	Ordnungswidrig nach **§ 8 Abs. 1 Nr. 1 Buchstabe b Fahrpersonalgesetz** handelt, wer	FPersV
40			eine Reparatur nicht oder nicht richtig durchführen lässt. Je Fall **Artikel 16 Abs. 1 Unterabsatz 2**	**§ 23 Abs.1 Nr. 7** **1000,– €**
41	bei Betriebsstörung des Kontrollgeräts die vorgeschriebenen Eintragungen nicht, nicht richtig, nicht vollständig oder nicht für die vorgeschriebene Dauer macht. Je 24-Stunden-Zeitraum, wenn dadurch eine Kontrolle nicht möglich ist Kontrolle erschwert wird **Artikel 16 Abs. 2 Unterabsatz 1**	**§ 23 Abs. 2 Nr. 12** **250,– €** **75,– €**		
42	bei Verlust, Diebstahl, Beschädigung oder Fehlfunktion der Fahrerkarte die vorgeschriebenen Ausdrucke und Eintragungen nicht macht. Je 24-Stunden-Zeitraum, wenn dadurch eine Kontrolle nicht möglich ist Kontrolle erschwert wird **Artikel 16 Abs. 2 Unterabsatz 2**	**§ 23 Abs. 2 Nr. 13** **250,– €** **75,– €**		
43	ohne Fahrerkarte die Fahrt länger als 15 Tage ohne Berechtigung fortsetzt. Je 24-Stunden-Zeitraum **Artikel 16 Abs. 3 Unterabsatz 3**	**§ 23 Abs. 2 Nr. 14** **50,– €**		

III. Buß- und Verwarnungsgeldkatalog für Verstöße gegen das Fahrpersonalgesetz

Fahrpersonalgesetz (FPersG)				
	Fahrpersonal F		Unternehmer U	
Lfd. Nr.	Ordnungswidrig nach **§ 8 Abs. 1 Nr. 2 Fahrpersonalgesetz** handelt, wer	FPersG	Ordnungswidrig nach **§ 8 Abs. 1 Nr. 1 Fahrpersonalgesetz** handelt, wer	FPersG
	Akkord- oder Prämienentlohnung nach beförderter Menge oder zurückgelegter Wegstrecke			
44			ein Mitglied des Fahrpersonals nach der zurückgelegten Fahrstrecke oder der Menge der beförderten Güter entlohnt. Je Fall (Der Bußgeldbetrag muss in einem angemessenen Verhältnis zur in Betracht kommenden Lohnsumme und zu den erzielten Vorteilen stehen.) **§ 3 Satz 1 FPersG**	**§ 8 Abs. 1 Nr. 1 c** **2500,– €** bis **7500,– €**
	Auskünfte und Unterlagen			
45	eine Auskunft nicht, nicht richtig, nicht vollständig oder nicht rechtzeitig erteilt oder eine Unterlage nicht aushändigt. Je Fall **§ 4 Abs. 3 Satz 1**	**§ 8 Abs. 1 Nr. 2 c** **250,– €**	eine Auskunft nicht, nicht richtig, nicht vollständig oder nicht rechtzeitig erteilt oder eine Unterlage nicht oder nicht rechtzeitig aushändigt, nicht oder nicht rechtzeitig einsendet oder nicht oder nicht rechtzeitig zur Verfügung stellt. Je Fall **§ 4 Abs. 3 Satz 1**	**§ 8 Abs. 1 Nr. 1 d** **750,– €**
46			die Daten der Fahrerkarte nicht, nicht richtig oder nicht für die vorgeschriebene Dauer speichert. Pro Fahrer je 24-Stunden-Zeitraum **§ 4 Abs. 3 Satz 6**	**§ 8 Abs. 1 Nr. 1 e** **750,– €**
47			die Daten des Massespeichers nicht, nicht richtig oder nicht für die vorgeschriebene Dauer speichert. Pro Fahrzeug je 24-Stunden-Zeitraum **§ 4 Abs. 3 Satz 6**	**§ 8 Abs. 1 Nr. 1 e** **750,– €**

Fahrpersonalgesetz (FPersG)				
	Fahrpersonal F		**Unternehmer U**	
Lfd. Nr.	Ordnungswidrig nach **§ 8 Abs. 1 Nr. 2 Fahrpersonalgesetz** handelt, wer	FPersG	Ordnungswidrig nach **§ 8 Abs. 1 Nr. 1 Fahrpersonalgesetz** handelt, wer	FPersG
48			ein Schaublatt oder einen Ausdruck nicht oder nicht für die vorgeschriebene Dauer aufbewahrt. Pro Schaublatt oder Ausdruck **§ 4 Abs. 3 Satz 7**	**§ 8 Abs. 1 Nr. 1 f** **750,– €**
49			die Daten nicht bis zum 31. März des auf das Kalenderjahr, in dem die Aufbewahrungsfrist endet, folgenden Kalenderjahres löscht, die Schaublätter und die zu fertigenden Ausdrucke nicht vernichtet. Je Fall **§ 4 Abs. 3 Satz 8**	**§ 8 Abs. 1 Nr. 1 g** **500,– €**
50			nicht dafür Sorge trägt, dass eine lückenlose Dokumentation und Datensicherung erfolgt. Je 24-Stunden-Zeitraum **§ 4 Abs. 3 Satz 9**	**8 Abs. 1 Nr. 1 h** **750,– €**
51			die Daten sowie die Schaublätter und die zu fertigenden Ausdrucke nicht gegen Verlust und Beschädigung sichert. Je angefangene Woche **§ 4 Abs. 3 Satz 9**	**§ 8 Abs. 1 Nr. 1 h** **500,– €**
52	Schaublätter und Tätigkeitsnachweise als Mitglied des Fahrpersonals nicht unverzüglich nach Beendigung der Mitführpflicht dem Unternehmer aushändigt. Für jedes nicht vorgelegte Schaublatt bzw. Tätigkeitsnachweis **§ 4 Abs. 3 Satz 2**	**§ 8 Abs. 1 Nr. 2 d** **50,– €**		
53	die Fahrerkarte zum Kopieren nicht oder nicht rechtzeitig zur Verfügung stellt. Je Fall **§ 4 Abs. 3 Satz 4**	**§ 8 Abs. 1 Nr. 2e** **150,– €**		

Fahrpersonalgesetz (FPersG)				
Fahrpersonal F			Unternehmer U	
Lfd. Nr.	Ordnungswidrig nach **§ 8 Abs. 1 Nr. 2 Fahrpersonalgesetz** handelt, wer	FPersG	Ordnungswidrig nach **§ 8 Abs. 1 Nr. 1 Fahrpersonalgesetz** handelt, wer	FPersG
54	eine Maßnahme nicht duldet. Je Fall **§ 4 Abs. 5 Satz 5**	**§ 8 Abs. 1 Nr. 2 f** **300,– €**	eine Maßnahme nicht duldet. Je Fall **§ 4 Abs. 5 Satz 5**	**§ 8 Abs.1 Nr. 1 i** **900,– €**
55	einer vollziehbaren Anordnung zuwiderhandelt. Je Fall **§ 5 Abs. 1 Satz 1 oder § 7**	**§ 8 Abs. 1 Nr. 2 g** **300,– €**	einer vollziehbaren Anordnung zuwiderhandelt. Je Fall **§ 5 Abs. 1 Satz 1 oder § 7**	**§ 8 Abs. 1 Nr. 1 j** **900,– €**

IV. Buß- und Verwarnungsgeldkatalog für Verstöße gegen die Fahrpersonalverordnung

Fahrpersonalverordnung (FPersV)				
	Fahrpersonal F		Unternehmer U	
Lfd. Nr.	Ordnungswidrig nach **§ 8 Abs. 1 Nr. 2 Buchstabe a Fahrpersonalgesetz** handelt, wer	FPersV	Ordnungswidrig nach **§ 8 Abs. 1 Nr. 1 Buchstabe a Fahrpersonalgesetz** handelt, wer	FPersV
	Verstöße gegen die Vorschriften über Lenkzeiten, Ruhezeiten und Unterbrechungen			
56	die zulässige Tageslenkzeit von 9 Stunden nicht einhält.	**§ 21 Abs. 2 Nr. 1**	nicht dafür sorgt, dass die zulässige Tageslenkzeit von 9 Stunden eingehalten wird.	**§ 21 Abs. 1 Nr. 1**
	Bei Überschreiten bis zu 60 Minuten	**Verwarnungsgeld 30,– €**		
	Bei Überschreiten von mehr als 1 Stunde bis zu 2 Stunden je angefangene ½ Stunde	**30,– €**	Bei Überschreiten bis zu 2 Stunden je angefangene ½ Stunde	**90,– €**
	Bei Überschreiten von mehr als 2 Stunden je angefangene ½ Stunde	**60,– €**	Bei Überschreiten von mehr als 2 Stunden je angefangene ½ Stunde	**180,– €**
	§ 1 Abs. 1 in Verbindung mit Artikel 6 Abs. 1 Satz 1 VO (EG) Nr. 561/2006		**§ 1 Abs. 5 in Verbindung mit Artikel 6 Abs. 1 Satz 1 VO (EG) Nr. 561/2006**	
57	die zulässige Tageslenkzeit von 10 Stunden nicht einhält.	**§ 21 Abs. 2 Nr. 1**	nicht dafür sorgt, dass die zulässige Tageslenkzeit von 10 Stunden eingehalten wird.	**§ 21 Abs. 1 Nr. 1**
	Bei Überschreiten von bis zu 30 Minuten	**Verwarnungsgeld 30,– €**		
	Bei Überschreiten bis zu 2 Stunden je angefangene ½ Stunde	**30,– €**	Bei Überschreiten bis zu 2 Stunden je angefangene ½ Stunde	**90,– €**
	Bei Überschreiten von mehr als 2 Stunden je angefangene ½ Stunde	**60,– €**	Bei Überschreiten von mehr als 2 Stunden je angefangene ½ Stunde	**180,– €**
	§ 1 Abs. 1 in Verbindung mit Artikel 6 Abs. 1 Satz 2 VO (EG) Nr. 561/2006		**§ 1 Abs. 5 in Verbindung mit Artikel 6 Abs. 1 Satz 2 VO (EG) Nr. 561/2006**	

Fahrpersonalverordnung (FPersV)				
Fahrpersonal F			Unternehmer U	
Lfd. Nr.	Ordnungswidrig nach **§ 8 Abs. 1 Nr. 2 Buchstabe a Fahrpersonalgesetz** handelt, wer	**FPersV**	Ordnungswidrig nach **§ 8 Abs. 1 Nr. 1 Buchstabe a Fahrpersonalgesetz** handelt, wer	**FPersV**
58	die wöchentliche Lenkzeit von 56 Stunden nicht einhält.	**§ 21 Abs. 2 Nr. 1**	nicht dafür sorgt, dass die wöchentliche Lenkzeit von 56 Stunden eingehalten wird.	**§ 21 Abs. 1 Nr. 1**
	Bei Überschreiten von bis zu 2 Stunden	**Verwarnungsgeld 30,– €**		
	Bei einer Wochenlenkzeit von 58 bis 67 Stunden je angefangene Stunde	**30,– €**	Bei einer Wochenlenkzeit bis zu 67 Stunden je angefangene Stunde	**90,– €**
	Bei mehr als 67 Stunden je angefangene Stunde	**60,– €**	Bei mehr als 67 Stunden je angefangene Stunde	**180,– €**
	§ 1 Abs. 1 in Verbindung mit Artikel 6 Abs. 2 VO (EG) Nr. 561/2006		**§ 1 Abs. 5 in Verbindung mit Artikel 6 Abs. 2 VO (EG) Nr. 561/2006**	
59	die Gesamtlenkzeit während zweier aufeinander folgenden Wochen nicht einhält.	**§ 21 Abs. 2 Nr. 1**	nicht dafür sorgt, dass die Gesamtlenkzeit während zweier aufeinanderfolgenden Wochen eingehalten wird.	**§ 21 Abs. 1 Nr. 1**
	Bei Überschreiten bis zu 2 Stunden	**Verwarnungsgeld 30,– €**		
	Bei einer Gesamtlenkzeit von mehr als 92 bis 108 Stunden je angefangene Stunde	**30,– €**	Bei einer Gesamtlenkzeit bis zu 108 Stunden je angefangene Stunde	**90,– €**
	Bei mehr als 108 Stunden je angefangene Stunde	**60,– €**	Bei mehr als 108 Stunden je angefangene Stunde	**180,– €**
	§ 1 Abs. 1 in Verbindung mit Artikel 6 Abs. 3 VO (EG) Nr. 61/2006		**§ 1 Abs. 5 in Verbindung mit Artikel 6 Abs. 3 VO (EG) Nr. 561/2006**	
60	die Bestimmungen über die Fahrtunterbrechungen nicht einhält. Lenkdauer nicht zum vorgeschriebenen Zeitpunkt unterbrochen.	**§ 21 Abs. 2 Nr. 1**	nicht dafür sorgt, dass die Bestimmungen über die Fahrtunterbrechungen eingehalten werden. Lenkdauer nicht zum vorgeschriebenen Zeitpunkt unterbrochen.	**§ 21 Abs. 1 Nr. 1**
	Bei Überschreiten bis zu 60 Minuten	**Verwarnungsgeld 30,– €**		
	Bei Überschreiten bis zu 1 Stunde und je angefangene weitere ½ Stunde	**30,– €**	Bei Überschreiten bis zu 1 Stunde und je angefangene weitere ½ Stunde	**90,– €**
	§ 1 Abs. 1 in Verbindung mit Artikel 7 Satz 1 VO (EG) Nr. 561/2006		**§ 1 Abs. 5 in Verbindung mit Artikel 7 Satz 1 VO (EG) Nr. 561/2006**	

Fahrpersonalverordnung (FPersV)				
	Fahrpersonal F		**Unternehmer U**	
Lfd. Nr.	Ordnungswidrig nach **§ 8 Abs. 1 Nr. 2 Buchstabe a Fahrpersonalgesetz** handelt, wer	**FPersV**	Ordnungswidrig nach **§ 8 Abs. 1 Nr. 1 Buchstabe a Fahrpersonalgesetz** handelt, wer	**FPersV**
61	die Bestimmungen über die Fahrtunterbrechungen nicht einhält. Die Lenkdauer wurde nicht in der vorgeschriebenen Dauer unterbrochen.	**§ 21 Abs. 2 Nr. 1**	nicht dafür sorgt, dass die Bestimmungen über die Fahrtunterbrechungen eingehalten werden. Die Lenkdauer wurde nicht in der vorgeschriebenen Dauer unterbrochen.	**§ 21 Abs. 1 Nr. 1**
	Bei Unterschreiten bis zu 15 Minuten	**Verwarnungsgeld 30,– €**	Bei Unterschreiten bis zu 15 Minuten	**90,– €**
	Bei Unterschreiten von mehr als 15 Minuten und je angefangene weitere ¼ Stunde	**60,– €**	Bei Unterschreiten von mehr als 15 Minuten und je angefangene weitere ¼ Stunde	**180,– €**
	§ 1 Abs. 1 in Verbindung mit Artikel 7 Satz 1 VO (EG) Nr. 561/2006		**§ 1 Abs. 5 in Verbindung mit Artikel 7 Satz 1 VO (EG) Nr. 561/2006**	
62	die täglichen Ruhezeiten in einem 24- oder 30-Stunden-Zeitraum nicht einhält.	**§ 21 Abs. 2 Nr. 1**	nicht dafür sorgt, dass die Bestimmungen über die täglichen Ruhezeiten in einem 24- oder 30-Stunden-Zeitraum eingehalten werden.	**§ 21 Abs. 1 Nr. 1**
	Bei Unterschreiten bis zu 1 Stunde	**Verwarnungsgeld 30,– €**		
	Bei Unterschreiten bis zu 3 Stunden je angefangene Stunde	**30,– €**	Bei Unterschreiten bis zu 3 Stunden je angefangene Stunde	**90,– €**
	Bei Unterschreiten von mehr als 3 Stunden je angefangene Stunde	**60,– €**	Bei Unterschreiten von mehr als 3 Stunden je angefangene Stunde	**180,– €**
	§ 1 Abs. 1 in Verbindung mit Artikel 8 Abs. 2 oder 5 VO (EG) Nr. 561/2006		**§ 1 Abs. 5 in Verbindung mit Artikel 8 Abs. 2 oder 5 VO (EG) Nr. 561/2006**	
63	die Bestimmungen über die Einhaltung der Ruhezeiten in zwei aufeinander folgenden Wochen nicht einhält.	**§ 21 Abs. 2 Nr. 1**	nicht dafür sorgt, dass die Bestimmungen über die Einhaltung der Ruhezeiten in zwei aufeinander folgenden Wochen eingehalten werden.	**§ 21 Abs. 1 Nr. 1**
	Bei Unterschreiten bis zu 1 Stunde	**Verwarnungsgeld 30,– €**	Bei Unterschreiten bis zu 1Stunde und je angefangene weitere Stunde	**90,– €**
	Bei Unterschreiten von mehr als 1 Stunde je angefangene weitere Stunde	**30,– €**		
	§ 1 Abs. 1 in Verbindung mit Artikel 8 Abs. 6 VO (EG) Nr. 561/2006		**§ 1 Abs. 5 in Verbindung mit Artikel 8 Abs. 6 VO (EG) Nr. 561/2006**	

Fahrpersonalverordnung (FPersV)				
Fahrpersonal F			**Unternehmer U**	
Lfd. Nr.	Ordnungswidrig nach **§ 8 Abs. 1 Nr. 2 Buchstabe a Fahrpersonalgesetz** handelt, wer	FPersV	**Ordnungswidrig nach § 8 Abs. 1 Nr. 1 Buchstabe a Fahrpersonalgesetz handelt, wer**	FPersV
64	die wöchentliche Ruhezeit nicht zum vorgeschriebenen Zeitpunkt einlegt.	**§ 21 Abs. 2 Nr. 1**	nicht dafür sorgt, dass die Bestimmungen über die wöchentliche Ruhezeit eingehalten werden. Die wöchentliche Ruhezeit wurde nicht zum vorgeschriebenen Zeitpunkt eingelegt.	**§ 21 Abs. 1 Nr. 1**
	Bei Überschreiten je angefangenem 24-Stunden-Zeitraum	**60,– €**	Bei Überschreiten je angefangenem 24-Stunden-Zeitraum	**180,– €**
	§ 1 Abs. 1 in Verbindung mit Artikel 8 Abs. 6 Unterabsatz 2 VO (EG) Nr. 561/2006		**§ 1 Abs. 5 in Verbindung mit Artikel 8 Abs. 6 Unterabsatz 2 VO (EG) Nr. 561/2006**	
65	die vorgeschriebene Mindestdauer der regelmäßigen wöchentlichen Ruhezeit nicht einhält.	**§ 21 Abs. 2 Nr. 1**	nicht dafür sorgt, dass die vorgeschriebene Mindestdauer der regelmäßigen wöchentlichen Ruhezeit eingehalten wird.	**§ 21 Abs. 1 Nr. 1**
	Bei Unterschreiten bis zu 1 Stunde	**Verwarnungsgeld 30,– €**		
	Bei Unterschreiten bis zu 9 Stunden je angefangener Stunde	**30,– €**	Bei Unterschreiten bis zu 9 Stunden je angefangener Stunde	**90,– €**
	Bei Unterschreiten von mehr als 9 Stunden je angefangener Stunde	**60,– €**	Bei Unterschreiten von mehr als 9 Stunden je angefangener Stunde	**180,– €**
	§ 1 Abs. 1 in Verbindung mit Artikel 8 Abs. 6 in Verbindung mit Artikel 4 Buchstabe h VO (EG) Nr. 561/2006		**§ 1 Abs. 5 in Verbindung mit Artikel 8 Abs. 6 in Verbindung mit Artikel 4 Buchstabe h VO (EG) Nr. 561/2006**	
66	die vorgeschriebene Mindestdauer der reduzierten wöchentlichen Ruhezeit nicht einhält.	**§ 21 Abs. 2 Nr. 1**	nicht dafür sorgt, dass die vorgeschriebene Mindestdauer der reduzierten wöchentlichen Ruhezeit eingehalten wird.	**§ 21 Abs. 1 Nr. 1**
	Bei Unterschreiten bis zu 1 Stunde	**Verwarnungsgeld 30,– €**		
	Bei Unterschreiten bis zu 5 Stunden je angefangener Stunde	**30,– €**	Bei Unterschreiten bis zu 5 Stunden je angefangener Stunde	**90,– €**
	Bei Unterschreiten von mehr als 5 Stunden je angefangener Stunde	**60,– €**	Bei Unterschreiten von mehr als 5 Stunden je angefangener Stunde	**180,– €**
	§ 1 Abs. 1 in Verbindung mit Artikel 8 Abs. 6 in Verbindung mit Artikel 4 Buchstabe h VO (EG) Nr. 561/2006		**§ 1 Abs. 5 in Verbindung mit Artikel 8 Abs. 6 in Verbindung mit Artikel 4 Buchstabe h VO (EG) Nr. 561/2006**	

Fahrpersonalverordnung (FPersV)				
	Fahrpersonal F		**Unternehmer U**	
Lfd. Nr.	Ordnungswidrig nach **§ 8 Abs. 1 Nr. 2 Buchstabe a Fahrpersonalgesetz** handelt, wer	FPersV	Ordnungswidrig nach **§ 8 Abs. 1 Nr. 1 Buchstabe a Fahrpersonalgesetz** handelt, wer	FPersV
67	den Ausgleich für eine reduzierte wöchentliche Ruhezeit nicht mit einer anderen Ruhezeit von mindestens 9 Stunden verbindet. Bei Unterschreiten bis zu 1 Stunde Bei Unterschreiten bis zu 1 Stunde und je angefangene weitere Stunde **§ 1 Abs. 1 in Verbindung mit Artikel 8 Abs. 7 in Verbindung mit Artikel 4 Buchstabe h VO (EG) Nr. 561/2006**	**§ 21 Abs. 2 Nr. 1** **Verwarnungsgeld 30,– €** **30,– €**	nicht dafür sorgt, dass der Ausgleich für eine reduzierte wöchentliche Ruhezeit mit einer anderen Ruhezeit von mindestens 9 Stunden verbunden wird. Bei Unterschreiten bis zu 1 Stunde und je angefangene weitere Stunde **§ 1 Abs. 5 in Verbindung mit Artikel 8 Abs. 7 in Verbindung mit Artikel 4 Buchstabe h VO (EG) Nr. 561/2006**	**§ 21 Abs. 1 Nr. 1** **90,– €**
Verstöße gegen die Vorschriften über die Arbeitszeitnachweise				
68	andere Arbeits- oder Bereitschaftszeiten nicht festhält. Je 24-Stunden-Zeitraum **§ 1 Abs. 6 in Verbindung mit Artikel 6 Abs. 5 VO (EG) Nr. 561/2006**	**§ 21 Abs. 2 Nr. 2** **50,– €**		
69	Art und Grund der Abweichung von den Bestimmungen nicht vermerkt. Je 24-Stunden-Zeitraum **§ 1 Abs. 6 in Verbindung mit Artikel 12 Satz 2 VO (EG) Nr. 561/2006**	**§ 21 Abs. 2 Nr. 2** **50,– €**		
70	Aufzeichnungen nicht, nicht richtig oder nicht vollständig führt. Je 24-Stunden-Zeitraum, wenn dadurch eine Kontrolle nicht möglich ist Kontrolle erschwert wird Aufzeichnungen sind aber zweifelsfrei auswertbar **§ 1 Abs. 6 Satz 1 in Verbindung mit Abs. 7 Satz 3**	**§ 21 Abs. 2 Nr. 2** **250,– €** **75,– €** **Verwarnungsgeld 30,– €**		

Fahrpersonalverordnung (FPersV)				
	Fahrpersonal F		**Unternehmer U**	
Lfd. Nr.	Ordnungswidrig nach **§ 8 Abs. 1 Nr. 2 Buchstabe a Fahrpersonalgesetz** handelt, wer	FPersV	Ordnungswidrig nach **§ 8 Abs. 1 Nr. 1 Buchstabe a Fahrpersonalgesetz** handelt, wer	FPersV
71	eine Aufzeichnung oder ein Schaublatt nicht mitführt oder nicht oder nicht rechtzeitig aushändigt. Je 24-Stunden-Zeitraum, wenn dadurch eine Kontrolle nicht möglich ist Kontrolle erschwert wird **§ 1 Abs. 6 Satz 6 i. V. m. Abs. 7 Satz 3**	**§ 21 Abs. 2 Nr. 2** **250,– €** **75,– €**		
72			eine Aufzeichnung oder ein Schaublatt nicht oder nicht rechtzeitig prüft. Je Fall **§ 1 Abs. 6 Satz 7 Nr. 2 in Verbindung mit Absatz 7 Satz 3**	**§ 21 Abs. 1 Nr. 2** **250,– €**
73			eine Maßnahme nicht oder nicht rechtzeitig ergreift. Je nicht ergriffene Maßnahme **§ 1 Abs. 6 Satz 7 Nr. 2 in Verbindung mit Absatz 7 Satz 3**	**§ 21 Abs. 1 Nr. 2** **250,– €**
74			ein Schaublatt oder einen Ausdruck nicht oder nicht für die vorgeschriebene Dauer aufbewahrt. Pro Schaublatt oder Ausdruck **§ 1 Abs. 6 Satz 7 Nr. 3 in Verbindung mit Absatz 7 Satz 3**	**§ 21 Abs. 1 Nr. 2** **750,– €**
75			eine Aufzeichnung oder ein Schaublatt nicht vorlegt. Pro Schaublatt oder Ausdruck **§ 1 Abs. 6 Satz 7 Nr. 3 in Verbindung mit Absatz 7 Satz 3**	**§ 21 Abs. 1 Nr. 2** **750,– €**

Fahrpersonalverordnung (FPersV)				
	Fahrpersonal F		Unternehmer U	
Lfd. Nr.	Ordnungswidrig nach **§ 8 Abs. 1 Nr. 2 Buchstabe a Fahrpersonalgesetz** handelt, wer	FPersV	Ordnungswidrig nach **§ 8 Abs. 1 Nr. 1 Buchstabe a Fahrpersonalgesetz** handelt, wer	FPersV
76			eine Aufzeichnung oder ein Schaublatt nicht rechtzeitig vorlegt. Je Kalendertag **§ 1 Abs. 6 Satz 7 Nr. 3 in Verbindung mit Absatz 7 Satz 3**	**§ 21 Abs. 1 Nr. 2** **25,– €**
77	ein Kontrollgerät oder einen Fahrtschreiber nicht oder nicht richtig betreibt. Je 24-Stunden-Zeitraum **§ 1 Abs. 7 Satz 1**	**§ 21 Abs. 2 Nr. 3** **250,– €**		
78	bei Verwendung eines Fahrtschreibers die Schicht oder die Pausen auf dem Schaublatt nicht, nicht richtig oder nicht rechtzeitig vermerkt. Je 24-Stunden-Zeitraum, wenn dadurch eine Kontrolle nicht möglich ist Kontrolle erschwert wird Aufzeichnungen sind aber zweifelsfrei auswertbar **§ 1 Abs. 7 Satz 2**	**§ 21 Abs. 2 Nr. 4** **250,– €** **75,– €** **Verwarnungsgeld 30,– €**		
79			dem Fahrer Schaublätter nicht oder nicht rechtzeitig aushändigt. Je angefangene Woche **§ 1 Abs. 7 Satz 3**	**§ 21 Abs. 1 Nr. 3** **500,– €**
80			nicht dafür sorgt, dass das Kontrollgerät oder der Fahrtschreiber benutzt wird. Je 24-Stunden-Zeitraum **§ 1 Abs. 7 Satz 3**	**§ 21 Abs. 1 Nr. 3** **750,– €**
81	die Schaublätter nicht mitführt oder nicht oder nicht rechtzeitig zur Prüfung aushändigt. Je 24-Stunden-Zeitraum, wenn dadurch eine Kontrolle nicht möglich ist	**§ 21 Abs. 2 Nr. 5** **250,– €**		

Fahrpersonalverordnung (FPersV)				
	Fahrpersonal F		Unternehmer U	
Lfd. Nr.	Ordnungswidrig nach **§ 8 Abs. 1 Nr. 2 Buchstabe a Fahrpersonalgesetz** handelt, wer	FPersV	Ordnungswidrig nach **§ 8 Abs. 1 Nr. 1 Buchstabe a Fahrpersonalgesetz** handelt, wer	FPersV
	Kontrolle erschwert wird **§ 1 Abs. 7 Satz 4**	**75,– €**		
82	ein Kontrollgerät nicht oder nicht richtig bedient oder die Benutzerführung nicht oder nicht richtig beachtet. Je 24-Stunden-Zeitraum **§ 2 Abs. 1**	**§ 21 Abs. 2 Nr. 6** **250,– €**		
83	andere Arbeiten, Bereitschaftszeiten, Arbeitsunterbrechungen, Tagesruhezeiten auf der Fahrerkarte nicht, nicht richtig oder nicht rechtzeitig einträgt. Je 24-Stunden-Zeitraum, wenn dadurch eine Kontrolle nicht möglich ist Kontrolle erschwert wird **§ 2 Abs. 2**	**§ 21 Abs. 2 Nr. 7** **250,– €** **75,– €**		
84	einen Ausdruck nicht oder nicht rechtzeitig vorlegt. Je 24-Stunden-Zeitraum, wenn dadurch eine Kontrolle nicht möglich ist. Kontrolle erschwert wird. **§ 2 Abs. 3 Satz 1**	**§ 21 Abs. 2 Nr. 7** **250,– €** **75,– €**		
85			bei Einsatz eines Mietfahrzeuges nicht sicherstellt, dass die Daten des Fahrzeugspeichers übertragen und gespeichert werden. Pro Fahrzeug je 24-Stunden-Zeitraum **§ 2 Abs. 4 Satz 1**	**§ 21 Abs. 1 Nr. 4** **750,– €**
86	bei Verwendung eines Mietfahrzeuges den Ausdruck nicht oder nicht rechtzeitig an den Unternehmer weiterleitet. Für jeden nicht weitergeleiten Ausdruck **§ 2 Abs. 4 Satz 3**	**§ 21 Abs. 2 Nr. 10** **50,– €**		

Fahrpersonalverordnung (FPersV)				
	Fahrpersonal F		Unternehmer U	
Lfd. Nr.	Ordnungswidrig nach **§ 8 Abs. 1 Nr. 2 Buchstabe a Fahrpersonalgesetz** handelt, wer	FPersV	Ordnungswidrig nach **§ 8 Abs. 1 Nr. 1 Buchstabe a Fahrpersonalgesetz** handelt, wer	FPersV
87			nicht sicherstellt, dass die dort genannten Daten kopiert werden. Je 24-Stunden-Zeitraum **§ 2 Abs. 5 Satz 1 oder 2**	**§ 21 Abs. 1 Nr. 5** **750,– €**
88			Daten nicht, oder nicht rechtzeitig zur Verfügung stellt. Je 24-Stunden-Zeitraum **§ 2 Abs. 5 Satz 4**	**§ 21 Abs. 1 Nr. 6** **750,– €**
89			eine Sicherheitskopie nicht oder nicht rechtzeitig erstellt. Je Fall **§ 2 Abs. 5 Satz 5**	**§ 21 Abs. 1 Nr. 7** **100,– €**
90			Wer als Vermieter eines Fahrzeuges Daten nicht oder nicht rechtzeitig zur Verfügung stellt. Je 24-Stunden-Zeitraum, wenn dadurch eine Kontrolle nicht möglich ist. Kontrolle erschwert wird **§ 2 Abs. 6 Satz 1**	**§ 21 Abs. 1 Nr. 8** **750,– €** **250,– €**
91			Kontrollunterlagen nicht zur Verfügung stellt, nicht oder nicht ein Jahr aufbewahrt. Je Fall **§ 2a**	**§ 21 Abs. 1 Nr. 8a** **100,– €**
92	die Fahrerkarte einem Dritten zur Nutzung überlässt. Je 24-Stunden-Zeitraum **§ 5 Abs. 4 Satz 1**	**§ 21 Abs. 2 Nr. 11** **500,– €**		
93	die Fahrerkarte nicht mitführt oder nicht oder nicht rechtzeitig zur Prüfung aushändigt. Je 24-Stunden-Zeitraum, wenn dadurch eine Kontrolle nicht möglich ist. Kontrolle erschwert wird **§ 5 Abs. 4 Satz 2**[1]	**§ 21 Abs. 2 Nr. 12** **250,– €** **75,– €**		

[1] Vgl. § 2 Abs. 1 Satz 1 FPersV i. V. m. Artikel 15 Abs. 7 Verordnung (EWG) Nr. 3821/85.

Fahrpersonalverordnung (FPersV)				
	Fahrpersonal F		**Unternehmer U**	
Lfd. Nr.	Ordnungswidrig nach **§ 8 Abs. 1 Nr. 2 Buchstabe a Fahrpersonalgesetz** handelt, wer	FPersV	Ordnungswidrig nach **§ 8 Abs. 1 Nr. 1 Buchstabe a Fahrpersonalgesetz** handelt, wer	FPersV
94	eine abgelaufene Fahrerkarte oder den Ausdruck nicht oder nicht mindestens 28 Kalendertage mitführt. Je 24-Stunden-Zeitraum, wenn dadurch eine Kontrolle nicht möglich ist Kontrolle erschwert wird **§ 6**	**§ 21 Abs. 2 Nr. 13** **250,– €** **75,– €**		
95			ein Kontrollgerät nicht oder nicht rechtzeitig einbauen lässt. Je Fall **§ 19 Satz 1**	**§ 21 Abs. 1 Nr. 9** **1500,– €**
96	ein Kontrollgerät nicht benutzt. Je 24-Stunden-Zeitraum **§ 19 Satz 2**	**§ 21 Abs. 2 Nr. 14** **250,– €**		
97	eine Bescheinigung oder einen Nachweis über arbeitsfreie Tage nicht oder nicht rechtzeitig vorlegt. Je 24-Stunden-Zeitraum, wenn dadurch eine Kontrolle nicht möglich ist. Kontrolle erschwert wird. **§ 20 Abs. 1 Satz 1** **Hinweis siehe 6.2**	**§ 21 Abs. 2 Nr. 15** **250,– €** **75,– €**		
98	die Bescheinigung selbst als beauftragte Person unterzeichnet. Je Fall, **§ 20 Abs. 1 Satz 4**	**§ 21 Abs. 2 Nr. 15** **250,– €**		

Fahrpersonalverordnung (FPersV)				
	Fahrpersonal F		Unternehmer U	
Lfd. Nr.	Ordnungswidrig nach **§ 8 Abs. 1 Nr. 2 Buchstabe a Fahrpersonalgesetz** handelt, wer	FPersV	Ordnungswidrig nach **§ 8 Abs. 1 Nr. 1 Buchstabe a Fahrpersonalgesetz** handelt, wer	FPersV
99			eine dort genannte Bescheinigung nicht, nicht richtig oder nicht rechtzeitig ausstellt, nicht oder nicht rechtzeitig aushändigt. Je 24-Stunden-Zeitraum, wenn dadurch eine Kontrolle nicht möglich ist. Kontrolle erschwert wird. **§ 20 Abs. 1 Satz 3 oder Abs. 3 Satz 1**	**§ 21 Abs. 1 Nr. 10** **750,– €** **250,– €**
100			eine dort genannte Bescheinigung nicht für den vorgeschriebenen Zeitraum aufbewahrt. Je 24-Stunden-Zeitraum, wenn dadurch eine Kontrolle nicht möglich ist. Kontrolle erschwert wird. **§ 20 Abs. 1 Satz 3 oder Abs. 3 Satz 1**	**§ 21 Abs. 1 Nr. 10** **750,– €** **250,– €**
101			eine dort genannte Bescheinigung nicht oder nicht rechtzeitig vorlegt. Je 24-Stunden-Zeitraum, wenn dadurch eine Kontrolle nicht möglich ist Kontrolle erschwert wird **§ 20 Abs. 2**	**§ 21 Abs. 1 Nr. 10** **750,– €** **250,– €**

V. Buß- und Verwarnungsgeldkatalog für Verstöße gegen das AETR[1]

AETR				
	Fahrpersonal F		**Unternehmer U**	
Lfd. Nr.	Ordnungswidrig nach **§ 8 Abs. 1 Nr. 2 Buchstabe b Fahrpersonalgesetz** handelt, wer	FPersV	Ordnungswidrig nach **§ 8 Abs. 1 Nr. 1 Buchstabe b Fahrpersonalgesetz** handelt, wer	FPersV
Anforderungen an das Fahrpersonal				
102	ein Fahrzeug, vor Erreichen des Mindestalters oder ohne den erforderlichen Anforderungen zu genügen, lenkt. Je angefangenem 24-Stunden-Zeitraum **Artikel 5**	**§ 25 Abs. 2 Nr. 1** **50,– €**	einen Fahrer, vor Erreichen des Mindestalters oder ohne den erforderlichen Anforderungen zu genügen, einsetzt. Je angefangenem 24-Stunden-Zeitraum **Artikel 5**	**§ 25 Abs. 1 Nr. 1** **50,– €**
Verstöße gegen die Vorschriften über Lenkzeiten, Ruhezeiten und Unterbrechungen				
103	die zulässige Tageslenkzeit von 9 Stunden nicht einhält. Bei Überschreiten bis zu 60 Minuten Bei Überschreiten von mehr als einer Stunde bis zu 2 Stunden je angefangene ½ Stunde Bei Überschreiten von mehr als 2 Stunden je angefangene ½ Stunde **Artikel 6 Abs. 1 Satz 1**	**§ 25 Abs. 2 Nr. 2** **Verwarnungsgeld 30,– €** **30,– €** **60,– €**	nicht für dafür sorgt, dass die zulässige Tageslenkzeit von 9 Stunden eingehalten wird. Bei Überschreiten bis zu 2 Stunden und je angefangene ½ Stunde Bei Überschreiten von mehr als 2 Stunden je angefangene ½ Stunde **Artikel 11 Abs. 1 i.V.m. Artikel 6 Abs. 1 Satz 1**	**§ 25 Abs. 1 Nr. 2** **90,– €** **180,– €**
104	die zulässige Tageslenkzeit von 10 Stunden nicht einhält. Bei Überschreiten bis zu 30 Minuten Bei Überschreiten von mehr als ½ Stunde bis zu 2 Stunden je angefangene ½ Stunde Bei Überschreiten von mehr als 2 Stunden je angefangene ½ Stunde **Artikel 6 Abs. 1 Satz 2**	**§ 25 Abs. 2 Nr. 2** **Verwarnungsgeld** **30,– €** **30,– €** **60,– €**	nicht für dafür sorgt, dass die zulässige Tageslenkzeit von 10 Stunden eingehalten wird. Bei Überschreiten bis zu 2 Stunden je angefangene ½ Stunde Bei Überschreiten von mehr als 2 Stunden je angefangene ½ Stunde **Artikel 11 Abs. 1 i.V.m. Artikel 6 Abs. 1 Satz 2**	**§ 25 Abs. 1 Nr. 2** **90,– €** **180,– €**

1 Gesetz zur Vierten, Fünften und Sechsten Änderung des Europäischen Übereinkommens vom 1. Juli 1970 über die Arbeit des im internationalen Straßenverkehr beschäftigten Fahrpersonals (AETR) vom 02. November 2011 (BGBl. Teil II Nr. 29 S. 1095 ff.)

AETR				
	Fahrpersonal F		**Unternehmer U**	
Lfd. Nr.	Ordnungswidrig nach **§ 8 Abs. 1 Nr. 2 Buchstabe b Fahrpersonalgesetz** handelt, wer	FPersV	Ordnungswidrig nach **§ 8 Abs. 1 Nr. 1 Buchstabe b Fahrpersonalgesetz** handelt, wer	FPersV
105	die wöchentliche Lenkzeit von 56 Stunden nicht einhält[2] Bei Überschreiten bis zu 2 Stunden Bei einer Wochenlenkzeit von 58 bis 67 Stunden je angefangene Stunde Bei mehr als 67 Stunden je angefangene Stunde **Artikel 6 Abs. 2**	**§ 25 Abs. 2 Nr. 2** **Verwarnungsgeld 30,– €** **30,– €** **60,– €**	nicht dafür sorgt, dass die wöchentliche Lenkzeit von 56 Stunden eingehalten wird. Bei einer Wochenlenkzeit bis zu 67 Stunden je angefangene Stunde Bei mehr als 67 Stunden je angefangene Stunde **Artikel 11 Abs. 1 i.V.m. Artikel 6 Abs. 2**	**§ 25 Abs. 1 Nr. 2** **90,– €** **180,– €**
106	die wöchentliche Ruhezeit im grenzüberschreitenden Personenverkehr für einen einzelnen Gelegenheitsdienst erst nach mehr als 12 aufeinander folgenden 24-Stunden-Zeiträumen einlegt. Bei Überschreiten je angefangenem 24-Stunden-Zeitraum **Artikel 8 Abs. 6**	**§ 25 Abs. 2 Nr. 2** **100.– Euro**		
107	die Gesamtlenkzeit während zweier aufeinander folgenden Wochen nicht einhält. Bei Überschreiten bis zu 2 Stunden Bei einer Gesamtlenkzeit von **mehr als 92 bis 108 Stunden** je angefangene Stunde Bei **mehr als 108 Stunden** je angefangene Stunde **Artikel 6 Abs. 3**	**§ 25 Abs. 2 Nr. 2** **Verwarnungsgeld 30,– €** **30,– €** **60,– €**	nicht dafür sorgt, dass die Gesamtlenkzeit während zweier aufeinanderfolgenden Wochen eingehalten wird. Bei einer Gesamtlenkzeit **bis zu 108 Stunden** je angefangene Stunde Bei **mehr als 108 Stunden** je angefangene Stunde **Artikel 11 Abs. 1 i.V.m. Artikel 6 Abs. 3**	**§ 25 Abs. 1 Nr. 2** **90,– €** **180,– €**
108	die Bestimmungen über die Fahrtunterbrechungen nicht einhält. Lenkdauer nicht zum vorgeschriebenen Zeitpunkt unterbrochen. Bei Überschreiten bis zu 60 Minuten Bei Überschreiten bis zu 1 Stunde und je angefangene weitere ½ Stunde **Artikel 7 Abs. 1**	**§ 25 Abs. 2 Nr. 2** **Verwarnungsgeld 30,– €** **30,– €**	nicht dafür sorgt, dass die Bestimmungen über die Fahrtunterbrechungen eingehalten werden. Lenkdauer nicht zum vorgeschriebenen Zeitpunkt unterbrochen. Bei Überschreiten bis zu 1 Stunde und je angefangene weitere ½ Stunde **Artikel 11 Abs. 1 i.V.m. Artikel 7 Abs. 1**	**§ 25 Abs. 1 Nr. 2** **90,– €**

2 Hinweis: 60 Stunden Arbeitszeit dürfen nicht überschritten werden, vgl. § 21a ArbZG

AETR				
	Fahrpersonal F		**Unternehmer U**	
Lfd. Nr.	Ordnungswidrig nach **§ 8 Abs. 1 Nr. 2 Buchstabe b Fahrpersonalgesetz** handelt, wer	FPersV	Ordnungswidrig nach **§ 8 Abs. 1 Nr. 1 Buchstabe b Fahrpersonalgesetz** handelt, wer	FPersV
109	die Bestimmungen über die Fahrtunterbrechungen nicht einhält. Die Lenkdauer wurde nicht in der vorgeschriebenen Dauer unterbrochen.	**§ 25 Abs. 2 Nr. 2**	nicht dafür sorgt, dass die Bestimmungen über die Fahrtunterbrechungen eingehalten werden. Die Lenkdauer wurde nicht in der vorgeschriebenen Dauer unterbrochen.	**§ 25 Abs. 1 Nr. 2**
	Bei Unterschreiten bis zu 15 Minuten	**Verwarnungsgeld 30,–**	Bei Unterschreiten bis zu 15 Minuten	**90,– €**
	Bei Unterschreiten von mehr als 15 Minuten und je angefangene weitere ¼ Stunde	**60,–**	Bei Unterschreiten von mehr als 15 Minuten und je angefangene weitere ¼ Stunde	**180,– €**
	Artikel 7 Abs. 1		**Artikel 11 Abs. 1 i.V.m. Artikel 7 Abs. 1**	
110	die Bestimmungen über die tägliche Ruhezeiten in einem 24- oder 30-Stunden-Zeitraum nicht einhält.	**§ 25 Abs. 2 Nr. 2**	nicht dafür sorgt, dass die Bestimmungen über die täglichen Ruhezeiten in einem 24- oder 30-Stunden-Zeitraum eingehalten werden.	**§ 25 Abs. 1 Nr. 2**
	Bei Unterschreiten bis zu 1 Stunde	**Verwarnungsgeld 30,– €**		
	Bei Unterschreiten bis zu 3 Stunden je angefangene Stunde	**30,– €**	Bei Unterschreiten bis zu 3 Stunden je angefangene Stunde	**90,– €**
	Bei Unterschreiten von mehr als 3 Stunden je angefangene Stunde	**60,– €**	Bei Unterschreiten von mehr als 3 Stunden je angefangene Stunde	**180,– €**
	Artikel 8 Abs. 1, 2 oder 3		**Artikel 11 Abs. 1 i.V.m. Artikel 8 Abs. 1, 2 oder 3**	
111	die wöchentliche Ruhezeit wurde nicht zum vorgeschriebenen Zeitpunkt eingelegt.	**§ 25 Abs. 2 Nr. 2**	den Fahrbetrieb nicht so einrichtet, dass die Bestimmungen über die wöchentliche Ruhezeit eingehalten werden. Wöchentliche Ruhezeit wurde nicht zum vorgeschriebenen Zeitpunkt eingelegt.	**§ 25 Abs. 1 Nr. 2**
	Bei Überschreiten je angefangenem 24-Stunden-Zeitraum	**60,– €**	Bei Überschreiten je angefangenem 24-Stunden-Zeitraum	**180,– €**
	Artikel 8 Abs. 6		**Artikel 11 Abs. 1 i.V.m. Artikel 8 Abs. 6 i.V.m. Artikel 1 Buchstabe o**	

AETR				
	Fahrpersonal F		Unternehmer U	
Lfd. Nr.	Ordnungswidrig nach **§ 8 Abs. 1 Nr. 2 Buchstabe b Fahrpersonalgesetz** handelt, wer	FPersV	Ordnungswidrig nach **§ 8 Abs. 1 Nr. 1 Buchstabe b Fahrpersonalgesetz** handelt, wer	FPersV
112	die vorgeschriebene Mindestdauer der regelmäßigen wöchentlichen Ruhezeit nicht einhält.	**§ 25 Abs. 2 Nr. 2**	den Fahrbetrieb nicht so einrichtet, dass die Bestimmungen über die wöchentliche Ruhezeit eingehalten werden. Die vorgeschriebene Mindestdauer der wöchentlichen Ruhezeit wurde nicht eingehalten.	**§ 25 Abs.1 Nr. 2** **90,– €**
	Bei Unterschreiten bis zu 1 Stunde	**Verwarnungsgeld 30,– €**		
	Bei Unterschreiten bis zu 9 Stunden je angefangener Stunde	**30,– €**	Bei Unterschreiten bis zu 9 Stunden je angefangener Stunde	**180,– €**
	Bei Unterschreiten von mehr als 9 Stunden je angefangener Stunde	**60,– €**	Bei Unterschreiten von mehr als 9 Stunden je angefangener Stunde	
	Artikel 8 Abs. 1 und Abs. 3		**Artikel 11 Abs. 1 i.V.m. Artikel 8 Abs. 2 und 3**	
113	die vorgeschriebene Mindestdauer der reduzierten wöchentlichen Ruhezeit nicht einhält.	**§ 25 Abs. 2 Nr. 2**	nicht dafür sorgt, dass die vorgeschriebene Mindestdauer der reduzierten wöchentlichen Ruhezeit eingehalten wird	**§ 25 Abs. 1 Nr. 2**
	Bei Unterschreiten bis zu 1 Stunde	**Verwarnungsgeld 30,– €**		
	Bei Unterschreiten bis zu 5 Stunden je angefangener Stunde	**30,– €**	Bei Unterschreiten bis zu 5 Stunden je angefangener Stunde	**90,– €**
	Bei Unterschreiten von mehr als 5 Stunden je angefangener Stunde	**60,– €**	Bei Unterschreiten von mehr als 5 Stunden je angefangener Stunde	**180,– €**
	Art. 8 Abs. 2		**Art. 8 Abs. 2**	
114	die Bestimmungen über die Einhaltung der Ruhezeiten in zwei aufeinander folgenden Wochen nicht einhält	**§ 25 Abs. 2 Nr. 1**	nicht dafür sorgt, dass die Bestimmungen über die Einhaltung der Ruhezeiten in zwei aufeinander folgenden Wochen eingehalten werden.	**§ 25 Abs. 1 Nr. 2**
	Bei Unterschreiten bis zu einer Stunde	**Verwarnungsgeld 30,– €**		
	Bei Unterschreiten bis zu 1 Stunde und je angefangene weitere Stunde	**30,– €**	Bei Unterschreiten bis zu 1 Stunde und je angefangene weitere Stunde	**90,– €**
	Artikel 8 Abs. 2		**Artikel 8 Abs. 2**	

AETR				
	Fahrpersonal F		**Unternehmer U**	
Lfd. Nr.	Ordnungswidrig nach **§ 8 Abs. 1 Nr. 2 Buchstabe b Fahrpersonalgesetz** handelt, wer	FPersV	Ordnungswidrig nach **§ 8 Abs. 1 Nr. 1 Buchstabe b Fahrpersonalgesetz** handelt, wer	FPersV
115	den Ausgleich für eine verkürzte Ruhezeit nicht mit einer anderen Ruhezeit von 9 Stunden verbindet. Bei Unterschreiten bis zu 1 Stunde Bei Unterschreiten bis zu 1 Stunde und je angefangene weitere Stunde **Artikel 8 Abs. 7**	**§ 25 Abs. 2 Nr. 2** **Verwarnungsgeld 30,– €** **30,– €**	den Fahrbetrieb nicht so einrichtet, dass der Ausgleich für eine verkürzte Ruhezeit mit einer anderen Ruhezeit von 9 Stunden verbunden werden kann. Bei Unterschreiten bis zu 1 Stunde und je angefangene weitere Stunde **Artikel 11 Abs. 1 i.V.m. Artikel 8 Abs. 7**	**§ 25 Abs. 1 Nr. 2** **90,– €**
116	die Bestimmungen über die Ruhezeit im kombinierten Güterverkehr nicht einhält. Bei Unterschreiten bis zu 1 Stunde und je angefangener weiteren Stunde **Artikel 8bis**	**§ 25 Abs. 2 Nr. 2** **30,– €**		
117	Art oder Grund einer Abweichung von den Bestimmungen nicht oder nicht rechtzeitig vermerkt. Je 24-Stunden-Zeitraum **Artikel 9 Satz 2**	**§ 25 Abs. 2 Nr. 4** **50,– €**		
118			einen festgestellten Verstoß gegen das Übereinkommen nicht oder nicht rechtzeitig abstellt oder eine dort genannte Maßnahme nicht oder nicht rechtzeitig trifft. Je 24-Stunden-Zeitraum **Artikel 11 Abs. 2 Satz 2**	**§ 25 Abs. 1 Nr. 3** **150, €**

AETR				
	Fahrpersonal F		Unternehmer U	
Lfd. Nr.	Ordnungswidrig nach **§ 8 Abs. 1 Nr. 2 Buchstabe b Fahrpersonalgesetz** handelt, wer	FPersV	Ordnungswidrig nach **§ 8 Abs. 1 Nr. 1 Buchstabe b Fahrpersonalgesetz** handelt, wer	FPersV
	Verstöße gegen die Vorschriften über die Arbeiszeitnachweise			
119	bei Betriebsstörung des Kontrollgeräts die vorgeschriebenen Zeiten der beruflichen Tätigkeiten oder Ruhezeiten auf dem Schaublatt nicht, nicht richtig, nicht vollständig oder nicht in der vorgeschriebenen Weise vermerkt. Je 24-Stunden-Zeitraum, wenn dadurch eine Kontrolle nicht möglich ist Kontrolle erschwert wird Aufzeichnungen sind aber zweifelsfrei auswertbar **Artikel 13 Abs. 2 Buchstabe a des Anhangs**	**§ 25 Abs. 2 Nr. 12** **250,– €** **75,– €** **Verwarnungsgeld 30,– €**		
120	bei einer Kontrolle die mitzuführenden Schaublätter, handschriftliche Aufzeichnungen, Ausdrucke und Fahrerkarte nicht oder nicht rechtzeitig vorlegt. Je 24-Stunden-Zeitraum **Artikel 12 Abs. 7 Buchstabe a und Buchstabe b des Anhangs**	**§ 25 Abs. 2 Nr. 11** **250,– €**		
121	nicht für den ordnungsgemäßen Betrieb oder das Bedienen des Kontrollgerätes sowie der Fahrerkarte sorgt. Je 24-Stunden-Zeitraum **Artikel 10 des Anhangs**	**§ 25 Abs. 2 Nr. 5** **250,– €**	nicht für das einwandfreie Funktionieren oder die ordnungsgemäße Benutzung des Kontrollgerätes oder der Fahrerkarte sorgt. Je 24-Stunden-Zeitraum **Artikel 10 des Anhangs**	**§ 25 Abs. 1 Nr. 4** **750,– €**
122			eine erforderliche Reparatur nicht oder nicht rechtzeitig durchführen lässt Je Fall **Artikel 13 Abs. 1 Unterabsatz 1 des Anhangs**	**§ 25 Abs. 1 Nr. 9** **1000,– €**

AETR				
	Fahrpersonal F		Unternehmer U	
Lfd. Nr.	Ordnungswidrig nach **§ 8 Abs. 1 Nr. 2 Buchstabe b Fahrpersonalgesetz** handelt, wer	FPersV	Ordnungswidrig nach **§ 8 Abs. 1 Nr. 1 Buchstabe b Fahrpersonalgesetz** handelt, wer	FPersV
123			nicht die vorgeschriebenen Schaublätter aushändigt und dafür sorgt, dass ein vorgeschriebener Ausdruck erfolgen kann. Je angefangene Woche **Artikel 11 Abs. 1 des Anhangs**	**§ 25 Abs. 1 Nr. 5** **750,– €**
124			ein Schaublatt oder eine Kopie nicht oder nicht mindestens 12 Monate aufbewahrt. Je angefangene Woche **Artikel 11 Abs. 2 Buchstabe a Satz 1 des Anhangs**	**§ 25 Abs. 1 Nr. 6** **500,– €**
125			ein Schaublatt den Kontrollorganen nicht oder nicht rechtzeitig vorlegt. Je 24-Stunde-Zeitraum **Artikel 11 Abs. 2 Buchstabe a Satz 3 des Anhangs**	**§ 25 Abs. 1 Nr. 7** **750,– €**
126			nicht sicherstellt, dass alle Daten aus der Fahrzeugeinheit und der Fahrerkarte heruntergeladen werden oder mindestens zwölf Monate aufbewahrt werden und die Daten auf Verlangen zur Verfügung stehen, Pro Fahrzeug bzw., Fahrer je 24-Stunden-Zeitraum **Artikel 11 Absatz 2 Buchstabe b Ziffer ii des Anhangs**	**§ 25 Abs. 1 Nr. 8** **750,– €**
127	angeschmutzte oder beschädigte Schaublätter verwendet. Je 24-Stunden-Zeitraum, wenn dadurch eine Kontrolle nicht möglich ist Kontrolle erschwert wird Aufzeichnungen sind aber zweifelsfrei auswertbar **Artikel 12 Abs. 1 Satz 1 des Anhangs**	**§ 25 Abs. 2 Nr. 7** **250,– €** **75,– €** **Verwarnungsgeld 30,– €**		

AETR				
	Fahrpersonal F		Unternehmer U	
Lfd. Nr.	Ordnungswidrig nach **§ 8 Abs. 1 Nr. 2 Buchstabe b Fahrpersonalgesetz** handelt, wer	FPersV	Ordnungswidrig nach **§ 8 Abs. 1 Nr. 1 Buchstabe b Fahrpersonalgesetz** handelt, wer	FPersV
128	einem Reserveblatt nicht das beschädigte Schaublatt beifügt. Je 24-Stunden-Zeitraum, wenn dadurch eine Kontrolle nicht möglich ist eine Kontrolle erschwert wird Aufzeichnungen sind aber zweifelsfrei auswertbar **Artikel 12 Abs. 1 Unterabsatz 2 des Anhangs**	**§ 25 Abs. 2 Nr. 7** **150,– €** **75,– €** **Verwarnungsgeld** **30,– €**		
129	ein Schaublatt oder die Fahrerkarte nicht oder nicht rechtzeitig benutzt. Je 24-Stunden-Zeitraum **Artikel 12 Abs. 2 Buchstabe a Satz 1 des Anhangs**	**§ 25 Abs. 2 Nr. 8** **250,– €**		
130	ein Schaublatt oder die Fahrerkarte entnimmt. Je 24-Stunden-Zeitraum, wenn dadurch eine Kontrolle nicht möglich ist Kontrolle erschwert wird **Artikel 12 Abs. 2 Buchstabe a Satz 2 des Anhangs**	**§ 25 Abs. 2 Nr. 9** **250,– €** **75,– €**		
131	ein Schaublatt oder die Fahrerkarte über den Zeitraum hinaus verwendet, für den es bzw. sie bestimmt ist. Je 24-Stunden-Zeitraum, wenn dadurch eine Kontrolle nicht möglich ist Kontrolle erschwert wird Aufzeichnungen sind aber zweifelsfrei auswertbar **Artikel 12 Abs. 2 Buchstabe a Satz 3 des Anhangs**	**§ 25 Abs. 2 Nr. 9** **250,– €** **75,– €** **Verwarnungsgeld 30,– €**		

AETR				
	Fahrpersonal F		Unternehmer U	
Lfd. Nr.	Ordnungswidrig nach **§ 8 Abs. 1 Nr. 2 Buchstabe b Fahrpersonalgesetz** handelt, wer	FPersV	Ordnungswidrig nach **§ 8 Abs. 1 Nr. 1 Buchstabe b Fahrpersonalgesetz** handelt, wer	FPersV
132	auf den Schaublättern nicht die erforderlichen Änderungen vornimmt, wenn sich mehr als ein Fahrer auf dem Fahrzeug befindet. Je 24-Stunden-Zeitraum, wenn dadurch eine Kontrolle nicht möglich ist Kontrolle erschwert wird Aufzeichnungen sind aber zweifelsfrei auswertbar **Artikel 12 Abs. 2 Buchstabe c des Anhangs**	**§ 25 Abs. 2 Nr. 10** **150,– €** **75,– €** **Verwarnungsgeld 30,– €**		
133	im Falle der Beschädigung, Fehlfunktion, Verlust oder Diebstahl der Fahrerkarte oder wenn sie sich nicht in seinem Besitz befindet, eine Angabe nicht, nicht richtig oder nicht rechtzeitig ausdruckt, den Ausdruck nicht oder nicht rechtzeitig mit der Unterschrift versieht oder eine Zeit nicht, nicht richtig oder nicht rechtzeitig einträgt. Je 24-Stunden-Zeitraum, wenn dadurch eine Kontrolle nicht möglich ist Kontrolle erschwert wird Aufzeichnungen sind aber zweifelsfrei auswertbar **Artikel 13 Absatz 2 Buchstabe b Ziffer i des Anhangs**	**§ 25 Abs. 2 Nr. 13** **250,– €** **75,– €** **Verwarnungsgeld 30,– €**		

VI. Buß- und Verwarnungsgeldkatalog für Verstöße von Fahrzeughaltern, Werkstattinhabern bzw. Installateuren

	Fahrpersonalgesetz (FPersG)		Fahrpersonalverordnung (FPersV)	
	Fahrzeughalter		Werkstattinhaber oder Installateur	
Lfd. Nr.	Ordnungswidrig nach **§ 8 Abs. 1 Nr. 3 Fahrpersonalgesetz** handelt, wer	**FPersG**	Ordnungswidrig nach **§ 8 Abs. 1 Nr. 4 Fahrpersonalgesetz** handelt, wer	**FPersV**
Auskünfte und Unterlagen				
134	eine Auskunft nicht, nicht richtig, nicht vollständig oder nicht rechtzeitig erteilt oder eine Unterlage nicht oder nicht rechtzeitig aushändigt, nicht oder nicht rechtzeitig einsendet oder nicht oder nicht rechtzeitig zur Verfügung stellt. Je Fall **§ 4 Abs. 3 Satz 1 FPersG**	**§ 8 Abs. 1 Nr. 3** **750,– €**		
Melde und Rückgabepflichten				
135			den Wegfall der Erteilungsvoraussetzungen nicht meldet. Je Fall **§ 8 Abs. 1 Satz 1 erster Halbsatz FPersV**	**§ 21 Abs. 3 Nr.1** **1.000,– €**
136			eine Werkstattkarte nicht oder nicht rechtzeitig zurückgibt. Je Fall **§ 4 Abs. 4 Satz 5 oder § 8 Abs. 1 Satz 1 zweiter Halbsatz FPersV**	**§ 21 Abs. 3 Nr. 2** **1.000,– €**
Einbau und Reparatur von Kontrollgeräten				
137			ein Kontrollgerät einbaut oder repariert, ohne von den zuständigen Behörden hierzu zugelassen worden zu sein. Je Fall **Artikel 12 Abs. 1 Unterabsatz 1 Verordnung (EWG) Nr. 3821/85**	**§ 23 Abs. 3** **1.000,– €**
138			ein Kontrollgerät einbaut oder repariert, ohne von den zuständigen Behörden hierzu zugelassen worden zu sein. Je Fall **Artikel 9 Abs. 1 des Anhangs zum AETR**	**§ 25 Abs. 3** **1.000,– €**

Sozialvorschriften im Straßenverkehr

Verordnung (EG) Nr. 561/2006, Richtlinie 2006/22/EG, Verordnung (EWG) Nr. 3821/85

Leitlinie Nr. 1

Sachverhalt: Ausnahmsweise Abweichung von den Mindestruhezeiten und maximalen Lenkzeiten zum Aufsuchen eines geeigneten Halteplatzes

Artikel: Artikel 12 der Verordnung (EG) Nr. 561/2006

Leitlinien: Gemäß den Bestimmungen von Artikel 12 darf ein Fahrer von den in den Artikeln 6 bis 9 festgelegten Mindestruhezeiten und maximalen Lenkzeiten abweichen, um nach einem geeigneten Halteplatz zu suchen. Artikel 12 erlaubt es einem Fahrer jedoch nicht, von den Bestimmungen der Verordnung aus Gründen abzuweichen, die bereits vor Fahrtantritt bekannt waren. Die Bestimmungen dieses Artikels sollen den Fahrern ermöglichen, auf Situationen zu reagieren, die unerwartet während der Fahrt eintreten und es unmöglich machen, die Vorschriften der Verordnung einzuhalten, also auf Situationen, in denen der Fahrer sich mit außergewöhnlichen Schwierigkeiten konfrontiert sieht, die von seinem Willen unabhängig, anscheinend unvermeidbar und selbst bei gebotener Sorgfalt unvorhersehbar sind. Mit der Ausnahmeregelung soll darüber hinaus die Sicherheit von Personen, Fahrzeug und Ladung gewährleistet und der Auflage nachgekommen werden, in jedem Fall die Erfordernisse der Straßenverkehrssicherheit zu berücksichtigen.

Drei Parteien unterliegen in derartigen Situationen bestimmten Verpflichtungen:

1) Ein **Verkehrsunternehmen** hat den Einsatz eines Fahrers so sorgfältig zu planen, dass die Sicherheit gewährleistet ist, indem beispielsweise regelmäßig auftretende Verkehrsstaus, die Wetterbedingungen und die Verfügbarkeit angemessener Parkplätze bedacht werden. Das bedeutet, dass das Unternehmen die Arbeit so organisieren muss, dass es dem Fahrer möglich ist, die Bestimmungen der Verordnung einzuhalten. Außerdem sollte darauf geachtet werden, dass den Anforderungen von Speditionen und Versicherungsunternehmen in Bezug auf ein sicheres Parken nachgekommen wird.
2) Ein **Fahrer** muss sich strikt an die Vorschriften halten und darf nicht von den maximal zulässigen Lenkzeiten abweichen, es sei denn, es wird aufgrund unerwartet eintretender außergewöhnlicher Umstände unmöglich, die Bestimmungen der Verordnung einzuhalten, ohne die Straßenverkehrssicherheit oder die Sicherheit von Personen, Fahrzeug oder Ladung zu gefährden. Gelangt ein Fahrer zu dem Schluss, dass eine Abweichung von den Bestimmungen der Verordnung erforderlich ist und dass dadurch nicht die Sicherheit im Straßenverkehr gefährdet wird, hat er, sobald er anhält, handschriftlich Art und Grund der Abweichung zu vermerken (in einer beliebigen Gemeinschaftssprache auf dem Schaublatt oder auf einem Ausdruck aus dem Kontrollgerät oder im Arbeitszeitplan).

3) Es liegt im pflichtgemäßen Ermessen der **für die Durchsetzung zuständigen Stellen**, bei der Kontrolle eines Fahrers zu bewerten, ob die Abweichung von den maximal zulässigen Lenkzeiten gerechtfertigt ist. Bei der Beurteilung der Rechtmäßigkeit einer Abweichung auf der Grundlage von Artikel 12 hat die zuständige Stelle sämtliche Umstände des Einzelfalls sorgfältig zu prüfen. Insbesondere ist Folgendes zu beachten:
(a) Es sind die früheren Aufzeichnungen über die Lenkzeiten des betreffenden Fahrers zu prüfen, um dessen üblichen Arbeitsrhythmus zu ermitteln und festzustellen, ob er in der Regel die vorgeschriebenen Lenk- und Ruhezeiten einhält und ob die Abweichung tatsächlich eine Ausnahme darstellt.
(b) Bei der Abweichung von den maximal zulässigen Lenkzeiten darf es sich nicht um ein regelmäßiges Vorkommnis handeln. Die Abweichung muss ihren Grund in außergewöhnlichen Umständen haben, wie etwa größeren Verkehrsunfällen, extremen Wetterbedingungen, Verkehrsumleitungen, Parkplatzmangel. *(Diese Aufzählung möglicher außergewöhnlicher Umstände ist nicht abschließend. Bei der Beurteilung des Einzelfalls ist nach dem Grundsatz zu verfahren, dass der Grund für eine etwaige Abweichung von den maximal zulässigen Lenkzeiten nicht im Voraus bekannt und auch nicht vorhersehbar sein darf.)*
(c) Die maximal zulässigen täglichen und wöchentlichen Lenkzeiten sollten eingehalten werden. Der Fahrer sollte also nicht die Möglichkeit haben, durch Überschreitung der zulässigen Lenkzeiten bei der Parkplatzsuche einen Zeitvorteil zu erzielen.
(d) Die Abweichung von den Vorschriften über die Lenkzeiten darf nicht zur Verkürzung der vorgeschriebenen Fahrtunterbrechungen und der täglichen und wöchentlichen Ruhezeit führen.

Bezug: Europäischer Gerichtshof, Rechtssache C-235/94

Leitlinie Nr. 2

Sachverhalt: Erfassung der Zeiten, die ein Fahrer aufwendet, um sich zu einem Ort zu begeben, bei dem es sich nicht um den üblichen Ort der Übernahme oder Übergabe eines in den Geltungsbereich der Verordnung (EG) Nr. 561/2006 fallenden Fahrzeugs handelt

Artikel: Artikel 9 der Verordnung (EG) Nr. 561/2006

Leitlinien: Ein Fahrer, der sich zu einem bestimmten Ort begibt, bei dem es sich nicht um die Betriebsstätte des Arbeitgebers handelt und an dem er gemäß Weisung seines Arbeitgebers ein von ihm zu lenkendes, mit einem Kontrollgerät ausgestattetes Fahrzeug zu übernehmen hat, erfüllt damit eine Verpflichtung gegenüber seinem Arbeitgeber und verfügt somit nicht frei über seine Zeit.

Daher gilt in Übereinstimmung mit Artikel 9 Absätze 2 und 3 Folgendes:

- Die von einem Fahrer aufgewandten Zeiten, um zu einem Ort zu gelangen oder von einem Ort zurückzukehren, bei dem es sich weder um den Wohnsitz des Fahrers noch um die Betriebsstätte des Arbeitgebers handelt und an dem der Fahrer ein in den Geltungsbereich der Verordnung fallendes Fahrzeug zu übernehmen oder abzustellen hat, sollten – unabhängig davon, ob der Arbeitgeber Weisungen erteilt hat, wann und wie dieser Weg zurückzulegen ist, oder ob dies ins Ermessen des Fahrers gestellt wurde – entweder als „Bereitschaftszeiten" oder als „andere Arbeiten" erfasst werden.

– Die von einem Fahrer aufgewandten Zeiten, um ein **nicht in den Geltungsbereich der Verordnung fallendes** Fahrzeug zu einem Ort zu fahren oder von einem Ort wegzufahren, bei dem es sich weder um den Wohnsitz des Fahrers noch um die Betriebsstätte des Arbeitgebers handelt und an dem der Fahrer ein in den Geltungsbereich der Verordnung fallendes Fahrzeug zu übernehmen oder abzustellen hat, sollten als „sonstige Arbeiten" erfasst werden.

In folgenden drei Fällen können die An- und Abfahrtzeiten als „Ruhepausen" oder „Fahrtunterbrechungen" angesehen werden:

Erstens: Wenn ein Fahrer ein Fahrzeug begleitet, das auf einem Fährschiff oder mit der Eisenbahn befördert wird. In diesem Fall kann der Fahrer eine Ruhepause oder eine Fahrtunterbrechung einlegen, **sofern ihm eine Schlafkabine bzw. ein Liegeplatz zur Verfügung steht (Artikel 9 Absatz 1)**.

Zweitens: Wenn der Fahrer nicht ein Fahrzeug begleitet, sondern sich in einem Zug oder auf einem Fährschiff zu einem Ort begibt oder von einem Ort zurückkehrt, an dem er ein in den Geltungsbereich der Verordnung fallendes Fahrzeug übernimmt bzw. übergeben hat (Artikel 9 Absatz 2), vorausgesetzt, er hat in dem betreffenden Zug Zugang zu einem Liegewagen bzw. auf dem betreffenden Fährschiff Zugang zu einer Koje.

Drittens: Wenn ein Fahrzeug mit mehr als einem Fahrer besetzt ist. Steht bei Bedarf ein zweiter Fahrer zum Lenken des Fahrzeugs zur Verfügung, der neben dem Fahrer des Fahrzeugs sitzt und diesen nicht aktiv bei seiner Tätigkeit unterstützt, kann ein Zeitraum von 45 Minuten der „Bereitschaftszeiten" dieser Person als „Fahrtunterbrechung" angesehen werden.

Es erfolgt keine Differenzierung in Abhängigkeit von der Art des Arbeitsvertrags des Fahrers. Die betreffenden Vorschriften gelten somit sowohl für Fahrer, die in einem Dauerarbeitsverhältnis stehen als auch für Fahrer, die bei einem Zeitarbeitsunternehmen beschäftigt sind.

Bei einem „entliehenen" Fahrer ist die „Betriebsstätte des Arbeitgebers" die Betriebsstätte eines Unternehmens, das für die Durchführung von Straßentransporten die Dienste des betreffenden Fahrers in Anspruch nimmt, („Entleihunternehmen") und nicht der Hauptsitz des Zeitarbeitsunternehmens.

Bezug: Europäischer Gerichtshof, Rechtssachen C-76/77 und C-297/99

Leitlinie Nr. 3

Sachverhalt: Anordnung einer Unterbrechung einer Ruhepause oder einer täglichen oder wöchentlichen Ruhezeit zum Bewegen eines Fahrzeugs an einem Terminal, einem Parkplatz oder einer Grenze

Artikel: Artikel 4 Buchstaben d und f der Verordnung (EG) Nr. 561/2006

Leitlinien: Generell sollte ein Fahrer während seiner täglichen oder wöchentlichen Ruhezeit frei über seine Zeit verfügen können und somit nicht verpflichtet sein, sich in der Nähe seines Fahrzeugs aufzuhalten.

In der Regel stellt die Unterbrechung einer Ruhepause oder einer täglichen oder wöchentlichen Ruhezeit einen Verstoß dar (es sei denn, die „Fährenregelung" (Artikel 9 Absatz 1) findet Anwendung). An einem Terminal oder Parkplatz kann jedoch eine unerwartete Situation oder ein Notfall eintreten, in dem ein Fahrzeug bewegt werden muss.

Üblicherweise gibt es an einem Terminal einen Fahrer (einen Angestellten des Terminals), der die Fahrzeuge bei Bedarf bewegt. Ist dies nicht der Fall und ist ein Bewegen des Fahrzeugs aufgrund außergewöhnlicher Umstände unerlässlich, darf der Fahrer des betreffenden Fahrzeugs seine Ruhepause unterbrechen, allerdings nur nach Aufforderung durch eine zuständige Behörde oder einen Bediensteten des Terminals, die ermächtigt sind, die Bewegung eines Fahrzeugs anzuordnen.

An anderen Orten (z. B. auf Parkplätzen, an Grenzübergängen sowie in Notfällen) hat der Fahrer bei Vorliegen **objektiver, notfallbedingter Gründe**, aus denen das Fahrzeug bewegt werden muss, oder auf entsprechende polizeiliche oder sonstige behördliche Anordnung (z. B. durch Feuerwehr, Straßenverwaltungsbehörden, Zollbeamte) seine Pause oder Ruhezeit für einige Minuten zu unterbrechen. In diesem Fall sollte die Zuwiderhandlung nicht geahndet werden.

Sollte ein solcher Fall eintreten, müssen die für die Durchsetzung zuständigen nationalen Stellen nach Würdigung der individuellen Umstände eine gewisse Toleranz walten lassen.

Eine derartige Unterbrechung der Ruhepause oder Ruhezeit eines Fahrers ist von diesem handschriftlich festzuhalten und sollte, soweit möglich, von der zuständigen Behörde, die dem Fahrer die Anweisung erteilt hat, das Fahrzeug zu bewegen, bestätigt werden.

Leitlinie Nr. 4

Sachverhalt: Aufzeichnung der Lenkzeiten durch digitale Fahrtenschreiber bei Fahrten, die mit häufigen Stopps verbunden sind

Artikel: Artikel 1 der Verordnung (EWG) Nr. 382 1/85 mit Bezugnahme auf die Verordnung (EG) Nr. 1360/2002 (Anhang 1B)

Leitlinien: Da digitale Kontrollgeräte genauere Aufzeichnungen liefern als analoge Kontrollgeräte, können sich Fahrer, die während der Fahrt häufig Stopps einlegen müssen, mit dem Problem konfrontiert sehen, dass bei Verwendung eines digitalen Kontrollgerätes längere Lenkzeiten erfasst werden als dies bei Verwendung eines analogen Kontrollgerätes der Fall wäre. Dieses Problem ist vorübergehender Natur und betrifft in erster Linie Auslieferungstransporte im Nahbereich. Es tritt nur während eines Übergangszeitraums auf, in dem analoge und digitale Kontrollgeräte nebeneinander verwendet werden.

Um eine rasche Verbreitung digitaler Kontrollgerätes zu fördern und gleichzeitig eine Gleichbehandlung der Fahrer – unabhängig vom verwendeten Kontrollgerät – zu gewährleisten, sollten die für die Durchsetzung zuständigen nationalen Stellen während dieses Übergangszeitraums einen Toleranzspielraum vorsehen können. Die übergangsweise angewandte Toleranz sollte für Fahrzeuge gelten, die mit häufigen Stopps verbundene Transporte durchführen und mit digitalen Kontrollgeräten ausgerüstet sind.

Von den für die Durchsetzung zuständigen Stellen wird erwartet, dass sie nach ihrem pflichtgemäßen Ermessen entscheiden. Im Übrigen sind sämtliche Zeiten, während derer ein Fahrer am Steuer des Fahrzeugs sitzt und aktiv an der Durchführung eines in den Geltungsbereich der Verordnung fallenden Transports mitwirkt, – unabhängig von den jeweiligen Umständen (ob er beispielsweise im Stau steht oder an einer Ampel halten muss) – als Lenkzeiten anzusehen.

Daher gilt Folgendes:

- Die Mitgliedstaaten sollten ihre Kontrollorgane darüber unterrichten, dass sie bei der Überprüfung der von einem digitalen Kontrollgerät aufgezeichneten Daten eine Toleranz von bis zu 15 Minuten für einen Zeitraum von viereinhalb (4,5) Stunden ununterbrochener Lenkzeit gelten lassen dürfen bei Fahrzeugen, die mit häufigen Stopps verbundene Fahrten durchführen, vorausgesetzt, dass dies nachgewiesen werden kann. Diese Toleranz kann beispielsweise angewandt werden in Form des Abzugs einer Minute je ununterbrochene Lenkzeit zwischen den einzelnen Stopps, wobei jedoch insgesamt maximal 15 Minuten je ununterbrochene Lenkzeit von viereinhalb (4,5) Stunden in Abzug gebracht werden dürfen.
- Die Kontrollorgane sollten, wenn sie von ihrem Ermessensspielraum Gebrauch machen, alle Umstände des Einzelfalls berücksichtigen und hierzu die ihnen vorgelegten Nachweise heranziehen (wie etwa einen überprüfbaren Nachweis darüber, dass der Fahrer häufige Stopps einlegen musste). Sie haben sicherzustellen, dass ihre Auslegung nicht der ordnungsgemäßen Anwendung der Lenkzeitvorschriften zuwiderläuft und dass dadurch nicht die Sicherheit im Straßenverkehr beeinträchtigt wird.
- Die Mitgliedstaaten können Auswertesoftware verwenden, die so konfiguriert ist, dass sie bei der Berechnung der Lenkzeiten eine Toleranz einkalkuliert. Dabei ist jedoch zu beachten, dass dadurch später Probleme bezüglich der Nachweisbarkeit entstehen können. Die Toleranz darf in keinem Fall 15 Minuten für eine ununterbrochene Lenkzeit von viereinhalb (4,5) Stunden überschreiten.
- Bei der Anwendung der Toleranz sollten weder inländische noch ausländische Fahrer diskriminiert oder benachteiligt werden. Die Toleranz sollte nur für Transporte gelten, die eindeutig mit häufigen Stopps verbunden sind.

Leitlinie Nr. 5

Gegenstand: Formblatt zur Bescheinigung von Tätigkeiten gemäß dem Beschluss der Kommission vom 14. Dezember 2009 zur Änderung der Entscheidung 2007/230/EG über ein Formblatt betreffend die Sozialvorschriften für Tätigkeiten im Kraftverkehr

Artikel: Artikel 11 Absatz 3 und Artikel 13 der Richtlinie 2006/22/EG

Leitlinien: Die Bescheinigung ist nicht erforderlich für Tätigkeiten, die vom Fahrtenschreiber erfasst werden können. Hauptquelle von Informationen bei Straßenkontrollen sind Aufzeichnungen des Fahrtenschreibers. Das Fehlen von Aufzeichnungen sollte nur gerechtfertigt sein, wenn Fahrtenschreiberaufzeichnungen, einschließlich manueller Einträge, aus objektiven Gründen nicht möglich waren. In jedem Fall sind die vollständigen Fahrtenschreiberaufzeichnungen, gegebenenfalls ergänzt durch das Formblatt, für den Nachweis der Einhaltung der Verordnung (EG) Nr. 561/2006 oder des AETR als hinreichend anzuerkennen, sofern kein begründeter Verdacht besteht.
Die Bescheinigung gilt für bestimmte Tätigkeiten, die während des in Artikel 15 Absatz 7 Buchstabe a der Verordnung (EWG) Nr. 382 1/85 genannten Zeitraums, d. h. während des laufenden Tages und der vorausgehenden 28 Tage, ausgeübt werden.
Die Bescheinigung darf ausgestellt werden, wenn der Fahrer:
- erkrankt war;
- sich im Erholungsurlaub als Teil seines Jahresurlaubs im Sinne der in dem Mitgliedstaat, in dem das Unternehmen seinen Sitz hat, geltenden Rechtsvorschriften befunden hat;
- sich im Urlaub oder in Ruhezeit befunden hat;
- ein vom Anwendungsbereich der Verordnung (EG) Nr. 561/2006 oder des AETR ausgenommenes Fahrzeug gelenkt hat;
- andere Tätigkeiten als Lenktätigkeiten ausgeführt hat;
- zur Verfügung stand

und es nicht möglich war, diese Tätigkeiten mit dem Kontrollgerät zu erfassen.
Das Kästchen „Urlaub oder Ruhezeit" darf angekreuzt werden, wenn der Fahrer keine Lenk- oder sonstigen Tätigkeiten ausgeübt hat oder nicht zur Verfügung stand, nicht erkrankt war und sich nicht im Erholungsurlaub befand, was auch Fälle wie Kurzarbeit, Streik oder Aussperrung einschließt.
Die Mitgliedstaaten sind nicht verpflichtet, die Verwendung dieses Formblatts zu verlangen. Ist jedoch die Ausstellung eines Formblatts vorgeschrieben, so muss dieses standardisierte Formblatt anerkannt werden. Für die normalen täglichen oder wöchentlichen Ruhezeiten darf jedoch keine Verwendung von Formblättern vorgeschrieben werden.

Das elektronische und druckfähige Formblatt sowie Angaben zu den Mitgliedstaaten, die ausschließlich dieses Formblatt anerkennen, sind abrufbar unter: http://ec.europa.eu/transport/road/policy/social provision/social form en.htm.

Das Formblatt wird in der gesamten EU in allen Amtssprachen der Union anerkannt. Aufgrund seines Standardformats kann das Formblatt leicht gelesen werden, da die auszufüllenden Felder genau vorgegeben und nummeriert sind.

Im AETR-Verkehr wird die Verwendung des von der Wirtschaftskommission der Vereinten Nationen für Europa erstellten Formblatts empfohlen (http://www.unece.org/trans/main/sc1/sc1.html).

Alle Felder des Formblatts sind maschinenschriftlich auszufüllen. Das Formblatt ist nur gültig, wenn es von einem Vertreter des Unternehmens und vom Fahrer vor Antritt der Fahrt unterzeichnet wurde. Selbständig tätige Fahrer unterzeichnen sowohl als Vertreter des Unternehmens wie auch als Fahrer.

Nur das im Original unterzeichnete Formblatt ist gültig. Der Text des Formblatts darf nicht verändert werden. Das Formblatt darf weder vorab unterzeichnet noch handschriftlich verändert werden. Soweit nach den einzelstaatlichen Rechtsvorschriften zulässig, kann ein Fax oder eine digitalisierte Kopie anerkannt werden.

Das Formblatt kann mit dem Unternehmenslogo und den Adressangaben auf Papier ausgedruckt

Anwendungsleitlinie 6

Sachverhalt: Aufzeichnung der Zeiten, die der Fahrer in einer Eisenbahn oder auf einem Fährschiff verbringt, wo er Zugang zu einer Schlafkabine oder einem Liegeplatz hat.

Artikel: 9 Absatz 1 der Verordnung (EG) Nr. 561/2006

Leitlinien: Während einer Ruhepause kann der Fahrer gemäß Artikel 4 Buchstabe f frei über seine Zeit verfügen. Des weiteren hat der Fahrer Anspruch auf tägliche oder wöchentliche Ruhezeiten oder Fahrtunterbrechungen, wenn er sich in einer Eisenbahn oder auf einem Fährschiff befindet, sofern ihm eine Schlafkabine oder ein Liegeplatz zur Verfügung stehen. Dies ergibt sich aus Artikel 9 Absatz 2, nach dem Anreise- oder Rückreisezeit **„nur dann als Ruhepause oder Fahrtunterbrechung anzusehen [ist], wenn sich der Fahrer in einer Eisenbahn oder auf einem Fährschiff befindet und Zugang zu einer Schlafkabine oder einem Liegeplatz hat.“**

Gemäß Artikel 9 Absatz 1 darf außerdem eine regelmäßige tägliche Ruhezeit von mindestens 11 Stunden in einer Eisenbahn oder auf einem Fährschiff (sofern dem Fahrer eine Schlafkabine oder ein Liegeplatz zur Verfügung stehen) höchstens zwei Mal durch andere Tätigkeiten (beispielsweise an Bord/von Bord des Fährschiffes gehen oder in die Eisenbahn ein-/aus der Eisenbahn aussteigen) unterbrochen werden. Die Dauer dieser Tätigkeiten darf insgesamt eine Stunde nicht überschreiten. In keinem Fall darf diese Zeit zu einer Reduzierung einer regelmäßigen täglichen Ruhezeit führen.

Wird die regelmäßige tägliche Ruhezeit in zwei Teilen genommen, wobei (gemäß Artikel 4 Buchstabe g) der erste Teil mindestens 3 Stunden und der zweite Teil mindestens 9 Stunden umfassen muss, gilt die Anzahl der Unterbrechungen (höchstens zwei) für den gesamten Zeitraum der täglichen Ruhezeit und nicht für jeden Teil der täglichen Ruhezeit, wenn sie in zwei Teilen genommen wird.

Die abweichende Regelung in Artikel 9 Absatz 1 gilt weder für die regelmäßige noch für die reduzierte wöchentliche Ruhezeit.

Stichwortverzeichnis

Z